Baedeker

Allianz ⑪ Reiseführer

Sri Lanka

www.baedeker.com

Verlag Karl Baedeker

TOP-REISEZIELE ✶ ✶

Sri Lankas Schönheiten sind nicht etwa nur bei den landschaftlichen Zielen zu suchen. Ein uraltes Kulturerbe hat in kleinerem oder größerem Umfang die Zeiten überstanden und harrt der Besichtigung. Und nicht zuletzt pulsiert das moderne urbane Leben in den Großstädten wie Galle oder Colombo. Hier haben wir die Highlights für Sie zusammengestellt.

1 ✶ ✶ Mihintale
In Mihintale fasste der Buddhismus auf Sri Lanka Fuß. Die herrlichen Tempel, Höhlen und Ruinen der dortigen Klosteranlage sind in eine wunderschöne Landschaft eingebettet.
► Seite 301

Sri Lankas eindrucksvollster Höhlentempel in Dambulla erscheint wie aus dem Fels herausgewachsen.

2 ✶ ✶ Anuradhapura
Mehr als 100 singhalesische Könige schmückten die antike Hauptstadt Anuradhapura mit prachtvollen Palästen, weitläufigen Gärten, künstlichen Seen und zahlreichen religiösen Bauten wie Klöstern oder Dagobas. ► Seite 188

3 ✶ ✶ Ausgrabungen Nillakgama
In dieser Klosteranlage entdeckte man bei Ausgrabungen eine fast vollkommen erhaltene Einfriedung eines Bodhi-Baums. Es ist die bisher älteste der Insel Sri Lanka.
► Seite 200

4 ✶ ✶ Buddha-Statue von Aukana
Die monumentale Figur ist ein großartiges Bildnis des stehenden Buddhas im Segensgestus. ► Seite 201

5 ✶ ✶ Sigiriya
Auf dem Gipfel des in die Wolken strebenden Felsens von Sigiriya erhob sich einst eine riesige Palastanlage mit Gärten und Wasserbecken. Der Aufstieg ist beeindruckend und führt an dem Felsen mit den berühmten »Wolkenmädchen« vorbei.
► Seite 337

6 ✶ ✶ Polonnaruwa
Die mittelalterliche Hauptstadt der Insel bietet zahlreiche archäologische Attraktionen, u. a. ein gewaltiges Netzwerk von Wasserkanälen und Becken. ► Seite 314

7 ✶ ✶ Dambulla
Die fünf Höhlentempel in Dambulla reihen sich gleich Perlen an einer Kette aneinander. ► Seite 227

8 ✶ ✶ Felsenfestung Yapahuwa
Die Reste der im 12. Jh. errichteten Felsenfestung sind immer noch imposant. Inzwischen liegen sie abgeschieden im Dschungel. ► Seite 356

9 ✶ ✶ Aluvihara
Hier können Sie Mönchen bei ihrer Arbeit an den Manuskripten für die Bibliothek zusehen. Einst wurde hier der buddhistische Kanon auf Palmblätter geschrieben.
► Seite 295

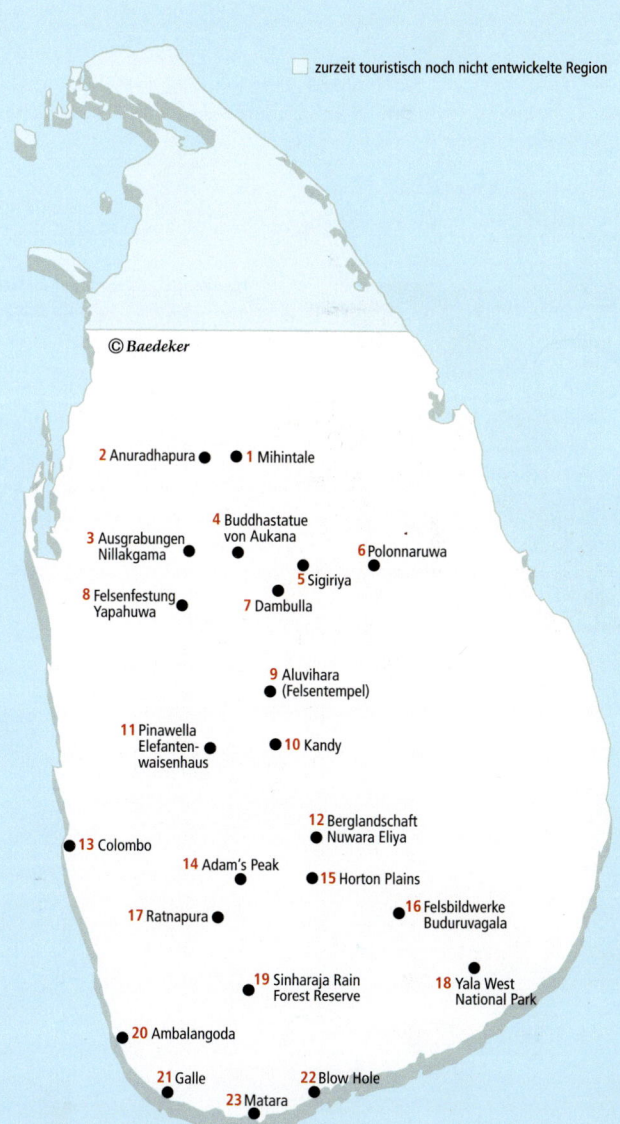

☐ zurzeit touristisch noch nicht entwickelte Region

© Baedeker

2 Anuradhapura ●   ● 1 Mihintale

4 Buddhastatue
von Aukana
3 Ausgrabungen   6 Polonnaruwa
Nillakgama
                                5 Sigiriya
8 Felsenfestung
Yapahuwa   7 Dambulla

9 Aluvihara
(Felsentempel)

11 Pinawella
Elefanten-   10 Kandy
waisenhaus

12 Berglandschaft
Nuwara Eliya
13 Colombo
14 Adam's Peak
15 Horton Plains
17 Ratnapura   16 Felsbildwerke
Buduruvagala

19 Sinharaja Rain
Forest Reserve   18 Yala West
National Park

20 Ambalangoda

21 Galle   22 Blow Hole
23 Matara

10 ✶✶ Kandy

Die einstige singhalesische Königsstadt hat nicht nur zur Perahera im Juli/August etwas zu bieten. Sie gilt als »schönste Stadt im Land« und besitzt neben zahlreichen Kulturgütern auch einen See und ein Naturschutzgebiet im Stadtbezirk.
► Seite 260

11 ✶✶ Elefantenwaisenhaus von Pinawella

Elefanten zum Anfassen nah. Eine Attraktion für Kinder und Erwachsene gleichermaßen. ► Seite 286

12 ✶✶ Berglandschaft von Nuwara Eliya

Das wohltuende Klima und die schöne Landschaft machten die Stadt schon bei den Engländern beliebt. ► Seite 313

13 ✶✶ Colombo

Eine Großstadt, wie sie im Buche steht. Trotzdem wird kaum ein Besucher es unterlassen, Sri Lankas Hauptstadt zu besuchen. ► Seite 213

14 ✶✶ Adam's Peak

Den Sonnenaufgang auf dem Gipfel von Sri Lankas heiligstem Berg sollte man sich nicht entgehen lassen. ► Seite 182

15 ✶✶ Horton Plains

Still ist es auf diesem über 2100 m hohen Plateau. Zum Wandern ist es exzellent geeignet. ► Seite 256

16 ✶✶ Felsbildwerke Buduruvagala

Aus einer schroffen Felswand an einer Lichtung mitten im dichten Wald ragen sieben monumentale Buddha-Statuen heraus, die im 9. und 10. Jh. geschaffen wurden. ► Seite 235

17 ✶✶ Ratnapura

Die Stadt der Edelsteine liegt mitten im Herzen des Tieflands von Sri Lanka. Hier werden in mühseliger Arbeit die Schätze der Erde geborgen. ► Seite 332

Kandy schmiegt sich in eine weite Ebene, die von Bergen schützend umgeben wird. Der See verleiht der Stadt einen zusätzlichen Reiz.

18 ★★ Yala West National Park

Der Park gehört zu den größten Naturschutzgebieten der Insel. Er wurde schon
um 1900 gegründet.   ► Seite 354

19 ★★ Sinharaja Rain Forest Reserve

Echte Dschungelabenteuer kann man noch
in Sri Lankas ältestem Regenwald
erleben.   ► Seite 336

20 ★★ Ambalangoda

Die Stadt ist bekannt für ihre Masken-
schnitzkunst. Sie werden dort noch immer
nach jahrhundertealter Tradition
gefertigt.   ► Seite 184

21 ★★ Galle

Das Herzstück von Galle ist das unter den
Holländern errichtete Fort. Die Stadt lässt
sich gut zu Fuß erwandern und birgt noch

*Über 400 Vogelarten gibt es im Yala
National Park. Diese Watvögel kann man
an vielen seiner Seen beobachten.*

einige weitere Relikte aus der
Kolonialzeit.   ► Seite 236

22 ★★ Blow Hole

Nur sechs Mal auf der ganzen Welt gibt es
ein solches Naturphänomen. Auf Sri Lanka
findet man es in der Umgebung von
Tangalla.   ► Seite 345

23 ★★ Matara

Die südlichste Stadt der Insel war schon
zur Kolonialzeit ein wichtiger Handelsplatz.
Sie liegt schön, aber etwas abseits an einer
weit geschwungenen Bucht. In ihrem
Hinterland finden sich Zimt- und
Teekulturen.   ► Seite 298

DIE BESTEN BAEDEKER-TIPPS

Von allen Baedeker-Tipps in diesem Buch haben wir hier die interessantesten für Sie zusammengestellt. Erleben und genießen Sie Sri Lanka von seiner schönsten Seite!

⚠ Die Reise der Schmetterlinge
Beobachten Sie Tausende der fragilen Insekten auf ihrem Flug zum Adam's Peak. ► Seite 28

⚠ Maskenmuseum
Wertvolle historische Masken und ihre Herstellungsweise werden im Museum von Ambalangoda präsentiert. ► Seite 97

Farbenprächtig und im Original aus Holz gefertigt sind die Masken auf der Insel.

⚠ Ayurveda-Kosmetik
Günstig und ausgezeichnet: Ayurveda-Produkte. ► Seite 144

⚠ Königskokosnuss
Den durststillenden und gesunden Saft der Königskokosnuss erhält man auf Sri Lanka an jeder Straßenecke. ► Seite 206

⚠ Schmuck, Antikes und Kunsthandwerk
Das Historical Museum in Galle ist im Stil historischer Herrenhäuser gestaltet und birgt zahlreiche Schätze. Untergebracht ist es im berühmten Fort. ► Seite 242

⚠ Wandeln auf dem einzigen Pfad
Als Gast auf Zeit meditieren kann man im Kloster auf Polgasduwa. Zugelassen sind jedoch nur Männer. ► Seite 255

⚠ Nach Kandy mit der Bahn
Ein einzigartiges Erlebnis in einer grandiosen Landschaft. Die Bahn überwindet dabei 2000 Höhenmeter. ► Seite 269

⚠ Wenn Babys die Flasche kriegen
Ein Highlight beim Besuch des Elefantenwaisenhauses in Pinawella ist die tägliche Fütterung. ► Seite 284

⚠ Wo der Pfeffer wächst
Rund um Matale gibt es zahlreiche Gewürzgärten mit der Möglichkeit zum Einkauf. ► Seite 297

⚠ Elefanten-Safari
Die Dickhäuter aus der Nähe betrachten. ► Seite 328

Sri Lanka ist von alters her als → Gewürzinsel bekannt.

Der Buddhismus prägt die Kultur der Insel schon seit vielen Jahrhunderten. Im Höhlentempel von Dambulla gibt es eine Vielzahl von Buddha-Figuren aus verschiedenen Epochen.
▶ **Seite 227**

HINTERGRUND

14 **Die Wiege des Buddhismus**
18 **Fakten**
19 Naturraum
24 *Special: Die Sintflut im Paradies*
34 Bevölkerung · Politik · Wirtschaft
36 *Special: Beschreibung eines Konflikts*
48 Religion
56 **Geschichte**
57 Vorgeschichte
59 Die Jahre der ersten Besucher
61 Das Zeitalter der Kolonisierung
64 Ceylon wird unabhängig
66 Aufbau des neuen Staates
68 Der Bürgerkrieg beginnt
70 Seit der Jahrtausendwende

Preiskategorien

▶ **Hotels**
Luxus: ab 100 €
Komfortabel: 50 – 100 €
Günstig: unter 50 €
Für eine Übernachtung im Doppelzimmer

▶ **Restaurants**
Fein & teuer: ab 25 €
Erschwinglich: 15 – 25 €
Preiswert: ab 5 €
Für ein Drei-Gänge-Menü

72 **Kunst und Kultur**
73 Kunstepochen
79 Tempelarchitektur
85 Bildende Kunst
92 Literatur
94 Tanz und Musik
96 Kunsthandwerk
98 Brauchtum
100 **Berühmte Persönlichkeiten**

PRAKTISCHE INFORMATIONEN VON A BIS Z

108 Anreise · Reiseplanung
111 Auskunft
113 Badestrände
113 Mit Behinderung unterwegs

*Von kolonialem Flair geprägt: das
Galle Face Hotel in Colombo*
► **Seite 213**

114 Drogen
114 Elektrizität
114 Essen und Trinken
120 *Special: Vier Pfund Blätter,
ein Pfund Tee*
122 Feiertage · Feste · Events
125 Geld
126 Gesundheit
129 Mit Kindern unterwegs
129 Knigge
131 Literatur
133 Maße und Gewichte
133 Medien

134 Nationalparks
137 Notrufe
137 Post und Telekommunikation
138 Preise · Vergünstigungen
139 Prostitution
140 Reisezeit
143 Shopping
146 Sicherheit
147 Sprache
151 Übernachten
153 Urlaub aktiv
156 Verkehr
159 Zeit

TOUREN

164 Touren auf Sri Lanka
166 Tour 1: Große Inselrundfahrt
171 Tour 2: Auf königlichen Spuren
175 Tour 3: Das zentrale Bergland
177 Tour 4: Kombination mit Tour 3

REISEZIELE VON A BIS Z

182 Adam's Peak
184 Ambalangoda
187 Ampara
188 Anuradhapura
201 Aukana
202 Avissawella
203 Bandarawela

*Mühsam geerntet, aber ein Hochgenuss:
Tee aus Sri Lanka.*

Axis-Hirsche im Yala National Park
▶ Seite 354

205	Batticaloa	309	Nuwara Eliya
208	Bentota	314	Polonnaruwa
210	Beruwala	329	Pottuvil
212	Chilaw	330	Puttalam
213	Colombo	332	Ratnapura
227	Dambulla	334	*Special: Die Stadt der edlen Steine*
230	*3 D: Höhlentempel von Dambulla*	337	Sigiriya
233	Dedigama	342	*3 D: Felsenfestung von Sigiriya*
234	Ella	345	Tangalla
236	Galle	347	Tissamaharama
244	Gal Oya National Park	350	Trincomalee
247	Giritale	353	Weligama
248	Hambantota	354	Yala National Park
250	Hatton · Dikoya	356	Yapahuwa
251	Hikkaduwa		
256	Horton Plains		
257	Jaffna	360	Glossar
259	Kalutara	364	Register
260	Kandy	368	Bildnachweis
270	*3 D: Dalada Maligawa*		Verzeichnis der Karten und grafischen Darstellungen
281	Kataragama		
284	Kegalla	369	atmosfair
285	Kelaniya	370	Impressum
286	*Special: Ein Waisenhaus für Elefanten*		
289	Kurunegala		
292	Mahiyangana		
296	Matale		
298	Matara		
299	Medirigiriya		
301	Mihintale		
305	Monaragala		
307	Negombo		

nachdenken · klimabewusst reisen
atmosfair

In Kalutara befindet sich die einzige begehbare Dagoba der Insel.
▶ Seite 259

Hintergrund

KURZ UND KNAPP, VERSTÄNDLICH
GESCHRIEBEN UND SCHNELL
NACHZUSCHLAGEN: WISSENSWERTES
ÜBER LAND UND LEUTE, RELIGION,
WIRTSCHAFT UND KUNST,
GESCHICHTE SOWIE ALLTAGSLEBEN

DIE WIEGE DES BUDDHISMUS

»Als Buddha in dieses Land kam, wünschte er die bösen Drachen zu bekämpfen …«, schrieb der chinesische Mönch Fa-Haien im 5. Jh. n. Chr. in seinem Bericht, nachdem er die Insel Sri Lanka besucht hatte. Ob es auf dem Eiland vor dem indischen Subkontinent jemals Drachen gegeben hat, verliert sich im Dunkel von Mythos und Religion. Tatsache ist jedoch der Tsunami, der am 26. Dezember 2004 dort wütete und die Insel Sri Lanka ins Rampenlicht der Weltöffentlichkeit brachte.

Für eine Reise nach Sri Lanka gibt es viele gute Gründe. Türkisfarbenes Meer, sanft im Wind sich wiegende Palmen, angenehme Temperaturen, eine bezaubernde, üppige Landschaft. Aber gibt es nicht auch andere Inseln auf dieser Erde, auf die all das mindestens genauso zutrifft? Warum sollte man dann auf eine Insel fahren, die mal mehr, mal weniger regelmäßig die Weltöffentlichkeit beschäftigt, sei es wegen Bürgerkriegen oder wegen Naturkatastrophen?

Es gibt viele Gründe! An erster Stelle ist es die fast sprichwörtliche Gastfreundschaft der Inselbewohner, die man schon unmittelbar nach dem Betreten des Landes spürt. Das Lächeln, mit dem man hier empfangen wird, ist herzlich, es wirkt nicht aufgesetzt. Hier wird man als Tourist – zumindest hat man den Eindruck – nicht gleich auf die

Ein Lächeln gewinnt
Als Urlauber erkennt man kaum, ob sein Gegenüber ein Tamile oder Singhalese ist.

Ausstattung der Geldbörse taxiert. Und es scheint, als gäben sich die Ceylonesen, egal ob Singhalesen oder Tamilen, alle Mühe, den ethnischen Konflikt vergessen machen zu wollen. Denn wer mit offenen Augen durchs Land fährt, wird erkennen, dass die meisten Singhalesen und Tamilen friedlich zusammenleben.

Prächtige Kultur, vielfältige Natur

Sri Lanka hat aber auch eine Geschichte zu bieten, die weit bis in die Zeit vor Christus zurückreicht. Einzigartige Kunstwerke und erhabene Bauten sind die sichtbaren Zeugnisse einer tief verwurzelten Religiosität. Die Werke der buddhistischen Kultur sind in ihrer Schönheit denen anderer Hochkulturen durchaus ebenbürtig. Wer an den

Bezaubernde Malerei
Die Wolkenmädchen von Sigiriya sind so berühmt wie geheimnisvoll. Ihre Bedeutung ist noch ungeklärt.

Im Paradies wohnen
Sri Lanka bietet Unterkünfte in allen Preisklassen: vom Luxusresort bis hin zum einfachen Gästehaus.

Natur erleben
Die Nationalparks von Sri Lanka präsentieren sich mit einer einzigartigen Natur und Tierwelt.

Strandleben
Sri Lankas Küste bietet kilometerlange, traumhaft schöne Strände. An manchen Orten sind sie sehr belebt und quirlig, an anderen idyllisch und einsam.

Stadtleben
Diese dreirädrigen Gefährte eignen sich auch hervorragend für den Verkehr in Großstädten wie Colombo, Kandy oder Galle.

Großartige Architektur
Einfallsreich wurde der 200 m hohe Felsen in die Architektur der Palastanlage von Sigiriya einbezogen.

Dagobas, Tempeln und Palästen achtlos vorbeigeht und seine Tage nur an den zugegebenermaßen herrlichen Stränden verbringt, hat Sri Lanka zwar erlebt, aber nicht gesehen, denn der wahre Reiz erschließt sich nur demjenigen, der sich ins Landesinnere begibt, etwa in das Hochland um Nuwara Eliya, zu den alten Königsstädten Anuradhapura oder Polonnaruwa. Kultur pur belohnt den Unternehmungsgeist, und wer einmal am Fuß der berühmten Felsenfestung von Sigiriya gestanden hat, wird angesichts der schier unvorstellbaren, vor vielen Jahrhunderten erbrachten Leistung verstummen. Unübersehbar sind auch die Spuren, die die portugiesischen, holländischen und britischen Kolonialherren hinterließen – darunter imposante Festungen, mit denen sie ihre zeitweilige Macht über Sri Lanka zu erhalten suchten.

Nicht zu vergessen die Vielfalt der Tierwelt: Hier gibt es Geschöpfe, die sonst nirgendwo mehr auf der Erde zu finden sind. Und wo findet man sonst schon ein offizielles Waisenhaus für Elefantenkinder wie das von Pinawella? Aber auch Sri Lankas Naturschönheiten sind einzigartig. Neben den palmengesäumten Stränden, die zu den schönsten dieser Erde zählen und neben Erholung auch viele Möglichkeiten zu sportlicher Aktivität bieten, gibt es das Bergland mit seinen dichten Urwäldern, Wasserfällen und einer üppigen Flora und Fauna. Hinzu kommen schier endlose Plantagen, auf denen der in der ganzen Welt beliebte wunderbare Tee wächst.

Buddhistisch geprägt
Auch heute noch sieht man Mönche jeden Alters auf Sri Lanka.

Da der in Sri Lanka praktizierte Buddhismus noch sehr rein und unverfälscht ist, sind die religiösen Stätten auf der Insel das ganze Jahr über Ziel zahlreicher Pilgerfahrten. Die farbenfrohen religiösen Feste sind voller Mystik und nicht nur für die Gläubigen, sondern auch für Touristen ein unvergessliches Erlebnis.

Perle im Indischen Ozean

Allein die Tatsache, dass man auf diesem kleinen Flecken Erde, der wie ein von lässiger Hand vor die Küste Indiens in den Indischen Ozean geworfener Tropfen wirkt, so vielfältige Erfahrungen machen kann, die jenseits aller Postkartenidylle liegen, lohnt eine Reise in den faszinierenden Inselstaat. Was Sri Lanka zu bieten hat, ist viel mehr als negative Schlagzeilen. In diesem Sinne: Ayubovan – Willkommen auf Sri Lanka!

Fakten

Viele Hundert Kilometer herrlicher Badestrände und ein vielgestaltiges, immergrünes Bergland mit schroffen Gipfeln und sanften Tälern prägen das Landschaftsbild von Sri Lanka. Einzigartige kulturelle Schätze sind nicht nur Anschauungsobjekte für Archäologen, sondern werden seit Jahrtausenden verehrt und sind fest eingebunden in das religiöse Leben der Bevölkerung.

Naturraum

Bis vor etwa 12 Mio. Jahren war die Insel Sri Lanka mit dem indischen Subkontinent verbunden. Die Trennung fand durch intensive tektonische Vorgänge während des Erdmittelalters (Tertiär) statt, als weitgehend das heutige Bild der Erde entstand. Zuvor bereits – ca. 250 bis 150 Mio. Jahre vor unserer Zeit – waren die beiden Urkontinente Gondwana und Laurasia zerbrochen. Indien, das ursprünglich zum nördlichen Kontinent Laurasia gehörte, driftete nach Süden und erreichte Gondwana. Sri Lanka ist **demnach eine winzige Absprengung des indischen Subkontinents**, die bei diesem Prozess entstand.

Einst Teil von Indien

Die als indischer Kontinentalschelf bezeichnete Meerenge zwischen dem indischen Subkontinent und der Insel Sri Lanka entstand durch einen Anstieg des Meeresspiegels. Dabei versank die Landverbindung zwischen Festland und Insel, allerdings blieb dabei die Adams Bridge, eine ca. 86 km lange, aus Korallenbänken, Sanddünen und kleinen Inseln bestehende Verbindung bestehen.

Aus geologischer Sicht gehört die Insel zum Hochland des Dekkan, das die gesamte vorderindische Halbinsel südlich des 25. Breitengrades einnimmt. Gemeinsam ist beiden Landschaften, dass sie von präkambrischen, kristallinen Gesteinen geprägt werden, die mit einem Alter von bis zu 4,3 Millarden Jahren zu den ältesten der Erde gehören. Sie entstanden zu einer Zeit, als sich die Erdkruste allmählich abkühlte. Jüngere Gesteine – stark verkarstete Kalke aus dem Tertiär – gibt es nur im Norden und Nordwesten von Sri Lanka auf der Halbinsel Jaffna sowie auf einem schmalen Saum an der Westküste, der südwärts etwa bis nach Puttalam reicht. Sie überlagern den alten kristallinen Sockel, der an dieser Stelle eine weite Mulde bildet.

Uralte Gesteine

Ähnlich einfach wie der geologische Aufbau der Insel ist die Gliederung der Oberflächengestalt, die in **lediglich zwei Großformen** unterschieden werden kann. Der Inselkern wird bestimmt von einem in der Südhälfte gelegenen und bis zu 2500 m ü.d.M. hohen Hochgebirge, dem sogenannten Zentralen Hochland (Central Highlands), das sich in nur wenigen Stufen steil aus den Ebenen erhebt. Es nimmt ca. ein Fünftel der Inselfläche ein. Erheblich größer sind die ausgedehnten und nur schwer gliederbaren Ebenen, die das Gebirge konzentrisch umschließen. Sie bedecken den größten Teil der Insel. Im Süden und Westen bilden sie einen schmalen, 30 bis 50 km breiten Streifen. Der Norden und der Osten werden fast vollständig von Flachland geprägt.

Oberflächengestalt

← *Mächtige Wasserfälle gibt es in den Central Highlands, dem bis zu 2500 m ü.d.M. reichenden Hochgebirge.*

Landschaftsräume

Südwestlicher Inselteil

Der dem Regen bringenden Sommermonsun vor allem ausgesetzte Tieflandstreifen im Südwesten der Insel bildet den **Kernraum** Sri Lankas, und zwar sowohl hinsichtlich seiner Bevölkerungsdichte als auch in Bezug auf seine wirtschaftliche Bedeutung. Das ganzjährig feuchte Klima bietet zusammen mit fruchtbaren Böden optimale Voraussetzungen für eine vielseitige Landwirtschaft. Ausgedehnte Kokospalmenbestände und intensiv bewirtschaftete Reisanbauflächen werden durch großflächige Gemüse- und Obstplantagen ergänzt. Die starke Besiedelung dieses Gebiets bringt jedoch auch Probleme mit sich, unter denen vor allem die kleinbäuerlich strukturierten Landwirtschaftsbetriebe zu leiden haben.

Zentrales Hochland

Tropisches immerfeuchtes Klima herrscht auch an der Westflanke des Zentralen Hochlands, die ebenfalls den feuchten Luftmassen des Sommermonsuns zugewandt ist. Allerdings bedingen die großen Höhenunterschiede ein völlig anderes Landschaftsbild, denn mit zunehmender Höhe gehen die Temperaturen kontinuierlich zurück. Auffallend sind in diesem Inselteil weitläufige **Kautschuk- und vor allem Teeanpflanzungen**. Beide Kulturpflanzen waren auf Sri Lanka im Übrigen völlig unbekannt! Sie wurden erst von den britischen Kolonialherren eingeführt, prägen aber seither entscheidend das Wirtschaftsleben und die Landschaft der Insel.

Reisterrassen bestimmen das Landschaftsbild von Sri Lanka.

Nicht zuletzt wegen dieser **großflächigen Plantagenwirtschaft** ist die Besiedelung weitaus geringer als im zuvor genannten Tieflandgebiet. Zwar gibt es hier kaum wirtschaftliche Probleme, doch war dieses Gebiet in der Vergangenheit mehrfach Ausgangspunkt sozialer Spannungen zwischen Singhalesen und Tamilen indischer Abstammung, da Letztere hauptsächlich als gering bezahlte Arbeiter auf den Plantagen beschäftigt werden.

Die Ostseite des Zentralen Hochlands hingegen wird in klimatischer Hinsicht vom Wintermonsun geprägt. Die niedrigeren Temperaturen sowie eine ausgeprägte sommerliche Trockenzeit gestatten aber auch hier noch ausgedehnte Teeplantagen, zu denen sich freilich nicht weniger große **Reis- und Gemüseanbauflächen** gesellen.

Das im Regenschatten und im verkehrsmäßigen Abseits der Insel gelegene südöstliche Tiefland ist einer der am dünnsten besiedelten Räume Sri Lankas. Dazu tragen die fünf ariden (= heißtrockenen) Monate von Oktober bis Februar bei, die eine profitable Landwirtschaft kaum ermöglichen. In der Vergangenheit soll dies noch anders gewesen sein: Zu Zeiten des altsinghalesischen Königreichs galt diese Region als »Reiskammer Ceylons«. **Südöstliches Tiefland**

Obwohl die von der Natur vorgegebenen Bedingungen – vor allem schlechtere Böden – so ungünstig sind wie nirgendwo sonst auf Sri Lanka, verstanden es die Bewohner des Jaffna-Tieflands im Norden der Insel, allen Widrigkeiten zum Trotz hier eine recht ertragreiche Landwirtschaft aufzubauen. Ein kunstvoll und durchdacht angelegtes **Bewässerungssystem**, durch das während der Regenzeit gesammelte Wasservorräte v. a. in die Reisfelder und Gemüseplantagen geleitet werden, schuf die Voraussetzungen dafür. Allerdings hinterließ der Bürgerkrieg unübersehbare Spuren im Landschaftsbild, da die militärischen Auseinandersetzungen zwischen Tamilen und Singhalesen in dieser Region am heftigsten waren. Sie waren auch nicht zuletzt Grund für eine allerdings nach wie vor anhaltende Landflucht, besonders in die Ballungszentren rund um die Hauptstadt Colombo. **Jaffna-Tiefland**

Von den zahlreichen Bergen, die sich aus dem im Inselinneren gelegenen zentralen Gebirgsmassiv (Central Highlands) erheben, ragen 15 höher als 2000 m über den Meeresspiegel hinaus. Die höchsten davon heißen Pidurutalagala (2524 m ü.d.M.), Kirigalpotta (2395 m ü.d.M.), Totapola (2359 m ü.d.M.) und Kudahakgala (2351 m ü.d.M.). Trotz einer Höhe von »nur« 2243 m ü.d.M. gilt der **Sri Pada** (auch Adam's Peak genannt) als bedeutendste Erhebung. Er wird von den Gläubigen als »heiliger« Berg hoch verehrt und ist das ganze Jahr über das Ziel vieler Tausend Pilger. **Erhebungen**

Fünf Flüsse sorgen auf Sri Lanka für eine gute Bewässerung der Tiefebenen. Mit 332 km ist der bei Mutur (südlich von Trincomalee) in den Golf von Bengalen mündende Mahaweli Ganga der Längste. **Flüsse**

Weitere wichtige Flüsse sind der Aruvi Aru (Länge 167 km, Mündung südlich von Mannar in den Golf von Mannar), der Kala Oya (155 km, Mündung nördlich von Puttalam in den Golf von Mannar), der Kelani Ganga (154 km, Mündung nördlich von Colombo in den Golf von Golf von Mannar) sowie der Kalu Ganga (110 km, Mündung südlich von Colombo bei Kalutara in den Golf von Mannar). Alle Flüsse von Bedeutung entspringen an den Hängen des zentralen Gebirgsmassivs.

Bewässerungs-system

Eine kaum zu überbieten Leistung vollbrachten die Singhalesen mit der Anlage eines sorgfältig durchdachten und sinnvoll angelegten Bewässerungssystems. Bereits im 5. Jh. n.Chr. entstanden **Wewas – künstlich angelegte Seen**, in denen während der Monsunzeit das Wasser gesammelt und durch Kanäle weitergeleitet wird. Seinen größten Ausbau erlebte dieses Bewässerungssystem im 12. Jh., als König Parakramabahu I. die Erkenntnis »Kein Tropfen Wasser soll ins Meer fließen, der nicht zuvor dem Menschen zugute gekommen ist« praktisch umsetzte. Durch das dichte Netz von Tanks (wie die englischen Kolonialherren das Wewa-System nannten), erhält die Landwirtschaft das ganze Jahr über das benötigte Wasser, das im Regelfall zwei Reisernten pro Jahr ermöglicht. Diese Tanks sind zwar teils sehr großflächig, besitzen aber eine nur geringe Wassertiefe von maximal fünf Metern. Trotzdem sind die Kunstseen auch für den Fischfang von Bedeutung. Darin leben z.B. **vorzügliche Speisefische** wie der Gurami oder der Telapia. In jüngster Zeit wurden hier sogar Karpfen gezüchtet, die eine Bereicherung der Speisekarte für die Landbevölkerung darstellen.

In den 80er-Jahren des 20. Jh.s wurde das jahrhundertealte System der Wewas **durch künstlich angelegte Stauseen ergänzt**. So wurde der Mahaweli Ganga durch den Bau des 122 m hohen und 520 m langen Victoria-Damms östlich von Kandy aufgestaut. Er ist ein Teil des Mahaweli-Project, das insgesamt aus vier Staudämmen besteht. Heute werden hier fast zwei Drittel des gesamten Energiebedarfs der Insel mit Wasserkraft erzeugt.

Pflanzen und Tiere

Der tropische Regenwald

Die außerordentlich üppige Vegetation der Insel Sri Lanka ist in erster Linie dem ganzjährig feuchtheißen Klima zuzuschreiben. Was heute jedoch noch zu sehen ist, entspricht nur noch einem geringen Teil der Flora, die Sri Lanka einst bedeckte, und von dem über Jahrmillionen hinweg gewachsenen ursprünglichen Regenwald, der sich durch eine unübersehbare Artenvielfalt auszeichnete und Heimat für zahllose Pflanzen und Tiere war, sind heute nur noch äußerst spärliche Reste vorhanden. Durch **exzessiven Edelholzeinschlag**, aber auch durch Brandrodung blieb vom Urwald, der noch vor etwa zwei Jahrhunderten einen Großteil der Insel bedeckte, nur noch ein knappes Fünftel übrig.

Viel zu spät reagierte die Regierung in Colombo auf diesen Raubbau an der Natur. Immerhin begann sie in den 70er-Jahren des 20. Jh.s, einen Teil der verbliebenen Wälder unter **Naturschutz** zu stellen. Auch wurden einige gerodete Gebiete wieder aufgeforstet, allerdings zumeist mit schnell wachsenden Nutzhölzern, die den tropischen Regenwald nur im Hinblick auf den wirtschaftlichen Nutzen des Holzes ersetzen können, was immerhin schon ein Vorteil ist. Ein Ersatz hinsichtlich der großen Bedeutung des Regenwalds für das interkontinentale Erdklima sind sie jedoch nicht.

Der tropische Regenwald gliedert sich in **fünf Stockwerke**, die sich   ◄ Gliederung
durch ihre Höhe deutlich unterscheiden lassen. Die das ganze Jahr über gleichmäßige Durchschnittstemperatur, die etwa zwischen 24 und 30 °C liegt, sowie ergiebige Niederschläge von mehr als 2000 mm pro Quadratmeter sind die ideale Voraussetzung für das Gedeihen dieses Waldes. Seine imposantesten Vertreter sind die bis zu 50 m hohen Urwaldriesen, die sich im stetigen Kampf um das Licht der Sonne als Sieger erweisen. Bis zum Boden, der eine recht fruchtbare Grundlage für das Wachstum

> **?** **WUSSTEN SIE SCHON …?**
>
> ■ … dass die Regierung von Sri Lanka alljährlich im September und Oktober kostenlos Jungbäume an die Bevölkerung ausgibt, um den jahrzehntelangen Raubbau an den heimischen Wäldern auszugleichen? Allerdings reicht deren Zahl längst nicht aus, um die in der Vergangenheit angerichteten Schäden zu reparieren.

neuer Pflanzen bildet, gelangt nur noch ein Bruchteil des Sonnenlichts. Dieser Umstand verlangt von jenen Pflanzen, die überleben wollen, Assimilationsfähigkeiten, die sich über Jahrmillionen hinweg entwickelten. Zu ihnen zählen zum Beispiel zahlreiche Farnarten, die durch unterschiedlich ausgeformte Blätter versuchen, auch den schwächsten Sonnenstrahl zu erhaschen.

Der tropische Regenwald beherbergt auf einer relativ kleinen Fläche   ◄ Artenvielfalt
mehr Arten, als es beispielsweise auf dem amerikanischen Kontinent gibt. Botaniker zählten auf einer Waldfläche von nur einem Quadratkilometer mehr als 300 verschiedene Bäume, Sträucher und Blumen. Dieser außerordentliche Artenreichtum bringt es mit sich, dass es von jeder einzelnen Art oft nur verhältnismäßig wenige Exemplare gibt. Zu den typischen Bäumen des Regenwalds zählen zahlreiche Dipterocarpi-Arten, von denen es mehr als 250 verschiedene gibt. Bemerkenswert ist auch die große Anzahl verschiedener Farne.

Eine Untergruppe der tropischen Regenwälder stellen die   **Bergregenwälder**
Bergregenwälder dar, die man auf Sri Lanka am ehesten noch im zentralen Inselteil findet. Seine höhere Lage und die damit verbundenen niedrigeren Temperaturen bewirken, dass diese Art Wald längst nicht so hoch wird. Bäume mit einer Höhe von 22 bis 25 m zählen hier schon zu den Riesen. Beachtlich ist jedoch die **Vielfalt an Blumen** wie z. B. Orchideen, von denen es allein in diesen Regionen etwa 125 verschiedene Arten gibt.

Es wird noch einige Zeit dauern, bis die Ortschaften, die der Tsunami zerstört hat, wieder vollständig aufgebaut sind.

DIE SINTFLUT IM PARADIES

Am 26. Dezember 2004 um 1.58 Uhr mitteleuropäischer Zeit (7.58 Uhr Ortszeit von Sumatra) erschütterte das zweitstärkste jemals registrierte Erdbeben mit der Magnitude 9,3 auf der nach oben offenen Richterskala die Erde in rund 40 km Tiefe knapp südwestlich der Nordspitze von Sumatra. Die abgegebene Energie war so gewaltig, dass der Erdball noch einen Tag lang vibrierte. Der nachfolgende Tsunami verwandelte weite Küstenstriche Südostasiens in eine Katastrophenregion. Allein auf Sri Lanka forderte der Tsunami ca. 38 000 Menschenleben.

Der bis zu 30 m hohe Tsunami (japan. »tsu« = Hafen und »nami« = Welle: Welle im Hafen) brachte den Tod. Hunderttausende erlitten schwere Verletzungen und mehr als drei Millionen Menschen in den von der Naturkatastrophe am härtesten betroffenen Küstenregionen von Nordwest-Sumatra, auf den Inseln der Andamanen und Nikobaren, in Thailand, auf Sri Lanka und in Südostindien, wurden obdachlos.

Es beginnt mit dem Beben

Sumatras Westküste ist für Erdbebenforscher eine besondere Region. Hier treffen zwei **tektonische Erdplatten** aufeinander. In einer sogenannten Subduktionszone schiebt sich die Indisch-Australische Platte mit einer Geschwindigkeit von zehn Zentimetern pro Jahr nach Osten unter die Eurasische Platte, auf der auch Sumatra liegt. Das geht nicht reibungs-

los vonstatten: Immer wieder verhaken sich die Gesteinsplatten ineinander, wobei die oben liegende Eurasische Platte nach unten gezogen und in Richtung Osten verbogen wird. Diese Knautschzone am Meeresgrund wird durch den Sundagraben markiert. Am Morgen des 26. Dezember 2004 erreichte die nahezu 200 Jahre lang aufgestaute Spannungsenergie einen kritischen Schwellenwert. Auf einer Fläche von 100 000 km² riss die Kontaktfläche beider Platten urplötzlich auf. Schlagartig, wie bei einer gespannten Feder, schnellte der Rand der Eurasischen Platte auf einer Länge von rund 500 km bis zu 13 m nach Westen in seine Ausgangslage zurück. Gleichzeitig hob sich der Ozeanboden um zwei bis drei Meter und mit ihm die darüber liegende Wassersäule. Unvorstellbar gigantische Wassermassen gerieten in Bewegung und eine asymmetrische

Inzwischen gibt es Hinweisschilder, die die Richtung zum Landesinneren angeben. Dort ist man nach zwei bis sieben Kilometern in Sicherheit.

Front aus Wellenbergen und Wellentälern breitete sich mit einer Geschwindigkeit von rund 700 km/h nach allen Richtungen aus. Innerhalb der nächsten zehn Stunden erschütterten 15 heftige **Nachbeben** den Meeresgrund und rissen die Bruchzone bis auf 1000 km auf.

Die Wellen folgen

Schon eine Viertelstunde nach dem großen Schlag brachen mehr als zehn Meter hohe Wellenfronten über die Küste der Provinz Aceh auf Nordsumatra und die zu Indien gehörenden Inseln der Nikobaren und Andamanen herein. Eine halbe Stunde später erreichten die todbringenden Wellen die Westküste Thailands und nach zwei bzw. dreieinhalb Stunden Sri Lanka und die Malediven. Erst zehn Stunden nach ihrer Entstehung fand diese enorme Flut mit immer noch meterhohen Wellen an der afrikanischen Ostküste ihr Ende.

Sri Lankas betroffene Gebiete

Auf Sri Lanka wurden besonders die östlichen sowie die südlichen und südwestlichen Küstenregionen schwer getroffen. Einige Ortschaften direkt an der Küste wurden völlig zerstört. Andere Urlaubsparadiese wurden zumindest stark verwüstet. Einheimische und Touristen ließen in den Fluten ihr Leben.

Die Zerstörungskraft des Tsunamis war von Bucht zu Bucht sehr unterschiedlich. **Der Grund** dafür war die stark gegliederte Küstenlinie und die unterschiedliche Form des Küstenvorfelds, wodurch die Kraft der anlaufenden Wasserberge gemindert oder verstärkt wurde. An vorspringenden Außenküsten verteilte sich die Wellenenergie, während sie in flachen Buchten mit Sandstränden noch gebündelt wurde. Hotelbauten an der Hochwasserlinie und die Zerstörung des natürlichen Küstenschutzes wie Pinienwälder, Lagunen, Dünen- und Mangrovengürtel und sogar Korallenriffe trugen nicht unwesentlich zur katastrophalen Wirkung der Wellen bei.

Auslöser

Nicht jedes Erdbeben löst einen Tsunami aus. Kritisch wird es aber ab **Stärke 7**. Dabei hängt die Ausbreitungsgeschwindigkeit der Wellen von der Wassertiefe ab. Im sehr tiefen Ozeanbecken (durchschnittlich 5000 Meter) erreichen die Wellen eine Geschwindigkeit bis zu 800 km/h, im Küstenbereich nur noch ca. 10 km/h. In seichten Gewässern werden die schwingenden Wassermassen nämlich in ihrer Vorwärtsbewegung ausgebremst. Die Wellenkämme rücken dafür immer näher zusammen und steilen sich auf.

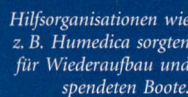

Hilfsorganisationen wie z. B. Humedica sorgten für Wiederaufbau und spendeten Boote.

Frühwarnsystem

Hätte es ein Frühwarnsystem gegeben, wie es im Pazifik schon seit Jahrzehnten existiert, dann wären die Opferzahlen erheblich geringer gewesen. Aber auch schon das bloße Wissen über die natürlichen Anzeichen und das richtige Verhalten bei einem drohenden Tsunami hätten geholfen. Schon drei Wochen nach der Katastrophe beschlossen Indonesien und Deutschland, ein Tsunami-Frühwarnsystem für den Indischen Ozean aufzubauen. Seit 2008 liefert es aus der durch Seebeben am meisten gefährdeten Region, dem Sundabogen, Daten, die allen Anrainerstaaten für eine schnelle und zuverlässige Tsunamiwarnung zur Verfügung stehen. Verantwortlich für die Koordination und die Durchführung des Projekts ist das **Geoforschungszentrum** in Potsdam. Sein weltweit anerkanntes Erdbeben-Überwachungsnetz bildet die Grundlage des neuen Warnsystems. Regionale Messwerte an Land, aus dem Meer und über Satelliten sowie Daten über Deformationen am Meeresgrund ergänzen das System. Um Fehlalarme zu vermeiden, muss ein Tsunami auch ozeanografisch erfasst werden. Dazu dienen Druckpegel am Ozeanboden und spezielle GPS-Bojen, die an strategisch wichtigen Punkten verankert wurden. Hinzu kommen Beobachtungen von neuen Pegelstationen an den umliegenden Insel- und Festlandküsten. Alle Daten laufen zeitgleich in nationalen bzw. lokalen Warnzentren zusammen. Hier wird mit Computersimulationen, die neben Gezeiten- und Wettermodellen auch Landkarten einbeziehen, die wahrscheinliche Höhe und Zerstörungskraft eines Tsunamis für gefährdete Küstenabschnitte berechnet. Im Ernstfall ist der auszulösende Alarm dann nur noch eine Sache von Minuten.

Natürliche Anzeichen

Untrügliches Zeichen für einen unmittelbar bevorstehenden Tsunami ist der Abfall des Meeresspiegels um mehrere Meter in kurzer Zeit (fünf bis zehn Minuten), wobei der Meeresgrund großflächig freigelegt wird. Je nach Periode der Tsunamiwellen folgt in Kürze (in wenigen bis maximal 30 Minuten) die erste große Wellenfront. Ebenso alarmierend ist ein spürbares Erdbeben im Küstenbereich. Liegt das Epizentrum, wie in Sumatra, unweit der Küste, können die Wellen schon nach wenigen Minuten eintreffen. Die sofortige Flucht in sichere Stahlbetonbauten oder in höher gelegene Orte ist dann geboten.

Da Tsunamis sehr selten sind, sollte man sich die Badefreuden an den Traumstränden von Sri Lanka aber nicht nehmen lassen.

Zu den Sekundärwäldern, also jenen Wäldern, die wieder aufgefors- **Monsunwald**
tet wurden oder nach der Abholzung von selbst nachwuchsen, zählen
die Monsunwälder. Auf Sri Lanka findet man sie in den Feuchtgebie-
ten der Insel, also in den tiefer gelegenen Gebieten im Norden und
Osten. Bestimmend ist für sie die **savannenartige Vegetation** mit einer spärlichen Artenvielfalt. Das halbaride Klima fordert den Pflanzen eine gewisse Anspruchslosigkeit ab.

Seit Anfang der 90er-Jahre des 20. Jh.s wird der Einschlag von tropi- **Tropische Hölzer**
schen Hölzern, insbesondere der von Teakholz, **streng überwacht**.
Über die ganze Insel verteilt gibt es an strategisch gelegenen Straßen
sogenannte »Timber Check Points«, an denen durchfahrende Holz-
transporter kontrolliert werden. Mit dieser Maßnahme versucht die
Regierung, zum Bestand der tropischen Wälder beizutragen, die eine
wichtige Voraussetzung für den Erhalt des insularen Klimas sind.
Verstöße gegen die Limitierung des Holzeinschlags werden offiziell
mit hohen Geldbußen belegt. Um den Bedarf an tropischen Hölzern
zu decken, werden sie seit den 1970er-Jahren in großflächigen Plantagen gezogen.

Bedenkt man die Tatsache, dass Sri Lanka eine Insel ist, stellt die **Entwicklung**
Vielfalt der Tierwelt einen besonders bemerkenswerten Umstand dar. **der Tierwelt**
Die Ursache ist darin zu suchen, dass die Insel einst mit dem indischen Subkontinent durch eine **Landbrücke** verbunden war. Zu dieser Zeit gelangten zahlreiche nicht flugfähige Landtiere auf die Insel.
Sie fanden Lebensräume in den tropischen Regenwäldern, die Sri
Lanka noch bis vor wenigen Jahrhunderten zu gut zwei Dritteln bedeckten. Im Zuge der Vernichtung dieser Wälder durch den Menschen waren Vögel, Insekten, Säugetiere und Reptilien jedoch gezwungen, sich Rückzugsgebiete zu suchen.

Von den offiziell registrierten 427 Vogelarten leben etwa 250 ständig **Beeindruckende**
auf der Insel, der Rest sind Zugvögel wie zum Beispiel verschiedene **Vogelvielfalt**
Schwalbenarten, die Sri Lanka entweder als Zwischenstation oder als
Winterquartier nutzen. Von den dauerhaft hier lebenden Vögeln
sind **21 endemisch**, das bedeutet, sie sind nur noch auf Sri Lanka
und dort namentlich in den Feuchtregionen zu finden. Zu ihnen
zählen einige Papageienarten sowie Sittiche und Singvögel wie zum
Beispiel die Brahminenweihe, ein Greifvogel, der Fischuhu, eine Art
des Schlangenhalsvogels und eine Art des so farbenprächtigen King-
fishers. Endemisch sind außerdem der Ceylon-Star, der Schwarz-
kopf-Ibis, der Weißbauch-Seeadler und das Sri-Lanka-Dschungel-
huhn. Die zahlreichen Pfauen gelten als Symbol für Schönheit und
Eleganz.
Die von der Regierung ausgewiesenen Naturschutzgebiete sind ideale
Lebensräume für Vögel. Besonders viele kann man bei einem Besuch
des **Kumana-Vogelreservats** in der Ostprovinz oder in den Naturschutzgebieten von Bundala, Kalametiya und Wirvila im Süden der

Insel beobachten. Bundala ist bekannt für seine zahlreichen Flamingos, Kitulgala für die hohe Zahl endemischer Vögel.

Schmetterlinge Auch die Zahl der Schmetterlingsarten, die auf Sri Lanka leben, ist beachtlich: **Nicht weniger als 242 Arten** sind registriert. Die meisten von ihnen leben in den unteren Berglandregionen, etwa bis zu einer Meereshöhe von 1000 m. Nur sechs Schmetterlingsarten leben in höheren Regionen.

Moskitos Zu den weniger geschätzten Insekten zählen Moskitos, die vor allem in den Abendstunden recht lästig werden können.

Flughunde Zahlreich sind die fledermausartigen Flughunde, die tagsüber schlafend in den Bäumen hängen und erst in den Abend- bzw. Nachtstunden aktiv werden. Dann schwärmen sie zur Nahrungssuche aus und vermitteln dem überraschten Beobachter nicht selten einen gespenstischen Eindruck. Allerdings sind sie äußerst scheu und vermeiden den Kontakt mit dem Menschen.

Affen Zu den Bewohnern Sri Lankas, die bisweilen recht keck sind, zählen die Affen. Zu den endemischen Arten gehören der am purpurroten Gesicht erkennbare Blattaffe und der Bäraffe, den man nur noch im Bergland antrifft. Am häufigsten vertreten sind Makaken und Languren sowie der vorzugsweise auf Bäumen lebende Grey Monkey. Letzterer gilt bei den Hindus übrigens als heiliges Lebewesen, da er in dem indischen Epos Ramayana als Affengott Hanuman die von dem Riesen Ravana auf Sri Lanka verschleppte Prinzessin Sita befreit haben soll.

! **Baedeker TIPP**

Die Reise der Schmetterlinge

Ein besonderes Ereignis für Freunde der Schmetterlinge ist die alljährliche Schmetterlingswanderung im März und April, wenn die Tiere zum Adam's Peak fliegen, den man deshalb auch Samanale Kande, den Berg der Schmetterlinge, nennt.

Affen sind grundsätzlich Vegetarier, allerdings sollte man sich bei der Fütterung mit Erdnüssen, Bananen und anderem Obst zurückhalten, da die Tiere **gelegentlich recht angriffslustig** werden können, wenn die Vorräte erschöpft sind.

Bären und Leoparden Nur noch in den Naturschutzgebieten auf Sri Lanka besteht die – dort allerdings gute – Möglichkeit, Bären und Leoparden zu beobachten. Ihre Zahl wurde **drastisch dezimiert**, da sie bei der Landbevölkerung höchst unbeliebt sind, weil sie vor allem nachts landwirtschaftliche Nutzflächen heimsuchen.

Reptilien Insgesamt wurden auf Sri Lanka 75 Reptilienarten gezählt, die nur noch hier leben. Zu ihnen gehört beispielsweise eine bestimmte Art **Sumpfkrokodil**, das mit einer Länge von bis zu fünf Metern und einem Gewicht von mehreren Hundert Kilogramm **das größte auf Sri Lanka lebende Reptil** ist. Es verhält sich allerdings ziemlich scheu und lebt sehr zurückgezogen. Nur äußerst selten fallen Krokodile Menschen an – meistens, wenn diese allzu unachtsam beim Baden oder Schwimmen sind. Auch von Waranen, die eine Länge von bis zu drei Meter erreichen, muss man nichts befürchten. Sie verfügen wie die Krokodile über einen sehr empfindlichen Tastsinn, der sie bei der leisesten Erschütterung des Bodens das Weite suchen lässt. Sie ernähren sich von größeren Insekten, aber auch von Schlangen, wobei sie bei der Jagd eine erstaunliche Behändigkeit entwickeln.

Zwei Tage ist diese Meeresschildkröte erst alt.

Außerdem leben auf Sri Lanka **fünf Schildkrötenarten**, die alle unter Naturschutz stehen. Darunter findet man z. B. die vegetarisch lebende Indische Sternschildkröte, die einzige Landschildkröte. Sie wird bis zu 38 cm lang und man erkennt sie an dem sternförmigen Muster auf dem höckrigen Panzer, das ihr den Namen gab.

Schlangen

Nur wenige der insgesamt 83 Schlangenarten sind für den Menschen gefährlich. Dazu gehören die Kobra, die Indische Ceylon-Krait und zwei Arten von Vipern (eine davon ist die bis zu 1,6 m lange Kettenviper, deren Biss sicher zum Tod führt). Nur von ihrer Größe her beeindruckend, im Verhalten jedoch harmlos ist die Tigerpython. Allerdings leben alle Schlangenarten meist in der Abgeschiedenheit der Wälder, in der Nähe von Menschen werden sie nur selten gesichtet. Als ihr größter Feind gilt der Mungo, der sich darauf versteht, selbst die giftigste Schlange durch einen einzigen Biss zu töten.

Geckos

Zu den nützlichen Tieren auf Sri Lanka zählt der Gecko, ein zur Gruppe der Haftzeher zählendes, eidechsenartiges Tierchen. Geckos fühlen sich vor allem in den Abendstunden von künstlichen Lichtquellen angezogen und erzeugen ein schnatterndes Geräusch. Beliebt sind sie deshalb, weil sie sich mit Vorliebe von Insekten ernähren und in einer Nacht bis zu mehreren Dutzend Moskitos verspeisen.

Elefanten

Zwar gilt der Löwe als Wahrzeichen Sri Lankas, doch gebührt diese Ehre eigentlich dem Elefanten, und das nicht zuletzt aufgrund der Tatsache, dass es auf der Insel wild lebende Löwen seit Jahrzehnten nicht mehr gibt. Auch die Zahl der Indischen Elefanten wurde deutlich dezimiert: Noch zu Beginn dieses Jahrhunderts zählte man nicht weniger als 12 000 frei lebende Elefanten, heute sind es **nur noch etwa 2500**. Die Schuld daran trägt zum großen Teil der Mensch, der die ursprünglichen Wälder immer intensiver landwirtschaftlich nutzt und dabei jahrhundertealte Wanderpfade der Elefanten durchschneidet. Wie überall auf der Erde, wo es Elefanten gibt, ist auch auf Sri Lanka das kostbare Elfenbein die Beute rücksichtsloser Wilderer, und nicht zuletzt wurden auch etliche Elefanten in den Wirren des Bürgerkriegs verletzt oder getötet. Für verletzte Tiere gibt es in Pinawella, unweit von Kandy, eine landläufig auch als »Elephant Orphanage«, als »**Elefantenwaisenhaus**«, bezeichnete Pflegestation, in der auch verwaiste Jungtiere, die ohne ihre Mutter keinen Anschluss an eine Herde bekämen und hilflos umherirren würden, aufgezogen werden (▶Baedeker Special S. 286).

Eine wichtige Rolle spielen die Dickhäuter nach wie vor in der Forstwirtschaft, wo sie als Arbeitselefanten eingesetzt werden. Und nicht zuletzt erfüllen sie auch eine wichtige Aufgabe bei den festlichen Zeremonien beispielsweise in Kandy, wo Hunderte von ihnen bei den alljährlichen Feierlichkeiten am Tempel des Heiligen Zahns als buntgeschmückte Träger von Reliquien dienen.

Elefantenmütter kümmern sich drei Jahre lang intensiv um ihren Nachwuchs.

Elefanten werden von einem **Treiber (Mahout)** geführt, wobei das Tier nur dieser einen Bezugsperson gehorcht und etwa 100 Worte bzw. Befehle im Gedächtnis speichert. Elefanten erreichen eine Schulterhöhe von ca. drei Metern und ein Gewicht von bis zu vier Tonnen. **Im Allgemeinen gelten sie als gutmütige Tiere.** Unberechenbar werden sie allerdings in den Wintermonaten; Grund dafür ist ein Sekret, das durch eine kleine Öffnung am Kopf während der Paarungszeit abgesondert wird und das ihnen manchmal in die Augen läuft. Außerdem hat ihr sprichwörtlich gutes Gedächtnis (auch für Unangenehmes) schon manchen Mahout überrascht – und ihn sogar das Leben gekostet.

Die Tragzeit einer Elefantenkuh dauert 23 Monate. Ist das Junge auf der Welt, kümmert sie sich während einer **dreijährigen »Elternzeit«** ausschließlich um ihren Nachwuchs. Ein Elefantenbaby wiegt bei seiner Geburt bereits etwa 100 kg und ist rund 75 cm hoch. Elefanten erreichen ein Alter von maximal 100, in aller Regel von 80 Jahren; zwischen dem 25. und 60. Lebensjahr liegen ihre besten Jahre. Dann arbeiten sie etwa acht Stunden täglich, allerdings nur während der kühleren Monate – in der heißen Jahreszeit sind die vernünftigen Tiere nicht zur Arbeit zu bewegen.

Domestizierte Tiere

Zu den domestizierten Tieren auf Sri Lanka zählen vor allem **Wasserbüffel**, die wie schon vor Hunderten von Jahren zum Bestellen der Reisfelder oder auch als zuverlässige Zugtiere eingesetzt werden. Überall auf der Insel findet man **Kühe und Ochsen**, die gemächlich an den Straßenrändern weiden. Erst seit wenigen Jahren versteht man sich auf der Insel – dank praktischer Unterstützung durch interessierte dänische Unternehmen – auf die Nutzung bzw. Haltbarmachung von Kuhmilch.

Meerestiere

Ebenfalls vielfältig ist die maritime Tierwelt rund um die Insel Sri Lanka. Zu den größeren Meeresbewohnern zählen Haie, Delfine, Rochen, Muränen, Thunfische und Barrakudas, zu den kleineren verschiedene tropische Fische wie der Papageienfisch, der Wimpelfisch oder die vorzugsweise rund um Korallenbänke lebenden Kaiserfische. Das Abfischen der Weltmeere macht sich auch vor Sri Lanka bemerkbar. Insbesondere Delfine werden inzwischen als Delikatesse verspeist. Mindestens 5000 Stück pro Jahr werden gefangen und zum Teil nach Japan exportiert. Aber auch auf Sri Lanka sind sogenannte Delfin-Barbecues recht beliebt – so man es sich leisten kann.

Zu den Lebewesen unter Wasser zählen **Korallen.** Sie gehören zur Gattung der Hohltiere (Polypen), die sich zu ihrem Schutz mit einer Kalkhülle umgeben. Korallen siedeln vorzugsweise in großen Kolonien. Für ihr Wachstum bieten warmes, strömungsreiches Wasser und starke Sonneneinstrahlung die allerbesten Voraussetzungen. Größere Korallenbänke findet man noch vor Hikkaduwa am südwestlichen Inselrand, wo unachtsame Taucher allerdings in den vergangenen Jahren große Schäden angerichtet haben. Noch relativ unberührt sind die Korallenbänke im Nordosten vor Trincomalee und entlang der Ostküste, die nach dem Ende des Bürgerkriegs wieder besucht werden können, wenn auch die Infrastruktur der Region durch die Auseinandersetzungen gelitten hat.

Süßwasserfische In vielen Bächen und Binnenseen leben Süßwasserfische – 54 Arten sollen es insgesamt sein. Zum Teil wurden sie von den Briten auf die Insel gebracht, wie zum Beispiel die Forelle, die v.a. in den klaren Bächen der Horton Plains verbreitet ist.

Natur- und Umweltschutz

Nationalparks Die heutige Regierung meint es ernst mit dem Naturschutzgedanken. Insgesamt gibt es zurzeit **14 Schutzgebiete**, die in drei verschiedene Kategorien eingeteilt werden: Sanctuaries sind Schutzgebiete, in denen zwar Landwirtschaft betrieben wird, wo die dort lebenden Tiere jedoch nicht gejagt werden dürfen. Die Nationalparks sind in zwei Gruppen unterteilt. Zur ersten Gruppe gehören solche, die von Besuchern befahren oder begangen werden dürfen, während die zweite als Strictly Nature Reserve bezeichnet wird. Hier sind Besuche strikt verboten und jegliche Einwirkung durch Menschenhand ist dort grundsätzlich untersagt.

? WUSSTEN SIE SCHON ...?

■ ...dass auf Sri Lanka vermutlich das erste Naturschutzgebiet der Erde ausgewiesen wurde? König Devanampiya Tissa erklärte bereits im 3. Jh. v. Chr. ein Waldgebiet nahe seiner Hauptstadt Mihintale zum Refugium für Tiere aller Art, in dem es verboten war, sie zu jagen und zu töten. Im 12. Jh. n. Chr. war es dann König Nissanka Malla, der unweit von Polonnaruwa ein großes Gebiet unter seinen persönlichen Schutz stellte.

Das bekannteste und am meisten besuchte Naturschutzgebiet auf Sri Lanka ist der **Yala Nationalpark** im Süden der Insel, auch Ruhunu-Nationalpark genannt. Wegen seiner exponierten Lage wurde er wie auch die ganzen Orte entlang der südlichen Küste von Sri Lanka vom Tsunami besonders getroffen. Die Schäden im Park sind jedoch zwischenzeitlich behoben.

Die Auswirkungen des Bürgerkriegs zwischen Singhalesen und Tamilen sind besonders im Wilpattu-Nationalpark zu sehen: Hier wurden aus strategischen Gründen großflächige Waldbestände abgeholzt, wodurch die einst zahlreich hier wild lebenden Tiere wichtige Rückzugsorte verloren.

In einigen Naturschutzgebieten unterhält das Department of Wildlife Conservation Unterkünfte für Besucher, die aber im Voraus gebucht werden müssen, z. B. im Yala National Park und in Wilpattu.

Botanische Gärten Berühmt sind die drei Botanischen Gärten, die von der Regierung unterhalten werden. Der bekannteste ist der Botanische Garten von Peradeniya unweit von Kandy, weitere befinden sich in Hakgala und Gampaha.

Nationalparks *Sri Lanka*

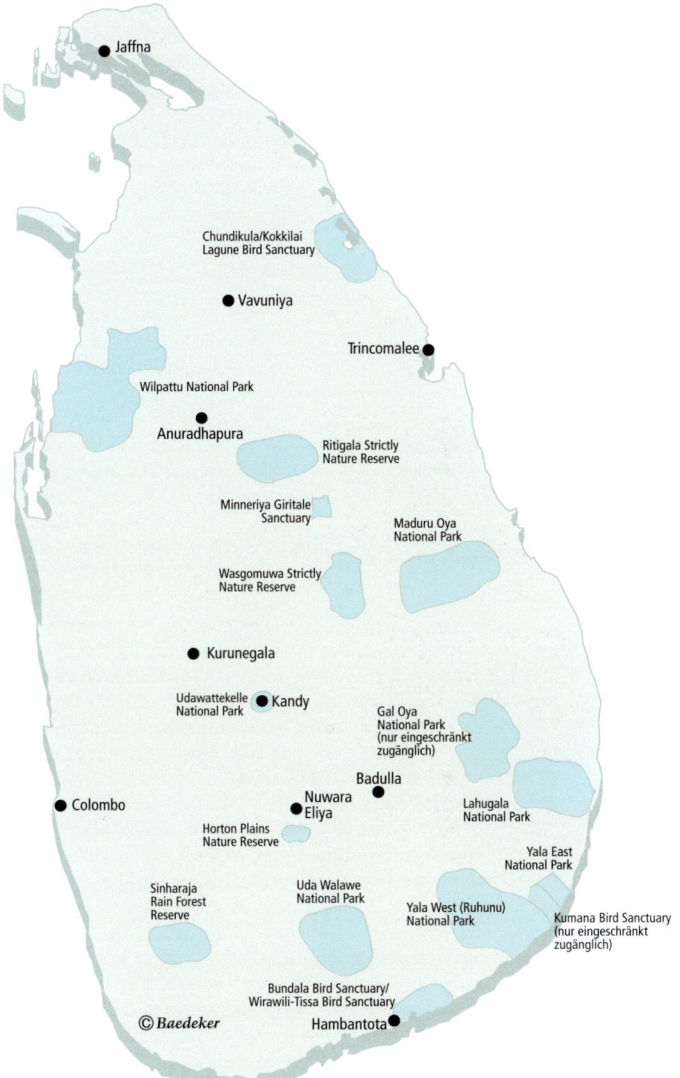

Jaffna

Chundikula/Kokkilai
Lagune Bird Sanctuary

Vavuniya

Trincomalee

Wilpattu National Park

Anuradhapura

Ritigala Strictly
Nature Reserve

Minneriya Giritale
Sanctuary

Maduru Oya
National Park

Wasgomuwa Strictly
Nature Reserve

Kurunegala

Udawattekelle
National Park

Kandy

Gal Oya
National Park
(nur eingeschränkt
zugänglich)

Badulla

Colombo

Nuwara
Eliya

Lahugala
National Park

Horton Plains
Nature Reserve

Yala East
National Park

Sinharaja
Rain Forest
Reserve

Uda Walawe
National Park

Yala West (Ruhunu)
National Park

Kumana Bird Sanctuary
(nur eingeschränkt
zugänglich)

© *Baedeker*

Bundala Bird Sanctuary/
Wirawili-Tissa Bird Sanctuary

Hambantota

Bevölkerung · Politik · Wirtschaft

Wedda, die Ureinwohner

Die ethnisch stark gemischten und deshalb statistisch nur schwer fassbaren Nachfahren der ersten Inselbewohner – in der Mahavamsa-Legende Yakshas (= Dämonen) genannt – sind die Wedda, Angehörige der australoiden oder protoaustraloiden Menschen. Ihre Wurzeln liegen vermutlich in einem prähistorischen Volk von Jägern, das es bereits im Neolithikum gab. Heute leben schätzungsweise nur noch etwa **2500 Wedda auf Sri Lanka**. Die Regierung gestand ihnen im Norden der Insel Rückzugsgebiete zu, in denen sie ihre teils animistischen Traditionen noch pflegen können. Ihre Siedlungen, die man im dichten Dschungel ohnehin nur schwer findet, dürfen grundsätzlich nur nach Erteilung einer besonderen Genehmigung der Behörden besucht werden.

? WUSSTEN SIE SCHON …?

■ Als im Juni 1998 der legendäre Wedda-Häuptling Tissahami im Alter von 104 Jahren starb, kondolierte auch die damalige Ministerpräsidentin Kumaratunga und ordnete ein Staatsbegräbnis an. Tissahami hatte sich zeitlebens als Moderator zwischen der Regierung und den Wedda betätigt und erreicht, dass man ihnen einen Teil des angestammten Landes beließ.

Singhalesen

Von den etwa 20,2 Mio. Menschen, die auf Sri Lanka leben, stellen die Singhalesen mit gut 74 Prozent den **zahlenmäßig größten Anteil**. Sie sind die Nachkommen jener Menschen, die nachweislich etwa im 5. Jh. v. Chr. aus Nordindien einwanderten. Die Singhalesen vertrieben einen großen Teil der aus Südindien stammenden Tamilen, die drei Jahrhunderte zuvor nach Sri Lanka gekommen waren und den größten Teil der Insel besetzt hatten. Heute bilden die Singhalesen, nicht zuletzt wegen der besseren Bildungschancen, die tonangebende Bevölkerungsschicht. So bestand bis 1977 das Parlament in Colombo fast ausschließlich aus Singhalesen, die bis zu dieser Zeit auch alle Regierungsämter innehatten. Die Singhalesen leben vor allem im Südwesten bzw. Süden der Insel und im Hochland von Kandy, das bis 1815 den Eroberungsbestrebungen der Kolonialmächte widerstehen konnte.

Tamilen

Mit einem Anteil von etwa 18 Prozent – etwa 3,6 Mio. Menschen – stellen die Tamilen den **zweitgrößten Anteil an der Bevölkerung** auf Sri Lanka, wobei hier die aus Indien stammenden Tamilen zu jenen von Sri Lanka dazugezählt werden. Sie sind sehr viel dunkelhäutiger und kleiner als die Singhalesen und eher untersetzt als schlank. Die Tamilen sind zumeist Nachfahren von Auswanderern, die aus Malaysia, Singapur, Birma, Süd- und Ostafrika stammen.

Auch hier gibt es jedoch wieder feine Unterschiede: Als naturalisierte Sri-Lanker betrachten sich allein die Ceylon Tamil. Auch für sie sind die Indian Tamil, d. h. die vor allem während der britischen Kolonialzeit als billige Plantagenarbeiter aus Indien geholten Tamilen, Ausländer – ungeachtet der Tatsache, dass es sich bei ihnen heute in den meisten Fällen um gebürtige Sri-Lanker und damit um sri-lankische Staatsangehörige handelt. Seit 1964 gibt es **Repatriierungsprogramme** der sri-lankischen Regierung, die zum Ziel haben, die Indian Tamil in ihr ursprüngliches Heimatland zurückzuschicken. Einige Hunderttausend haben die Insel seither verlassen und leben zum Teil als Flüchtlinge in aller Welt. Die Tamilen indischer Herkunft bewohnen vor allem die Gebiete im Norden von Sri Lanka und dort auf der Halbinsel Jaffna sowie entlang der Ostküste. Sie sind aber auch in allen anderen Landesteilen anzutreffen, z. B. in Kandy sowie im Hochland um Nuwara Eliya, wo sie als schlecht bezahlte Pflücker auf den Teeplantagen arbeiten.

Ab dem 8. Jh. n. Chr. ließen sich auf Sri Lanka auch zahlreiche Araber nieder, zumeist Seefahrer, die sich zunächst als **Gewürzexporteure**, später dann auch als **Edelsteinhändler** betätigten. Einige ihrer Nachkommen, Moors genannt, leben heute noch als Geschäftsleute in Colombo sowie an der Südwest- und Südküste. Den überwiegenden Anteil der Bevölkerung bilden sie im Distrikt Amparai, der sich von der Ostküste bis weit ins Landesinnere hineinzieht. Sie teilen sich in die Sri-Lanka-Moors, die sich vor dem 19. Jh. auf der Insel ansiedelten, sowie in die Indien-Moors, die Nachkommen der Araber, die erst im 19. und 20. Jh. auf die Insel kamen. Insgesamt gibt es etwa 1,2 Mio. Moors, das entspricht einem Anteil von ca. 6 Prozent an der Gesamtbevölkerung. **Moors**

Von den Burghers, den Nachfahren der während der Kolonialzeit auf Sri Lanka lebenden Portugiesen und Holländer, gibt es heute nur noch etwa 45 000. Die meisten von ihnen verließen die Insel nach 1948, als Sri Lanka in die Unabhängigkeit entlassen wurde, und wanderten vorzugsweise nach Australien aus. Die noch auf Sri Lanka lebenden sind stolz auf ihre Herkunft: Um sich aus der großen Masse der Singhalesen hervorzuheben, benutzen sie vielfach die englische Sprache zur Verständigung. **Burghers**

Zwischen den verschiedenen Bevölkerungsgruppen kam es bereits in früheren Jahrhunderten zu Auseinandersetzungen, die zumeist von den Mitgliedern der herrschenden Familien ausgingen. So standen aus dem Süden Indiens stammende tamilische Söldner beispielsweise im Mittelpunkt der Streitigkeiten zwischen den Hindu-Reichen in Indien und den Lambakanna- und Moriya-Herrschern auf Sri Lanka. Heute fühlen sich vor allem die im Norden und an der Ostküste ansässigen Tamilen als Staatsbürger zweiter Klasse. Ihre politische Vertretung, die **Tamil United Liberation Front** (TULF), fordert seit Beginn der 80er-Jahre des 20. Jh.s nicht nur die volle politische Gleichberechtigung, sondern auch einen unabhängigen Tamilenstaat unter dem Namen Eelam. Während die TULF Gewalt zur Durchsetzung **Konflikte** ◀ weiter auf S. 38

Opfer sind auf beiden Seiten zu beklagen: Soldatenfriedhof der Tamil Tigers in Killinochi

BESCHREIBUNG EINES KONFLIKTS

Es ist eine flüchtige Szene vor dem Tempel des Heiligen Bodhi-Baums in Anuradhapura: Eine junge Soldatin im tarnfarbenen Anzug, die Maschinenpistole lässig über die Schulter gehängt, steht vor einem der Altäre und zündet ganz in sich gekehrt eine kleine Öllampe an. Dann legt sie die Handflächen vor der Brust zusammen, verneigt sich und geht, als fühle sie sich von ihren Kameraden beobachtet, schnellen Schrittes zurück auf ihren Wachposten vor dem Tempel. Ein Öllämpchen für den Frieden?

Eigentlich ist es ja ein Irrsinn. Eine Insel, gerade mal so groß wie das deutsche Bundesland Bayern, wird von einem **Bürgerkrieg** erschüttert, der über 26 Jahre dauerte und Zigtausende Opfer forderte.

Spurensuche

Während einer Fahrt durch das Zentrale Bergland stößt man auf einen der offensichtlichen Gründe des Konfliktes zwischen **Singhalesen** und **Tamilen**. Junge und alte Frauen arbeiten auf einer der zahllosen Teeplantagen, es ist Sonntag. Bis zur Brust zwischen den dicht aneinander gesetzten Büschen stehend, zupfen sie die Blätter, bis eine Hand voll ist. Dann werfen sie die Blätter mit gekonntem Schwung in die Körbe, die auf ihrem Rücken hängen. Es sind tamilische Frauen, ihre Haut ist von der Sonne verbrannt, auf der Stirn leuchtet der rote Punkt der Hindus. Eine Viertelstunde später sind viele Körbe voll, die

Frauen kommen langsamen Schrittes zu der Stelle, an der ein Aufseher wartet. Korb für Korb wird nun abgewogen, die Pflückerin hält ein zerfleddertes Buch hin, in das der Aufseher die Menge einträgt.

Plötzlich wird es still, und obwohl noch gar nichts zu sehen ist, bilden die Frauen schweigend eine breite Gasse. Sekunden später prescht ein Jeep über die Sandpiste und hüllt die Frauen in dichten Staub. Es ist der Plantagenmanager, der von seiner Villa inmitten der Teeplantagen heraufgefahren ist und mit der Familie vielleicht gerade zu einem Sonntagsausflug aufbricht. Hinter dem Fahrzeug schließt sich die Reihe der Frauen wieder, und das Wiegen der Blätter nimmt seinen Fortgang.

Tamilen gelten auf Sri Lanka als Einwohner zweiter Klasse, sie sind billige Arbeitskräfte und hausen unter größtenteils menschenunwürdigen Umständen. Sie besitzen nicht nur

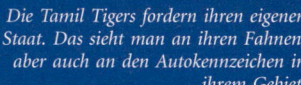

Die Tamil Tigers fordern ihren eigenen Staat. Das sieht man an ihren Fahnen, aber auch an den Autokennzeichen in ihrem Gebiet.

kein Wahlrecht, sondern gelten faktisch als **staatenlos**, weil man ihnen bis heute die singhalesische Staatsbürgerschaft verwehrt. Für ihre monotone Arbeit werden sie mit ein paar Rupien pro Tag entlohnt; ihre Kinder erhalten nur die notdürftigste Ausbildung, sodass sie nur lesen und ihren Namen schreiben können.

Zunächst nur Gastarbeiter

Als die Engländer diese billigen Arbeitskräfte aus Südindien nach Sri Lanka holten, wurden sie als Saisonarbeiter eingestellt. Damals gab es noch reichlich Kaffeepflanzen auf der Insel, die man nur ein- oder zweimal im Jahr abernten musste. Insofern konnten diese Arbeitskräfte in der Zwischenzeit wieder nach Hause gehen. In der zweiten Hälfte des 19. Jh.s sorgte der Kaffeebrand für das Ende dieser Pflanze. Flugs besannen sich die Kolonialherren auf den Tee. Teeblätter kann man das ganze Jahr über pflücken. Für die tamilischen Arbeiter bedeutete dies nun, dass sie für immer umsiedelten. Die Zugeständnisse, die man ihnen in sozialer und wirtschaftlicher Hinsicht machte, hielten jedoch nicht Schritt mit den immensen Gewinnen, die sich durch den Teeanbau realisieren ließen – und lassen. Heute noch verdient eine Pflückerin umgerechnet gerade mal einen Euro. Und zwar pro Tag.

Bürger zweiter Klasse

Im Norden von Sri Lanka gibt es Tamilen, die sich nicht damit abfinden wollen, dass sie als Inselbewohner zweiter Klasse gelten. Was viele Jahre gärte, wurde endlich zur Wut, die sich in gewaltsamen Übergriffen gegen die Macht der Singhalesen richtete. Die Reaktion der Singhalesen ließ nicht lange auf sich warten. **Terror wurde mit Terror vergolten**; die Häuser renitenter Tamilen wurden im ganzen Land niedergebrannt, ihre Bewohner in den Norden vertrieben. Im Gegenzug bildete sich die radikale Liberation Tigers of Tamil Eelam, die LTTE. Sie, vor allem aber die **Black Tigers** genannten Selbstmordkommandos, zeichnete für zahllose Terrorakte verantwortlich, die auch viele Todesopfer unter der Zivilbevölkerung forderten.

Nach einigen Versuchen, den Bürgerkrieg zu beenden, entschloss sich die Regierung in Colombo zu einer groß angelegten militärischen Offensive. Diese endete nach wochenlangen blutigen Kämpfen im Mai 2009 mit einem Sieg der Singhalesen, aber auch mit Zehntausenden von tamilischen Flüchtlingen, die zu einem großen Teil heute noch in Lagern leben. Ob der Konflikt zwischen Singhalesen und Tamilen jemals mit einem Frieden enden wird, ist daher nach wie vor fraglich.

ihrer politischen Ziele ablehnt, organisierten sich ebenfalls zu Beginn der 1980er-Jahre die **Liberation Tigers of Tamil Eelam** (LTTE), die Befreiungstiger von Tamil Eelam. Der Bürgerkrieg auf Sri Lanka, der 1983 ausbrach, forderte mehr als 50 000 Menschenleben.

Die **Berührungsängste** der gewöhnlichen singhalesischen und tamilischen Bevölkerung sind jedoch weitaus weniger ausgeprägt, als man es vermuten könnte. Zum Beispiel sind auch heute noch – wie vor vielen Jahrhunderten schon – Ehen zwischen Singhalesen und Tamilen keine Seltenheit.

Sozialsystem Das Sozialsystem ist – gemessen an der Tatsache, dass es sich bei Sri Lanka nach wie vor um ein Entwicklungsland handelt – recht gut ausgebaut. Es gibt vom Staat organisierte Hilfsdienste (Social Assistance Services), die bei Notfällen und Krankheit in Anspruch genommen werden können. Auch werdende Mütter haben Anspruch auf eine finanzielle Unterstützung, Arbeitslosengeld gibt es allerdings nicht. Während Beschäftigte des öffentlichen Dienstes ein eigenes Rentensystem haben, sind Witwen- und Waisenrenten nicht verbindlich eingeführt. Die medizinische Versorgung der Bevölkerung ist im Vergleich zu anderen Entwicklungsländern ebenfalls gut und sie kann kostenlos in Anspruch genommen werden. Krankenhäuser und Ambulanzen gibt es in ausreichender Zahl. Eine besondere Rolle spielt auf Sri Lanka die traditionelle Naturmedizin Ayurveda (▶Baedeker Special Guide in der Kartentasche).

? WUSSTEN SIE SCHON …?

■ … dass Sri Lanka die höchste Selbstmordrate der ganzen Welt hat? Warum das so ist, dafür hat bislang niemand eine ausreichende Erklärung. Pro Jahr nehmen sich im Durchschnitt 9000 Einwohner das Leben. Soziologen vermuten hinter dieser Suizidwelle einen Hilfeschrei der meist 14- bis 30-Jährigen, doch Ärzte und Hospitäler sind nicht genügend qualifiziert, um dies aufzufangen. Insbesondere fehlt es an Möglichkeiten, im Vorfeld einzugreifen.

Bildungswesen Verglichen mit anderen Nationen ähnlicher Struktur nimmt Sri Lanka eine herausragende Position im Bildungswesen ein. Intensive Bemühungen der Regierung trugen dazu bei, dass mehr als 90 Prozent aller Inselbewohner des Lesens und Schreibens kundig sind.

Auf Sri Lanka gibt es eine fünfjährige Schulpflicht für Kinder von sechs bis elf Jahren, der Besuch der staatlichen Schulen sowie der vorbereitenden Kindergärten ist kostenlos. **Das Bildungswesen orientiert sich am britischen Vorbild**: An die Grundschule (Primary School) schließen sich die Junior Secondary School sowie die Senior Secondary School an. Zur Aufnahme eines Universitätsstudiums bedarf es einer Aufnahmeprüfung, wobei die Kandidaten nach einem Quotensystem sowie nach ihrer Begabung, der Einwohnerzahl und dem Entwicklungsstand des jeweiligen Distrikts ausgewählt werden. Als renommierteste Universität der Insel gilt die von Peradeniya bei Kandy.

Seit der Verabschiedung einer modernen Verfassung im Jahr 1972 gibt es auf Sri Lanka zwar **offiziell keine Kasten mehr**, doch ist diese Trennung der Gesellschaftsschichten nach indischem Vorbild auch heute noch allgegenwärtig. Auch wenn die Grenzen vor allem der kleineren Kasten untereinander etwas verwischt sind, hat es ein Angehöriger einer niederen Kaste auch bei allem Fleiß nach wie vor schwer, in eine beruflich höhere Stelle aufzusteigen, und bei der ländlichen Bevölkerung ist z. B. die Einheirat in eine höhere Kaste nahezu unmöglich. Zu sehen ist das beispielsweise in den Heiratsanzeigen der auf Sri Lanka erscheinenden Zeitungen. Dort wird die Zugehörigkeit des gesuchten Partners zu einer gewissen Kaste unbedingt gewünscht.

Während in Indien für die Kasten die Bezeichnung »Varna« (dt.: Farben) gebräuchlich ist, entstammt das Wort Kaste der portugiesischen Sprache (casta). **Es bedeutet soviel wie »rein« oder »keusch«.** Der Begriff wurde von den portugiesischen Seefahrern geprägt, die auch auf dem indischen Subkontinent landeten, und bezieht sich wahrscheinlich darauf, dass für die Angehörigen der verschiedenen Schichten der hinduistischen Gesellschaft jeweils ganz bestimmte Reinheitsvorschriften bestanden.

Das Kastenwesen ist in der Religion begründet. Ihm liegt die Auffassung zugrunde, dass jeder Hindu in eine ganz bestimmte geschlossene religiöse und soziale Gruppe hineingeboren wird und dadurch zeitlebens die Rechte und Pflichten dieser jeweiligen Gruppe beachten muss. Der Übergang von einer Kaste in die andere ist grundsätzlich nur durch den Vorgang der **Wiedergeburt**, also erst im nächsten Leben und nach einer Existenz voller guter Gedanken und Taten, möglich.

Ursprünglich gab es in Indien nur vier Kasten: Brahmanen (Priester), Kshattriyas (Krieger), Wesias (Bauern und Handwerker) und Shudras (Knechte). Im Lauf der Zeit kamen etwa 3000 kleinere Kasten hinzu, deren Angehörige sich z. B. aus den verschiedenen Berufen rekrutieren. Die zur Kaste der Brahmanen zählenden Menschen genießen naturgemäß das höchste Ansehen, was daran liegt, dass sich vor allem Fürsten, Beamte und Intellektuelle ihr zugehörig fühlen.

Grundsätzlich berufen sich Singhalesen und Tamilen auf unterschiedliche Kasten bzw. unterschiedliche Bezeichnungen. Auf Sri Lanka gibt es **vier tamilische Kasten**, von denen die Pujavis, die Hindu-Priester, die am höchsten angesehene ist. Darunter stehen die in die Kaste der Velalla hineingeborenen Menschen (zu ihr zählen besonders die Großgrundbesitzer), die Mitglieder der Kaste der Kovias (Bauern, die von den Velallas dienstverpflichtet sind) sowie die Pallas und Nevalas (die besitzlosen Landarbeiter). Wer nicht zu einer Kaste zählt, wird von der Gesellschaft weitgehend geächtet und gilt beispielsweise in Indien als »Paria«, als **»Unberührbarer«**. Auf Sri Lanka kennt man für diese Gesellschaftsschicht den Begriff »Paravas«. Angehörigen dieser Gruppe ist es beispielsweise verboten, bestimmte Hindu-Tempel zu betreten.

Gleich **43 Kasten kennt die singhalesische Bevölkerung** Sri Lankas, wobei sich mehr als die Hälfte der Singhalesen zur Kaste der Goyigama, der Großgrundbesitzer und freien Bauern, zählen. Darunter steht die Karava-Kaste, zu der früher Fischer und Seefahrer zählten, heute aber auch Kaufleute und Unternehmer. Unter den niederen Kasten ist die Navamdama erwähnenswert: Sie ist den Schmieden vorbehalten. Als »Wächter des Bodhi-Baums«, jenes Baums, unter dem Buddha das Stadium der Erleuchtung erlangte, gelten die Mitglieder der Velli-duraya-Kaste.

Staat und Verwaltung

Staatsname

Seit 1972 trägt die Insel den offiziellen Staatsnamen Sri Lanka Prajathanthrika Samajavadi Janaraiaya (Demokratische Sozialistische Republik Sri Lanka). Bis zu diesem Zeitpunkt war der Name Ceylon gebräuchlich, freilich erst seit der Zeit der englischen Kolonialherrschaft. Die heute gebräuchliche Kurzform Sri Lanka bedeutet »**Glückliches Land**«.

Staatsform

Sri Lanka ist seit 1972, dem Jahr der Verabschiedung einer Verfassung, eine **demokratische und zugleich sozialistische Republik**. Mit dieser maßgeblich von der United National Party (UNP) entworfenen Verfassung wurde Ceylon zur Republik und der 1948 erstmals eingesetzte Generalgouverneur durch einen vom Staatspräsidenten ernannten Ministerpräsidenten ersetzt.

Nationale Embleme

Die am 7. September 1978 erstmals gehisste Flagge von Sri Lanka bezieht sich auf die frühere Flagge der Könige von Kandy. Sie zeigt in einem gelben (manchmal auch goldenen) Rahmen zwei Streifen in Grün und Orange, die als Symbole für die muslimischen bzw. hinduistischen Minderheiten stehen. Im Hauptfeld, das 1985 einer farblichen Änderung unterzogen wurde, dominiert ein **Löwe mit Schwert**, in den Ecken des Feldes stehen vier Pipul-Blätter.
Das Staatswappen wurde 1972 angenommen und zeigt in seinem Mittelpunkt ebenfalls den **schwerthaltenden Löwen der Könige von Kandy**. Es wird gekrönt von dem von Buddha in Gang gesetzten Gesetzesrad, das mittlere Feld ist von einem Kranz aus Lotus und Ähren umgeben. Über dem Sockel stehen Mond und Sonne, Symbol für das ewige Leben, dazwischen eine Punkalasa, eine Reisschüssel als Zeichen des Wohlstands.

Regierung

An der Spitze der Regierung stehen seit 2005 **Staatspräsident Mahinda Rajapaksa** und sein **Premierminister Ratnasiri Wickremanayake**. Rajapaksa löste Chandrika Kumaratunga ab, die aus der Familie der Bandaranaikes stammt und nicht mehr kandidieren durfte. Die Familie Bandaranaike bestimmt schon seit vielen Jahren die Politik auf Sri Lanka. Ministerpräsident und Premierminister werden im sechsjährigen Turnus direkt von der Bevölkerung gewählt.

Zahlen und Fakten Sri Lanka

Lage
- ▶ Südasien, im Indischen Ozean, östlich vor dem indischen Subkontinent, ca. 880 km nördlich des Äquators
- ▶ 6° bis 10° nördlicher Breite
- ▶ 80° bis 82° östlicher Länge

Fläche
- ▶ 65 525 km²
- ▶ Zum Staatsgebiet zählen zudem 23 kleine Inseln, die nordwestlich der Hauptinsel im Golf von Mannar sowie in der Palkstraße liegen.

Ausdehnung
- ▶ In Ost-West-Richtung 225 km, in Nord-Süd-Richtung 432 km

Küstenlänge
- ▶ ca. 1340 km

Zeitzone
- ▶ MEZ + 4,5 Std. (MESZ + 3,5 Std.)

Staat und Verwaltung
- ▶ Sozialistische Präsidialrepublik
- ▶ Präsident: Mahinda Rajapaksa (seit 2005)
- ▶ Premierminister: Ratnasiri Wickremanayake (seit 2005)
- ▶ Hauptstadt: Colombo
- ▶ Regierungssitz: Sri Jayawardenepura
- ▶ Größte Städte: Colombo (ca. 650 000 Einw.), Dehiwala Mount Lavinia (ca. 210 000 Einw.), Negombo (ca. 123 000 Einw.), Jaffna (ca. 118 000 Einw.)

Bevölkerung
- ▶ 20,9 Mio., davon ca. 74 % Singhalesen, ca. 18 % Tamilen, ca. 4 % Moors sowie ca. 2 % Malaien und Inder
- ▶ Bevölkerungsdichte: ca. 309 Einw./km², Bevölkerungswachstum ca. 0,9 %
- ▶ Sprachen: Singhalesisch, Tamil, Englisch
- ▶ Konfessionen: Buddhismus, Hinduismus, Christentum, Islam

Wirtschaft
- ▶ Bruttoinlandsprodukt: 40,7 Mrd. US-$ (pro Kopf 2014 US-$; 2008)
- ▶ Anteil am BIP: Landwirtschaft 12,1%, Industrie 28,4 %, Dienstleistungen 59,5 % (2009)
- ▶ Landwirtschaftlich genutzte Fläche: ca. 29 %, davon ein Drittel bewässert
- ▶ Produkte: Textilien, Tee, Kokosnüsse, Kautschuk
- ▶ Rohstoffe: Graphit, Eisenerz, Uran, Edelsteine
- ▶ Haupthandelspartner: Indien, USA, Japan, Iran, Großbritannien
- ▶ Tourismus: 494 000 Besucher (ca. 35 000 aus Deutschland), Einnahmen: ca. 410 Mio. US-$ (2007)

©Baedeker

Colombo
Sri Lanka

Das Parlament besteht aus 225 Abgeordneten, von denen 196 alle sechs Jahre von der Bevölkerung gewählt werden. Die übrigen 29 Abgeordneten werden auf einer sogenannten Nationalen Liste nominiert: Bei ihnen handelt es sich um Repräsentanten aller Bevölkerungsschichten, aber auch um Vertreter von Interessengruppen.　**Parlament**

Verwaltungs-gliederung

Die Insel Sri Lanka ist in **neun Provinzen** (Southern Province, Sabaragamuwa Province, Western Province, Uva Province, Eastern Province, Central Province, North Western Province, North Central Province und Northern Province) gegliedert, die wiederum in 24 Distrikte unterteilt sind.

Parteien

Die **United National Party** (UNP) war in der ersten Zeit die bestimmende Partei auf Sri Lanka, musste sich aber bei den Wahlen des Jahres 1956 der **Sri Lanka Freedom Party** (SLFP) des ehemaligen UNP-Ministers Bandaranaike geschlagen geben. Nach seiner Ermordung 1959 kam die UNP wieder an die Macht, aber nur so lange, bis sie bei den darauffolgenden Wahlen abgewählt wurde. Durch geschicktes Taktieren wie z. B. vorgezogene Neuwahlen verstand es die Familie Bandaranaike jedoch immer wieder, die UNP in die Regierung zu bringen bzw. sie darin zu halten.

Nur eine untergeordnete Rolle spielt die **Tamil United Liberation Front** (TULF), die politische Interessensvertretung des tamilischen Bevölkerungsteils. Sie stellte zwar nach den Wahlen von 1977 mit 18 Abgeordneten die größte Oppositionspartei, verstand es jedoch nicht, die Tamilen auf Sri Lanka auf Dauer hinter ihre Fahnen zu scharen.

Außenpolitik

In der Außenpolitik verfolgt die Regierung die Ziele der blockfreien Staaten, intensive Beziehungen pflegte sie jedoch – bis zu deren Auflösung bzw. Neuordnung – zu einigen Staaten des Ostblocks.

Internationale Mitgliedschaften

Bereits 1948, als die erste Verfassung des Landes verabschiedet wurde, trat Sri Lanka dem **Commonwealth of Nations** bei, dessen Mitgliedstaaten die britische Krone als Symbol für ihren freiwilligen Zusammenschluss betrachten. 1955 schloss sich der Inselstaat der UNO an und entsendet seither Vertreter in deren zahlreiche Sonder- und Unterorganisationen.

Nach dem Ort seiner Beschlussfassung 1950 ist der »**Colombo Plan**« (eigentlich »Colombo Plan for Cooperative Economic and Social Development in Asia and the Pacific«) benannt, der von zunächst sieben Mitgliedsländern des Commonwealth of Nations begründet wurde. Zweck des Bündnisses, dem heute 28 Staaten angehören, ist die Koordination und Förderung der wirtschaftlichen Entwicklung seiner süd- und südostasiatischen sowie pazifischen Mitgliedsländer.

Gewerkschaften

Die zahlreichen Gewerkschaften spielen eine wichtige Rolle über ihre Funktion als Arbeitnehmervertretung hinaus, da sie auch politische Ziele verfolgen und jeweils einer Partei zugerechnet werden. Dieser Umstand spielte besonders während der Zeit eine Rolle, in der die United National Party (UNP) die Regierung stellte (1977 – 1994) und die Gewerkschaften eine Art verlängerter Arm der Oppositionsparteien bildeten. Traditionell sind Gewerkschaftsvertreter auch im Parlament vertreten. »Wilde Streiks« sind seit der Verabschiedung eines entsprechenden Gesetzes 1979 verboten.

Auf Sri Lanka gibt es keine Wehrpflicht. Die Beschäftigung beim Militär – auch für Frauen – gilt jedoch für manche Bevölkerungsschichten als erstrebenswert, da es hier eine ausreichende soziale Absicherung auch in Form von Renten gibt.

Keine Wehrpflicht

Wirtschaft

Die Lage der Insel Sri Lanka als »Vorposten« im Indischen Ozean ermöglichte schon bald nach der ersten Besiedelung durch Menschen eine **günstige wirtschaftliche Entwicklung**. Die ersten Inselbewohner waren Bauern, die Reisfelder kultivierten und dabei die bis heute praktizierte Methode der künstlichen Bewässerung dieser Felder durch Staudämme und Rückhalteteiche entwickelten. Dieses bereits im 12. Jh. angelegte System ermöglicht seither zwei Reisernten pro Jahr.

Entwicklung

Das **Zeitalter der Kolonialisierung** weiter Teile des asiatischen Kontinents durch die Europäer brachte im 16. Jh. zunächst die **Portugiesen** nach Sri Lanka. Sie bemühten sich um eine Handelsniederlassung in Colombo, wobei ihnen die Tatsache entgegenkam, dass der größte Teil der Insel – die sie Ceilao nannten – zu dieser Zeit in drei Königreiche zerfallen war und sich die jeweiligen Könige um die Macht stritten. Um das Jahr 1610 beherrschten die Portugiesen fast den gesamten südwestlichen Inselteil sowie einige Gebiete am östlichen Inselrand. Ihr Einflussbereich endete jedoch unterhalb von Kandy, dessen König Senerath sich zunächst gegen die Fremdlinge wehrte, 1617 jedoch die Handelsbeziehungen mit den Portugiesen vertraglich fixierte.

Nach der Ernte wird der Reis zum Trocknen ausgebreitet.

Als in der Mitte des 16. Jh.s die **Holländer** kamen, schloss Seneraths Sohn Raja Sinha II. mit ihnen einen Pakt, der ein Ende der portugiesischen Machtverhältnisse zum Ziel hatte. Zu dieser Zeit hatte der Handel mit Gewürzen einen ersten Höhepunkt erreicht. Die Holländer hielten sich jedoch nicht an die Vereinbarungen. Sie halfen den Kandy-Königen zwar, die Portugiesen aus den strategisch wichtigen Hafenstädten Galle und Negombo zu vertreiben, doch erklärten sie daraufhin Galle zu ihrem Hoheitsgebiet. In der Folge bildeten die Exporterlöse aus dem Gewürzhandel die wichtigste Einnahmequelle für den Staatshaushalt.

Ein gutes Jahrhundert später kamen die **Engländer** auf die Insel. Ihre Spuren sind heute noch am deutlichsten sichtbar. Nachdem sie den größten Teil der Insel unter ihre Kontrolle gebracht hatten, machten sie sich daran, die Wirtschaft nach ihren Vorstellungen umzustrukturieren. In der ersten Hälfte des 19. Jh.s führten sie den Kaffeeanbau ein, der schon bald so erfolgreich war, dass er die Erlöse aus dem bis dahin dominierenden Gewürzhandel übertraf. Diese Entwicklung endete jedoch etwa ab 1865, als die Pflanzen vom sogenannten Kaffeerost befallen wurden. Diese Krankheit breitete sich, von Sri Lanka ausgehend, in aller Welt aus.

Für die Engländer war das jähe Ende des Kaffeeanbaus jedoch ein Anlass, nunmehr andere Gewächse, mit denen sich Gewinne erwirtschaften ließen, nach Ceylon zu bringen. Die von ihnen etablierte Plantagenwirtschaft eignete sich auch für Teepflanzen, Gummibäume und Kokospalmen. Diese drei Gewächse bilden bis heute das landwirtschaftliche Rückgrat Sri Lankas. Rund ein Fünftel des Bruttosozialprodukts wird im Agrarbereich erwirtschaftet.

Mit einem jährlichen Pro-Kopf-Einkommen von ca. 1160 US-Dollar (Deutschland 30 690 US-Dollar) **zählt Sri Lanka zwar immer noch zu den Entwicklungsländern**, spielt im Vergleich zu anderen südasiatischen Staaten jedoch eine herausragende Rolle. Nach dem Human Development Index der Vereinten Nationen (UN) nahm Sri Lanka 2006 den 99. Platz unter 173 Staaten ein.

Teeanbau Dass Sri Lanka heute nach Indien und China mit der Erzeugung von ca. 320 000 Tonnen pro Jahr der zweitgrößte Tee-Exporteur der Erde ist, ist also in erster Linie den britischen Kolonialherren zu verdanken. Etwa 14 Prozent der gesamten landwirtschaftlichen Nutzfläche sind mit Teepflanzen bebaut, das entspricht einer Fläche von etwa 260 000 Hektar. Der Tee wächst auf Sri Lanka in Höhenlagen von etwa 1500 bis 2000 m über dem Meeresspiegel. Geerntet werden die jungen Triebe, die dann in Fabriken einem Trocknungsverfahren unterzogen werden.

In der Bewirtschaftung dieser Flächen wird jedoch die Zweiteilung der sri-lankischen Bevölkerung überdeutlich. Bei den Plantagenarbeitern handelt es sich fast ausschließlich um Tamilen, die von den Briten aus Südindien auf die Insel gebracht wurden und hier zu den schlechtbezahltesten Arbeitskräften zählen.

Eine weitere wichtige Rolle in der sri-lankischen Landwirtschaft **Reisanbau** spielt der Reisanbau, wobei es sich fast ausschließlich um Nassreis handelt. Die Grundlage dafür bildet das jahrhundertealte Bewässerungssystem, das ausreichend Wasser selbst in die entlegensten Inselteile bringt. Von der vermeintlichen Großflächigkeit des Reisanbaus auf Sri Lanka sollte man sich jedoch nicht täuschen lassen. Als Agrarexportartikel besitzt er keine Bedeutung. Die erzeugte Menge genügt nicht einmal, um den Eigenbedarf zu decken! Nicht nur in klimatisch schwierigen Jahren muss Reis u. a. aus den USA importiert werden, was den Staatshaushalt erheblich belastet. Durch gezielte Maßnahmen, wie beispielsweise das **Mahaweli-Bewässerungsprojekt**, will die Regierung in absehbarer Zeit erreichen, dass wenigstens die Reisimporte der Vergangenheit angehören.

Auch Kokospalmen werden auf großflächigen Plantagen gezüchtet. **Kokospalmen** Pro Jahr können etwa 2,5 Mio. Kokosnüsse geerntet werden. Das aus ihrem Fruchtfleisch gewonnene Kopra ist ein wichtiges Exportgut, es findet vor allem in der kosmetischen Industrie Verwendung. Der weitaus größte Anteil der Kokospalmenplantagen befindet sich übrigens in privater Hand.

Toddy-Tapper hangeln sich wie Akrobaten in bis zu 30 m Höhe von Kokospalme zu Kokospalme und zapfen deren Blütensaft, aus dem der Arrak entsteht, ein rumähnliches Getränk.

Gummibäume Obwohl die Gummibaumplantagen auf Sri Lanka immerhin einen Anteil von rund 8 Prozent an der landwirtschaftlichen Nutzfläche haben, spielen die Erlöse aus dem Export von Kautschuk eine immer unbedeutendere Rolle. Vor allem die Konkurrenz aus anderen ostasiatischen Ländern, aber auch die Abwertung der Währungen von Thailand oder Malaysia brachten einen erheblichen Preisverfall. Vor allem Kleinbauern, deren Gummibaumpflanzungen oft nur ein paar Hundert Quadratmeter groß sind, leiden darunter. Mittlerweile wird sogar daran gedacht, zwischen den Gummibäumen Tee anzupflanzen, um die geringeren Erträge auszugleichen. Trotzdem trägt Sri Lanka immer noch mit gut 10 Prozent zum Weltmarkt für Rohkautschuk bei.

Waldgebiete War die Insel Sri Lanka einst zu mehr als zwei Dritteln von Urwäldern bedeckt, so hat die Hand des Menschen unübersehbare Spuren hinterlassen. Unkontrollierter Holzeinschlag über viele Jahrzehnte hinweg sorgte dafür, dass es auf der Insel heute nur noch rund 1,7 Millionen Hektar Wald gibt. Erst in jüngster Zeit bemüht sich die Regierung, diesen Anteil durch gezielte Wiederaufforstung wieder zu steigern. Knapp 90 Prozent des Holzeinschlags dienen übrigens der Versorgung der Bevölkerung mit Brennstoff.

Fischerei Erstaunlich unterentwickelt ist die Fischerei in den Gewässern rund um Sri Lanka. Die Küstenfischerei ist nicht einmal in der Lage, den Eigenbedarf der Bevölkerung zu decken. Im Jahr 2003 wurden zwar etwa 200 000 Tonnen Fisch gefangen, der größte Teil davon jedoch von japanischen Trawlern, deren Besitzer mit der Regierung Fangabkommen geschlossen haben. Das wiederum bringt mit sich, dass die Fänge der einheimischen Fischer seit Jahren kontinuierlich zurückgehen. Für den Fischfang im Landesinnern sind jedoch die großflächigen Wasserrückhaltebecken von einiger Bedeutung: In diesen vor Jahrhunderten angelegten Tanks werden heute schmackhafte Süßwasserfische gezüchtet.

Industrie, Bergbau, Energie Eine nennenswerte Bergbau- und Energie-Industrie gibt es auf der in erster Linie auf den Anbau von Agrarprodukten ausgerichteten Insel Sri Lanka nicht. Ein Grund dafür ist der **Mangel an Bodenschätzen und Rohstoffen**. Rund um die Hauptstadt Colombo entstanden in den zurückliegenden Jahren im Zuge der Ausweisung einer großzügigen Freihandelszone allerdings Dutzende von **Textilfabriken**, wobei die Stoffe nicht im Lande produziert, sondern aus Indien und Europa importiert werden. Wegen der nach wie vor außerordentlich geringen Löhne für Näherinnen (pro Monat weniger als 100 Euro) ist dieses Verfahren gleichwohl lukrativ. Durch den Wegfall der international vereinbarten Textilquoten verloren jedoch allein 2005 mehr als 25 000 Menschen ihren Arbeitsplatz.

Mehr als zwei Drittel seines Energiebedarfs bezieht Sri Lanka heute aus der **Wasserkraft**. Die unter anderem mit deutscher Finanzhilfe

Hier fischen Kalmunai-Frauen mit ihren Saris, da sie kein Geld für Netze haben.

vorgenommene Stauung des Mahaweli Ganga östlich von Kandy sowie weitere Flussdämme im Landesinnern waren ehrgeizige Projekte der Regierung, die sich dadurch eine größere Unabhängigkeit von teuren Rohöl-Importen versprach. Diese waren eine Ursache für die langjährigen Handelsbilanzdefizite namentlich in den 1970er-Jahren. Während es auf Sri Lanka keine Kohlevorkommen gibt, spielt die Suche nach **Edelsteinen** eine große Rolle für die Wirtschaft. Vor allem im Inselsüden – bei Ratnapura – werden Rubine, Saphire und andere Edelsteine gefunden. In der Handelsbilanz schlägt der Export von Edelsteinen jährlich mit offiziell 80 Mio. Euro zu Buche (►Baedeker Special S. 334).

Der Bürgerkrieg zwischen Singhalesen und Tamilen und der Tsunami verhinderten eine kontinuierliche Aufwärtsentwicklung des Tourismus. Sri Lanka gilt als **eines der beliebtesten asiatischen Reiseziele** – vielleicht auch der Tatsache wegen, dass die Touristen vom Bürgerkrieg nur denkbar wenig tangiert wurden. Sri Lanka ist zudem ein preisgünstiges Urlaubsziel und die Gastfreundschaft der Inselbewohner ist beinahe sprichwörtlich. Das Jahr 2004 verzeichnete eine Rekordzahl; insgesamt kamen etwa 566 000 Besucher auf die Insel, darunter ca. 46 350 aus Deutschland, das damit den größten Anteil stellte. Inzwischen sind die Zahlen aber wieder zurückgegangen. Der Tourismus ist mit Einnahmen von rund 410 Mio. US-Dollar nach dem Export von Tee und Textilien **der größte Devisenbringer**. Er trägt zu mehr als einem Fünftel zu den Staatseinnahmen bei. Schätzungsweise 52 000 Menschen sind im Tourismussektor beschäftigt.

Tourismus

Religion

Buddhismus Der Buddhismus ist streng genommen eher eine Lebensanschauung als eine Religion. Allerdings wird der Buddhismus heute auch als eine Gegenbewegung zum Hinduismus gesehen, wobei Buddha die brahmanische Kultur Indiens, insbesondere aber das althergebrachte Kastensystem reformieren und die Vorherrschaft der Brahmanen brechen wollte.

Buddha, d. h. »der Erleuchtete«, wurde unter dem bürgerlichen Namen **Siddharta Gautama** (▶ Berühmte Persönlichkeiten) als Sohn eines Fürsten in Nepal am Fuß des Himalaya geboren. Während seines vermutlich 80-jährigen Lebens, das er zum größten Teil als Wandermönch und Eremit verbrachte, entwickelte er eine Lehre, die heute weltweit verbreitet ist.

Nach dem Tod Buddhas, der von der Geschichtsschreibung auf das Jahr 480 v. Chr., von den Gläubigen selbst aber auf das Jahr 543 v. Chr. festgelegt wurde, erfuhren die Lehren des Erleuchteten eine rasche Ausbreitung. Zur Zeit der Regentschaft des indischen Königs Ashoka (ca. 272 – 236 v. Chr.), der von einem Mönch namens Ugagupta zum Buddhismus bekehrt wurde, erlebte der Buddhismus seine **erste große Blüte**. Von Indien breitete er sich nach Sri Lanka und weit darüber hinaus bis in die Gebiete des heutigen Thailand, Birma und Kambodscha aus. Wie viele Menschen heute weltweit nach den Grundsätzen des Buddhismus leben, lässt sich nur schwer schätzen. Man geht von einer Zahl zwischen 150 und 500 Mio. Menschen aus, wobei Buddhisten durchaus auch Anhänger einer anderen Religion sein können.

Die meisten Buddhisten Sri Lankas berufen sich auf die Regeln der **Theravada-Schule**, die bereits kurz nach Buddhas Eingang ins Nirwana begründet wurde. Diese Schule nimmt für sich in Anspruch, die unverfälschte Lehre des Erleuchteten zu verfolgen, und beruft sich dabei auf drei Konzile, von denen eines wenige Jahre nach Buddhas Tod, ein zweites etwa 100 Jahre danach und das letzte um 245 v. Chr. stattfand. Während sich in dieser Zeit verschiedene Glaubensschulen herausbildeten, die unterschiedliche Lehren verbreiteten, hielten die Anhänger der Theravada-Schule an den ihrer Meinung nach originalen Überlieferungen Buddhas fest. Theravada-Mönche erkennt man übrigens an den dunkleren Roben.

Aus dem Hinduismus übernahm der Buddhismus neben vielen anderen grundsätzlichen Gedanken und Vorstellungen den Begriff des **Karma**, des unüberwindbaren kosmischen Gesetzes. Diesem Zyklus konnte der Überlieferung zufolge Buddha erst nach mehr als 500 Lebenszyklen in verschiedenen Gestalten entrinnen. Allerdings bedeutet dies nicht etwa die Wanderung der Seele in den Körper eines ande-

*Eine auf Sri Lanka besonders beliebte Darstellung ist der Buddha →
mit dem Gestus der Argumentation.*

ren Lebewesens. Vielmehr wächst nach der dritten Stufe des Zyklus, dem Tod, ein neues Wesen heran, das sich aus dem Karma des Hingeschiedenen bildet. Dem am nächsten sind herrschender Meinung nach die in Klöstern lebenden Mönche, die ihr ganzes Leben mit dem Studium der Lehren des Buddha verbringen. So ist das hohe Ansehen zu erklären, das den Mönchen in Sri Lanka entgegengebracht wird.

Zwei verschiedene Lehren ▶ Der wichtigste Unterschied zwischen dem **Mahayana-Buddhismus**, der sich heute z. B. in China, Korea, Japan und Vietnam durchgesetzt hat, und dem **Hinayana-Buddhismus**, dem die Gläubigen z. B. in Sri Lanka, Thailand, Kambodscha und Laos anhängen, besteht in den Möglichkeiten, den Zyklus von Geburt – Tod – Wiedergeburt zu durchbrechen. Während der Hinayana-Buddhismus, die Lehre vom »kleinen Fahrzeug«, davon ausgeht, dass dies jeder einzelne Gläubige ohne jegliche Unterstützung erreichen muss, kennt der im 1. und im 2. Jh. n. Chr. entstandene Mahayana-Buddhismus, das »große Fahrzeug«, die Bodhisattvas. Das sind verehrenswerte Menschen, die das Stadium der Erleuchtung bereits erlangt haben, jedoch immer noch unerkannt auf der Erde leben, um anderen Menschen den »Achtfachen Pfad« – den richtigen Weg hin zur Erleuchtung – zu weisen. Der Mahayana-Buddhismus zählt weitaus mehr Anhänger als sein Widerpart, und das vermutlich aufgrund der Tatsache, dass er weitaus weniger strenge Regeln vorschreibt als der Hinayana-Buddhismus und einer ungleich größeren Zahl von Buddhisten den Weg zur Durchbrechung des ewig währenden Kreislaufs aufzeigt.

Verbreitung der neuen Lehre ▶ Das erste Land außerhalb Indiens, in dem die Lehren des Erleuchteten Fuß fassten, war Sri Lanka. Um 250 v. Chr. sandte König Ashoka seinen Sohn (anderen Quellen zufolge seinen Bruder bzw. Neffen) Mahinda als Missionar zu König Devanampiya Tissa von Sri Lanka, der sich alsbald zum Buddhismus bekehren und die Verbreitung der neuen Lehre im ganzen Land fördern ließ. Er gründete in Anuradhapura das erste buddhistische Kloster der Insel und ließ zur Aufnahme einer Buddha-Reliquie die erste Dagoba, die Thuparama-Dagoba, errichten.

Spaltung ▶ Nach dem Tod Ashokas zerfiel sein mächtiges Reich in verschiedene Einzelstaaten und einige Jahrhunderte später war der Buddhismus aus Indien fast völlig verdrängt. Erst unter der Gupta-Dynastie (etwa 310 – 500 n. Chr.) erlebte er einen neuen Aufschwung. Die Lehre litt jedoch unter der zwischenzeitlich erfolgten Spaltung in den Hinayana- und den Mahayana-Buddhismus sowie in einzelne Schulen. Eine wichtige Rolle spielte die Vishnu-Verehrung, der auch die Gupta-Regenten anhingen. So dauerte es nur bis zum 8. Jahrhundert, bis der Buddhismus erneut vom indischen Subkontinent verschwand und durch den Hinduismus ersetzt wurde. Anderswo auf dem asiatischen Kontinent hatte der Buddhismus seine Verbreitung gefunden: in China seit der zweiten Hälfte des 1. Jahrhunderts, in Korea seit dem Jahr 372, in Japan, Burma, Java und Sumatra seit dem 5. Jahrhundert, in Siam seit 720 – möglicherweise aber schon zur Zeit

König Ashokas – und im Reich der Khmer, dessen Kerngebiet etwa dem heutigen Kambodscha entspricht, seit dem Jahr 800.

Auf Sri Lanka sowie in Burma und Siam bestanden lange Zeit beide Strömungen nebeneinander, bis sich die Schule der Theravadins, die wichtigste Schule des Hinayana-Buddhismus, durchsetzte. Sie ist noch heute in diesen Ländern beherrschend.

Die auf Sri Lanka lebenden Mönche nahmen für sich in Anspruch, die Bewahrer der ursprünglichen Lehre zu sein. Aber auch sie waren im Lauf der Jahrhunderte mehrfach Angriffen ausgesetzt. Bereits im 1. Jh. v. Chr. spaltete sich die Mönchsgemeinde, später fassten auch Mahayana- und Tantra-Buddhismus auf Sri Lanka Fuß. Erst unter König Parakrama Bahu I. (1153–1186) wurden die buddhistischen Lehren wieder vereinheitlicht.

In neuerer Zeit erlebte der Buddhismus auf Sri Lanka eine vielfältige Erneuerung. Unter den Regierungen von Salomon und Sirimavo Bandaranaike wurde er benutzt, um sozialistische Wertvorstellungen zu transportieren. Sie verstanden es, Mönche zu politisieren, wobei ihnen zupass kam, dass der Buddhismus nach wie vor eine der wichtigsten gesellschaftlichen Kräfte des Landes darstellte. ◀ **Erneuerung**

Streng genommen gelten nur Mönche (Bikkhu), Novizen (Samahera), Nonnen (Bikkhuni) und Einsiedler als Buddhisten, denn nur sie leben in einer Welt, die frei ist vom Streben nach Besitz und Reichtum. Dies ist eine der wichtigsten Voraussetzungen für **ein Leben im Sinne Buddhas**, der den Achtfachen Pfad als alleingültiges Mittel zum Durchbrechen des Ewigen Kreislaufs der Wiedergeburt vorgab. Der Hinayana-Buddhismus, dem auf Sri Lanka die meisten Buddhisten anhängen, gestattet diese Möglichkeit allein den Mönchen, Laien jedoch nicht. Dies ist vielleicht der wichtigste Unterschied zum Mahayana-Buddhismus. **Buddhistische Mönche**

Mönche, Nonnen, Novizen und Einsiedler bilden die Mönchsgemeinde (Sangha) beziehungsweise den **Mönchsorden**. An der Spitze eines jeden größeren Klosters steht ein Abt, dem meist auch einige kleine Klöster in der Umgebung unterstehen. Zurzeit gibt es etwa 16 000 Mönche auf Sri Lanka.

Jeder Mann kann – gleichgültig, welcher Kaste er angehört – in ein Kloster eintreten und dieses wieder

Für Mönche gibt es kein vorgeschriebenes Mindestalter.

verlassen, wenn er es wünscht. Auf Sri Lanka ist die Tradition, dass jeder Mann im Lauf seines Lebens mindestens einige Monate im Kloster verbringt, weit weniger verbreitet als beispielsweise in Thailand. Die meisten Mönche bleiben ihrem einmal gefassten Entschluss treu, Bikkhu zu werden und das weitere Leben im Kloster zu verbringen. Es gibt kein vorgeschriebenes Mindestalter. Man findet schon 12- bis 14-jährige Knabenmönche, die bis zu ihrer feierlichen Ordination im Kreis der Familie und mit Freunden und Bekannten ein weißes Novizengewand tragen. Erst zum Zeitpunkt ihrer Aufnahme in das Kloster bzw. in den Orden erhalten sie das safrangefärbte Mönchsgewand und einen neuen Namen, oft den eines verdienten, alten Mönchs. Während der Feierlichkeit rezitiert der junge Mönch die **»Drei Schätze« der buddhistischen Lehre**: »Ich nehme meine Zuflucht zu dem Buddha«, »Ich nehme meine Zuflucht zu der Lehre« und »Ich nehme meine Zuflucht zu dem Orden«. Dann gelobt er, sich strikt an die **fünf Grundsätze der Mönchsregeln** zu halten: nicht töten, nicht betrügen, nicht ehebrechen, nicht stehlen und keinen Alkohol trinken. Erst im Lauf der Zeit lernt der Mönch die 227 ausführlichen Regeln (Vinaya), von denen das Gelöbnis der Armut, der Ehelosigkeit (Keuschheit) und der Friedfertigkeit die wichtigsten sind.

Besitzstand ► Ein Mönch darf nicht mehr besitzen als seine Gewänder, eine Almosenschale, eine Nadel, einen Gürtel, ein Rasiermesser und einen Filter, um Ungeziefer aus dem Trinkwasser zu filtern. Darüber hinaus darf er **kein Eigentum** haben. Der Umgang mit Geld ist ihm verboten: Dafür gibt es die Nonnen, die in aller Regel den Klosterhaushalt besorgen. Was den Umgang mit Frauen angeht, sind die Mönche auf Sri Lanka jedoch weit unkomplizierter als z. B. in Thailand: Dort ist ihnen der direkte Kontakt untersagt, während sie auf Sri Lanka im Allgemeinen gern zu einem Gespräch bereit sind und auch Gegenstände entgegennehmen dürfen.

Tagesablauf ► Mönche dürfen nach der Mittagsstunde keine feste Nahrung mehr, sondern nur noch Getränke zu sich nehmen und verwenden diese Zeit auf das Studium der heiligen Schriften oder die Meditation. Ihre Nahrung sammelnde Mönche wird man auf Sri Lanka übrigens recht selten sehen. Hier ist die um das Kloster herum lebende Bevölkerung verantwortlich dafür, dass die Mönche ausreichend zu essen haben. Wenn man trotzdem einen Mönch sieht, der mit der Almosenschale von Haus zu Haus zieht, darf man dies nicht als Betteln bezeichnen. Es ist ganz im Gegenteil eine gute Möglichkeit für die Bevölkerung, sich zusätzliche Verdienste zu erwerben, indem sie den Unterhalt der Mönche sichern. Um Erleuchtung und Eingang ins Nirwana zu erreichen, ist die Einhaltung der von Buddha gelehrten **»Drei Wege des Heils«** wichtig. Der erste schreibt Opfer für Götter und Dämonen und ihre vielgestaltigen Erscheinungsformen vor, der zweite besteht aus dem Streben nach Wissen und Erkenntnis, Ehrfurcht gegenüber anderen Menschen, insbesondere Priestern und alten Menschen. Der dritte Weg sieht über den Weg der inneren Einkehr, die Meditation, die Loslösung von der Umklammerung durch die fünf Elemente vor, was die Vereinigung mit dem göttlichen Prinzip erst ermöglicht.

Der Hinduismus ist eine der vier großen Weltreligionen. Insgesamt **Hinduismus** bekennen sich ca. 900 Mio. Menschen zu diesem Glauben. Der Ausdruck Hinduismus entstand durch die Übersetzung des Sanskrit-Worts »Indu« in die iranische Sprache (»Hindu«). Er galt ursprünglich nur für jene Menschen, die am indischen Strom Indus leben; die Bezeichnung Hinduismus für ihre religiösen Vorstellungen ist eine Wortschöpfung der westlichen Welt.

Im Gegensatz zum monotheistischen Glauben an eine einzige göttliche Person handelt es sich beim indischen Hinduismus um eine **monistische Religion**, die sich an einem entpersonifizierten Prinzip orientiert (vgl. Buddhismus, Konfuzianismus oder Taoismus).

Die Grundlagen des Hinduismus sind während Jahrtausenden gewachsen; er stellt jedoch kein festgefügtes religiöses Prinzip dar. Eines der Urelemente, die bis heute wesentliche Bestandteile des Hinduismus sind, ist der Brahmanismus, der im ersten nachchristlichen Jahrtausend entstand und seine Grundgedanken wiederum aus dem Vedismus, einer Religion des alten Indien, bezog.

In der hinduistischen Vorstellung nehmen alle Lebewesen – Pflanzen, Tiere und Menschen – einen Platz auf einer **symbolischen Stufenleiter** ein, an dem oberem Ende der

Von den Hindus hoch verehrt: Skanda, der Gott des Krieges

Göttertempel, das Pantheon, steht. Diese höchste Stufe gehört jedoch allein den Göttern und Gottheiten, die den Göttertempel auf dem Weltenberg Mehru bewohnen. Auf der Stufe darunter befinden sich Heilige, Könige, Geister und Dämonen, während der Mensch einen Platz etwa in der Mitte der Stufenleiter einnimmt.

Der Hinduismus kennt eine Vielzahl von Göttern und Gottheiten, ◀ Göttervielfalt als deren wichtigste die Trinität (Trimurti) Brahma, Vishnu und Shiva gilt. Diese können jedoch jede beliebige Gestalt annehmen bzw. während eines Besuchs auf der Erde in den Körper irgendeines Gegenstands oder auch Lebewesens schlüpfen und von ihm für gewisse

Zeit Besitz ergreifen. Der vierköpfige Gott Brahma ist die Personifizierung des Weltgeists Brahman. Er gilt als der Schöpfer der Welt und war einst der höchste Gott des Hinduismus. Heute nimmt er etwa den gleichen Rang ein wie Vishnu, der Erhalter der Welt, der gern als der Hirtengott Krishna dargestellt wird, und Shiva, der Zerstörer der Welt. Auf Sri Lanka wird der Kriegsgott Skanda, der in verschiedenen Inkarnationen auftritt, unter anderem als Kataragama, besonders verehrt.

Zyklus der Wiedergeburt ▶ Die wichtigste Grundlage des Hinduismus wie ja auch des Buddhismus ist die Vorstellung, dass jedes Lebewesen auf der Erde dem ewig während Zyklus der Wiedergeburt unterworfen ist. Diesem unaufhörlichen **Kreislauf von Geburt, Tod und Wiedergeburt der Seele** (Samsara) kann kein Lebewesen entrinnen, es sei denn, ihm gelingt nach vielen Leben voller guter Gedanken und Taten der Eintritt ins Nirwana. In welcher Hülle die Seele des Hindu wiedergeboren wird, ist ebensowenig berechenbar wie die Zahl der Leben. Man kann den Kreislauf jedoch beeinflussen, und zwar durch gute bzw. schlechte Taten (Karma), die im nächsten Leben durch eine bessere bzw. schlechtere Existenz belohnt bzw. bestraft werden. Ziel eines jeden Hindu ist es jedoch, nicht mehr wiedergeboren werden zu müssen und damit den Kreislauf für immer zu durchbrechen.

Opfergaben gehören zum Hinduismus dazu:
Hier werden vor einem Tempel Kokosnüsse zerworfen.

Auch vom Kosmos hat der Hindu ein relativ festgefügtes Bild, das auf mythologischen und philosophischen Vorstellungen ebenso basiert wie auf der einfachen Beobachtung natürlicher Vorgänge. Die Welt, zusammengefügt aus der Urmaterie (Prakriti), befindet sich demnach in einem stetigen **Zyklus von Entfaltung und Vernichtung**, die durch eine Phase des Verharrens in einem Ruhezustand voneinander getrennt sind. Der Mensch sieht sich als kleine Welt (Buwana Alit) in einer großen Welt (Buwana Agung).

Etwa 7,5 Prozent der Bevölkerung von Sri Lanka bekennen sich zum **Islam** islamischen Glauben. Man findet sie zum größten Teil unter den Nachfahren der Moors, die etwa ab dem 8. Jh. n. Chr. als arabische Seefahrer und Händler auf die Insel kamen.
Der Islam (übersetzt etwa »Hingabe« oder »Unterwerfung«) zählt zu den monotheistischen Religionen. Seine Lehren gehen auf **Mohammed**, den letzten Propheten Allahs, zurück, der wahrscheinlich um 570 n. Chr. in Mekka geboren wurde.
Das größte Heiligtum des Islam ist die Kaaba (Würfel) in Mekka, ein kubisches Gebäude, in das an einer Ecke der »Schwarze Stein« eingelassen ist. Durch Berühren oder Küssen bringen ihm die Pilger beim haadsch, der **Wallfahrt nach Mekka**, die höchste Verehrung entgegen. Die Kaaba stammt schon aus vormohammedanischer Zeit und war bereits damals ein beliebtes Wallfahrtsziel. Nach einer im Koran enthaltenen Offenbarung Allahs an Mohammed wurde sie von Abraham und einem seiner Söhne auf Geheiß Gottes errichtet. Mohammed ließ die Kaaba von allen Götterbildern befreien.
Die von den Anhängern Mohammeds schriftlich niedergelegte Grundlage des islamischen Glaubens ist der **Koran** (= »das zu Rezitierende«). Er besteht aus 114 Suren (Abschnitten) in freier Versform und enthält alle Vorschriften und Gesetze, die ein gläubiger Moslem befolgen muss. Wichtigster Bestandteil sind die »**Fünf Grundpfeiler**« (arkan): das Bekenntnis, dass es keine Gottheit außer Gott gibt und Mohammed der Gesandte ist, die Verrichtung des Ritualgebets (salat), die Almosenspende (zakat), die Wallfahrt nach Mekka (haadsch) und das Fasten während des Monats Ramadan, des 9. Monats im islamischen Kalender.
Wenngleich es in fast allen Städten und Dörfern auf Sri Lanka neben buddhistischen und hinduistischen Tempeln auch Moscheen gibt, ist von Missionseifer auf der Insel wenig zu spüren. Auch gehen die meisten Frauen unverschleiert.

Rund 7,5 Prozent der Singhalesen bekennen sich zum christlichen **Christentum** Glauben, die meisten zum römisch-katholischen. Im Gegensatz zu anderen Ländern Asiens, in denen schon früh von Europa entsandte Missionare wirkten, fasste das Christentum auf Sri Lanka erst ab dem 16. Jh. Fuß, als nacheinander Portugiesen, Holländer und Briten auf die Insel kamen. Ein besonders großes missionarisches Engagement gab es auf Sri Lanka jedoch nie.

Geschichte

Die Geschichte der Insel wurde über Jahrhunderte hinweg vom Buddhismus mitgeschrieben. Auch als die diversen Kolonialherren kamen und sich der reichen Schätze des Landes bemächtigten, ließen die Ceylonesen nicht von ihrem Glauben ab. Im 20. Jh. brach ein Bürgerkrieg aus, der viele Tausend Opfer forderte. Und dann kam auch noch der Tsunami …

Sri Lanka hatte viele Namen

Sri Lanka besaß im Lauf seiner Geschichte unterschiedliche Namen. Den heute gültigen trägt die Insel offiziell erst seit 1972, dem Jahr, in dem erstmals eine demokratische Verfassung Gültigkeit erlangte.

Die singhalesische Bezeichnung Lanka geht auf ein Sanskrit-Wort zurück und bedeutet die Leuchtende. Dieser Name findet sich bereits in einigen altindischen Quellen wie z. B. dem Epos Ramayana. Die Beifügung Sri ist ein singhalesischer Ehrentitel und bedeutet soviel wie göttlich, königlich oder geheiligt. Übersetzt man also den heute gültigen Namen, steht er etwa für **das königliche leuchtende Land**. Zu Zeiten der Römer und Griechen war Sri Lanka auch unter den Namen Taprobane (= **Kupferinsel**) bekannt, jedenfalls wird sie von dem Ägypter Ptolemäus im 2. Jh. in seinem geografischen Werk so bezeichnet. Die von dem buddhistischen Mönch Mahanama zu Beginn des 6. Jh.s in Pali geschriebene Inselchronik Mahavamsa kennt das heutige Sri Lanka unter dem Namen Tambapanni (= kupferfarbenes Land). Im 8. Jh. schließlich nannten die Araber die Insel Serendib (= **die Bezaubernde**).

In späterer Zeit gaben die zugewanderten Singhalesen der Insel einen Namen, der ihrem hohen Selbstbewusstsein gerecht wurde: Sinhala-Dvipa (= **Löweninsel**) hieß sie nach den aus dem Süden Indiens stammenden Söhnen des Löwen. Schließlich hatten und haben auch die Tamilen für Sri Lanka eigene Namen: Singhalam, Singhala-divu oder Ilankai (Letzteres steht für Juweleninsel).

Nicht zuletzt hinterließen die Kolonialherren ihre Spuren: Aus dem von den Portugiesen mitgebrachten Namen Ceilao wurde später – während der Zeit der Besetzung durch die Niederländer – der bis 1972 gebräuchliche Name **Ceylon**, den auch die Engländer verwendeten.

Vorgeschichte

1. Jt. v. Chr.	Aus Südindien kommen Ackerbauern nach Sri Lanka.
250 v. Chr.	Ein erstes Bewässerungssystem entsteht.
80 v. Chr.	Erster buddhistischer Kongress

Bis in die späten 1960er-Jahre war die Geschichtsschreibung davon ausgegangen, dass eine Besiedlung der Insel während der Vorzeit nicht nachweisbar sei. Dann fand man jedoch **steinerne Werkzeuge**, deren Entstehung man auf die Zeit vor etwa 500 000 Jahren datierte.   **Vor etwa 500 000 Jahren**

← *Dagobas, wie hier die Ruwanweli-Dagoba in Anuradhapura, erinnern an Buddha und an den richtigen Weg zur Erleuchtung.*

Weitere Funde in Form von tönernem Geschirr stammen vermutlich aus der Eisenzeit. Sie ähneln in Form und Aussehen jenen, die im südlichen Indien gefunden wurden. Die Funde deuten darauf hin, dass es zwischen Indien und Sri Lanka Handelsbeziehungen gegeben haben könnte. Über die Abstammung der Menschen, die auf Sri Lanka zu dieser Zeit gelebt haben, gibt es bis heute keine gesicherten Erkenntnisse.

Balangaloda-Kultur
Während der sogenannten Balangaloda-Kultur entstanden aus Stein gefertigte Werkzeuge. Sie wurden vermutlich von Menschen hergestellt, die aus dem südlichen Indien auf die Insel kamen.

Besiedlung
Die ersten Teile der indischen Chronik Mahavamsa geben Hinweise auf eine Besiedlung Sri Lankas. In dichterischer Form wird in dieser mutmaßlichen Mischung aus Legende und Realität die Ankunft der Singhalesen beschrieben, bei denen es sich wohl um Menschen indoarischer Herkunft handelte. Ihnen folgten etwa drei Jahrhunderte später die ersten Tamilen, die wahrscheinlich Kaufleute waren.

Wedda
Die Wedda, Angehörige einer europiden Rasse, die mit verschiedenen, z. T. im Dschungel lebenden vedischen Stämmen Vorderindiens verwandt sind, gelten jedoch nach wie vor als die Ureinwohner der Insel. Allerdings gibt die Mahavamsa keinen Aufschluss darüber, ob es sich wirklich um Menschen handelte. Dort werden sie nämlich als Yakshas oder Nagas bezeichnet, als Geisterwesen.

Die ersten Siedler
Im Lauf der ersten Hälfte des 1. Jt.s v. Chr. gelangten aus Südindien stammende Ackerbauern, die man heute als Alt-Singhalesen bezeichnet, auf die Insel Lanka, wie der alte Name Sri Lankas im Sanskrit lautete. Während viele Ureinwohner immer tiefer in die Dschungelgebiete auf der Insel zurückgedrängt wurden, da ihnen die Lebensräume, in denen sie ihr Dasein als Jäger und Sammler fristeten, genommen wurden, assimilierten sich andere mit den Eindringlingen. Aus der Frühgeschichte der ersten Besiedlung gibt es zahlreiche Fundstätten auf Sri Lanka, wie z. B. die Höhlen um Bandarawela bei Badulla.

Bewässerungssystem
Lange bevor z. B. auf der Insel Bali ein Kanalsystem zur Bewässerung von Reisfeldern angelegt wurde, gab es ein solches auf Sri Lanka. Archäologen fanden von Menschenhand erbaute Vorrichtungen, mit denen bereits um 250 v. Chr. das von den Bergen abfließende Wasser künstlich gestaut und nach einem ausgeklügelten System auf die Felder verteilt wurde.

Anuradhapura
Während dieser Zeit wurde die Stadt Anuradhapura zur ersten blühenden Hauptstadt der Insel und zu einem Zentrum der buddhistischen Lehre, die sich vom indischen Subkontinent her ausbreitete. Der dort regierende König Ashoka entsandte seinen Sohn Mahinda –

oder einen anderen nahen Verwandten, das weiß man nicht genau – nach Sri Lanka, der dort in seinem Auftrag die buddhistische Lehre verbreitete. Diese Lehre wurde von König Devanampiya Tissa bereitwillig aufgenommen und schon bald zur allgemein gültigen Religion erklärt. Die Stadt Anuradhapura selbst wurde ausgebaut. Die Grundlage für den Wohlstand der darin lebenden Bevölkerung bildete in erster Linie das lange zuvor angelegte, zwischenzeitlich jedoch umfassend erweiterte Bewässerungssystem. In der Stadt selbst entstanden zahlreiche sakrale Bauwerke. Reisende berichteten von »weithin sichtbaren, goldschimmernden Stupas«. Der Stupa von Jetavaranama war bei einer Höhe von 120 m der mit Abstand imposanteste, ihm folgte der Stupa von Abhayagiri mit einer Höhe von 70 m.

Um 200 v. Chr. besetzten südindische Tamilen den größten Teil der Insel. Diese Episode dauerte jedoch nicht lange: Die Eindringlinge wurden von König Dutthagamani (161 – 137 v. Chr.) schon bald wieder vertrieben. Bis heute gilt Dutthagamani unter der singhalesischen Bevölkerung deshalb als Nationalheld. **Indische Tamilen**

Im Kloster Alu Vihara bei Matala, nördlich von Kandy, versammelten sich im Jahr 80 v. Chr. etwa 500 buddhistische Mönche, um die als authentisch geltenden Reden Buddhas aufzuzeichnen. Unter dem Namen »Tripitaka« (= Dreifacher Korb) wurden sie zu einem grundlegenden und heute noch gültigen Bestandteil der buddhistischen Lehre. **Erster buddhistischer Kongress**

Die Jahre der ersten Besucher

1. Jh.	Griechische Seefahrer gelangen nach Sri Lanka; Ptolemäus beschreibt mehr als 50 Orte auf der Insel.
um 450	Die Felsenfestung von Sigiriya entsteht; der Chinese Fa-Hsien bereist Ceylon.
993	Die Chola-Dynastie erobert die gesamte Insel; Polonnaruwa wird Hauptstadt.

Griechische Seefahrer kamen zu Beginn des 1. Jh.s n. Chr. auf dem Weg nach Indien auch auf die Insel Sri Lanka und nannten sie »Taprobane« (= Kupferinsel). Im Jahr 45 erwiderten sri-lankische Kaufleute einen Besuch römischer Gesandter und fuhren nach Rom. Der Astronom, Mathematiker und Geograf Claudius **Ptolemäus** (ca. 100 – ca. 160 n. Chr.) beschrieb mehr als 50 Orte auf Sri Lanka, bezog seine Kenntnis jedoch vermutlich aus den Berichten griechischer Seefahrer. Ptolemäus wird auch eine der frühen Karten der Insel zugeschrieben. **Besuch und Gegenbesuch**

Ein Vater-Sohn-Konflikt

Unter König Kassyapa, einem der beiden Söhne von König Dhatusena von Anuradhapura, entstand die **Felsenfestung Sigiriya**. Er fürchtete sich vor der Rache seines Halbbruders Moggallana, da er den gemeinsamen Vater der Überlieferung zufolge nackt an eine Wand gekettet und lebendig eingemauert haben soll. Als Moggallana im Jahr 495 tatsächlich mit seinen Truppen auf den Palast zumarschierte, verließ Kassyapa die auf einer Höhe von 200 m gelegene, als uneinnehmbar geltende Festung, um seinem Halbbruder entgegenzureiten. Bevor er jedoch in dessen Hände fiel, verübte er Selbstmord.

Fa-Hsien und Buddhagosa

Im 5. Jh. v. Chr. besuchte der chinesische Reisende Fa-Hsien die Insel Sri Lanka. Er blieb für zwei Jahre und verfasste in dieser Zeit eine erstaunlich exakte **Beschreibung der Verhältnisse**, wobei er allerdings vielfach auf Legenden zurückgriff, die der Mahavamsa entstammen. Fa-Hsien schien jedoch einen großen Teil der Insel bereist zu haben. So berichtete er z. B. von einem Tempel, in dem in einem Schrein ein Zahn Buddhas aufbewahrt werde. Auch der Ort Mihintale, der bis heute als Geburtsort des Buddhismus auf Sri Lanka gilt, fand in seinen Aufzeichnungen Erwähnung.

Etwa zur selben Zeit wie Fa-Hsien und während der Regentschaft König Manamas (406 – 428 n. Chr.) wirkte der buddhistische Dogmatiker Buddhagosa im Kloster von Anuradhapura. Er verfasste zahlreiche Kommentare zur buddhistischen Lehre in Pali, einer mittelindischen, dem Vedischen verwandten Sprache.

Chola-Provinz

König Mahinda V. bestieg im Jahr 982 zwar den Thron, doch bereits wenige Jahre später musste er hinnehmen, dass König Rajaraja I. der Große außer weiten Teilen Südindiens auch Sri Lanka eroberte. Dieser, ein Herrscher der in Südindien regierenden Chola-Dynastie, fiel im Jahr 993 mit seinen Truppen auf Sri Lanka ein und kam damit anderen mächtigen Pandya-Herrschern aus Südindien zuvor. Er eroberte die gesamte Insel und machte sie zu einer Provinz seines Reichs. Zur Verwaltungshauptstadt erklärte er Polonnaruwa, zur gültigen Religion den Hinduismus. Anuradhapura, bis zu diesem Zeitpunkt die blühendste Stadt auf Sri Lanka, wurde in die Auseinandersetzungen hineingezogen. Im Jahr 1017 wurde Mahinda V. abgesetzt, gefangen genommen und nach Südindien verschleppt. Seine Hauptstadt Anuradhapura fiel zum großen Teil der Zerstörung anheim, die Bevölkerung wurde vertrieben.

Polonnaruwa

Die Besetzung durch den Chola-Regenten sollte etliche Jahrzehnte dauern. Erst im Jahr 1070 gelang es dem singhalesischen König Vijaya Bahu I., sie auf das indische Festland zurückzutreiben. Für Anuradhapura kam dies freilich zu spät, Polonnaruwa lag nicht nur strategisch günstiger als die alte Hauptstadt, sondern bot wegen seiner Nähe zum Mahaweli-Fluss auch günstigere Voraussetzungen für die Landwirtschaft. Statt des Hinduismus führte Vijaya Bahu I. wieder den Buddhismus ein, außerdem machte er sich einen Namen als Reformer der Verwaltung und des öffentlichen Lebens. Es war allerdings nur eine relativ kurze Zeit der Blüte: Nach seinem Tode wurde das Land geteilt.

Als König Parakrama Bahu I. im Jahr 1153 den Thron bestieg, fand er ein tief zerstrittenes Land vor. Trotzdem gelang es ihm schon nach wenigen Jahren seiner Regentschaft, mit harter Hand die Landesteile wieder zu einem singhalesischen Reich zu vereinigen. Das neue Staatsgebilde mit der Hauptstadt Polonnaruwa erlebte daraufhin einen großen Aufschwung, der sich nicht zuletzt auch in gestiegenem politischen Einfluss gegenüber dem indischen Festland ausdrückte. Auch das zu diesem Zeitpunkt bereits jahrhundertealte Bewässerungssystem wurde erweitert. Als größte Tat gilt die Anlage des 24 km² großen **Parakrama-Samudra-Sees**, durch den mehr als dreimal soviel landwirtschaftliche Anbaufläche wie bisher bewässert werden konnte.

Kämpfe und Wiederver- einigung

In künstlerischer Hinsicht machte sich Parakrama Bahus Nachfolger Nissanka Malla (1187–1196) trotz seiner kurzen Regentschaft einen Namen als Auftraggeber einiger sakraler Kunstwerke wie z. B. der monumentalen Buddha-Statuen von Gal Vihara oder der Watadage von Polonnaruwa. In politischer Hinsicht gelang es ihm jedoch nicht, die Verhältnisse auf Dauer zu sichern. Schon kurz nach seinem Tod brach ein erneuter Konflikt zwischen den singhalesischen Dynastien aus. Söldner aus Südindien, die von einigen Mitgliedern zu Hilfe gerufen wurden (unter ihnen auch etliche der Cholas), zogen plündernd über die Insel. Ein indischer Pirat namens Magha sorgte schließlich für den traurigen Höhepunkt: Er zog mit seinen Horden nach Polonnaruwa, eroberte die Stadt und raubte sie völlig aus. Die Bewohner verließen die Stadt notgedrungenermaßen und flohen ins Umland.

Das Zeitalter der Kolonisierung

16. Jh.	Die Portugiesen entdecken Ceylon.
um 1640	Die Holländer vertreiben die Portugiesen.
1815	Die Engländer erobern Kandy.

Das 14. und das 15. Jh. waren geprägt von Unsicherheit. Erst unter der Regentschaft von König Parakrama Bahu V. (1411–1467), der sich darauf verstand, die Fürstentümer wieder zusammenzuführen, endete diese Zeit. Seine Residenz befand sich in Kotte, was jedoch den Herrschern von Kandy nicht gefiel. Immer wieder kam es zu Auseinandersetzungen, und nach Bahus Tod fiel Kotte ganz an Kandy, das sich damit einen großen Teil der Insel untertan machte.

Jahre der Unsicherheit

Portugiesen Auch wenn Sri Lanka seit alters her nicht nur Seefahrern wohlbekannt war, zeigten – abgesehen von den im Süden des indischen Subkontinents herrschenden Dynastien – fremde Mächte kein großes Interesse an der Insel. Das sollte sich zu Beginn des 16. Jh.s ändern, als sich die Portugiesen anschickten, ihre kolonialen Bestrebungen nach Asien auszudehnen.

Zunächst bemühten sie sich lediglich um eine **Handelsniederlassung**, die von den Schiffen angelaufen werden sollte, die auf dem Weg von Europa nach Asien waren. Bereits seit 1510 war Goa im Westen von Indien durch den Seefahrer und Vizekönig Alfonso de Albuquerque erobert und zur portugiesischen Kolonie erklärt worden, 1557 folgte Macao unweit von Hongkong. Ceilao, wie die Portugiesen die Insel nannten, kam ihnen zur **Sicherung ihrer Schifffahrtswege** gerade recht, und schon bald wurde aus der Handelsniederlassung, die ihnen zugestanden worden war, ein Einflussbereich, der sich auf den gesamten Südwesten Sri Lankas erstreckte.

Kein Glück hatten sie jedoch mit den Herrschern von Kandy. Die Portugiesen verließen sogar die Insel vorübergehend, aber nur, um im Jahr 1617 auf ausdrücklichen Wunsch von König Senerath (1604 bis 1635) wieder zurückzukehren. Aber auch Senerath hatte bald genug von den portugiesischen Versuchen, die Insel – vor allem aber die wichtigen Seehäfen von Trincomalee und Batticaloa – unter ihre Kontrolle zu bringen. Als nach Seneraths Tod dessen Sohn Raja Sinha II. an die Macht kam, traten die Holländer auf den Plan.

Holländer Holland hatte ebenfalls Überseebesitzungen wie z. B. Indonesien. Für den Handel mit ihnen war die **Vereenigde Oost-Indische Compagnie** (VOC) verantwortlich. Was diese in erster Linie interessierte, nämlich Gewürze und Edelsteine, hatten die Singhalesen im Überfluss. Raja Sinha II. bot einen Vertrag an, der den Holländern das alleinige Recht auf den Handel mit beidem garantieren sollte. Voraussetzung dafür war jedoch, dass sie ihm im Kampf gegen die Portugiesen zur Seite stehen würden.

Raja Sinha II. hatte sich jedoch getäuscht. Nachdem die Holländer die Hafenstädte Galle und Negombo von den Portugiesen zurückerobert hatten, erklärten sie diese kurzerhand zu ihrem Gebiet. Sie hatten nämlich erkannt, wie interessant diese Städte waren, zu denen einige Jahre später auch noch Jaffna am nördlichen Inselrand hinzukam. Zwar waren die Portugiesen von Sri Lanka vertrieben, doch nun saßen die Holländer an ihrer Stelle. 1656 ließen sie die Befestigungsanlagen von Colombo schleifen.

An **Kandy** selbst – das zu diesem Zeitpunkt immer noch den singhalesischen Namen Srivardhanapura trug – zeigten sie jedoch kaum Interesse, sodass König Raja Sinha II. den Bestand seines Reichs sichern konnte. Was er aber nicht verhindern konnte, war, dass die Kolonialherren der Bevölkerung ihren christlichen Glauben aufzudrängen suchten. Trotzdem zeigten diese sich so tolerant, auch buddhistische und muslimische Glaubensbekenntnisse zu dulden.

Fremde Herren auf Sri Lanka

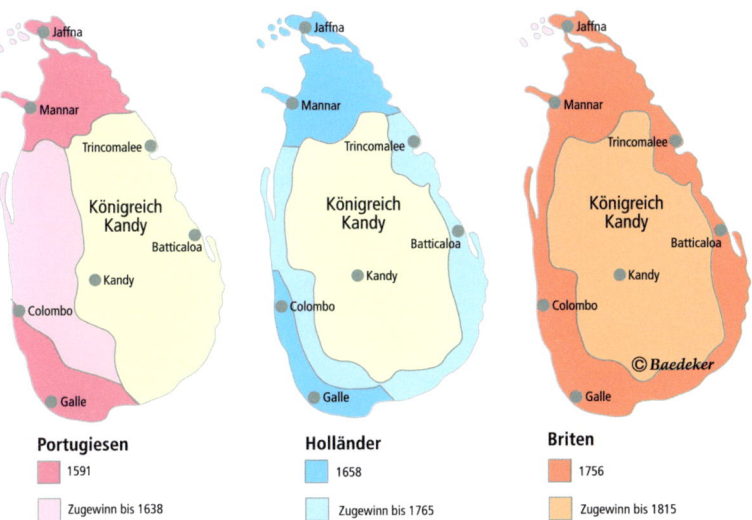

Portugiesen
- 1591
- Zugewinn bis 1638

Holländer
- 1658
- Zugewinn bis 1765

Briten
- 1756
- Zugewinn bis 1815

© Baedeker

Der **Handel mit Gewürzen** blühte von nun an, freilich befand er sich fest in den Händen der Holländer. Ein Teil der Exporterlöse floss aber in den Staatshaushalt und trug so zu einem wachsenden Wohlstand der singhalesischen Inselbevölkerung bei.

Engländer

Nach einigen vergeblichen Versuchen gelang es den Engländern, auf Ceilao Fuß zu fassen. Nach und nach eroberten sie die wichtigen Hafenstädte, was ihnen angesichts ihrer militärischen Überlegenheit nicht schwer fiel. Was den Holländern nicht gelungen war, sollte ihnen gelingen: 1803 konnten die Herrscher von Kandy einen Angriff der Engländer zwar noch einmal zurückschlagen, zwölf Jahre später war es dann aber soweit. Dabei kam den Engländern zuhilfe, dass sich die Kandy-Herrscher untereinander nicht einig waren und so ein schwaches Ziel für ihre Angriffe darstellten.

Aufstand der Singhalesen

Trotzdem benötigten die Engländer nicht nur einige Jahre, um ihre Macht in Kandy zu sichern, sondern auch Gewalt. Ein Aufstand der Singhalesen, der von 1817 an fast zwei Jahre dauerte und Hunderte von Opfern verlangte, wurde brutal niedergeschlagen. Kandy war von nun an Hauptstadt der gesamten Insel **Ceylon** – dieser Name sollte bis zum Jahr 1972 Gültigkeit haben.
1815 kam auch das Ende für König Shirivikramarashasimha, der von seinen eigenen Adligen abgesetzt wurde. In der Konvention von Kandy, die in beiderseitigem Einvernehmen geschlossen wurde, erklärte

er sich einverstanden, sein gesamtes Reich der britischen Krone zu unterstellen. Im Gegenzug garantierten die Engländer die Beibehaltung des Verwaltungssystems und den Schutz des Buddhismus.

Indische Tamilen werden angeworben

Die Engländer begannen alsbald mit der Anlage großflächiger Kaffeeplantagen. Dazu benötigten sie mehr Arbeitskräfte, als sie vorfanden – vor allem aber billigere. Die Lösung dieses Problems sahen sie in der Anwerbung von tamilischen Arbeitern in Südindien. Diese folgten zunächst bereitwillig dem Ruf der neuen Herren, erkannten jedoch schon 1848, dass ihre Arbeitskraft ausgebeutet wurde. Ein Aufstand brach aus, der von den Engländern blutig niedergeschlagen wurde. Dann kam der **Kaffeerost**, eine Erkrankung der empfindlichen Kaffeepflanzen, die sich ab 1865 von Ceylon aus rasch in alle Kaffeeanbaugebiete der Erde ausbreitete. Die Engländer wussten sich jedoch rasch zu helfen: Sie ersetzten die Kaffeepflanzen einfach durch Teebüsche.

Ceylon wird unabhängig

1931	Allgemeines Wahlrecht für alle Inselbewohner
4. Feb. 1948	Ceylon wird unabhängig.

Elite mit Patriotismus

Mit dem Wohlstand, der aus dem Kaffee-, dann aus dem Teeanbau auf die Insel kam, bildete sich unter der singhalesischen Bevölkerung eine geistige und kapitalkräftige Elite heraus. Diese verstand es, den Engländern gewisse **Rechte zur Selbstverwaltung** abzuringen. Aber auch in den weniger gebildeten Bevölkerungsschichten trat ein gewisser Patriotismus, der den Singhalesen seit jeher eigen war, deutlicher hervor. Man begann, gegen die fremden Herren zu kämpfen, wobei buddhistische Mönche eine wichtige Rolle spielten. Doch hatten sich die Engländer rechtzeitig genug Einfluss unter den Singhalesen verschafft, die teils sogar zum christlichen Glauben übergetreten waren. Deshalb verliefen die Bemühungen Einzelner im Sande, sich des Jochs der britischen Krone zu entledigen.

1915 gab es anlässlich des Jahrestags der Kapitulation Kandys vor den Engländern erneute **Unruhen**. Sie waren eindeutig nationalistisch geprägt, und nun rächte es sich, dass sich die Kolonialherren standhaft geweigert hatten, wenigstens der singhalesischen Elite ein gewisses Mitspracherecht einzuräumen. Zwar richteten sich die Aggressionen nicht in erster Linie gegen die Engländer, sondern gegen die an der Küste lebenden Moors, die geschäftüchtigen Nachfahren arabischer Seefahrer. Als aber die Engländer befürchten mussten, dass die Unruhen sich ausweiten und möglicherweise das Ende ihrer Herrschaft bedeuten könnten, griffen sie ein und verhafteten die Anführer der Unruhen.

Waren sich Singhalesen und Tamilen weitgehend einig in ihrem Willen, die Kolonialmacht England in absehbarer Zeit von der Insel zu vertreiben, so befürchteten etwa ab 1920 einige Tamilen, dass den Singhalesen größere politische Macht eingeräumt werden könnte als ihnen selbst. Daran konnte auch eine Kommission nichts ändern, die von dem seinerzeit amtierenden Gouverneur Sir Hugh Clifford eingesetzt wurde. Sie sollte über eine neue Verfassung beraten und dabei die ethnischen Besonderheiten von Ceylon berücksichtigen.

Tamilen kontra Singhalesen

Clifford war schon seit vier Jahren nicht mehr im Amt, als die Kommission 1931 endlich zu einem Ergebnis kam. Sie schlug nicht nur vor, eine Regierung zuzulassen, die aus singhalesischen und tamilischen Politikern bestehen sollte, sondern genehmigte auch die Einführung eines allgemeinen Wahlrechts für alle Inselbewohner ab dem 21. Lebensjahr. Damit war Ceylon die erste Überseebesitzung der Engländer, in der es ein solches Wahlrecht gab.

Allgemeines Wahlrecht

Mit der Möglichkeit, zu wählen, kam es unter der Bevölkerung immer mehr zu **nationalistischen Tendenzen**. Sie wurde selbstbewusster im Umgang mit den Engländern; es entstand eine Arbeiterbewegung und die sozialen Bedingungen wurden verbessert. Besondere Verdienste erwarb sich dabei Don Stephen Senanayake, der sich um die Verbesserung der Landwirtschaft bemühte. Er war es schließlich auch, der mit den Engländern über die Unabhängigkeit verhandelte. Senanayake machte ihnen den Vorschlag, den Übergang der Besitzverhältnisse schrittweise zu vollziehen. Es war ein Vorschlag, auf den die Engländer sich einließen, als Senanayake, dessen Eltern ihm zum Beweis ihrer Loyalität englische Vornamen gegeben hatten, zusagte, für einen friedlichen Übergang zu sorgen.

Autonomie- bestrebungen

Der Zweite Weltkrieg erzwang jedoch eine Pause in den Autonomiebestrebungen. Für die Engländer waren die Häfen von Colombo, Trincomalee und Batticaloa wichtige Stützpunkte zwischen Europa und Asien. Als die Japaner 1942 diese Häfen aus der Luft attackierten, starben zwar mehr als 1200 alliierte Soldaten (vor allem Engländer) und Singhalesen, doch blieben die Angriffe letztlich erfolglos. Vielleicht, meinen Historiker, hätte eine Kontrolle der Japaner über Ceylon dem Krieg eine andere Wendung gegeben.

Zweiter Weltkrieg

Die ersten Jahre nach dem Zweiten Weltkrieg waren bestimmt von erneuten Bemühungen um Unabhängigkeit. Großbritannien berief wiederum eine Kommission ein, die einen Entwurf vorlegte. Dieser sah zwar eine künftige Selbstverwaltung der Singhalesen vor, allerdings wollten sich die Briten ein Mitspracherecht bei außenpolitischen Entscheidungen vorbehalten. Die Singhalesen waren dagegen und die Briten gaben überraschend schnell nach. Am **4. Februar 1948** entließ Großbritannien die Insel Ceylon in die Unabhängigkeit, erster Ministerpräsident wurde Don Stephen Senanayake.

Unabhängigkeit

Aufbau des neuen Staats

ab 1948	Wirtschaftlicher Aufschwung
1950	Der Colombo-Plan wird beschlossen.
1972	Ceylon wird als »Sri Lanka« sozialistische Republik.
1978	Das Präsidialsystem wird eingeführt.

Zielstrebiger Aufbau

Senanayake machte sich sofort daran, den jungen Staat Ceylon zielstrebig aufzubauen. Er setzte sich für eine **strikte Trennung von Staat und Religion** ein und förderte den Aufbau der Wirtschaft. Sein großes Geschick im Umgang mit der öffentlichen Meinung trug dazu bei, dass die sozialistisch orientierte Opposition kaum Chancen hatte. Die durch die Kriegsjahre geschwächte Wirtschaft erholte sich, die Einnahmen aus dem Tee- und Kautschukexport füllten die Staatskasse. Einen großen Teil davon investierte die Regierung in die Verbesserung der sozialen Versorgung, aber auch in das erste große Bewässerungsprojekt. So entstand das **Gal-Oya-Projekt** mit dem Senanayake-Samudra. Dieser künstlich angelegte See ist fast viermal so groß wie der Parakrama-Samudra.

Tamilen verlieren Wahlrecht

Senanayake trägt freilich auch einen Teil der Schuld an dem Bürgerkrieg, der 1983 ausbrach. Er entzog den Indian Tamils im Jahr 1948 nicht nur das Wahlrecht, sondern auch die Staatsbürgerschaft und machte sie so definitiv zu Bürgern zweiter Klasse. Ihre **Ausbeutung als billige Arbeitskräfte** wurde damit gesetzlich legitimiert. Überdies erklärte er Sinhala zur einzigen Landessprache.

Colombo-Plan

In Colombo trafen sich 1950 die Regierungschefs von sieben Mitgliedsländern des Commonwealth, um einen gemeinsamen Rahmenplan zur Entwicklung ihrer Wirtschaft zu beraten. Nach dem Ort der Tagung wurde er »Colombo Plan for Cooperative Economic and Social Development in Asia and Pacific«, kurz »Colombo-Plan« genannt. Er ist ein wichtiges Instrument zur Abstimmung der Entwicklungshilfe im asiatischen Raum, die bis heute von Großbritannien, Australien, Kanada, den USA und Neuseeland finanziert wird. Zu den 7 Gründungsstaaten kamen im Lauf der Jahre weitere 19 hinzu.

Die Bandaranaike-Dynastie

Als Don Stephen Senanayake 1952 bei einem Reitausflug tödlich verunglückte, übernahm sein Sohn Dudley (►Berühmte Persönlichkeiten) das Amt. Er verstand es jedoch nicht, die Erfolge seines Vaters zu mehren, und musste bereits ein Jahr später zurücktreten. In der Zwischenzeit hatte sich die Opposition neu formiert: Unter Mitwirkung des aus der United National Party ausgetretenen Ministers Solomon West Ridgeway Dias Bandaranaike (►Berühmte Persönlichkeiten) wurde die **Sri Lanka Freedom Party** (SLFP) gegründet. Sie gewann die Wahlen von 1956 und stellte mit Solomon Bandaranaike den Ministerpräsidenten. Als dieser im September 1959 von einem fanatischen buddhistischen Mönch ermordet wurde, gelang der UNP unter Dudley Senanayake bei den Wahlen im März 1960 noch einmal ein Sieg. Bei den nur vier Monate später erfolgenden Neuwahlen musste die UNP jedoch eine herbe Niederlage hinnehmen. Sirimavo Bandaranaike (►Berühmte Persönlichkeiten), die Witwe des Ermordeten, übernahm die Regierung mit dem Ziel, die Politik ihres Mannes fortzusetzen – sie war **der erste weibliche Regierungschef der Welt**. Das gelang ihr jedoch nur teilweise. Vor allem die Verstaatlichung von Tee- und Kautschukplantagen stieß auf Widerstand.

Bei den Wahlen 1965 bedachten die Wähler die UNP mit dem Sieg, Dudley Senanayake wurde erneut Regierungschef des Landes. Weil es wieder nicht gelang, die Probleme des Landes (zunehmende Arbeitslosigkeit, steigende Lebenshaltungskosten) in den Griff zu bekommen, dauerte seine Amtszeit nur fünf Jahre – dann wurde er 1970 wiederum von Sirimavo Bandaranaike abgelöst. Sie ließ eine **Verfassungsreform** beschließen, die 1972 in Kraft trat. Aus Ceylon wurde nun die Demokratisch-Sozialistische Republik Sri Lanka.

Verstaatlichung der Wirtschaft

Sirimavo Bandaranaike führte die Politik der Verstaatlichung der Wirtschaft, insbesondere der Plantagen, fort. Der Grundbesitz wurde auf 50 Acres pro Familie, das monatliche Einkommen auf maximal 2000 Rupien begrenzt. Im Gegenzug versprach sie der Bevölkerung, dass »jedermann seinen Reis kostenlos erhält«, was jedoch schon bald große Lücken in den Staatshaushalt riss.

Rechtzeitig vor den Wahlen des Jahres 1977 tauchten **Korruptionsvorwürfe** auf, die der Opposition zum Wahlsieg verhalfen. Junius Richard Jayawardene von der UNP wurde Staatspräsident, indem er 1978 ein Präsidialsystem nach französischem Vorbild einführte. Ranasinghe Premadasa (►Berühmte Persönlichkeiten) wurde zum Ministerpräsidenten gewählt. Beide änderten die Politik ihrer Vorgängerin insoweit, als sie einen Teil der Verstaatlichungen rückgängig machten und versuchten, ausländische Investoren für Sri Lanka zu gewinnen. Zu diesem Zweck wurden nördlich von Colombo großzügige **Freihandelszonen** eingerichtet, in denen sich vor allem Textilfabriken ansiedelten.

Der Bürgerkrieg beginnt

1976	Die Tamilen fordern einen eigenen Staat.
ab 1983	Anschläge auf singhalesische Einrichtungen
1995	Erster Waffenstillstand

Wachsende Spannungen

Auch wenn die wirtschaftlichen Erfolge nicht ausblieben, gelang es Premadasa nicht, die wachsenden sozialen Spannungen zwischen Singhalesen und Tamilen unter Kontrolle zu halten. Immer mehr Tamilen forderten einen selbstständigen Staat namens »Eelam«. Als diese Forderungen abgelehnt wurden, bildete sich ein militanter Flügel der Tamil United Liberation Front (TULF), die »Liberation Tigers of Tamil Eelam« (= Befreiungstiger von Eelam; LTTE). Diese **Guerilla-Organisation** verübte von nun an Anschläge gegen die Singhalesen und deren Einrichtungen.

Als die Regierung Premadasa die Auseinandersetzungen nicht mehr kontrollieren konnte, rief sie 1987 **indische Soldaten** zu Hilfe, die den Konflikt jedoch auch nicht lösen konnten und nur bis März 1990 blieben. Am 29. Juli 1987 beschloss die Regierung Premadasa ein Autonomiestatut für den von Tamilen bewohnten Norden und Osten der Insel. Die darin eingeräumten Rechte genügten der LTTE jedoch nicht, die unter der Führung ihres Gründers Velupillai Prabhakaran (1954 – 2009) weiter für Unruhe sorgten.

Prabhakaran, der im Untergrund lebte, verstand es, junge Tamilen hinter sich zu scharen, die sogar zum Selbstmordattentat bereit waren. Selbst vor der Rekrutierung von Frauen und Kindern schreckte die LTTE nicht zurück.

Der **Terror der LTTE** richtete sich vor allem gegen den singhalesischen Bevölkerungsteil, unter den Opfern waren aber auch als gemäßigt geltende Tamilen. Mittelpunkt der Auseinandersetzungen war die Halbinsel Jaffna im Norden, doch wurden Terrorakte auch in Colombo und anderswo verübt: So wird die LTTE beschuldigt, den in-

Im tamilischen Gebiet sind auch Regierungssoldaten stationiert.

dischen Ministerpräsidenten Raijiv Gandhi am am 21. Mai 1991 ermordet zu haben. Ziel der Anschläge waren zunächst Menschen,
Häuser und Wohnungen, ab Mitte der 1990er-Jahre verstärkt auch
die Infrastruktur, z. B. Umspannstationen für elektrischen Strom.

Als 1994 Präsidentin Chandrika Kumaratunga ihr Amt antrat, versprach sie baldige Friedensgespräche mit der LTTE. Später erklärte
sie sogar die »Befreiungstiger« zu Gesprächspartnern, was Prabhakaran jedoch beharrlich ignorierte. Der am 8. Januar 1995 vereinbarte
Waffenstillstand wurde schon drei Monate später wieder gebrochen.

**Friedens-
gespräche**

Am 20. und 21. Januar 1995 besuchte Papst Johannes Paul II. Sri
Lanka. Buddhistische Würdenträger boykottierten den Gast, da im
Vorfeld der Visite aus dem Vatikan herabwürdigende Aussagen über
den Buddhismus bekannt wurden.

**Papst Johannes
Paul II.**

Eine Terrorwelle überzog ab 1995 das Land. In Colombo explodierte
in einem Vorortzug eine Bombe, 78 Menschen starben. Weitere Attentate folgten, worauf am 8. April 1996 Kumaratunga den **Ausnah-
mezustand,** der bis zu diesem Zeitpunkt auf Colombo und die nördlichen bzw. östlichen Landesteile begrenzt war, auf alle Distrikte des
Landes ausdehnte. Militär und Polizei erhielten dadurch weit rei-
chende Vollmachten, die Versammlungs- und die Pressefreiheit können seither vom Präsidenten eingeschränkt werden.

Terrorwelle

Einen großen Fehler beging die LTTE nach Meinung der Zivilbevölkerung, als sie am 25. Januar 1998 einen **Bombenanschlag auf das
größte buddhistische Heiligtum des Landes,** den Tempel des Heiligen Zahns in Kandy, verübte. Bei diesem Selbstmordattentat wurden
acht Menschen getötet und ein Teil des Tempels schwer beschädigt.
Zwar führte Ministerpräsidentin Kumaratunga ihre Politik der Friedensgespräche fort, doch gab es viele Singhalesen, die eine Lösung
des Konflikts, der seit 1984 über 69 000 Tote und zahllose Verletzte
forderte, nur auf militärischem Wege für möglich hielten.

**Anschlag auf
Kandy**

Seit der Jahrtausendwende

seit 2002	Offizielle Friedensverhandlungen
Dez. 2004	Die Tsunami-Katastrophe fordert etwa 36 000 Menschen-leben, mehr als 500 000 werden obdachlos.

Unter der Vermittlung von Norwegen, das dieses Mandat von der
UNO übernahm, einigten sich die sri-lankische Regierung und die
LTTE auf einen Waffenstillstand und die Aufnahme von Friedensver-

**Friedens-
verhandlungen**

handlungen. Dabei verzichtete die LTTE erstmals auf die Forderung nach einem eigenen Staat, die Regierung hingegen versprach, sich nicht nur für eine föderale Struktur der Tamilengebiete einzusetzen, sondern auch das Verbot der Tamil Tigers aufzuheben. Bei zahlreichen Friedenskonferenzen wurden entscheidende Fortschritte erzielt. Ein Problem stellte allerdings die Tatsache dar, dass die Regierungsspitze unterschiedlichen Parteien mit verschiedenen Zielsetzungen angehörte. Präsidentin Kumaratunga stand den Friedensverhandlungen grundsätzlich skeptisch gegenüber, während sich der Regierungschef für eine Politik der Annäherung einsetzte. Da sich beide nicht auf eine gemeinsame Strategie einigen konnten, löste Kumaratunga 2004 vorzeitig das Parlament auf und rief **Neuwahlen** aus, die sie auch gewann. In der Folge stand – auch unter dem 2005 gewählten Kumaratunga-Nachfolger Mahinda Rajapaksa – der Waffenstillstand auf brüchigen Pfeilern. Er wurde zwar nicht durch spektakuläre Attentate zerstört, aber durch zahlreiche Attacken der LTTE in seiner Nachhaltigkeit beeinträchtigt. Die allerdings erwies sich in ihrer Führungsspitze ebenfalls als uneinig, was die Friedensverhandlungen zusätzlich beeinträchtigte.

Vorwurf der parteiischen Tsunami-Hilfe

Daran konnte auch der Tsunami am 26. Dezember 2004 nichts ändern. Während z. B. auf Sumatra die Bürgerkriegsparteien die Waffen niederlegten und sich gemeinsam dem Schicksal der betroffenen Bevölkerung widmeten, musste sich die Regierung den Vorwurf gefallen lassen, zuerst dem singhalesischen Teil der Bevölkerung zu helfen und was übrig blieb, den Tamilen zugute kommen zu lassen. Dabei war die Ostküste Sri Lankas, das Hauptsiedlungsgebiet der Tamilen, schwerer getroffen. Hilfe – auch solche aus dem Ausland – erreichte diese Gebiete erst Tage oder gar Wochen nach der Katastrophe. Im Juni 2005 unterzeichnen beide Parteien eine Vereinbarung über die **gleichberechtigte Verteilung der Hilfsgelder**, die vom Obersten Gericht in Colombo umgehend für ungültig erklärt wurde. Offiziellen Angaben zufolge forderte der Tsunami über 36 000 Menschenleben, über eine halbe Million Menschen wurden obdachlos. Große Teile der Ost- und Südküste Sri Lankas wurden überflutet.

Wirtschaftliche Belastung

Mehr als 25 000 Textilarbeiter verloren seit Anfang 2005 ihre Arbeit, als Grund vermutet man den **Wegfall der Textilquoten** im internationalen Handel. Für Sri Lanka stellt dies eine schwere wirtschaftliche Belastung dar, da die Produktion zunehmend in moderne und noch preisgünstiger arbeitende Betriebe in der Volksrepublik China verlegt wurde.

Mord am Außenminister

Im August 2005 wurde der sri-lankische Außenminister Lakshman Kadirgamar in seiner Villa in Colombo ermordet. Der 73-Jährige galt als Hardliner im Umgang mit den Tamilen. Die **LTTE bestritt mit Nachdruck die Täterschaft**, was einer kleinen Sensation gleichkam. Bis dahin hatte sich die LTTE nämlich zu keinem Attentat geäußert.

Trotzdem wurden zahlreiche Häuser von Tamilen durchsucht, der oder die Täter wurden jedoch nicht gefunden.

Mahinda Rajapakse gewann im November die Präsidentschaftswahl. Im Nordosten des Landes wurde der Wahlgang freilich weitgehend boykottiert. Rajapakse gilt als strikter Gegner der Autonomie der mehrheitlich von Tamilen bewohnten Gebiete. Als neuer Premierminister wurde der frühere Außenminister Ratnasiri Wickremanayake vereidigt.

Keine Chance für Autonomie

Der LTTE-Führer Prabhakaran forderte die Regierung in Colombo zu Verhandlungen auf, die eine Autonomie des Inselnordens zur Folge haben sollten. Die Regierung lehnte ab, erklärte aber ihre Bereitschaft, über ein »einiges Sri Lanka« mit einem besonderen Status für die Tamilengebiete zu verhandeln. Im Juni 2006 trafen sich in Norwegen die verfeindeten Parteien zu Friedensgesprächen, die jedoch zu keinem Ergebnis führen. Nur einen Monat später startete die Regierung eine erste größere Offensive gegen die Tamilen und brach damit endgültig den 2002 vereinbarten Waffenstillstand, der eigentlich bis Januar 2008 hätte gelten sollen. Am 8. Januar 2009 eroberten Regierungssoldaten die Halbinsel Jaffna. Seit Indien die Gewässer zwischen dem Subkontinent und Sri Lanka stärker kontrollierte, gelangten immer weniger Waffen zu den Rebellen. Auch die Geldströme von im Ausland lebenden Tamilen versiegten zusehends. Am 23. Januar 2009 nahm das singhalesische Militär Mullaittivu ein und nach einer letzten großen erfolgreichen Offensive erklärte Präsident Rajapaksa am 16. Mai 2009 die **LTTE offiziell für besiegt** und den Bürgerkrieg nach 26 Jahren für beendet. Der Anführer und Chefstratege der LTTE, Velupillai Prabharakan, wurde zwei Tage später »auf der Flucht« erschossen, sein Leichnam der Öffentlichkeit präsentiert. Leidtragende ist einmal mehr die Zivilbevölkerung. Hunderttausende Tamilen gerieten zwischen die Fronten und flohen. Für sie wurden Auffanglager eingerichtet. Die Regierung in Colombo lehnt ausländische Hilfe kategorisch ab und verweigert Hilfsorganisationen, aber auch Journalisten den Zugang zu den Flüchtlingscamps. Ministerpräsident Rajapaksa versprach in einer Rede vor dem Parlament dem tamilischen Bevölkerungsteil eine gewisse Autonomie in seinen angestammten Siedlungsgebieten. Vorerst wurden jedoch alle Tamilen in den Lagern so lange interniert, bis sichergestellt ist, dass sich keine LTTE-Mitglieder mehr unter ihnen befinden.

Die jüngsten Entwicklungen

Mahinda Rajapakse wurde in vorgezogenen Neuwahlen wiedergewählt. In seinem früheren Freund, dem pensionierten General Sarath Fonseka, hatte er einen starken Gegenkandidaten, der Rajapakse Vetternwirtschaft und Wahlbetrug vorwarf. In der Tat ist derzeit der gesamte Regierungsapparat praktisch in den Händen der Rajapakse-Familie und deren Freunden. Rajapakse ließ Fonseka verhaften und das Parlament auflösen. Im April soll neu gewählt werden.

Januar 2010: Rajapakses Wiederwahl

Kunst und Kultur

Die beeindruckendsten Kulturschätze der Insel liegen im sogenannten Kultur-dreieck mit den Eckpunkten Anuradhapura, Polonnaruwa und Kandy. Hier finden sich noch die Reste alter Königsstädte, teils dem Dschungel entrissen, der sie jahrhundertelang mit grüner Pracht einhüllte. Für viele gilt die weithin sichtbare Felsenfestung Sigiriya als Höhepunkt.

Kunstepochen

Das Zeitalter der Klassischen Kunst

Unverkennbar für die erste Anuradhapura-Zeit (250 v. Chr. – 432 n. Chr.) auf Sri Lanka ist der **Einfluss des indischen Amaravathi-Stils**, der benannt ist nach dem gleichnamigen Ort in Südindien, der vom 2. Jh. v. Chr. bis zum 2. Jh. n. Chr. das kulturelle Zentrum des südindischen Buddhismus bildete. Kennzeichnend für die Buddha-Statuen dieser Zeit sind die majestätische Haltung, der zum Gestus der Schutzgewährung (abhaya-mudra) erhobene rechte Arm, das runde Gesicht sowie die Ushnisha (Schädelhöcker). Diese Art der Darstellung Buddhas wurde übrigens bis zum Ende der Polonnaruwa-Zeit beibehalten, sodass es oft schwer zu unterscheiden ist, welcher Zeit die Figur eines stehenden Buddhas exakt zuzuordnen ist. **Erste Anuradhapura-Zeit**

Gegen Ende des 4. Jh.s gesellten sich zur Darstellung des stehenden Buddhas nun auch jene des sitzenden und – mit der Verbreitung des Mahayana-Buddhismus – **erste Bildnisse von Bodhisattvas**, die zumeist in Bronze gefertigt wurden. Beim sitzenden Buddha wurde der Gestus der Meditation (samadhi-mudra) bevorzugt, doch abweichend von den Statuen Nordindiens und vieler anderer buddhistischer Länder sind die Beine in der Heldenpose (virasana) genannten Stellung aufeinandergelegt, nicht verschränkt. **Stellungen des Buddha**
Beibehalten wurde das rundlich wirkende Gesicht, während die Körper weicher modelliert wirken als ihre früheren Vorbilder. Einen feinen Unterschied bemerkt man auch in der **Modellierung der Gesichtszüge**: Sie sind äußerst sparsam ausgebildet und wirken daher fast unnahbar. In dieser Tendenz zur Vereinfachung und Abstraktion wird der Wille spürbar, ewig Gültiges und nicht etwa eine zeitgerechte Individualität darzustellen.

Während die Künstler zu jener Zeit bei der Gestaltung von Buddha-Darstellungen auf indische Vorbilder zurückgriffen, entfernten sie sich von diesen bei einer für Sri Lanka typischen Form des Buddha-Bildnisses: Vor allem bei den sitzenden Figuren wurde Buddha von dem gespreizten Schild der siebenköpfigen Naga beschirmt. **Eigene Formen**
Während in der Architektur die Zeit der Monumentalbauten, der imposanten Dagobas, vorbei war, kamen jetzt **steinerne Kolossalskulpturen** auf, die entweder als frei stehende Plastik oder als Hochrelief gestaltet wurden. Zeugnisse aus dieser Zeit findet man heute noch in Buduruvagala, Sasseruwa und in Aukana, wo es ein selten schönes, ca. 14 m hohes Abbild Buddhas gibt. Dabei handelt es sich um die größte Plastik auf Sri Lanka, die aus dieser Zeit erhalten ist. Sie wurde aus einem einzigen Findling herausgeschlagen!

← *Den Eingang der Felsenfestung Sigiriya bildet das Löwentor.*

Die Zeit der Chola-Könige

Neue Perfektion in der Plastik

Die Zeit der Chola-Könige (996 – 1070) brachte auch in die Kunst eine neue Art der Perfektion. Es entstand eine große Anzahl **bronzener Statuen**, die in erster Linie brahmanische Gottheiten darstellten, wobei ein außerordentlich feines Gefühl der Künstler für die Darstellung eines individuellen Gesichtsausdrucks sowie für die Modellierung einer sehr eleganten Körperhaltung bemerkenswert ist. Als Vorbilder mögen hier Statuen aus der indischen Pallava-Kunst gedient haben, die sich durch ebendiese Art der figürlichen Darstellung auszeichnete.

Auch die **Steinreliefs** aus dieser Zeit (z. B. die Felsreliefs von Isurumuniya bei Anuradhapura) und die figürlichen Darstellungen an Friesen und Gesimsen wurden stärker durchgestaltet und gewannen dadurch an beeindruckender Feinheit. Mondsteine, die skulptierten Schwellen zu Treppenaufgängen, auch Wächtersteine und -stelen sowie die Makaras (Fabelwesen) der Balustraden erfuhren ihre klassische Ausprägung. Bei den als architektonischer Schmuck dienenden Stelen traten neuartige Themen auf, wie z. B. die siebenköpfige Naga unter einem Schirm, die Vase des Überflusses sowie mythische Zwerge mit einem Lotos auf dem Kopf.

In Anuradhapura haben einige beeindruckende Felsreliefs die Zeit überstanden.

In der Architektur entwickelte sich während dieser Epoche ein neues **Architektur** Gefühl für Proportionen. Die Dagobas wurden kleiner angelegt und erhielten eine Spitze in Form eines durch Ringe gegliederten Rundkegels. Bemerkenswert ist, dass die Begrenzungsmauern der Basis nun auch mit – freilich sparsamem – plastischem Schmuck verziert wurden. Schöne Beispiele dafür findet man an der Ruvanveliseya-Dagoba in Anuradhapura.

Unter den Herrschern dieser Periode wuchs auch der **Wille zur Repräsentation**. Die Palastanlagen z. B. von Anuradhapura oder Sigiriya erhielten Lustgärten und Badeanlagen. Letztere wurden häufig aus dem Felsen herausgeschlagen, beispielsweise die Löwen- und Nagabecken in Mihintale. Während von den Palästen aus dieser Zeit nur geringe Reste erhalten blieben, sind die kunstvoll gestalteten Becken heute noch zu sehen.

Als Zeugnis tamilischer Baukunst ist aus der Zeit der Regentschaft der Chola-Könige nur der kleine, wenig verzierte Hindu-Tempel in Dondra im Bezirk Matara aus dem 7./8. Jh. erhalten geblieben. Er ist vermutlich der erste reine Steinbau auf Sri Lanka, der die bis dahin gebräuchlichen Holzbauten ablöste.

Äußerst kunstvoll waren die Malereien aus dieser Zeit. Gut erhaltene **Weltberühmte** Beispiele dafür sind die berühmten **Wolkenmädchen** an den Wänden **Malerei** der Galerie im Palast von Sigiriya. Sie wurden stark grafisch angelegt, doch wirken die Körper – in schwellenden Formen, elegant und anmutig bis in die Fingerspitzen – beinahe plastisch. Bemerkenswert ist die individuelle Strichführung bei der Gestaltung der Gesichtszüge.

Im 6. Jh. entstanden bei Hindalga, unweit von Kandy, Höhlenmalereien von eindrucksvoller Qualität. Sie erzählen von einem Besuch des Gottes Indra bei Buddha und bestechen durch ihre Liebe zum Detail.

Polonnaruwa-Zeit

Der erste König, der Polonnaruwa zur ständigen Hauptstadt wählte, **Nur Reste von** war Vijaya Bahu I. Nachdem er die Herrschaft der Chola-Könige **Architektur** 1070 abgeschüttelt hatte, entfaltete er eine rege Bautätigkeit. Von die- **vorhanden** sen Bauten, die wohl sehr eindrucksvoll waren, sind heute aber nur noch wenige Reste vorhanden.

An einem Bauwerk, nämlich dem **Tempel des Heiligen Zahns** in Kandy, lassen sich Elemente dieser neuen Stilrichtung erkennen. So wurde die Cella, der zentrale Raum des Tempels, nicht mehr in runder, sondern in rechteckiger Form angelegt. Auch die Ornamentik wurde reicher ausgeführt, wie die schmuckvollen Basreliefs an den 54 Steinpfeilern des Tempels beweisen. Sie sind Kennzeichen für den im Vergleich zu seinen Vorgängern weitaus repräsentativer wirkenden Polonnaruwa-Stil. Unter König Nissanka Malla fand dieser Stil seine vollendete Ausprägung, sichtbar an der Watadage von Polonnaruwa, wo ein älteres Heiligtum einer grundlegenden Umgestaltung unterzogen wurde und danach eine weitaus reichere Ornamentik aufwies als zuvor. Ein weiteres schönes Beispiel für den auf Repräsentation bedachten Polonnaruwa-Stil ist die Missamkalata-Mandapa, ein Andachtshaus, in dem die heilige Zahnreliquie verehrt wurde.

Mit dem Polonnaruwa-Stil entfernte sich die singhalesische Kunst fast gänzlich vom indischen Vorbild und erlangte eine **große Eigenständigkeit**. Man schreckte auch nicht davor zurück, eine Vielzahl von brahmanischen Bauten, die während der Zeit der Chola-Könige entstanden waren, zu schleifen oder sie so zu verändern, dass sie nur noch entfernt an die früheren Zeiten erinnerten.

Doch nicht nur die sakralen, sondern auch die weltlichen Bauten erfuhren Änderungen in ihrem Äußeren. Die **Paläste der Könige** Nissanka Malla und Parakrama Bahu I. waren weitläufige Anlagen mit großen Sälen und vielen Gemächern und erreichten, wie man alten Chroniken entnehmen kann, Höhen von bis zu sieben Stockwerken. Die Audienzhalle König Parakrama Bahus beispielsweise, von der heute noch beträchtliche Reste erhalten sind, zeigt eine bemerkenswerte Geschlossenheit in ihrer Gestaltung.

Monumentale Felsskulpturen Die buddhistische Plastik wird während der Polonnaruwa-Zeit durch die Einführung der liegenden Abbildung Buddhas bereichert. Sie steht für den Augenblick, in dem der Erleuchtete ins Nirwana eingeht; das berühmteste Beispiel dafür ist die monumentale Felsskulptur von **Gal Vihara** bei Polonnaruwa. Mit sparsamen Mitteln wird ein Höchstmaß an Ernst, Würde, Harmonie und Verinnerlichung erreicht. Zu den Meisterwerken aus dieser Zeit gehört auch die 3,5 m hohe Felsskulptur von Potgul Vihara, von der man allerdings nicht weiß, wen sie darstellt.

Während bei der buddhistischen Plastik v. a. Stein als Material verwendet wurde, wählte man zur plastischen Darstellung brahmanischer Gottheiten oft **Bronze**. Die Werke zeichnen sich durch eine verfeinerte Linienführung, Eleganz in der Haltung und feine Durcharbeitung der Details aus.

Verlorene Malerei Die malerische Produktion dieser für die kunstgeschichtliche Entwicklung Sri Lankas so wichtigen Zeit ist sicherlich von Bedeutung gewesen. Alten Chroniken kann man entnehmen, dass es aufwendige Stoffmalereien ebenso gegeben haben muss sowie qualitätvolle Wandgemälde. Erhalten ist jedoch leider nichts.

Die Zeit der kurzlebigen Hauptstädte

Fürstentümer Die knapp zwei Jahrhunderte von 1235 bis 1415 waren gekennzeichnet durch einen Zerfall des singhalesischen Reiches in mehrere Fürstentümer. Auch die Hauptstädte wechselten mehrfach, hießen Yapahuwa, Dambadeniya, Kurunegala und Gampola. Übrig geblieben ist freilich nur äußerst wenig, weshalb auf mögliche Veränderungen in der Kunst allenfalls aus schriftlichen Überlieferungen geschlossen werden kann. Eine Ausnahme stellt die **Felsenfestung von Yapahuwa** dar, an deren noch vorhandenen Ruinen der kraftvolle Wille der Herrscher, repräsentative Bauten zu schaffen, abzulesen ist.

Von Gampola ist bekannt, dass zu dieser Zeit einige bedeutende Tempelanlagen entstanden, die in einer brahmanisch-buddhistischen Mischarchitektur ausgeführt sind. Grund dafür war wohl die Tatsache, dass in ihrem Innern Gottheiten beider Religionen verehrt wurden. Die figürlichen Darstellungen und die florale Ornamentik auf den skulptierten Holzpfeilern der Gadaladeniya Vihara und des Embekke Devale zeugen von hoher Kunstfertigkeit und von einer großer Vitalität. Nicht zu verkennen ist ein gewisser burmesischer Einfluss, der vor allem bei der Lankatilaka Vihara unweit von Kandy sichtbar wird.

Eine prachtvolle Treppe markiert den Aufgang zur Felsenfestung Yapahuwa.

Die Kotte-Zeit

Auch von der Zeit zwischen 1415 und 1597, als Kotte im Westen von Sri Lanka die Hauptstadt eines kleinen Königreichs war, ist kaum etwas erhalten geblieben. Es gibt nur wenige Artefakte aus dieser Zeit, an denen sich auch nicht erkennen lässt, ob sich auf künstlerischem Gebiet wesentliche Neuerungen vollzogen. Einige Friese, die heute im Nationalmuseum in Colombo aufbewahrt werden, zeugen immerhin von einer hohen gestalterischen Kraft.

Kaum Artefakte vorhanden

Die Kandy-Zeit

Die wenigen noch vorhandenen Gebäudeteile aus der frühen Kandy-Zeit (1597 – ca. 1650) künden von der Anknüpfung an die Architektur der Gampola-Zeit. Nun entstanden **schlichte, mitunter weite Hallen** mit kunstvoll skulptierten und geschnitzten Holzpfeilern. In der Blütezeit der Kandy-Epoche hingegen setzten sich wiederum einige Neuerungen durch, die besonders am Tempel des Heiligen Zahns in Kandy sichtbar werden. Vermehrt wurden nun Elemente aus der sakralen Kunst von anderen Ländern mit buddhistischer Religion wie z. B. dem Königreich Siam, dem heutigen Thailand, übernommen.

Architektur

Bemerkenswerte Malerei

Bemerkenswert scheint jedoch die Renaissance, die die Wandmalerei in dieser Zeit erlebte, allerdings in einer weitaus **volkstümlicheren Form**. Der Grund dafür war möglicherweise die Tatsache, dass es weniger Künstler als vielmehr Handwerker waren, die sich auf diesem Gebiet betätigten. Im Mittelpunkt der Gemälde standen die Jataka, die Erzählungen aus den Lebenszyklen Buddhas, die durch Szenen aus der singhalesischen Geschichte ergänzt wurden. Verwendet werden dabei im Allgemeinen nur die Farben Rot und Gelb, doch wirken die Gemälde wegen ihrer vielfachen Schattierungen trotzdem äußerst farbig.

Von der Kolonialzeit bis heute

Englische und holländische Einflüsse

Unübersehbare Spuren auf Sri Lanka haben insbesondere die Engländer hinterlassen. Sie führten **europäische Bauformen** ein, wie man etwa bei einem Besuch von Colombo unschwer feststellen kann. Diese prägen noch heute zu einem großen Teil das Bild der Stadt, auch wenn vieles, wie z. B. Teile der alten Festungen, zwischenzeitlich geschleift wurde. Die Stadt, nach wie vor das wirtschaftliche Zentrum der Insel, schickt sich an, mit den Hinterlassenschaften der Kolonialherren sorgsamer umzugehen, als dies bisher der Fall war.

Diese Kirche in Galle wurde 1755 von den Holländern im barocken Stil erbaut.

Die Holländer, deren Zentrum der Süden der Insel war, hinterließen ebenfalls ihre Spuren, beispielsweise in Galle. Festungsanlagen, Kirchen und öffentliche Gebäude tragen das Gesicht der für sie typischen **Kolonialarchitektur**, z. B. Wohn- und Geschäftshäuser mit Arkaden und Verzierungen an den Fenstersimsen.

Es gibt gewisse Tendenzen, alte Bauformen wiederzubeleben. Ein Beweis dafür ist die zu Beginn der 1980er-Jahre errichtete Unabhängigkeitshalle in Colombo. Trotzdem bemüht sich namentlich die Stadtverwaltung von Colombo, der Stadt ein modernes Aussehen nach westlichen Vorbildern zu geben.

Zeitgenössische Architektur

Tempelarchitektur

Buddhistische Tempel

Bei aller Abhängigkeit der singhalesischen von der hinduistischen Kunst Indiens entwickelte sich im Lauf der Jahrhunderte auf Sri Lanka eine bemerkenswerte Eigenständigkeit. Dies zeigt sich in der Übernahme buddhistischer künstlerischer Ausdrucksformen und der Überzeugungskraft, mit der der Buddhismus unter den Singhalesen vertreten, gedacht und gelebt wird. Denn der größte Teil aller singhalesischen Kunst ist über mehr als anderthalb Jahrtausende buddhistische Kunst, genauer gesagt, die vorwiegende Kunst des Hinayana-Buddhismus.

Eigenständig entwickelt

In jeder Ortschaft auf Sri Lanka findet sich ein heiliger Bezirk, zu dem ein Tempel, ein Bodhi-Baum und ein Kloster gehören. Weitere Gebäude sind das Vihara (Bilderhaus), der Bana maduwa (Predigtsaal) und der Pansala (das Haus des Priesters).

Tempelbezirk

Eine Dagoba ist kein Gotteshaus in unserem Sinn, sondern ein **unzugänglicher Kultbau**, der Reliquien Buddhas, seiner Jünger oder anderer heiliger Personen enthält. Form und Symbolgehalt der Dagoba auf Sri Lanka gehen auf den indischen Stupa zurück, der sich aus den Grabhügeln entwickelte, die über den Reliquien heiliger Mönche errichtet wurden.
Die ältesten Stupas sollen bereits unter König Ashoka (273 – 231 v. Chr.), der den Buddhismus zur Staatsreligion erhob, entstanden sein, so z. B. die fünf Stupas in Pattan/Nepal. Zu den ältesten zählt auch die aus dem 3. Jh. stammende Thuparama-Dagoba in Anuradhapura. Darin soll ein Schrein mit einem **Schlüsselbein Buddhas** enthalten gewesen sein, das König Ashoka aus Indien sandte, nachdem der König von Anuradhapura zum Buddhismus übergetreten war.
Die Dagoba, auf Sri Lanka auch Thupa genannt, bildet den weithin

Dagoba

sichtbaren Mittelpunkt der Klosteranlage und besteht aus einem meist runden, bisweilen auch quadratischen oder polygonalen, gestuften Unterbau, Maluva oder Medhi genannt, der auf einer Terrasse steht, die wiederum von einer steinernen Balustrade umgeben wird. Darauf erhebt sich der Anda (Ei) genannte, meist halbkugelförmige Überbau. Er steht als Symbol für das Himmelsgewölbe oder auch für das allumfassende Prinzip der Erleuchtung. Die Anda ist zumeist ein verputzter oder mit Stuck verkleideter Ziegelbau. Über der Anda liegt die Harmika. Sie symbolisiert das Heiligtum über der Welt jenseits aller Wiedergeburt – das Nirwana. Früher war in ihr das eigentliche Reliquiar enthalten, das zu späterer Zeit jedoch vorzugsweise in das untere Drittel der Anda eingemauert wurde. Aus der Harmika wiederum erwächst die kegelförmige, geringte Chattra, deren unterer Teil häufig von stehenden Buddha-Gestalten umgeben ist. Die in den meisten Fällen acht Ringe der Chattra stehen für den »Achtfachen Pfad«, den Buddha vorgab. Den Abschluss bildet die vielfach mit Gold überzogene, manchmal auch mit kostbaren Edelsteinen besetzte Spitze. Der **Zugang zur Basis** eines Stupa, der während der heiligen Zeremonien stets im Uhrzeigersinn umgangen wird, ist nach der für Sri Lanka typischen Anordnung der Treppen gestaltet. Sie besteht aus dem den Stufen vorgelagerten Mondstein, den Wächterstelen beiderseits der ersten Stufe, den Stufen sowie den oft in Form einer Naga (mythische Schlange) gestalteten Treppenwangen.

Mondstein Dem Mondstein kommt eine besondere Rolle zu: Durch das Überschreiten dieser symbolischen Steinplatte tritt man sozusagen von der Welt des materiellen Besitzes und der menschlichen Schwächen in eine Welt des Sinnlichen, in die Welt des Erleuchteten Buddha. **Den schönsten Mondstein** auf Sri Lanka findet man am Aufgang zum Mahasena-Palast in Anuradhapura. Er ist in vier halbkreisförmige Ringe gegliedert: Der erste, äußere Ring zeigt den Flammenkranz als Symbol für die menschliche Begierde, der mittlere Ring zeigt die heiligen Tiere (Elefant, Löwe, Stier und Pferd). Der dritte Ring ist mit Pflanzenornamenten besetzt und der innerste schließlich ist mit einer halben geöffneten Lotosblüte, die für das Nirwana steht, geschmückt.

Vom Mondstein führen vier oder fünf Stufen in den heiligen Tempelbezirk. Sie symbolisieren die Stufen der Versenkung (Meditation).

Watadage (Stupa-Haus) Eine weitere Schöpfung der singhalesischen Sakralarchitektur ist der Watadage, das sogenannte Stupa-Haus (auch Chetiya-ghara genannt): Ein kleiner Stupa ist von konzentrischen Reihen steinerner

Mondsteine symbolisieren einen Übergangsbereich.

Pfeiler umgeben, die eine hölzerne Balkendecke tragen. Dieses Stupa-Haus **diente Mönchen und Pilgern als Unterkunft** und als Schutz vor den Unbilden der Witterung, der Stupa selbst, wenngleich häufig ohne Reliquienschrein, dem Kult, dem in Form einer mehrfachen Umgehung des Stupa gehuldigt wurde. Ähnliche Bauten findet man auch in Indien, dort jedoch als Chaitya-Halle mit Mittel- und Seitenschiffen und in den Fels hineingetrieben. Auf Sri Lanka steht der Watadage über der Erde und besitzt eine weitaus schlichtere künstlerische Gestaltung.

Charakteristisch für die sri-lankische Sakralarchitektur bis weit ins Mittelalter hinein ist auch der Asana-ghara, der **Tempel des (leeren) Throns**, eine Stätte zur Erinnerung an die erste Predigt Buddhas bei Benares. Mittelpunkt des Tempels ist eine skulptierte Steinplatte, die Buddhas Thron symbolisiert. Um sie herum erhebt sich eine Reihe von steinernen Pfeilern, die eine hölzerne Balkendecke trägt. Dieser Bautyp entstammt ebenfalls frühbuddhistischer Zeit, in der es noch keine Buddha-Bildnisse gab, sondern eben diese Asana-ghara sowie Bodhi-Bäume, Stupas und symbolische Fußabdrücke, die auf den Lehrer und seine Lehre hinwiesen.

Mit dem Aufkommen von Buddha-Bildnissen wurde der Asana-ghara mehr und mehr vom Statuenhaus (Patima-ghara) verdrängt. Hier-

Asana-ghara

bei handelt es sich um einen oft hohen, schmalen Bau mit dicken, vielfach reich bemalten Mauern, der die Monumentalstatue eines sitzenden oder stehenden Buddha aufnahm. Als schönstes Beispiel dafür gilt das Thuparama-Statuenhaus in Polonnaruwa.

Uposatha-ghara Zum heiligen Bezirk einer Klosteranlage gehört außer dem Stupa-Haus, dem Patigama-ghara und dem Bodhi-ghara noch der Uposatha-ghara, das Haus der Priesterweihe, ein vielfach großzügig gestaltet Bau mit einem trapezförmigen Grundriss. In diesem Gebäude findet die Priesterweihe statt, zu der sich die Ordensgemeinschaft unter ihrem Oberhaupt, dem Abt, versammelt. Im Innern darf ein Buddha-Bildnis natürlich nicht fehlen und in einem kleinen, von der eigentlichen Halle abgetrennten Raum werden die heiligen Schriften aufbewahrt.

Wohnbezirke Zu den weiteren Gebäuden einer Tempelanlage gehören die Wohnzellen der Mönche (Arama oder auch Pansala genannt), das Refektorium und die Thermen (ein Badehaus) sowie der Glockenstuhl (Ghantara). In Klöstern des Dhammarucika-Ordens, der für sich in Anspruch nimmt, die Lehren Buddhas besonders streng zu beachten, sind die einzelnen Bereiche durch steinerne Ummauerungen bzw. Gräben deutlich voneinander getrennt. Bei den anderen Klosteranlagen ist eine solche Trennung nicht zu erkennen.

Höhlentempel Seit frühester Zeit haben buddhistische Mönche einzeln und in Gemeinschaft Höhlen bewohnt, die zunächst zwar nur notdürftig hergerichtet, etwa mit einer Traufe zum Auffangen und Ableiten des Regenwassers versehen waren, später aber im Innern mehr oder weniger prachtvoll mit Statuen und Fresken geschmückt wurden. Ein hervorragendes Beispiel für einen Höhlentempel, wie man ihn auf Sri Lanka sehr zahlreich findet, ist die **Tempelanlage von Dambulla**. Hier wohnten bereits in vorchristlicher Zeit Mönche, die um das Jahr 80 v. Chr. an dieser Stelle ein bedeutendes buddhistisches Kloster gründeten. Vorbild für diese Höhlentempel waren die Anlagen in Indien (Bhaja, Karli und Ajanta), doch lässt sich mit ihnen kein direkter Vergleich anstellen.

Bodhi-Baum Der Bodhi-Baum (ficus religiosa), ebenfalls ein fester Bestandteil eines jeden Tempelbezirks, wird von den Gläubigen hoch verehrt, weil Buddha unter einem solchen Baum in Indien das Stadium der Erleuchtung erlangt haben soll. Bodhi-Bäume, die ein Alter von mehreren Hundert Jahren erreichen können, stehen meist auf einer eigenen, von einer reliefgeschmückten Mauer oder zumindest einem Geländer umgebenen Terrasse (Bodhi-ghara) und werden zum Zeichen ihrer Heiligkeit mit bunten Bändern geschmückt. Der bisher älteste nachgewiesene und noch erhaltene Bodhi-ghara wurde von Archäologen im Bezirk Kurunegala freigelegt. Er stammt aus dem 8. bis 10. Jh. und wird von schön skulptierten Zugangstoren umgeben.

Brahmanische Heiligtümer

Auf Sri Lanka werden von den brahmanischen Gottheiten vor allem **Gottheiten** Shiva, Isvara und Skanda, Vishnu, Ganesha und die Göttinnen Kali, Tara und Pattani verehrt. Ihnen sind die meisten brahmanischen Heiligtümer geweiht. Doch ist es nicht außergewöhnlich, dass sich zu den genannten Göttern des hinduistischen Pantheons auch Gestalten des Mahayana-Buddhismus, z. B. Bodhisattvas, und vedische (altindische) Gottheiten gesellen, da sich die gläubige tamilische Bevölkerung von ihnen besonderen Schutz erhofft. Diese Neigung zu einer Art Synthese war in den vergangenen Jahrhunderten unterschiedlich stark ausgeprägt, eine besondere Blüte erlebte sie zu Beginn des 13. Jahrhunderts. So erklärt sich auch die Mischarchitektur der Gampola- mit der Kandy-Zeit.

Dieser Toraufbau an einem hinduistischen Tempel ist ein Symbol für den Götterberg Mehru.

Die reine brahmanische Architektur hat auf Sri Lanka keine große **Vorbilder aus** Vergangenheit, aus ihr kamen kaum schöpferische Kräfte. Der Hin- **Indien** duismus war in Indien längst zur Volksreligion geworden, während der Buddhismus sich auf Sri Lanka erst etablieren und seine Architektur ihre eigenen gestalterischen Kräfte entwickeln musste. Allerdings wurden hierzu – wenn auch in bescheidenem Rahmen – Teile der in Indien entwickelten Kunstformen, v. a. Spielarten der südindischen Chola- und Pandy-Stile übernommen. Es wird vermutet, dass vor allem in den nördlichen Hafenstädten Jaffna und Trincomalee einst zahlreiche Heiligtümer nach indischen Vorbildern standen. Von ihnen sind aber nur noch spärliche Reste übrig.

Gute Beispiele für die brahmanische Tempelarchitektur findet man **Tempel-** gleichwohl in Polonnaruwa: einen Shiva Devale, der dem Chola-Stil **architektur** nachempfunden ist, und einen weiteren, der die Merkmale des Pandy-Stils trägt. Beide lassen sich jedoch nur schwer voneinander unterscheiden, nur in einigen Details wie etwa der vertikalen und der horizontalen Gliederung der Außenfassade. An der Bekrönung erkennt man den größten Unterschied, denn er lässt sich an der Abwandlung der indischen Grundform früher Turmtempel ausmachen: Auf einer Stufenterrasse steht ein kubischer Block mit dem Hauptraum, der Cella, dem ein pyramidenförmiger, meist gestufter Turm aufgesetzt ist. Der Abschluss ist häufig kuppelförmig gestaltet. Die

Außenwand der Cella löste sich in Blendarkaden, Nischen, kleinen Kapellen und Balkons auf, das Dach gliederte sich in mehrere Stockwerke und kleine Türmchen, deren Nischen mit zahlreichen Götterstatuen, Einzelfiguren, Tieren und Dämonen besetzt waren. Die als Vollplastiken ausgeführten Gestalten treten aus der Wand hervor und erscheinen bisweilen wie losgelöst von ihr.

Viele Hindu-Tempel auf Sri Lanka folgen auch dem Vorbild der **Chola-Architektur**, die zwischen dem 8. und 10. Jh. ihre größte Blüte erlebte. Kennzeichnend für diesen drawischen Stil sind der steile, vielgeschossige Pyramidenturm, dessen kantige Spitze von mehreren Leuchten gekrönt wird, aber auch die um das Hauptheiligtum angeordneten Nebentempel, die Prozessionskorridore und die Torbauten. Eine gelungene Mischung aus buddhistischem Patima-ghara (Bilderhaus) und Hindu-Tempel sind der Galadeniya Vihara und Vijayotpaya, beide in Galadeniya unweit von Gampola. Sie wurden in der Mitte des 14. Jh.s erbaut.

Ganz aus dem Rahmen fällt der **Satmahal Prasada** in Polonnaruwa. Der sehr hohe, schlichte Stufenturm besteht aus sechs aufeinandergesetzten, etwa kubusförmigen Baukörpern, die nach oben immer kleiner werden. In der Mitte jeder Seite der Kuben ist eine Nische eingelassen, die vielleicht mit der Figur einer stehenden Gottheit (möglicherweise aber auch einer Buddha-Figur) besetzt war. Dieses Bauwerk ähnelt in seiner atypischen Ausführung dem Stupa der Mon-Architektur, die in Burma und Thailand weit verbreitet war. Beweise für die Einflussnahme dortiger Künstler gibt es jedoch nur insoweit, als man mutmaßt, dass es burmesische oder siamesische Wandermönche waren, die zu buddhistischen Kongressen nach Sri Lanka kamen und den Bau des Satmahal Prasada sozusagen zum Gastgeschenk machten.

Profanarchitektur

Opfer der Zeit Sicherlich war auf Sri Lanka auch die Verwendung von Holz beim Bau seit frühester Zeit bekannt, man denke nur an die acht aus Holz erbauten Stockwerke des Lohapasada (Kupferpalast) in Anuradhapura. Doch ist das Meiste dieser vermutlich einst kunstvoll zusammengefügten Bauwerke ein Opfer der Jahrhunderte geworden, sodass sich heute vieles nur noch schwer rekonstruieren, weil nicht mehr eindeutig erkennen lässt. Erhalten blieben jedoch Bauwerke in gemischter Bauweise, bei denen Stein und Holz gleichberechtigt verwendet wurden.

Sie entstanden vorwiegend während der Gampola- und der Kandy-Zeit, während von jenen Bauten, die bereits Jahrhunderte zuvor z. B. in Anuradhapura standen, nur noch äußerst spärliche Reste vorhanden sind. Die Mitarbeiter des Archaeological Survey of Sri Lanka, einer staatlichen Behörde zur Rettung und Konservierung bedeutender Altertümer, verwandten jedoch vor allem in den zurückliegenden 25 Jahren viel Mühe darauf, die jahrelang vom Dschungel überwachsenen einzigartigen **Palastbauten des Königs Parakrama Bahu I. in Anuradhapura** wenigstens so freizulegen, dass sie einen Eindruck von ihrer einstigen Pracht vermitteln.

Bildende Kunst

Buddha-Bildnisse

Während der frühbuddhistischen Zeit gab es keine Darstellungen der Gestalt Buddhas, dies scheint sogar verboten gewesen zu sein. Auf jeden Fall gibt es keinerlei Beweise, dass es schon zu dieser Zeit figürliche Darstellungen Buddhas gegeben hat. Der Grund lag vermutlich darin, dass man den Erleuchteten nicht im Bild fassen konnte und wollte. Stattdessen wurden Symbole verwendet, um Buddha auch körperlich gegenwärtig zu machen: **Lotosblüten** als Sinnbild für das Schöne und die vollkommene Harmonie, die aus dem Nichts hervorzugehen scheint, oder der **Bodhi-Baum** (Ficus religiosa), der Baum, unter dem Siddharta Gautama das Stadium der Erleuchtung erlangte. Beliebt war zu dieser Zeit auch der symbolische und deshalb überdimensionale **Fußabdruck**, den man in allen Ländern mit buddhistischer Religion findet. All diese Symbole genügten in den ersten Jahren, in den Herzen der Gläubigen Buddhas Lebensweg und Lehre lebendig werden zu lassen.

Bilderverbot

Bis heute richtet man sich bei den Buddha-Bildnissen nach dem alten Kanon.

Seit den ersten Buddha-Bildnissen gab es kaum Veränderungen. Der buddhistische Künstler strebt bei seiner Arbeit nicht nach Individualität und künstlerischer Freiheit, sondern richtet sich nach dem altüberlieferten Kanon. Nicht ausgeschlossen ist freilich die individuelle Verarbeitung der eigenen religiösen Erfahrung des Künstlers, der im Übrigen stets anonym bleibt.

Frühe Buddha-Bildnisse

Frühe Buddha-Bildnisse sind etwa seit dem 1. Jh. n. Chr. bekannt, sie entstanden vermutlich im nordindischen Königreich Kubhana unter der Regentschaft des der Kunst besonders zugetanen Königs Kanishka. Etwa zur gleichen Zeit gab es aber schon in den indischen Städten Mathura und Ghandara, zu diesen Zeiten Zentren indischer Kunst, ebenfalls Buddha-Darstellungen. In Ghandara entwickelte sich seinerzeit ein Kunststil, den vermutlich **Künstler aus Persien**, das damals zum Reich Alexander des Großen gehörte, beeinflusst haben. Man nennt ihn deshalb auch den griechisch-buddhistischen Stil.

Diese frühen Darstellungen zeigen den Buddha Shakyami in stehender oder sitzender Körperhaltung. Hier scheint sich bereits der feste – und bis heute gültige – **Kanon der Proportionen, Attribute und Gesten** herausgebildet zu haben. Dieser ikonografische Kanon entspringt dem Wunsch, das »richtige« Bildnis zu schaffen und ihm zudem ewige Gültigkeit zu verleihen. Es soll über Weltlichkeit und Endlichkeit hinaus den richtigen Weg zur Erleuchtung weisen. So liegen den Körperproportionen Spekulationen über kosmische Zahlenverhältnisse zugrunde.

Symbolik

32 Hauptkennzeichen – später um weitere 80 ergänzt – weist der verklärte Körper Buddhas auf. Das ist z. B. der auf dem Kopf sitzende Auswuchs (Ushnisha), der die Form einer züngelnden Schlange (in anderen buddhistischen Ländern wie z. B. Thailand die Form einer Lotosknospe) hat. Andere Kennzeichen sind die Locke (Uma) zwischen den Augenbrauen, die häufig als Fleck oder als Edelstein dargestellt ist, oder auch das in kleine Locken oder Wellen gelegte Haupthaar, der symbolisierte Heiligenschein um den Kopf des Buddha oder um den ganzen Körper als Symbol für die Energie.

Buddha-Darstellungen sind stets geschlechtsneutral, Handflächen und Fußsohlen tragen religiöse Symbole oder auch Sanskrit-Worte. Bemerkenswert sind auch die überlangen Ohrläppchen, die jedoch unterschiedlich gedeutet werden. Für die einen sind sie Zeichen für die adlige Herkunft Siddharta Gautamas, denn nur Reiche konnten sich derart gewichtigen Schmuck leisten, dass die Ohrläppchen in die Länge gezogen wurden. Andere Forscher meinen in dieser Form der Darstellung ein weiteres Symbol für die Allwissenheit des Erleuchteten zu erkennen.

Bewegung ist Energie

Die beispielsweise in der griechischen Plastik verwendeten Erkenntnisse über Bau und Bewegung des menschlichen Körpers spielen bei der Gestaltung buddhistischer Plastiken nur eine untergeordnete

Rolle. Bewegung ist nach hinduistischer Auffassung Ausdruck der im Körper wohnenden sinnlichen und fruchtbaren Energie. So gesehen scheint es völlig natürlich, dass z. B. Vishnu als vielarmiger Gott oder andere Gottheiten (wie z. B. der Elefantengott Ganesha) mit mehreren Köpfen dargestellt werden.

Vier mögliche Abbildungen ihres ersten Erleuchteten kennt die buddhistische Religion: stehend, sitzend, schreitend und liegend. Von den sitzenden und den stehenden Haltungen gibt es jeweils fünf dazu exakt festgelegte Handhaltungen, von denen jede ihre symbolische Bedeutung hat. **Haltungen Buddhas**

Unter den **stehenden Körperhaltungen** findet man aufrechtes und gerades Stehen sowie Darstellungen, bei der die Hüfte eingeknickt ist und Kopf und Körper gerade Winkel bilden. Häufig zu sehen ist auch die Ausfallstellung, in der ein Bein ausgestreckt und das andere leicht angewinkelt ist. Seltener ist die Darstellung, in der ein Bein angewinkelt und das andere leicht an den Körper herangezogen wird, die Tanzstellung.

Die **liegende Stellung** steht für den Zeitpunkt, in dem Siddharta Gautama das Stadium der Erleuchtung erlangt. Andere Forscher vertreten die Meinung, es handle sich um den Augenblick, in dem Buddha ins Nirwana eingeht, also stirbt. Für die letztere Annahme spricht die Tatsache, dass es gerade auf Sri Lanka etliche Darstellungen gibt, bei denen Buddha auf ein Lager gebettet ist und seine ersten

Haltungen und Gesten Buddhas

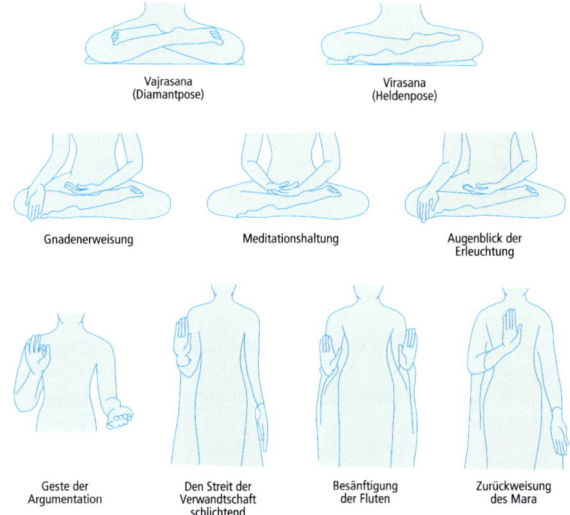

Vajrasana
(Diamantpose)

Virasana
(Heldenpose)

Gnadenerweisung

Meditationshaltung

Augenblick der
Erleuchtung

Geste der
Argumentation

Den Streit der
Verwandtschaft
schlichtend

Besänftigung
der Fluten

Zurückweisung
des Mara

Anhänger vor ihm sitzend einen Halbkreis bilden. Dies widerspricht der ersteren Interpretation, denn zum Zeitpunkt seiner Erleuchtung soll Siddharta Gautama allein gewesen sein.

Die klassischen **Sitzhaltungen** erfordern eine weitaus größere Zahl an Interpretationen. Man kennt sie mit gekreuzt untergeschlagenen Beinen, wobei die Fußsohlen sichtbar sind – Diamantsitz, Lotossitz oder Meditationssitz –, mit einem untergeschlagenen Bein, während das andere senkrecht herabhängt – gelöster Sitz –, als Sitz in europäischer Manier, bei der beide Beine senkrecht herabhängen, eine freilich sehr seltene Darstellung, die typisch ist für den »Buddha der Zukunft«, Maitreya genannt. Häufig ist hingegen die Darstellung Buddhas unter einer Schlange mit fünf, manchmal auch sieben Häuptern. Sie geht auf eine Begebenheit aus dem Leben Buddhas zurück: Muchalinda, einer der Naga- bzw. Schlangenkönige, schützte den meditierenden Buddha vor einem starken Regenguss, wozu er seine Häupter fächerartig ausbreitete.

Handhaltungen Unter den Handhaltungen, den »festen Siegeln« (mudra), denen der Bildhauer vielleicht die größte Aufmerksamkeit schenkt, findet man den **Gestus der Furchtlosigkeit** oder Schutzgewährung (abhaya-mudra) – die rechte Hand ist erhoben und die Innenfläche nach vorne gewandt –, und den des **Anbetens oder der Verehrung** (anjali-mudra) – die Hände sind mit zusammengelegten Handflächen und leicht gewinkelten Fingern erhoben. Die zweite Handhaltung findet sich weniger bei Darstellungen des Buddha Shakyami selbst, sondern eher bei solchen seiner Anhänger und nachmaligen Buddhas. Eine weitere Handhaltung wird asiva-mudra genannt. Es handelt sich um die **Geste der Segensgewährung**. Ein besonders schönes Beispiel hierfür ist die Monumentalstatue des Buddha von Aukana.

Ein schönes Beispiel für die Geste der Segensgewährung steht in Aukana.

Auf eine Legende geht der **Gestus der Erdanrufung** (bhumisparsa-mudra) zurück, bei der die rechte Hand mit dem Handrücken nach vorn über die gekreuzten Beine herabhängt und die Fingerspitzen auf den Boden weisen: Als Buddha in Meditation versunken war, erschien Mara, das Böse, um die Erleuchtung zu verhindern. Zum Zeugen seiner Tugend rief Siddharta Gautama die Erdgöttin Thorani an, indem er mit den Fingerspitzen die Erde berührte. Thoranis Haare waren voller Wasser, denn nach jeder guten Tat opferte Gautama dem Brauch entsprechend der Erdgöttin Wasser. Thorani erschien, wrang ihr Haar aus und die Wassermassen spülten Mara und seine Helfer fort – Gautama wurde zum »Bezwinger Maras« (maravijaya).

Diese Ausformung ist eine der häufigsten Darstellungen von Buddha auf Sri Lanka.

Im dhyana-mudra oder samadhi-mudra, dem Gestus der Meditation, liegen beide Hände Buddhas übereinander im Schoß, die Handflächen weisen nach oben. Schließlich gibt es noch den Gestus der Vollziehung (karana-mudra). Hier sind Zeigefinger und kleiner Finger hochgestreckt, Mittelfinger und Ringfinger sind gekrümmt und werden vom Daumen überdeckt. Bisweilen trifft man auch auf eine Darstellung, die man als All- oder Urbuddha kennt. Dabei handelt es sich um den mystischen Buddha der Vajarayana-Schule (adibuddha), der als Symbol für die Vereinigung mit dem weltlichen Prinzip (sakti) steht: Die Arme sind vor der Brust gekreuzt, die Hände umschliessen eine Glocke und den Donnerkeil.

Buddha im Gestus der Meditation

Shiva

Da auf Sri Lanka dem Shiva-Kult eine besondere Bedeutung zukommt, ist die plastische Darstellung des tanzenden Shiva (Nataraja) wichtig. Die Figur besteht ausschließlich aus Bronze und ist nahezu einen Meter hoch. **Jedes Detail ist von hoher Symbolkraft:** Die züngelnden Flammen des Kranzes, der die Figur umgibt, stehen als Symbole für die Kraft der hinduistischen Religion. Shivas Gesicht weist drei Augen auf, wobei das in der Mitte liegende Auge Zeichen für die Allwissenheit ist. Im rechten Ohrläppchen trägt der Gott einen »männlichen«, im linken einen »weiblichen« Ohrring als Beweis dafür, dass er beide Geschlechter verkörpert. Das Haupthaar ist geflochten, es bildet oben eine Krone. Zu seinen Füßen erkennt man einen menschlichen Schädel, der das Prinzip der Zerstörung symbolisiert, für die Shiva steht. Die unteren Haarflechten folgen der wirbelnden Bewegung des Tanzes, das Mädchen rechts versinnbildlicht den indischen Fluss Ganges, das Symbol für Fruchtbarkeit, während die Mondsichel in der linken Hand Shivas Großmut und Ruhm darstellen soll.

Die schönste Darstellung eines tanzenden Shiva befindet sich im Nationalmuseum in Colombo. Es gibt jedoch unzählige mehr oder weniger qualitätvolle Nachbildungen, darunter auch künstlich auf alt getrimmte, die man in jedem Antiquitätengeschäft und selbst im Kaufhaus erhält.

Malerei

Frühe Zeugnisse Die ältesten Malereien und Zeichnungen fand man in Höhlen der Zentralprovinz (in Tantrimalai, Madagala, Kadurupoluna und Mahalenama). Sie wurden während der Jungsteinzeit angefertigt. Die Motive sind Pflanzenmuster und Tiere, die in roter Farbe auf die Felswände gemalt wurden.

In buddhistischer Zeit lebten viele Mönche und Eremiten in Höhlen, die sie ebenfalls ausmalten. Die Maler können aber wohl kaum die Bewohner selbst gewesen sein, denn die Vorschriften des Buddhismus untersagten es den Mönchen, selbst zu malen. Vielmehr gilt als gesichert, dass es **Stifter** gegeben haben muss – vielleicht Könige –, die die Malereien in Auftrag gaben. Unter den Darstellungen findet man vor allem Buddhas, Bodhisattvas und Adoranten. Charakteristisch sind die Vorzeichnungen in roter Farbe, die bis zum Ende der Polonnaruwa-Zeit beibehalten wurden, im Unterschied zu den Malereien in Indien, wo die Umrisse der Figuren und floralen Elemente in schwarzer Farbe gezeichnet wurden.

Berühmte Beispiele für die frühbuddhistische Malerei auf Sri Lanka sind die **Höhlen von Kurandaka Lena** (2. Jh. v. Chr.), bei Ambalantota und von **Karambagalla** (beide ebenfalls 2. Jh. v. Chr.) sowie bei **Ridigama** im Yala-Nationalpark. Die Figuren sind einfach in ihren Formen, stark stilisiert, beinahe schematisiert. Auffallend sind jedoch die klare und sichere Linienführung und die liebevolle Ausarbeitung der Details.

Die Malerei Sri Lankas ist stets stark grafisch betont. Es fehlt ihr die Perspektive, sodass die dargestellten Personen und Szenen ganz in den Vordergrund rücken und den Betrachter unmittelbar treffen. Die Technik des Freskos scheint auf Sri Lanka fast gänzlich unbekannt. Die zu bemalende Fläche wurde zwar vielfach zuvor mit einer Auflage aus Kalk oder Ton versehen, doch wurden die Farben – meist eine **Mischung aus Tempera und Öl** – erst aufgetragen, nachdem diese Schicht abgetrocknet war. Die Farbskala ist begrenzt, denn die Farben werden aus natürlichen Rohstoffen gewonnen: Weiß aus Kalk oder Magnesia, Schwarz aus Holzkohle, Gelb und Rot aus Ocker, Grün aus Pflanzen und Blau aus Lapislazuli.

Felsmalereien von Sigiriya Zu den Meisterwerken zählen unzweifelhaft die Frauenbildnisse an der Galeriewand des Felsenpalasts von Sigiriya, **die berühmten Wolkenmädchen**. Sie stammen aus dem späten 5. Jh., doch wen sie darstellen, wird bis heute in der Fachwelt viel diskutiert. 1897 vertrat der erste Archäologiebeauftragte der Regierung von Sri Lanka, der Engländer H. C. P. Bell, die Auffassung, es handle sich um die Darstellung einer Prozession von Königinnen, Töchtern oder Konkubinen, die am Hofe Königs Kassyapa lebten, und hier insbesondere eine Szene der Gabenspende. Dies scheint am ehesten vertretbar, während für andere Mutmaßungen – z. B. jene, dass es sich um mythische Gestalten aus der Legende oder dass es sich bei dem Maler um einen indischen Künstler handelt – keine Beweise gibt. Bedeutender noch als die Farbqualität sind die Sicherheit der Linienführung, der Wille zum Erfassen einer hohen Individualität und die Darstellung des Körperhaften.

Nicht weniger bedeutsam sind die Wandmalereien in den Höhlentempeln von Dambulla, deren Anfänge vermutlich auf das 1. Jh. n. Chr. zurückgehen. Ihr heutiges Aussehen erhielten sie allerdings erst im 12. Jh., als König Nissanka Malla Künstler beauftragte, die vorhandenen Wandgemälde zu erneuern und weitere hinzuzufügen. Die Ausmalung des dritten Höhlentempels stammt aus dem 18. Jh., als König Kirti Sri Raja Sinha den Auftrag zu ihrer künstlerischen Ausgestaltung gab.

Wandmalereien von Dambulla

Besonders beachtenswert sind die Deckengemälde in der zweiten Höhle von Dambulla. Sie weisen einen erstaunlich großen Detailreichtum und einen geradezu üppigen Umgang mit Farbe und Form auf.

Polonnaruwa-Zeit   In der Polonnaruwa-Zeit finden sich Wandmalereien vorzugsweise im Innern der Patima-ghara (Bilderhäuser). Der Themenkreis erweitert sich nun um **szenische Darstellungen**, die eine offensichtliche Freude des Künstlers am Fabulieren an den Tag legen (z. B. die Wandmalereien in der Cella des Tivanka Pilimage in Polonnaruwa). Sie zeigen Begebenheiten aus den Jataka, den mehr als 500 Vorleben Buddhas.

Gampola-Zeit   Auch aus der Gampola-Zeit sind einige qualitätvolle Wandmalereien erhalten geblieben, z. B. in Gadaladeniya und im Lankatilaka Vihara in Polonnaruwa, sie knüpfen im Stil jedoch an die Tradition an.

18. Jh. bis zur Neuzeit   Etwa ab dem 16. Jh. scheint die Kunst der Malerei für einige Zeit untergegangen zu sein, und als sie zwei Jahrhunderte später (u. a. in Telwatta bei Hikkaduwa oder in Kathaluwa bei Galle sowie um Kandy im Degaldoruwa-Höhlentempel) wieder auflebte, hatte sie ihren Charakter grundsätzlich gewandelt. Es ist nunmehr **eine Art volkstümlicher, fast schon naiver Malerei**, die sich großflächig über die Wände ausbreitet. Unbefangene Erzählfreude wird deutlich, die Figuren, Tier- und Pflanzenwelt sowie die Szenen aus den Jataka aus der Hand des unbekannten Künstlers fließen lässt.

Im 19. Jh. entstehen weitere qualitätvolle Wandmalereien, so z. B. im Tempel von Kelaniya (unweit von Colombo). Sie zeigen burmesischen, teilweise sogar europäischen Einfluss. Man erkennt dies an der Andeutung von Perspektive, an der Haltung der Figuren sowie im Faltenwurf der üppigen Gewänder.

Literatur

Anfänge im 5. Jh. v. Chr.   Die Anfänge einer ceylonesischen Literatur findet man in Form von Chroniken, die auf das 5. Jh. v. Chr. zurückgehen und unter den Bezeichnungen Dipavamsa und Mahavamsa überliefert sind. Im 4. Jh. n. Chr. erwarb der indische Mönch Buddhagosa, der einige Jahre auf Sri Lanka lebte, das Verdienst, buddhistische Texte sowie Kommentare dazu aus dem Sanskrit in Pali übersetzt und niedergeschrieben zu haben. Möglicherweise kommt er auch als Verfasser eines **buddhistischen Lehrbuchs**, des Visuddhimagga, infrage.

Etwas später, etwa im 5. und 6. Jh., entstanden etliche **biografische Gedichte und Romane**, die in Sanskrit verfasst sind. Im 12. Jh. schließlich kam die Literatur in singhalesischer Sprache auf. Sie erlebte sogleich – während der Regentschaft von König Parakrama Bahu I. (1153 – 1186) – eine große Blüte. Ihm wird auch das Verdienst zugeschrieben, die ersten **öffentlichen Bibliotheken** eingerichtet zu haben, um vor allem den des Lesens kundigen Mönchen die auf Palmblättern niedergeschriebenen Texte zugänglich zu machen. Zu den Themen dieser Zeit zählen religiöse, wissenschaftliche und medi-

zinische Erkenntnisse sowie zahlreiche Erzählungen (meist in Vers-
form) sowie Gedichte. Parakrama Bahus Nachfolger Nissanka Malla
(1187–1196) schließlich gilt als der Verfasser einer **in Stein geritzten
Chronik**, die über seine (angeblichen) Feldzüge, aber auch über seine
Beziehungen zu anderen Ländern berichtet. Dieser 8 m lange und
4,5 m breite, rundherum reich verzierte Granitblock, Gal Pota
(»Steinernes Buch«) genannt, befindet sich in Polonnaruwa.
Auch im 14. Jh. genoss die Literatur unter König Parakrama Bahu
IV. (1302–1326) einen hohen Stellenwert. So entstand zu dieser Zeit
eine **singhalesische Grammatik**, aber auch eine ausführliche Schilde-
rung der Jataka, der mehr als 500 Vorleben Buddhas.

Von großer Bedeutung für den Buddhismus, dessen Lehre sich während der Regentschaft des Königs Ashoka (ca. 272–236 v. Chr.) von
Indien aus auf dem asiatischen Kontinent ausbreitete, sind die umfangreichen literarischen Werke Mahabharata und Ramayana. Während die Ersteren in 18 Büchern mit mehr als 90 000 Verseinheiten
vermutlich sogar einen historischen Kern haben, an dem viele »Be-
richterstatter« mitwirkten, handelt es sich beim sieben Bücher und
rund 24 000 Verse umfassenden Ramayana eher um eine Ansamm-
lung von Legenden.

**Mahabharata
und Ramayana**

Das Gal Pota berichtet über die (angeblichen) Feldzüge des Königs Nissanka Malla.

Das Mahabharata besteht im Wesentlichen aus der **Beschreibung von Schlachten und Festen**. Als verbindende Elemente zwischen den Episoden dienen in lyrischer Form verfasste Elegien wie z. B. Liebesgedichte sowie mythologische, fabelhafte, mitunter auch lehrhafte Einstreuungen. Nicht selten steht die indische Frau, deren vielzitierte Eigenschaften wie Reinheit und Keuschheit in der klassischen indischen Literatur eine wichtige Rolle spielen, im Mittelpunkt dieser historisch nicht belegbaren Erzählungen. Als gesichert gilt hingegen, dass das Mahabharata etwa zwischen dem vierten vorchristlichen und dem sechsten nachchristlichen Jahrhundert entstand.

Rama, der in den beiden möglicherweise später entstandenen Büchern I und VII als göttliche Inkarnation des hinduistischen Gottes Vishnu beschrieben wird, steht im Mittelpunkt des Epos Ramayana (= zum Ruhme Ramas), das eigentlich **eher eine ritterliche und weniger eine priesterliche Dichtung** darstellt. Die Entstehungszeit des Ramayana wird etwa auf die Zeit zwischen dem 3. Jh. v. Chr. und dem 3. Jh. n. Chr. datiert.

Die Chronik der Insel Sri Lanka Um das Jahr 320 n. Chr. begannen buddhistische Mönche mit der Niederschrift der Dipavamsa, der ersten großen Chronik der Ereignisse auf Sri Lanka. Dieses Werk gibt heute noch erschöpfend Auskunft über diese lebendige Zeit, in der der Buddhismus auf der Insel Fuß fasste. Sie umfasst einen Zeitraum von der vorgeschichtlichen Zeit bis zum Jahr 303, dem Todesjahr von König Mahasena, schildert das Leben auf Sri Lanka während der Vorzeit und die Einwanderung der Arier, verfolgt die Entwicklung des Buddhismus und berichtet vor allem von den drei Besuchen, die der Erleuchtete der Insel abgestattet haben soll. Des Weiteren nennt sie die frühen singhalesischen Könige, beschreibt deren Regentschaft und gestattet so **Rückschlüsse auf die sozialen, wirtschaftlichen und kulturellen Verhältnisse** zu dieser Zeit.

Tanz und Musik

Tanz ist Volkskunst Der singhalesische Tanz und das auf ihm basierende Tanztheater ist eine echte Volkskunst, die sich zwar zu einer höheren Kunstform entwickelt, doch von der Seele des Volks nie gelöst hat. In einigen Tänzen Sri Lankas sind indische Einflüsse zwar unverkennbar, doch spielen diese heute nur noch eine sehr untergeordnete Rolle.

Tänze sind seit jeher der **Hauptbestandteil exorzistischer Rituale**, wobei Dialoge weniger gesprochen als getanzt werden. So werden beispielsweise Dämonen als dramatische Komponente einer meist überlieferten Erzählung so in das Spiel integriert, dass sie ihre Rolle durch ein möglichst furchterregendes Aussehen verkörpern und diese durch ein beherrschendes Auftreten in Form eines Tanzes noch verstärken.

Auf Sri Lanka gibt es zwei unterschiedliche Arten singhalesischer Tänze. Während im Hochland die **Up-Country-Dances** (auch Kandy-Tänze genannt) gezeigt werden, gibt es im Südwesten der Insel und damit im Tiefland die **Low-Country-Dances**. Sie unterscheiden sich im Wesentlichen durch die Art der tänzerischen Darbietung, durch verschiedene Tanzrhythmen sowie durch die unterschiedliche Verwendung von Instrumenten. Der deutlichste Unterschied wird jedoch im Aussehen der Tänzer erkennbar: Die Kandy-Tänzer tragen Kopf- und Gesichtsschmuck, aber keine Masken; ihre Verwandlung wird vor allem durch die Ausdruckskraft des Tanzes sichtbar gemacht. Die Tänzer des Tieflandes hingegen tragen Masken und vervollkommnen dadurch ihre Verwandlung in ein anderes Wesen, in Götter, Göttinnen oder Dämonen.

Das klassische singhalesische Orchester setzt sich aus **drei Typen von Trommeln** zusammen, dazu kommen die Cymbal, ein Schlaginstrument aus kleinen Metallbecken, sowie ein klarinettenähnliches Instrument. Für die Begleitung von Tänzen sind Trommeln unerlässlich; sie werden meist mit der Hand geschlagen. Es gibt ein- und zweifellige Trommeln sowie Flachtrommeln verschiedener Art.

Musik

Die Trommeln geben beim Tanz den Rhythmus vor.

Trommeln geben beim Tanz den Rhythmus vor, sie können aber auch durch ihre Tonlage die Wesensart einer bestimmten Gestalt unterstreichen. So ist z. B. die Yak Bera (Teufelstrommel) ausschließlich Teufeln und Dämonen vorbehalten: Sie verdeutlicht deren Charakter durch ihren einer tiefen menschlichen Stimme ähnelnden Ton. Die am meisten verwendete Trommel ist die Rahana, die es – von der großen, auf dem Boden stehenden bis zur kleinen, die der Musikant in der Hand trägt – in vielerlei Größen gibt. Bei religiösen Zeremonien wird die Getaberaya vielfach verwendet. Bei dieser Trommel ist die eine Seite mit Kuhleder und die andere mit Affenhaut bespannt, sodass unterschiedliche Töne geschlagen werden können. Die Getaberaya wird um den Hals gehängt, damit man sie mit beiden Händen spielen kann.

Religiöse Zeremonien werden mit der Hakgediya, einer Muschel, eröffnet. Beim Anblasen entsteht ein lang gezogener tiefer Ton. Eine Abwandlung davon ist das Saksinnam, eine Muschel mit Mundstück. Beliebt ist auch die Bata Nawala genannte Flöte. Sie besteht aus Bambusrohr und hat sieben Öffnungen. Fast in Vergessenheit geraten ist hingegen das Messinghorn Kombu, das in früheren Zeiten als Signalhorn verwendet wurde.

Kunsthandwerk

Masken-schnitzerei

Das Kunsthandwerk auf Sri Lanka hat eine vielhundertjährige Tradition, die insbesondere bei der Herstellung von Tanzmasken zum Ausdruck kommt. Als Zentrum der Maskenschnitzerei gilt die kleine Stadt Ambalangoda an der Südwestküste, wo die berühmtesten Schnitzer der Insel leben. Das kommt nicht von ungefähr, denn gerade die Bewohner der Fischerdörfer an der Südwestküste von Sri Lanka haben ein vielfältiges Brauchtum bewahrt. Dabei kommt den Maskenspielen (Kolam Maduwa) eine wesentliche Rolle zu.

Kolam Maduwa (Maskenspiele)

Über die Ursprünge der Maskenspiele auf Sri Lanka gibt es nur wenige gesicherte Erkenntnisse. Es scheint jedoch, dass die Spieler über die Jahrhunderte hinweg politische, historische und soziale Elemente ebenso in das Spiel aufnahmen wie überlieferte Mythologien.

Wie so vieles auf Sri Lanka verbindet sich auch die Entstehung der Maskenspiele mit einer Legende: Eine Königin soll während ihrer Schwangerschaft das unstillbare Verlangen nach Maskentänzen empfunden haben. Allerdings verstand sich niemand darauf, und so rief sie in ihrer Not Gott Sakra an, der wiederum Gott Visvakarma, den Gott der Handwerker, anrief und ihn bat, die erforderlichen Masken herzustellen. Am nächsten Morgen – so die Legende weiter – fand man im königlichen Garten nicht nur die Masken, sondern auch noch die richtigen Verse zu einem Maskenspiel. Nachdem man die Handlung einstudiert hatte, konnte das Kolam Maduwa aufgeführt werden und die Königin war glücklich. Diese Legende spielt übrigens heute noch bei jedem Kolam Maduwa eine Rolle und wird in die Handlung eingebaut.

Ein traditionelles Kolam Maduwa greift aber auch gerne aktuelle Ereignisse aus dem Leben der Dorfgemeinschaft auf. Nicht selten sorgt es – weil die handelnden Personen aus dem wirklichen Leben stammen – für große Heiterkeit unter den Zuschauern. So ist zum Beispiel überliefert, dass einige Kolam-Spieler während der Zeit der Kolonialisierung die fremden Herren als mitunter lächerliche Figuren darstellten.

Größere Masken sind aus leichtem Material wie z. B. Sandel- oder Balsaholz geschnitzt, für kleinere wird das Holz des Kaduru-Baums (nux vomica) verwendet. Bei den alten Masken sind alle Gesichtsteile wie Nase, hervorquellende Augen oder überdimensionale Reißzähne sorgfältig herausgearbeitet, wohingegen bei jenen aus der jüngeren Zeit manche Teile nur noch aufgemalt sind.

Herstellung der Masken

Sinn und **Zweck der Masken** sind in den Tänzen zu suchen, bei denen sie verwendet werden. Ihre farbenprächtige Bemalung soll ein Höchstmaß an Spannung und Erregung erzeugen. Bei der Bewegung des Tänzers, der die Maske vor das Gesicht hält, wird das Licht der Öllampen im Halbdunkel von der lackierten Oberfläche reflektiert, sodass der Eindruck übernatürlicher Kräfte entsteht.

 Baedeker TIPP

Maskenmuseum

In Ambalangoda gibt es ein Masken-Museum, in dem zahlreiche alte, wertvolle Masken präsentiert werden. Hier erhält man gegen eine geringe Gebühr auch ein Büchlein, in dem einige Kolam-Spiele beispielhaft beschrieben sind (426 Patabendimulla, Sa. – Mi. 8.00 – 18.00 Uhr; Eintritt frei).

Zu den besonders fantasievollen Ausführungen zählen die Naga-Masken, die den Schlangengott verkörpern und vielfach aus mehreren Gesichtern und aufgerichteten Kobras bestehen.

Das Zentrum der Maskenschnitzerei ist Ambalangoda im Südwesten.

Die Technik der Batikarbeiten ist weniger eine singhalesische als vielmehr eine aus Indonesien importierte Kunst. Gleichwohl zeigen die Batikarbeiten, die auf Sri Lanka vorzugsweise für Touristen hergestellt werden, eine erstaunlich hohe Qualität, die dem Original kaum nachstehen. Bei dieser Einfärbmethode werden bestimmte Partien des Stoffs mit Wachs versiegelt, sodass beim Eintauchen des Stoffs in ein Farbbad diese Partien ungefärbt bleiben.

Batik

Zu den wenigen Bodenschätzen, die auf Sri Lanka gefunden und ausgebeutet werden können, zählen einige Metalle wie Kupfer, aus denen das Rohmaterial für Statuen, kleine oder größere Behältnisse oder auch Vasen gefertigt werden. Auch Silber wird zur Fertigung hübscher Schmuckstücke verwendet.

Metallarbeiten

Brauchtum

Animismus Auch wenn der Besucher von den Vorlieben der auf Sri Lanka lebenden Bevölkerung für den Geisterglauben allenfalls per Zufall erfahren
wird, spielt der Animismus nach wie vor eine wichtige Rolle im täglichen Leben. So gibt es beispielsweise an vielen Tempeln im Land
Opferbüchsen, an denen Autofahrer anhalten und – verbunden mit
einem Zauberspruch – ein paar Rupien einwerfen. Sie versprechen
sich davon eine unfallfreie Fahrt.

Auch bei Beerdigungen spielt der Geisterglaube eine wichtige Rolle.
Weiße Fähnchen, die an Leinen quer über die Straße hängen, berichten vom Tod eines Menschen. Sie werden auf der gesamten Strecke
vom Haus des Verstorbenen bis zur Grabstelle aufgehängt, manchmal auch mit Transparenten, auf denen die Verdienste des oder der
Toten gewürdigt werden. Durch die Fähnchen sollen böse Geister
vom letzten Weg, den der Leichnam nimmt, ferngehalten werden.
Sind die über die Straße gespannten Fähnchen gelb, handelt es sich
um einen verstorbenen Mönch.

Verstorbene werden auf Sri Lanka nach vier bis fünf Tagen beerdigt
(nur Angehörige bestimmter Kasten sowie Mönche werden eingeäschert); bis dahin werden sie im Haus aufgebahrt. Angehörige,
Freunde und Bekannte sollen ausreichend Zeit haben, sich verab-
schieden und ihnen eine bessere Existenz im nächsten Leben wünschen zu können.

Die magischen Rituale zur Abwendung böser Geister entstanden bereits im 1. Jt. v. Chr. Einzelheiten darüber finden sich schon in frühesten schriftlichen festgehaltenen Berichten. Mit der Invasion der
Singhalesen auf die Insel kamen nordindische Einflüsse hinzu. Im
17. Jh. waren die Zeremonien in etwa so weit entwickelt, wie sie heute noch vollzogen werden.

Dämonen Von der Unzahl an Dämonen, die sich – so der Volksglaube – u. a. in
Bergen und Wäldern, in Flüssen und Seen, an abseits verlaufenden
Straßen oder an der Kreuzung dreier Wege aufhalten, sind es etwa
20, die ausgetrieben und gebannt werden müssen. Unter ihnen sind
natürlich in erster Linie jene Geister, die Krankheiten (Cholera,
Ruhr, Fieber usw.) bringen oder Menschen mit einem bösen Fluch
belegen.

Thovil ► Am sichersten scheint den Singhalesen die Zeremonie des Thovil zur
Geisteraustreibung. Es findet im Haus der betreffenden Person statt
und dauert von der Abend- bis zur Morgendämmerung. Die rituellen Tänze werden dabei von einem Kattadiya, einem **Geisterbe-
schwörer**, vor einem altarähnlichen Aufbau aufgeführt. Dabei trägt
er verschiedene farbenprächtige Masken, damit der Geist bzw. Dämon nicht erkennt, dass sich eigentlich ein Mensch dahinter verbirgt.
Auf den Aufbau werden verschiedene Gaben gelegt, z. B. Betelblätter,
Blüten, Früchte oder auch Ölkuchen. Da man glaubt, der Dämon

schlüpfe in die Betelblätter, wenn er sein schädliches Tun für beendet halte, werden diese mit sieben Fäden umwickelt, die festgezogen werden, sobald er sich darin aufhält. Dann wird das Büschel an Nägeln aufgehängt, die man zuvor in einen Baum eingeschlagen hat. Zum Schluss der Zeremonie, die v. a. von der im südlichen Inselteil lebenden Bevölkerung abgehalten wird, werden alle anderen Gaben an einen einsamen Ort verbracht.

Planeten

Da man sich auf Sri Lanka die Planeten als Gottheiten vorstellt, die das Leben der Menschen beeinflussen, müssen auch diese durch bestimmte Rituale günstig gestimmt werden – vor allem dann, wenn Krankheit oder ein Unglück einen Menschen heimgesucht hat. Das Wichtigste dieser Rituale wird **Bali** genannt und ebenfalls während der Nachtstunden vollzogen, allerdings findet es außerhalb des Hauses statt. Hierzu wird ein Platz im Garten ausgesucht und mit einer Mischung aus frischem Kuhdung, Milch, Wasser und pulverisiertem Sandelholz gereinigt. An dieser Stelle wird nun ein aus Lehm geformtes und mit einem weißen Tuch bedecktes Bildnis der Planetengottheit aufgestellt.
Der Priester beginnt die Zeremonie damit, dass er den Boden mit Reiskörnern bestreut und verschiedene Opfergaben niederlegt. Dann nimmt er einen von einer Jungfrau gesponnenen Faden, befestigt ein Ende an der Figur, zieht ihn um den gesamten Zeremoniebezirk und bindet das andere Ende an einem Zweig fest, den er der betroffenen Person in die Hand gibt. Die Tänze, die nun unter heftigen Trommelwirbeln beginnen, können die Akteure bis zur Ekstase führen. Sie werden unterbrochen von Gesängen und Zurufen der Zuschauer. Ist der Höhepunkt des Rituals erreicht, geht die befallene Person auf das Bildnis zu (oder wird dorthin getragen), heftet den Faden an ihm fest und wirft den Zweig darauf. Sicherheitshalber bleibt die Figur nach dem Ende der Zeremonie noch drei Tage stehen, dann wird sie unter einen Baum gesetzt und mit Zauberwasser besprengt.

Zaubersprüche

Auf Sri Lanka ist auch der Glaube an die Wirkung von Zaubersprüchen (**mantras**) weit verbreitet. Sie sind sehr alt und wurden teils in singhalesischer Sprache, auch durchsetzt mit Sanskrit-Wörtern, teils in den drawidischen Sprachen aufgeschrieben. Bevor der Zauberer (Kattadiya) sie wirkungsvoll anwenden kann, muss er sie durch Beschwörungen und gewisse Rituale mit Leben oder einer übernatürlichen Kraft erfüllen. Dazu dient z. B. eine Kobra oder ein Skorpion, denen der Zauberer befiehlt, die Feinde zu töten – sei es durch Stechen, Erwürgen oder Beißen.

Amulette

Zauberwirkung gegen alles Böse haben auch Amulette, die man um Hals, Taille oder Handgelenk trägt. Die komplizierten, die erhoffte Wirkung auslösenden Muster sind auf Kupfer- oder Aluminiumfolie gezeichnet oder auf ein Palmblatt, das man zusammengerollt in einem kleinen goldenen oder silbernen Behälter bei sich trägt.

Berühmte Persönlichkeiten

Eine Insel für Weltreisende war Sri Lanka schon vor vielen Jahrhunderten. Siddharta Gautama, später Buddha genannt, kam aus Nepal. Marco Polo kam im Mittelalter aus Venedig und auch der arabische Weltenbummler Ibn Battuta erreichte die Insel Mitte des 14. Jahrhunderts.

Sirimawo Bandaranaike (1916 – 2000)

Sirimawo Ratwatte Bandaranaike wurde in Balangoda bei Ratnapura **Politikerin** als Tochter einer Großgrundbesitzerfamilie geboren.
Ihre politische Karriere begann nach der Heirat mit dem Rechtsanwalt und Politiker Solomon Bandaranaike (1940). Nach dessen Ermordung 1959 übernahm sie die Führung der Sri Lanka Freedom Party (SLFP), die zu dieser Zeit in der Opposition war.
Ein Jahr später gelang es ihr, nicht zuletzt wegen ihres Versprechens, kostenlosen Reis für alle Einwohner von Sri Lanka auszugeben, das Amt der Ministerpräsidentin zu gewinnen. Um dieses Ziel zu erreichen und die dafür notwendigen Finanzmittel zu erhalten, verfolgte sie einen strikten Kurs der Verstaatlichung vieler Tee- und Gummiplantagen sowie von Banken und Ölgesellschaften. Trotzdem riss das Programm große Löcher in den Staatshaushalt; die Folge war ihre Abwahl 1965.

? WUSSTEN SIE SCHON …?

■ … dass Sirimavo Bandaranaike weltweit die erste im Amt eines Regierungschef war?

1970 jedoch gelang Sirimawo Bandaranaike nach fünf Jahren in der Opposition ein politisches Comeback, als sie sich erneut für die SLFP um das Ministerpräsidentenamt bewarb und gewann. Doch schon bald regte sich großer Widerstand gegen ihre Amtsführung: Als eine von der Regierung eingesetzte Kommission sie des Machtmissbrauchs und der Vetternwirtschaft bezichtigte und ihr in der Folge das aktive und passive Wahlrecht aberkannt wurde, blieb ihr nur der Rückzug aus allen politischen Ämtern.
Die Verbannung von der politischen Bühne dauerte jedoch nur bis 1986, und nachdem ihre Tochter Chandrika Kumaratunga bei vorgezogenen Parlamentswahlen (1994) Ministerpräsidentin wurde, gelang es ihr ein Jahr später, sogar zum Staatsoberhaupt gewählt zu werden.

Solomon Bandaranaike (1899 – 1959)

Solomon West Ridgeway Dias Bandaranaike wurde in Colombo geboren. Nach einem Studium der Jurisprudenz betätigte er sich zunächst als Rechtsanwalt, dann als Politiker der United National Party (UNP). Nachdem er mit dieser Partei gebrochen hatte, gründete er die Sri Lanka Freedom Party (SLFP), deren Anführer er 1952 wurde. Vier Jahre später gelang ihm der Wahlsieg mithilfe der von der SLFP geführten People's United Front (Vereinigte Volksfront) und er wurde an der Spitze einer Vier-Parteien-Koalition zum Ministerpräsidenten gewählt. In seine Amtszeit, die nur drei Jahre dauerte, fiel eine erste Phase der Sozialisierung des Landes, die seine Frau Sirimawo Bandaranaike konsequent fortsetzte. Außerdem erklärte er 1957 die **Politiker**

← *Marco Polo schildert in seinen Büchern die Einwohner Sri Lankas als hundsköpfig. Ein Illustrator (um 1412) zeigt sie so beim Gewürzhandel.*

singhalesische Sprache zur offiziellen Amtssprache. Politisch verfolgte er einen streng nationalistischen Kurs, während er Sri Lanka, das zu dieser Zeit noch Ceylon hieß, nach außen hin als neutral erklärte. Solomon Bandaranaike fiel am 26. September 1959 einem Attentat zum Opfer, das von einem buddhistischen Mönch verübt wurde. Ob es im Hintergrund Drahtzieher für diese Tat gab, ist nicht geklärt.

Ibn Battuta (1304 – ca. 1368)

Arabischer Weltreisender

Wenn die Bezeichnung Weltenbummler auf einen Mann des 14. Jh.s zutrifft, dann auf den islamischen Gelehrten Ibn Battuta. Seiner Reiselust ist es zu verdanken, dass es zumindest über die islamische Welt und deren angrenzende Regionen einigermaßen verlässliche Überlieferungen gibt.

Ibn Battuta wurde in Tanger (Marokko) als Sohn einer adligen Familie geboren. Nach einer juristischen Ausbildung verließ er im Alter von nur 21 Jahren seine Heimatstadt, um seine erste Pilgerfahrt nach Mekka zu unternehmen. Doch schon bald bewegte er sich abseits der ausgetretenen Pilgerpfade und dem Schutz der Pilgerkarawanen allein auf viel gefährlicheren Routen.

Auf diese Reise folgten ab 1328 weitere durch Arabien bis an die Küsten Ostafrikas und nach Anatolien und zur Krim.

Nach einer Tätigkeit als Richter beim Sultan von Delhi unternahm Ibn Battuta wiederum mehrere Reisen, in deren Verlauf er auch auf die Malediven und nach Sri Lanka gelangte, wo er zwei Jahre

Ibn Battutas Reiserouten

blieb. Nicht bewiesen ist hingegen eine Reise nach Bejing (Peking). Dass Battuta allerdings in China war, lässt sich aufgrund seiner detaillierten Reisebeschreibungen nachvollziehen.

Diese Reisebeschreibungen verfasste Ibn Battuta gemeinsam mit dem Gelehrten Ibn Juzayyin in der Form einer Rihla. Zu seiner Zeit war diese Form der Literatur eine beim Volk höchst beliebte Art der Reisebeschreibung, die sich vordergründig zwar religiösen Themen widmete, dabei aber immer wieder Erlebnisse der Reisenden in fernen Ländern sowie Eigentümlichkeiten der Landschaften, Kulturen und Menschen schildert.

Siddharta Gautama, genannt Buddha (um 560 – 480 v. Chr.)

Siddharta Gautama wurde vermutlich um das Jahr 560 v. Chr. als **Buddha** Sohn eines Stammesfürsten, der sich König nannte und dessen Kinder als Angehörige eines adligen Geschlechts namens Sākya aufwuchsen, in Nepal am Fuß des Himalaya geboren.

War zunächst der Luxus am elterlichen Hofe prägend, so lernte Siddharta bei drei Ausfahrten menschliches Leid kennen, als er nacheinander auf einen Kranken, einen Greis, einen Kranken und einen Verstorbenen traf. Für sein weiteres Leben entscheidend war bei seiner vierten Ausfahrt das Zusammentreffen mit einem Eremiten, der dem 29-Jährigen den Anstoß gab, das bisher geführte Leben aufzugeben und als umherziehender Asket Antworten auf die Fragen nach dem Sinn menschlichen Lebens zu suchen.

Nach intensiven Meditationen und strengster Askese sowie vielen Jahren der Wanderschaft erreichte Siddharta Gautama unter einem Feigenbaum (Bodhi-Baum) am indischen Flüsschen Neraja das Stadium der Erleuchtung, als er nacheinander die »vier Stufen der Versenkung« hinabging. Dabei fand er die vier edlen Wahrheiten: »Das Leben ist Leiden«, »Die Ursache des Leidens«, »Die Erlösung vom Leiden« und »Der Weg zur Aufhebung allen menschlichen Leidens«. Bald danach hielt er nahe dem indischen Städtchen Benares seine erste Predigt, die von diesen vier edlen Wahrheiten handelte.

Bereits wenige Monate später zählte Buddha, was soviel wie »der Erleuchtete« oder »der Erwachte« bedeutet, einige Dutzend Anhänger, die er beauftragte, den Menschen seine Grundsätze nahezubringen. 45 Jahre lang zog er selbst als Wanderprediger durch das Land, um seine Lehre vom »Rad des Gesetzes« zu verkünden. Während die buddhistische Tradition davon ausgeht, dass Buddha im Jahr 543 v. Chr. im 83. Lebensjahr durch seinen Tod ins Nirwana einging, in ein Stadium, das jegliches Wesen auf der Erde aus dem ewigen Kreislauf Geburt – Leben – Tod herauslöst, hat die Geschichtsschreibung den Tod Buddhas auf das Jahr 480 v. Chr. festgelegt. Dennoch spielt in Ländern, in denen der Buddhismus als Staatsreligion gilt, das angenommene Todesjahr 543 eine wichtige Rolle bei der Zeitrechnung. Zum Beispiel: Aus 2010 wird in solchen Ländern das Jahr 2553.

Marco Polo (1254 – 1324)

Marco Polo, dessen Name zu einem Inbegriff des Reisens gestern wie **Venezianischer** heute geworden ist, wurde im Jahr 1254 in Venedig geboren. Seine **Kaufmann und** Geburt fiel in eine Zeit, in der sich die Handelsbeziehungen der La- **Weltreisender** gunenstadt nicht nur auf die bekannten Hafenstädte rund um das Mittelmeer, sondern weit darüber hinaus erstreckten. Das besondere Interesse galt dem asiatischen Raum.

Gemeinsam mit seinem Vater Nicolao und seinem Onkel Matteo reiste Marco Polo, gerade erst 17 Jahre alt geworden, über den Iran

nach Pakistan und von dort weiter über den Hindukusch nach China, wo die kleine Reisegruppe am Hofe von Kublai Khan freundlich empfangen wurde. Der Khan fand sogar solch großes Gefallen an dem jungen, weltgewandten Venezianer, dass er ihn als Diplomaten und Sonderbeauftragten für den Handel mit der westlichen Welt in seine Dienste nahm.

17 Jahre lang verbrachte Marco Polo in China. In dieser Zeit unternahm er zahlreiche Reisen durch den asiatischen Kontinent – und verfasste den ersten »Reiseführer«. Sein berühmtestes Buch trägt den Titel »Il Milione« (»Die Wunder der Welt«). Darin hielt er allerdings weniger die Routen seiner Reisen als seine persönlichen Erlebnisse beim Kontakt mit der fremden Kultur fest.

Als sich Marco Polo im Jahr 1292 auf den Heimweg machte, wählte er den Seeweg und dabei eine Route, die ihn über Malaysia und Sumatra sowie die Andamanen auch nach Sri Lanka führte. Hier verbrachte er einige Monate – möglicherweise auch auf der Suche nach einem kostbaren Rubin, der sich angeblich im Besitz des Königs von Lanka befunden und den Durchmesser eines Männerarms besessen haben soll.

Marco Polo starb, nachdem er noch wenige Jahre zuvor geheiratet und dreifacher Vater geworden war, 1324 in seiner Heimatstadt Venedig.

Ranasinghe Premadasa (1924 – 1993)

Politiker

Ranasinghe Premadasa wurde als Sohn eines Arbeiters in Kehelwatte, einem Armenviertel von Colombo, geboren. Nach einer Tätigkeit als Journalist trat er der Ceylon Labour Party (CLP) bei und wurde 1955 zum stellvertretenden Bürgermeister von Colombo gewählt. Bereits ein Jahr später verließ er die CLP, um Mitglied der United National Party (UNP) zu werden und für sie in das Repräsentantenhaus einzuziehen. Nachdem die Sri Lanka Freedom Party (SLFP) die Wahlen von 1965 verloren hatte, wurde Premadasa zunächst Parlamentarischer Sekretär des Ministers für Lokalverwaltung, dessen Amt er 1968 selbst übernahm.

Premadasas politische Karriere wurde durch einen neuerlichen Wahlsieg von ▶Sirimawo Bandaranaike unterbrochen, erst 1977 kam die UNP wieder an die Regierung. Premadasa kehrte in das Amt zurück, das er bis 1965 bekleidet hatte, und wurde 1978 Premierminister unter Staatspräsident Junius Jayawardene.

Im Verlauf der heftigen Auseinandersetzungen zwischen Singhalesen und Tamilen spielte Premadasa eine wichtige Rolle. Er wurde 1987 mit Sondervollmachten ausgestattet, als die Rebellen der Liberation Tigers of Tamil Eelam (LTTE) damit drohten, die Regierungsmacht in ihrer Hochburg Jaffna gewaltsam zu übernehmen. Premadasa gelang es, dies mit einer großangelegten Militäraktion zu verhindern. 1988 siegte er mit einer knappen Mehrheit gegen die Amtsinhaberin Bandaranaike und übernahm im Jahr darauf das Amt des bereits 82-

jährigen Staatspräsidenten Junius Jayawardene. Er setzte den seit 1987 auf Sri Lanka stationierten indischen Truppen ein Ultimatum für den Rückzug, nahm aber gleichzeitig Gespräche mit den Rebellen auf. Dies führten zu einem vorübergehenden Waffenstillstand.

Auch wenn sich Premadasa durch eine Vielzahl sozialer Maßnahmen vor allem für Einkommensschwache durchaus Verdienste erwarb, stieß sein autoritärer Führungsstil immer wieder auf Kritik und führte im August 1991 zu einer der größten Regierungskrisen im Land. Obwohl ein gegen ihn gerichtetes Misstrauensvotum ebenso erfolglos war wie ein offizielles Amtsenthebungsverfahren, schwand Premadasas Macht zusehends. Während einer UNP-Kundgebung in Colombo am 1. Mai 1993 sprengte sich ein mit Granaten bewehrter junger Mann selbst in die Luft. Mit dem Präsidenten und dem Attentäter starben weitere 23 Menschen.

Dudley Shelton Senanayake (1911–1973)

Dudley Shelton Senanayake wurde als ältester Sohn des Politikers und ersten Ministerpräsidenten von Ceylon, Don Stephen Senanayake, in Colombo geboren. Er studierte in Cambridge/England Naturwissenschaften und Jura. 1934 wurde er in London als Anwalt zugelassen, kehrte jedoch schon kurz danach in seine Heimat zurück, wo er sich einige Zeit als Rechtsanwalt betätigte. 1936 wurde Senanayake für die UNP in die gesetzgebende Versammlung gewählt, ab 1947 war er auch Mitglied des Abgeordnetenhauses und Landwirtschaftsminister.

Politiker

Als sein Vater am 22. März 1952 starb, wurde Senanayake von Generalgouverneur Lord Soulbury mit der Bildung einer Regierung beauftragt.

Die vielfältigen Probleme, mit denen die sri-lankische Wirtschaft zu dieser Zeit zu kämpfen hatte, veranlassten Senanayake jedoch schon ein Jahr später zum Rücktritt aus gesundheitlichen Gründen. Er widmete sich fortan dem Studium der buddhistischen Schriften, kehrte jedoch 1957 auf die politische Bühne zurück und übernahm die Leitung der UNP. Nachdem Solomon Bandaranaike einem Attentat zum Opfer gefallen war, trat er an seine Stelle, allerdings nur für vier Monate. Dann wurde er von Sirimavo Bandaranaike abgelöst, deren sozialistischen Kurs er fortan bekämpfte. Bei den Parlamentswahlen vom 22. März 1965 erlitt die regierende SLFP schwere Verluste, während die UNP die Zahl ihrer Parlamentssitze mehr als verdoppelte. Senanayake wurde zum dritten Mal Ministerpräsident. Er änderte den sozialistischen Kurs seiner Vorgängerin und bemühte sich um eine ausgewogenere Außenpolitik.

Der zunehmenden Agitation der Opposition unter Führung von Sirimavo Bandaranaike zeigte er sich jedoch nicht gewachsen. 1970 kam es erneut zu einem politischen Erdrutsch: Seine Partei verlor 55 Sitze. Im Mai 1970 trat er zurück und überließ Bandaranaike das Amt, kurz danach legte er auch die Parteiführung nieder.

Praktische Informationen

WAS SOLLTEN SIE FÜR EINEN SRI-LANKA-URLAUB NICHT VERGESSEN? AUF WELCHER STRASSENSEITE FAHREN DIE AUTOS? UND WARUM SOLLTE MAN NICHT MIT DER LINKEN HAND ESSEN?

Anreise · Reiseplanung

Mit dem Flugzeug

Flugzeit Die Distanz zwischen Frankfurt am Main und Sri Lanka beträgt ca. 8100 km, die Flugzeit rund 9 Stunden. Direkte Flugverbindungen **ohne Zwischenlandung** bieten von Deutschland aus die Fluggesellschaften SriLankan und Condor an. Von der Schweiz bietet die Edelweiß Air Direktflüge nach Colombo, von Österreich gibt es zurzeit keine direkten Flugverbindungen.

Flugpreise Die Flugpreise differieren zwischen 500 Euro in der Neben- und ca. 800 Euro während der Hauptsaison, Preisvergleiche sind zu empfehlen. Besonders während der Hauptreisezeit (Weihnachten bis Ostern) ist rechtzeitige Vorausbuchung unbedingt angeraten. Am günstigsten sind die Wochen vor und nach dem genannten Zeitraum.

Low-Budget-Tickets Zahlreiche Reiseveranstalter haben sich auf den Verkauf überzähliger bzw. freier Flugplätze spezialisiert. Entsprechende Flexibilität bei Abreisetermin bzw. Kategorie der Unterkunft auf Sri Lanka vorausgesetzt, kann man nicht selten deutlich sparen.

Flughafen Der einzige für den internationalen Flugverkehr geöffnete Flughafen »Bandaranaike Airport« liegt etwa 35 km außerhalb von Colombo. Er wird seit Jahren modernisiert und soll zu einem modernen Hub für Südasien ausgebaut werden. Er ist von der Stadt wie auch von den Badeorten entlang der Westküste gut zu erreichen. Vor dem Flughafengebäude ist mit peniblen Sicherheitskontrollen zu rechnen. Nach dem Passieren der Einreise- und Zollkontrolle gelangt man in die Ankunftshalle. Hier befinden sich die Infoschalter einiger Hotels sowie die Sri Lanka Tourist Board. Den Transfer vom bzw. zum Flughafen organisiert üblicherweise das gebuchte Hotel oder der Reiseveranstalter. Individualreisenden stehen Busse und Züge zur Verfügung, außerdem warten vor der Halle lizensierte Taxifahrer.

? WUSSTEN SIE SCHON …?

■ dass der stilisierte, von Pfauen gezogene Himmelswagen auf der Heckflosse der Maschinen von SriLankan auf das Hindu-Epos »Ramayana« zurückgeht? Er gilt als die älteste Flugmaschine der Weltliteratur.

SriLankan Airlines Die nationale Fluggesellschaft SriLankan Airlines zählt zu den renommierten Airlines der Welt. Sie besitzt eine moderne Flotte, die vorzugsweise aus Airbus-Flugzeugen besteht. SriLankan wurde wegen ihres Services in jüngerer Zeit mehrfach ausgezeichnet.
Das insgesamt 44 Destinationen in 23 Ländern umfassende Streckennetz der Fluggesellschaft bedient vorzugsweise Ziele in Asien (darunter auch die nur eine Flugstunde entfernten Malediven).

▶ INFORMATIONEN ANREISE

FLUGGESELLSCHAFTEN

▶ **SriLankan Airlines**
Tel. 069 / 90 43 90 10
www.srilankan.aero

▶ **Thomas Cook (Condor)**
Tel. 061 71 / 93 98 88
www.condor.de

▶ **Edelweiß Air**
Tel. 044 / 277 41 00
www.edelweissair.ch

VISUM

▶ **Department of Immigration and Emigration**
41, Ananda Rajakaruna Mw
Colombo, 3. Stock
Tel. 011 / 532 93 00, Fax 267 46 31
www.immigration.gov.lk
Öffnungszeiten: Mo. – Fr.
8.30 – 12.00 Uhr

Reisedokumente

Deutsche, österreichische und Schweizer Staatsbürger benötigen zur Einreise nach Sri Lanka einen Reisepass, der mindestens noch sechs Monate gültig ist. Kinder benötigen einen eigenen Reisepass bzw. einen Eintrag im Reisepass der Eltern. Bei der Einreise ist ein Formular auszufüllen, das bei der Ausreise wieder abzugeben ist. **Personalpapiere**

Besucher aus Deutschland, Österreich und der Schweiz können sich ohne Visum 30 Tage auf Sri Lanka aufhalten. Für Reisen, die diese Höchstdauer überschreiten, ist auf Sri Lanka ein Visum notwendig, das man ausschließlich beim Department of Immigration and Emigration erhält. Bei der Einreise nach Sri Lanka muss zusätzlich ein **gültiges Rückreiseticket** vorgelegt werden können. **Visum**

Ein- und Ausreisebestimmungen

Die Behörden von Sri Lanka verlangen von europäischen Besuchern, sofern sie nicht aus Infektionsgebieten einreisen, keine Schutzimpfungen. Empfehlenswert ist auf jeden Fall ein ausreichender **Schutz gegen Tetanus und Polio** (mehr dazu ▶Gesundheit, S. 126). **Schutzimpfungen**

Gegenstände des persönlichen Bedarfs können zollfrei eingeführt werden. Besucher über 18 Jahre dürfen außerdem 200 Zigaretten oder 250 g Tabak oder 50 Zigarren, 1 l Wein oder Spirituosen, einen Fotoapparat und eine Video- bzw. Filmkamera mitbringen. Medikamente zum persönlichen Gebrauch können ebenfalls eingeführt werden; um Missverständnisse zu vermeiden, sollten Sie die Originalverpackungen mitführen. Die Einfuhr von Drogen und pornografischem Schriftgut ist grundsätzlich verboten. **Einreise nach Sri Lanka**

Wiedereinreise in die EU-Staaten

Bei der Rückkehr in die EU-Staaten Deutschland und Österreich muss für Waren im Wert von mehr als 300 Euro Drittlandzoll sowie Einfuhrumsatzsteuer (= Mehrwertsteuer) bezahlt werden. Zollfrei sind alle auf die Reise mitgenommenen persönlichen Gebrauchsgegenstände; es empfiehlt sich aber, Quittungen über bereits im Heimatland gekaufte wertvolle Geräte dabeizuhaben, um Probleme bei der Wiedereinreise zu vermeiden. Eingeführt werden dürfen ferner von Personen über 18 Jahre (in Österreich über 17 Jahre) 200 Zigaretten oder 100 Zigarillos oder 250 g Tabak sowie 0,25 l Toilettenwasser oder 50 g Parfum. Abgabenfrei sind außerdem 1 l Spirituosen über 22 Vol.-% oder 2 l Schaum- oder Likörwein, außerdem 2 l Wein. Die Einfuhr von Nahrungsmitteln ist zum Schutz vor Infektionserkrankungen seit 2005 verboten.

Wiedereinreise in die Schweiz

Abgabenfrei sind Gegenstände des persönlichen Bedarfs; außerdem für Personen über 17 Jahre 200 Zigaretten oder 50 Zigarren oder 250 g Tabak, an alkoholischen Getränken 2 l mit bis zu 15 Vol.-% Alkoholgehalt und 1 l mit mehr als 15 Vol.-%, ferner Waren im Wert von bis 300 sFr.

Artenschutz-abkommen

Das Washingtoner Artenschutzabkommen verbietet den Handel mit und damit auch die Einfuhr von exotischen Tieren – gleichgültig, ob tot oder lebendig. Auch einzelne Teile dieser geschützten Tierarten dürfen nicht in die EU-Staaten oder in die Schweiz eingeführt werden. Mit Kontrollen ist an den Flughäfen jederzeit zu rechnen. Empfindliche Geldstrafen drohen jedem bei Zuwiderhandlung. Im Zweifelsfall sollten Sie auf den Kauf von geschützten Tieren oder Tierprodukten verzichten. Dazu zählen auch zum Beispiel bestimmte Muschelarten, Korallen, Vögel und Reptilien (auch Krokodillederta-

i **Nicht einführen!**

■ Um das Einschleppen von Schädlingen oder die Übertragung von Tierseuchen zu verhindern, dürfen weder nach Sri Lanka noch bei der Wiedereinreise in EU-Staaten Nahrungsmittel, Obst, Gemüse, Samen, Pflanzen und tierische Produkte eingeführt werden. Es gibt Reisegepäckkontrollen. Zuwiderhandlungen werden mit hohen Geldbußen geahndet.

schen oder -schuhe). Mit peniblen Kontrollen der Zollbehörden ist bei der Ausreise müssen Sie ebenfalls rechnen: Gewöhnlich wird jedes Gepäckstück auf dem Flughafen bei der Ein- und Ausreise einer Handkontrolle unterzogen.

Antiquitäten

Als Antiquitäten betrachten die Behörden auf Sri Lanka jegliche Art kunstgeschichtlich oder historisch wertvoller Gegenstände, die älter sind als 50 Jahre; deren Ausfuhr ist deshalb verboten. Eingeschränkt ist außerdem die Ausfuhr seltener Bücher und von Palmblattmanuskripten. In Zweifelsfällen oder bei Fragen wendet man sich an die Tourismusbehörde in Colombo (▶Auskunft). Auch bezüglich solcher Wertgegenstände ist mit Kontrollen bei der Ausreise zu rechnen.

Reiseversicherungen

Deutsche gesetzliche Krankenversicherungen zahlen medizinische Behandlungen auf Sri Lanka nicht. Der Abschluss einer Auslandskrankenversicherung ist deshalb dringend angeraten. Sie sollten auch einen Rücktransport aus medizinischen Gründen absichern. Privatversicherte genießen meistens weltweiten Versicherungsschutz.
Auslandskrankenversicherung

Für den Fall eines Rücktransports aus medizinischen Gründen sind Mitglieder der Deutschen Rettungsflugwacht e. V. auf der ganzen Welt versichert. Informationen erhält man bei der Deutschen Rettungsflugwacht e. V., Postfach 23 01 27, 70624 Stuttgart, Tel. 00 49 / 711 / 700 70, Alarmzentrale: Tel. 00 49 / 711 / 701 07-0.
Versicherung für Rücktransporte

Auskunft

 **WICHTIGE ADRESSEN**

AUSKUNFT ZU HAUSE

▶ **Femdenverkehrsamt Sri Lanka**
News PLUS Communications + Media GmbH, c/o Sri Lanka Tourism Promotion Bureau Sonnenstraße 9, 80331 München
Tel. 089 / 23 66 21 838
Fax: 089 / 23 66 21 99
www.srilanka.travel
Öffnungszeiten: Mo. – Do. 9.00 bis 17.30, Fr. 9.00 – 17.00 Uhr
Nützliche Informationen beinhaltet die Broschüre »Sri Lanka Tourist Information« (in Englisch), die auf Anforderung kostenlos zugesandt wird. Außerdem hält das Verkehrsamt verschiedene deutschsprachige Broschüren bereit.

▶ **Auswärtiges Amt**
Über die Internetadresse www.auswaertiges-amt.de erhält man aktuelle Auskünfte über die Sicherheitslage auf Sri Lanka.

AUSKUNFT AUF SRI LANKA

▶ **Sri Lanka Tourist Board**
80, Galle Road, Colombo 03
Tel. 011 / 238 09 44, 242 69 67
tourinfo@sri.lanka.net

▶ **AUSSENSTELLEN**
Airport Colombo (in der Ankunftshalle)

▶ **In Kandy**
72, Victoria Drive, Kandyan Art Association Building
Tel. 081 / 22 26 61
Geöffnet: Mo. – Fr. 8.00 – 18.00, Sa., So., Fei. bis 16.00 Uhr

DIPLOMATISCHE VERTRETUNGEN IN DEUTSCHLAND

▶ **Botschaft und Konsularabteilung Berlin**
Niklasstraße 19
14163 Berlin
Tel. 030 / 80 90 97 49
www.srilanka-botschaft.de

▶ **Generalkonsulat Bonn**
Lyoner Str. 34, Tower 2, 7. Stock
60528 Frankfurt/Main
Tel. 069 / 66 05 39 80
Fax 660 53 98 99
info@slconsulate.net

▶ **Honorarkonsulate**
Pickhuben 9
20457 Hamburg
Tel. 040 / 36 14 30
Bundesländer: Hamburg und
Schleswig-Holstein

Willy-Brandt-Straße 50 (5. Stock)
70173 Stuttgart
Tel. 0711 / 223 79 53
Bundesländer: Baden-Württem-
berg, Rheinland-Pfalz, Saarland

Sylvensteinstr. 2
81369 München
Tel. 089 / 72 01 21 90
Bundesländer: Bayern und Hessen

Anne-Konway-Straße 2
28359 Bremen
Tel. 04 21 / 800 87-80
Bundesländer: Bremen und
Niedersachsen

Messeallee 2
04356 Leipzig
Tel. 03 41 / 926 55 73
Bundesländer: Sachsen, Sachsen-
Anhalt, Thüringen

IN ÖSTERREICH

▶ **Botschaft**
Herrengasse 6–8, 1010 Wien
Tel. 02 22 / 533 74 26-27, 533 74 32

▶ **Konsulate**
Rainergasse 1–5, 1040 Wien
Tel. 02 22 / 503 79 88
Konsularbezirk: ganz Österreich
(keine Beglaubigungs-, Pass- und
Visabefugnis)

IN DER SCHWEIZ

▶ **Konsulate**
56 Rue de Moillebeau
1211 Genève 19
Tel. 022 / 788 24 41
Konsularbezirk: ganze Schweiz

AUF SRI LANKA

▶ **Deutsche Botschaft**
40, Alfred House Avenue
Colombo 3
Tel. 011 / 58 04 31-4
www.colombo.diplo.de

▶ **Österreichisches Konsulat**
424, Union Place
Colombo 2
Tel. 011 / 269 63 11-315

▶ **Schweizer Botschaft**
63 Gregory's Road, Colombo 7
Tel. 011 / 69 51 17

INTERNET-TIPPS

▶ **www.srilanka.travel**
Eine Fülle von Informationen
erschließt sich auf den Seiten des
Sri Lankan Tourist Board.

▶ **www.srilankatourism.de**
Der deutschsprachige Ableger
der zuvor genannten Seite, allerdings sind die Informationen
hier spärlicher.

▶ **www.destination-asien.de**
Engagiert gemachte Seite mit
vielen nützlichen Informationen
für Reisende.

▶ **www.lankafirst.de**
Viele Infos über Land und Leute.

▶ **www.sri-lanka-reiseinfo.de**
Sri Lanka für Fortgeschrittene,
heißt es dort, die private Seite ist
aber ebenso für Anfänger. Von
einem Sri-Lanka-Liebhaber.

Badestrände

Die schönsten Badestrände findet man entlang der Ostküste von Sri
Lanka. Dieses Gebiet war jedoch nicht nur vom Bürgerkrieg, sondern auch vom Tsunami besonders schwer betroffen, weshalb diese
Strände nur unter Beachtung aller
Vorsichtsmaßnahmen besucht werden sollten. Im Übrigen wird man
Probleme haben, eine Unterkunft
zu finden, da bislang nur wenige
Hotels und Gästehäuser geöffnet
sind.
Es wäre jedoch vermessen, die
Qualität der Strände im westlichen
und südwestlichen Inselteil herun-
terzuspielen, etwa den wunderschönen Strand von Unawatuna
unweit von Galle oder auch die
Strände von Hikkaduwa, Bentota
und Negombo. Bis auf Negombo wurden zwar auch sie vom Tsunami getroffen, doch sind fast alle Hotels inzwischen wieder aufgebaut.

Schön, aber nicht ungefährlich

> ### *i* Die drei schönsten Strände
>
> - Beach von Unawatuna: einer der zehn schönsten Strände der Welt – die Hotels sind fast alle neu.
> - Strände bei Hikkaduwa: Nicht unbedingt der Hauptstrand, aber die langen, palmenbestan-denen Strände etwas weiter südlich sind herrlich.
> - Arugam Bay: Wo sich die Surfelite der Welt trifft, kann man auch wunderbar baden.

Während der Zeit des Sommermonsuns zwischen Ende März und
Mitte November kann das Baden an der Südwest- und Westküste un-
ter Umständen zu einem lebensgefährlichen »Vergnügen« werden.
Warnungen vor gefährlichen Unterströmungen, die im Gegensatz zu
hohen Wellen auf den ersten Blick nicht erkennbar sind, sollte man
im eigenen Interesse beachten! Eine **rote Fahne** am Strand bedeutet
Badeverbot. Während der übrigen Monate kann das Baden an der
Ostküste gefährlich sein.

Gefährliche Strömungen

FKK ist auf Sri Lanka offiziell verboten, da es den moralischen
Grundsätzen der Bevölkerung widerspricht. Oben-ohne-Baden wird
jedoch in einzelnen Hotels stillschweigend geduldet.

FKK

Mit Behinderung unterwegs

Reisen nach Sri Lanka sind prinzipiell auch für behinderte Menschen
möglich. Reiseveranstalter erteilen Auskunft über die Möglichkeiten,
die Insel auch z. B. mit dem Rollstuhl zu erkunden. Verkehrsmittel
auf Sri Lanka sind allerdings nicht behindertengerecht ausgestattet.
Vor allem die größeren Hotels sind auf die Bedürfnisse behinderter
Menschen vorbereitet. Eine Aufstellung über Hotels, die das Prädikat
»behindertengerecht« verdienen, gibt es jedoch nicht.

Reisen sind prinzipiell möglich

▶ BEHINDERTENORGANISATIONEN

▶ **Bundesarbeitsgemeinschaft der Clubs Behinderter und ihrer Freunde**
Langenmarckweg 21
51465 Bergisch Gladbach
Tel. 022 02 / 98 99 81
www.bagcbf.de

▶ **BSK-Reisedienst**
Altkrautheimer Straße 20
74328 Krautheim/Jagst
Tel. 062 94 / 42 81-0
www.bsk-ev.org

▶ **Verband aller Körperbehinderten Österreichs**
Schottenfeldgasse 29
1070 Wien
Tel. 01 / 914 55 62
dachverband@oear.or.at

▶ **Mobility International Schweiz (MIS)**
Froburgstrasse 4
4600 Olten
Tel. 062 / 206 88 35
www.mis-ch.ch

Drogen

Streng verboten Wie überall in Asien ist der Besitz und Konsum von Drogen, selbstverständlich auch der Handel damit, streng verboten. Die sri-lankische Polizei verfolgt diese Delikte sehr intensiv; offiziell gibt es für solche Vergehen auch noch die Todesstrafe.

Elektrizität

Stromnetz Das Stromnetz auf Sri Lanka führt fast überall 230 V Wechselspannung (50 Hertz). Mit Stromschwankungen oder kurzfristigen Stromausfällen ist gelegentlich zu rechnen.

Adapter Vielfach werden Adapter benötigt, die man im Bedarfsfalle entweder an der Hotelrezeption oder in Geschäften erhält.

Essen und Trinken

Indische Einflüsse Die Küche auf Sri Lanka kann starke Einflüsse der auf dem indischen Subkontinent gepflegten Art der Speisezubereitung nicht verleugnen. Reis und Curry sind hier wie dort Grundnahrungsmittel und Zutaten für das Nationalgericht, wobei man unter Curry etwas anderes versteht als in Europa.

Curry ist kein eigenständiges Gewürz, sondern eine scharf-pikante **Curry** Mischung aus bis zu 20 verschiedenen Zutaten. Wichtigster Bestandteil dieser Mischung ist Curcuma, dazu kommen Ingwer, Muskat, Pfeffer, Piment, Paprika und Chili. Jede Köchin und jeder Koch, die etwas auf sich halten, verwenden ihre eigene Currymischung. Sie wird bereits beim Anbraten von Fisch, Fleisch und Geflügel oder Gemüse beigegeben, zur Verfeinerung kommt dann Kokosmilch hinzu.

Standardmahlzeiten sind scharf gewürzt und Curries sollten mit Vorsicht genossen werden. Eine Spezialität ist ein einfaches Curry, das aus geschnittenen Zwiebeln, grünem Chili und aromatischen Gewürzen wie Nelken, Muskatnuss, Zimt, Safran und anderen Gewürzen sowie Kokosmilch zubereitet wird. Als Einlage wird Hähnchen-, Rind- oder Schweinefleisch beigegeben. Ein Tipp: Wenn Sie es nicht so scharf mögen, sagen Sie bei der Bestellung »Without Chili!« Das Essen wird auch so scharf genug sein …

Vorsicht: scharf gewürzt!

In früheren Zeiten waren die Gewürze Sri Lankas ein kostbares Handelsgut.

Vielseitig und mehrsprachig: Gästehaus mit Restaurant

Essgewohnheiten   Essen mit Messer, Gabel und Löffel ist auf Sri Lanka eher unüblich – **man isst mit den Fingern**. Genauer gesagt, mit den Fingern der rechten Hand, da die linke als unrein gilt (►Knigge, S. 129). Dabei formt man die Fingerspitzen so, dass man alles, was auf dem Teller liegt, durcheinander mischen kann, dann nimmt man eine Portion mit den Fingern auf und führt sie zum Mund. Zur Reinigung der Finger werden feuchte Tücher gereicht. Für Touristen werden selbstverständlich die gewohnten Esswerkzeuge bereitgelegt.

Restaurants   Natürlich lohnt es sich, die gebuchte Hotelanlage zu verlassen und zum Essen in eines der vor allem in den Badeorten zahlreich vorhandenen Restaurants zu gehen. Die Qualität ist im Allgemeinen gut.
Namentlich in den Restaurants der gehobenen Kategorie ist rechtzeitige **Reservierung** notwendig. Es ist üblich, nach dem Betreten des Lokals zu warten, bis man »platziert« wird.
Speisekarten liegen im Allgemeinen in englischer, bisweilen auch in deutscher Sprache aus.

Garküchen   Besonders auf Märkten gibt es die für Asien typischen Garküchen, in denen die Speisen auf einfache Weise zubereitet werden. Es soll jedem selbst überlassen bleiben, die hygienischen Umstände zu beurteilen und dann zu entscheiden. Im Übrigen sei ausdrücklich davor gewarnt, von fremden Personen Speisen oder Getränke anzunehmen!

Typische Speisen

Die Kochkunst der Sri-Lanker erschöpft sich bei Weitem nicht in den bereits genannten Spezialitäten Reis und Curry. Sie ist vielfältiger, als man gemeinhin glauben mag, wobei frische Zutaten stets unverzichtbar sind, ebenso wie die **Gewürze**, die auf Sri Lanka in so großer Vielfalt gedeihen – schließlich gilt die Insel von alters her als Gewürzinsel. Dadurch werden die Speisen nicht nur schmackhaft, sondern auch bekömmlich.

Frische Zutaten sind ein Muss

Dhal zum Beispiel ist ein sehr nahrhaftes Gericht, das aus roten Linsen besteht, die zusammen mit getrocknetem Fisch sowie verschiedenen Gewürzen in Kokosmilch gekocht werden.

Dhal

Die sri-lankische Küche ist auch bekannt für vorzügliche Fischgerichte. Auf den Tisch kommt (fast) alles, was im Meer gefangen wird: Thunfisch – hier besonders der schmackhafte Bonito –, Hering und Meerbarbe. Köstlich ist z. B. ein Fischcurry.

Fisch

Sri Lanka ist ein Dorado für Liebhaber frischer Meeresfrüchte. Die einheimischen Köche verstehen sich auf die vorzügliche Zubereitung von Hummer, Garnelen und Muscheln. Ob gekocht, gebraten oder gegrillt: Meeresfrüchte kosten auf Sri Lanka nur einen Bruchteil dessen, was man in Europa dafür bezahlen muss. Ausgesprochen fein sind z. B. gegrillte Riesengarnelen in Knoblauchsauce.

Schalen- und Krustentiere

Eine wichtige Rolle spielt – wie überall in Asien – die Art der Reiszubereitung. Er wird nicht etwa in Wasser gekocht, sondern in speziellen Töpfen langsam und schonend im Wasserdampf gegart. Nur so bleiben die wertvollen Bestandteile erhalten. Weißer Reis ist in der täglichen Küche üblich, an Festtagen oder bei besonderen Anlässen verwendet man den teureren Basmati-Reis oder den dunkleren, naturbelassenen Reis.

Reis

? WUSSTEN SIE SCHON …?

■ … dass es auf Sri Lanka 15 verschiedene Reissorten gibt? Am besten ist der rötliche Reis (kakuluhaal). Er ist Bestandteil jedes Hauptgerichts. Ebenso gut schmeckt der Basmati-Reis, der auch exportiert wird.

Hoppers sind eine Kreuzung zwischen Muffin und einem Teekuchen mit einer knusprigen Hülle und werden mit einem obenauf platzierten frisch gebackenen Ei serviert. **Stringhoppers** sind gekochte Ringe aus Reismehl und Kokosmilch, die gerne auch zum Frühstück gegessen werden. **Jaggery** ist eine Art Karamelle, die aus dem kristallisierten Saft der Kitul-Palme hergestellt wird. Zu den beliebten Desserts zählt auch **Wattalapam**, eine Art Pudding, der aus dem Zucker des Palmblütensafts, Kokosmilch, Eiern und verschiedenen Gewürzen wie z. B. Zimt gekocht wird. Ebenfalls beliebt ist Kiribath, ein leckerer Milchreis mit Gewürzen.

Desserts und Süßspeisen

Früchte

Üppiger Obstgarten

Dem Besucher aus Mitteleuropa präsentiert sich Sri Lanka als üppiger Obstgarten mit vielen, ihm vermutlich teilweise noch unbekannten tropischen Früchten. Frisches Obst wird – je nach Jahreszeit – in allen Restaurants angeboten. Kauft man es auf dem Markt, darf man gründliches Waschen nicht vergessen.

Obstsorten

Ananas und Bananen gibt es frisch das ganze Jahr über. Ananas ist reich an Vitamin C und arm an Kalorien. Einige Sorten werden vor Ort üblicherweise in angegorenem Zustand verzehrt, was eine abführende Wirkung haben kann. Die gern als Dessert gereichten Bananen werden mit süßer Kokosmilch getränkt und gegrillt. Tipp: Je kleiner die Banane, desto süßer schmeckt sie.

Das etwas mehlige Fleisch der **Durianfrucht** – wegen ihres unangenehm strengen Geruchs auch Stinkfrucht genannt – gilt bei den Asiaten als Delikatesse (April bis Juni). Die süße, aromatische **Jackfrucht**, eine bis mehrere Kilogramm schwere, rundliche Frucht, wird in Scheiben geschnitten und auf Eis serviert (August bis September). Verbreitet ist auch die gelbgrüne bis dunkelblaue, ovale **Passionsfrucht** oder Grenadine, die bis zu 20 cm lang wird. Ihr saftiges,

Obstverkäufer stehen mit ihren Ständen auch gerne am Strand oder in Parks.

geleeartiges Fruchtfleisch wird ausgelöffelt und schmeckt säuerlich-süß. Das Fruchtmark der hartschaligen **Kokosnuss** wird nach dem Abgießen der Kokosmilch (▶ Getränke) mit einem schmalen Löffel herausgelöst und kühl genossen.

Limonen – klein, grün und rund – sind die einheimische Alternative zur Zitrone; sie gedeihen das ganze Jahr über. Die größeren, gelben **Zitronen** müssen importiert werden und sind daher recht teuer. Das helle Fruchtfleisch der **Lychees** bzw. Litschipflaumen, einer rötlichen Frucht, schmeckt süß und frisch (Mai bis August). Die kleine, rote und außen mit langen Härchen besetzte **Rambutan**, die Frucht eines Seifenbaumgewächses, schmeckt ähnlich wie eine Weintraube.

Neben der Ananas ist die schöne gelbe, nur begrenzt haltbare **Mango** bei Touristen wohl die beliebteste Tropenfrucht; nur bei voller Reife ist sie süß, saftig und aromatisch. Sie wird entlang des Kerns aufgeschnitten, das Fruchtfleisch zerteilt oder ausgesogen (März bis Juni). **Orangen** bzw. Apfelsinen haben in Asien eine dünne, grüne Schale; bei gelber Färbung sind sie besonders süß. **Pampelmusen** oder Grapefruits, meist mit dem wohlschmeckenden rosa Fruchtfleisch und das ganze Jahr über frisch zu ernten, werden gern mit einer Prise Salz gegessen. **Papaya**, die Frucht des Melonenbaums, wird in Hälften und mit einer halben Zitrone serviert. Sie ist die billigste aller asiatischen Früchte. Papayas sind an jedem Marktstand das ganze Jahr über zu haben. Aber Vorsicht: In größeren Mengen genossen ist die Papaya ein sicheres Abführmittel. Der **Rosenapfel** hat oft die Form einer Birne, eine rostfarbene, wachsartige Schale und poröses, helles Fruchtfleisch; beides ist essbar.

Getränke

Wegen der hohen Temperaturen auf Sri Lanka empfehlen Tropenmediziner, **täglich mindestens zwei bis drei Liter Flüssigkeit** zu sich zu nehmen. In welcher Form man die durch Transpiration verlorene Flüssigkeit dem Körper wieder zuführt, ist natürlich jedem selbst überlassen. Absolut falsch wäre es aber, dies mit alkoholhaltigen Getränken zu tun. Die tropische Hitze verstärkt die Wirkung des Alkohols. Als Durstlöscher bieten sich an heißen Tagen Mineralwasser oder Fruchtsäfte an. Tee ist auf Sri Lanka natürlich das Nationalgetränk und jeder Sri-Lanker legt dabei größten Wert auf eine sorgfältige Zubereitung.

Durstlöscher

Beliebt ist das auf Sri Lanka gebraute **Lions-Bier**, das seit einigen Jahren mit dem starkbierähnlichen Bison-Bier eine ernstzunehmende Konkurrenz erhalten hat. Hopfen und Malz müssen importiert werden, da beides auf Sri Lanka nicht gedeiht – deshalb ist Bier ein relativ teures Getränk. In Restaurants der besseren Kategorie gibt es **Wein**, der ebenfalls nicht auf der Insel wächst und eingeführt werden muss. Demzufolge zählt der Wein, der aus Europa oder Australien kommt, zu den teuersten Getränken.

Alkoholische Getränke

Teeproduktion ist oft noch mit Handarbeit verbunden. Nicht nur für das Pflücken, auch für das Rollen braucht man fleißige Hände.

VIER PFUND BLÄTTER, EIN PFUND TEE

Wenn man eine Teefabrik betritt, hat man noch die Bilder der bunt gekleideten Teepflückerinnen vor Augen, die Blatt für Blatt von den Büschen zupfen. Doch was geschieht hier in diesen zumeist düsteren Hallen, in denen aus den Blättern das seit Jahrhunderten beliebte Getränk wird?

Es sind fünf Verarbeitungsphasen, die die frisch gepflückten Teeblätter durchlaufen. Jede verlangt größte Sorgfalt. Und dann ist es auch noch das Geheimnis einer jeden Teefabrik, wie sie ihren besonderen Tee produziert.

Es beginnt mit der ersten Phase, in deren Verlauf aus je vier Pfund grüner, saftiger Blätter duftender schwarzer Tee wird, nämlich mit dem Welken. Dazu werden die Blätter auf langen Gestellen ausgebreitet, die mit Drahtnetzen bespannt in Etagen übereinander liegen. Von unten wird nun heiße, exakt temperierte Luft nach oben geblasen, Ventilatoren sorgen für gleichmäßige Erwärmung. Dauerte dieses Welken einst bis zu einem Tag, verkürzt moderne Technik den Prozess nun auf wenige Stunden. Trotzdem ist es der wichtigste Schritt geblieben, denn es entscheidet über die Menge der Fermente, die später die aromatischen Stoffe freisetzen. Nun folgt das Rollen der Blätter, wobei die Blätter zwischen zwei gegeneinander laufenden Metallscheiben hindurchgeführt werden. Dabei werden die Zellen der gewelkten, aber immer noch grünen Blätter aufgebrochen und der Zellsaft kommt mit dem Sauerstoff der Umgebungsluft in Berührung. Fermentation nennt der Fachmann den Prozess, der nun beginnt: Die im Teeblatt enthaltenen ätherischen Öle werden ebenso freigesetzt wie die Gerbsäure, das Tannin. Beim Rollen passiert aber auch noch etwas anderes, was den Geschmack des Tees entscheidend beeinflusst: Feine Blätter und abgebrochene Blattspitzen werden ausgesiebt und direkt der endgültigen Fermentation zugeführt.

Qualität

Je höher der Anteil dieser Aussiebung ist, umso besser ist die Qualität des fertigen Tees. Wenn etwa die Hälfte der Teeblätter bei diesem 1. Dhool genannten Verfahren ausgesiebt werden kann, wird daraus ein Spitzentee. Was übrig bleibt, wird noch einmal in der Rollmaschine bearbeitet und zerkleinert. Nun erst entfaltet sich der volle Fermentationsprozess, in dessen Verlauf das grüne Teeblatt seine typi-

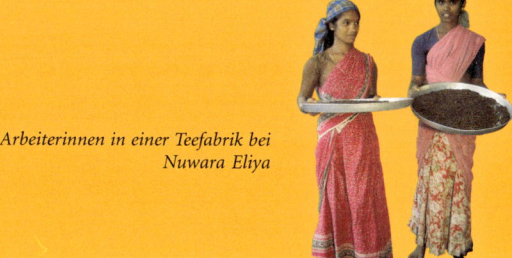

Arbeiterinnen in einer Teefabrik bei Nuwara Eliya

sche kupferrote Färbung annimmt. Etwa drei Stunden dauert dieser Schritt, bei dem die Temperatur bei exakt 40 °C gehalten werden muss. Dabei wird das Teein aktiviert, das im Tee besser an die Gerbstoffe gebunden ist als das Koffein und deshalb nicht die Herz und Kreislauf belastende Wirkung des Kaffees hat.

Zum Trocknen, der nächsten Phase, läuft der Tee unter gleichmäßiger Hitzezufuhr auf langen Laufbändern durch einen Röster. Gut zwanzig Minuten dauert diese Prozedur. Am Ende – wenn der Zellsaft genügend eingedickt ist – wird aus dem zu Anfang grünen Teeblatt nun das, was man aus dem Laden kennt: duftende Krümel, die man mit Wasser aufgießt, ziehen lässt und genussvoll trinkt.

Sorten

Broken Orange Pekoe, Orange Pekoe und Pekoe lauten die klangvollen Bezeichnungen für die verschiedenen Sorten Tee, die gut verpackt in Kisten die Reise in alle Welt antreten. Dabei sind mit den Bezeichnungen weniger die Qualitätsunterschiede gemeint, sie stehen vielmehr für den Geschmack des Tees: So ergibt z. B. Orange Pekoe einen hellen, aromatischen Tee, während Pekoe eine kräftigere Färbung aufweist. Und wer glaubt, dass für Teebeutel nur minderwertigere Sorten verwendet werden, ist ebenfalls auf der falschen Spur. Viele Teehersteller, die auf sich halten, füllen sogar nur beste Sorten in die Beutel, die die Zubereitung erleichtern sollen.

Teegeschichte

Der Überlieferung zufolge waren die Chinesen die ersten, die Teeblätter trockneten und mit heißem Wasser aufbrühten. Bis der Tee nach Europa kam, schrieb man das 17. Jh. – obwohl bereits Marco Polo drei Jahrhunderte zuvor von einem wohlschmeckenden Getränk zu berichten wusste, auf dessen Zubereitung sich die Chinesen verstünden.

Doch nicht etwa die Engländer, die heute gut ein Viertel der Welt-Teeproduktion verbrauchen, waren die ersten Europäer. Vielmehr waren es die Holländer, deren nationale Oostindien-Kompagnie die ersten Kisten Tee mit dem Schiff von China mitbrachte. Das war etwa um 1610 und Tee galt damals noch als Arzneimittel. Da war der russische Zarenhof schon weiter, denn dort galt die fernöstliche Spezialität schon seit Langem als Genussmittel. Tea Time nennen die Engländer die Stunde am Nachmittag, in der sie ihren Tee zu sich nehmen. Aus dieser um 1662 am englischen Hof begründeten Tradition ist heute ein allgemeines Kulturgut geworden; es heißt sogar, dass Kriege deswegen mal kurz unterbrochen wurden.

Unter den berauschenden Getränken nimmt der **Arrak** eine Spitzenposition ein. Er wird aus dem Blütensaft von Palmen gewonnen und anschließend zu Toddy, einer Art Palmwein, verarbeitet. In destillierter Form wird daraus der billige und überall erhältliche Arrak – nach übermäßigem Genuss findet man in den Apotheken die entsprechenden Gegenmittel.

Alkoholfreie Getränke

Die **Milch frischer Kokosnüsse** ist ausgesprochen lecker. Kenner löffeln außerdem das weiße Fruchtfleisch aus der Nuss. Ein weiteres beliebtes Getränk wird **Curd** genannt: Das ist eine Art Kefir aus Büffelmilch. Curd wird in einer kleinen, tönernen Schale angeboten: wenn man diese auf den Kopf stellt und die Milch nicht herausläuft, ist sie frisch.

Trinkwasser wird überall verkauft und aus Flaschen ist es bedenkenlos genießbar. **Softdrinks** wie Coca-Cola, Pepsi Cola, Sprite und Tonicwater werden eingeführt und sind überall erhältlich.

Feiertage · Feste · Events

Feste im Jahreslauf

Die Bevölkerung von Sri Lanka feiert oft und gerne – Anlässe dafür gibt es zuhauf. Auf der Insel, auf der der Buddhismus erstmals eine größere Verbreitung fand, stehen natürlich Ereignisse aus dem Leben Siddharta Gautamas im Mittelpunkt der Festlichkeiten. Der Vollmondtag (Poya Day) in jedem Monat ist grundsätzlich ein Feiertag, an dem das öffentliche Leben ruht und – je nach Anlass – Hunderte oder Tausende von Pilgern zu den historischen Stätten des Buddhismus reisen. Der Ausschank von alkoholischen Getränken ist an den Poya-Tagen verboten und in Hotels gibt es Alkohol im Allgemeinen nur über den Zimmerservice.

Einen **aktuellen Kalender** mit den jährlich wechselnden Terminen aller wichtigen Feste und Feiertage auf Sri Lanka erhält man beim Sri Lanka Tourist Board (▶Auskunft).

▶ FESTKALENDER

FEIERTAGE

1. Januar (Neujahr)
4. Februar (Unabhängigkeitstag zur Erinnerung an den
4. Februar 1948)
1. Mai (Tag der Arbeit)
22. Mai (Tag der Republik)
30. Juni (Bankers Holiday)
25. Dezember (Weihnachten)
31. Dezember (Silvester)

Sri Lanka ist ein Vielvölkerstaat, was sich auch in einer Vielzahl religiöser Feiertage ausdrückt.

JANUAR

▶ **Duruthu Full Moon Poya Day**
Rund um den buddhistischen Tempel Raja Maha Vihara in Kelaniya findet eine der

bedeutendsten Peraheras von Sri Lanka statt; sie erinnert an den ersten Besuch des Erleuchteten Buddha auf der Insel vor etwa 2500 Jahren.

▶ Thai Pongal (landesweit)

Hinduistisches Erntedankfest, das am ersten Tag des Monats »Thai« (14. Januar) zu Ehren des Sonnengotts Duriye gefeiert wird.

FEBRUAR

▶ Nevam Maha Perahera (Colombo)

Diese Prozession rund um den Beira-See zählt zu den farbenprächtigen und überschäumenden Festivitäten auf der Insel. Anlass ist das Gedenken an die Weihe der Mönche Mahagollana und Sariputta, zwei der bedeutendsten Schüler des Erleuchteten Buddha.

FEBRUAR/MÄRZ

▶ Mahashivarithri-Fest (landesweit)

Ursprünglich ein rein hinduistisches Fest, an dem sich heute aber auch Buddhisten beteiligen. Gefeiert wird nach einem strengen Fastentag die symbolische Vereinigung des Gottes Shiva mit seiner Gemahlin Parvati. Im Mittelpunkt steht der Lingam, ein phallusähnliches Symbol für den Gott, der blumengeschmückt ist.

▶ Miled-un-Nabi (landesweit)

Zum Gedenken an die Geburt des Propheten Mohammed versammeln sich Moslems zum gemeinsamen Gebet in den Moscheen, anschließend gibt es ein Festmahl. An diesem Tag erhalten auch die Armen Nahrungs- oder Kleiderspenden.

▶ Medin Poya (landesweit)

Am Vollmondtag des März wird an die Heimkehr des Erleuchteten Buddha erinnert, der seine Familie von seiner neuen Lehre überzeugen wollte.

APRIL

▶ Singhalesisches und tamilisches Neujahrsfest

Traditionell werden etwa Mitte April alle offenen Feuer gelöscht und die Häuser rituellen Reinigungszeremonien unterzogen. Kinder bitten ihre Eltern um Verzeihung für die kleinen und größeren Sünden, reiche Leute geben den Armen Nahrungs- und Kleiderspenden sowie Betelblätter, in die Geldscheine eingerollt sind.

▶ Bak Poya (landesweit)

Am Vollmondtag des April findet die Bak Poya statt, die an den zweiten Aufenthalt Buddhas auf Sri Lanka erinnert.

Geschmückte Elefanten sind an vielen Festen und Prozessionen beteiligt.

MAI

▶ **(Adi-)Wesak Poya (landesweit)**
Feier zum Gedenken an den Tag, an dem Buddha geboren, erleuchtet und gestorben sein soll. Grund genug für viele Menschen, sich auf die Pilgerfahrt zu den Heiligtümern der Insel zu machen.

JUNI

▶ **Poson Poya (Mihintale)**
Diese Poya findet zur Erinnerung an die Einführung des Buddhismus auf Sri Lanka statt und ist besonders lebendig in Mihintale, von wo das Fernsehen die religiösen Zeremonien live überträgt.

JULI/AUGUST

▶ **Hikkaduwa Beach Festival**
Seit 2008 findet das Hikkaduwa Beach Festival statt. Viele kulturelle Veranstaltungen wie ein Jazz-Festival, Strandmärkte, Kinonächte sowie ein Straßen- und Trommelfest bringen Einheimische und Besucher zum Feiern zusammen.

▶ **Esala Poya (Kandy)**
Das spektakulärste Fest auf Sri Lanka beginnt in der zweiten Julihälfte und dauert elf Tage. Unter der Teilnahme Hunderter von Tänzern, Gauklern, Akrobaten und Musikern beginnt es in Kandy rund um den Tempel des Heiligen Zahns, der zweite Teil findet ausschließlich zu Ehren der Reliquie statt. Daran nehmen viele farbenprächtig geschmückter Elefanten teil.

▶ **Perahera von Kataragama**
Neun Tage dauernde Perahera zu Ehren des Kriegsgotts Skanda. Alle Zeremonien beginnen mit einem Bad im Menik Ganga. Die eigent-

liche Prozession beginnt mit geschmückten Elefanten, von denen einer die Reliquien trägt. Am letzten Abend kasteien sich Gläubige, fallen in Trance oder laufen über glühende Kohlen.

AUGUST

▶ **Nikini Poya (landesweit)**
Der Vollmondtag des August wird eher bescheiden und still gefeiert. Für die Mönche, die in den Klöstern leben, stehen Andacht und Meditation im Mittelpunkt.

SEPTEMBER

▶ **Binara Poya (landesweit)**
Überall im Land gedenkt man an diesem Vollmondtag des Tags, an dem Buddha in den Götterhimmel aufstieg, um dort seine Lehren zu verbreiten.

OKTOBER

▶ **Wap Poya (landesweit)**
Im Mittelpunkt stehen zwei Ereignisse aus dem Leben des Erleuchteten: der Tag, an dem er sein Dasein als Laie aufgab, und der Tag, an dem er aus dem Götterhimmel zurückkehrte.

NOVEMBER

▶ **Dipavalee-Fest (landesweit)**
Im Mittelpunkt dieses Hindu-Feiertags stehen die Götter Vishnu und Krishna und der Sieg des Lichts über die Finsternis. Symbolisch werden an diesem Tag in den Tempeln Tausende kleiner Öllampen aufgestellt.

▶ **Il Poya (landesweit)**
Die Buddhisten gedenken an diesem Tag der Aussendung der ersten 60 Mönche, die die Lehren des erleuchteten Buddha verbreiten sollten.

NOVEMBER/DEZEMBER

► **Haji-Fest (landesweit)**
Die Moslems begehen dieses Fest in den Moscheen des Landes; manche brechen auch zu einer Pilgerfahrt nach Mekka auf.

DEZEMBER

► **Unduwap Poya (landesweit)**
Der heilige Bodhi-Baum in Anuradhapura steht im Mittelpunkt des Dezember-Vollmonds.

Rund um den Tempel, in dem der mehr als 2200 Jahre alte Baum – ein Ableger des Baums, unter dem Buddha seine Erleuchtung erfuhr – steht, finden große Feierlichkeiten statt.

Um die Mitte des Monats Dezember beginnt die Pilgersaison zum Adam's Peak, dem heiligen Berg von Sri Lanka; sie dauert bis Mitte Mai.

Geld

Die Landeswährung ist die Sri-Lanka-Rupie, abgekürzt Rs. Aus der englischen Kolonialzeit stammt noch die Bezeichnung Rupee. Beide Bezeichnungen stammen aus dem Sanskrit (Rupa = Silber). Eine Rupie besteht aus 100 Cent. Es gibt Banknoten zu 2, 5, 10, 20, 50, 100, 500 und 1000 Rupien, die auch anhand ihres Formats zu unterscheiden sind. Münzen gibt es zu 1, 2, 5, 10, 25 und 50 Cent. **Währung**

100 Rs. = ca. 0,85 Euro.
1 Euro = ca. 117 Rs.
100 Rs. = ca. 1,16 sFr.
1 sFr. = ca. 86 Rs. **Wechselkurse**

Bei der Einreise nach Sri Lanka dürfen pro Person maximal 1000 Rs. in Landeswährung eingeführt werden, dieselbe Summe gilt für die Ausreise. Die Einfuhr von Devisen – Ausnahme: indische und pakistanische Devisen – unterliegt keiner Beschränkung, höhere Beträge müssen jedoch bei der Einreise auf einem besonderen Formular deklariert werden. **Devisenbestimmungen**

Es ist auf jeden Fall günstiger, sri-lankische Rupien erst auf Sri Lanka einzutauschen. Der Wechselkurs ist erheblich besser. In der Ankunftshalle des Flughafens gibt es Wechselschalter. Sämtliche Banken wechseln Devisen in sri-lankische Rupien. Außerdem gibt es namentlich in Colombo oft private Geldwechsler (Money Changer), die allerdings nur Reiseschecks in US-Dollar akzeptieren. Vor dem Tausch, vor allem bei größeren Beträgen, sollte man sich bei mehreren Geldwechslern erkundigen und die Wechselraten vergleichen. Hotels wechseln generell zu einem ungünstigeren Kurs als Banken. **Banken und Geldwechsel**

Die Banken auf Sri Lanka sind montags von 9.00 bis 13.00 Uhr, dienstags bis freitags von 9.00 bis 19.00 Uhr und samstags von 9.00 bis 13.30 Uhr geöffnet.

Zahlungsmittel Die Verwendung von **Bank-Karten** mit dem Maestro-Symbol ist an vielen Geldautomaten (ATM) möglich. Folgende Kreditkarten werden akzeptiert: American Express, Visa und Mastercard/Eurocard; Diners Club wird nur sehr eingeschränkt angenommen. Bucht man eine Pauschalreise, sind in den Katalogen der Reiseveranstalter in aller Regel diejenigen Kreditkarten genannt, die vor Ort akzeptiert werden.

Es empfiehlt sich, die Rechnungsbeträge auf Original und Durchschlag auf Übereinstimmung prüfen. Aus Sicherheitsgründen ist es außerdem ratsam, das manchmal noch verwendete Kohlepapier zwischen beiden Belegen selbst zu vernichten. Auf Sri Lanka hat sich die Mitnahme von **Reiseschecks** – vorzugsweise in Euro-Währung – bewährt. Die damit verbundene Versicherung hilft schnell bei Verlust oder Diebstahl, allerdings nur bei umsichtiger Handhabung (v. a. getrennter Aufbewahrung von Schecks und Kaufbestätigung). Im Übrigen sind die Wechselkurse für Reiseschecks etwas günstiger als die für Bargeld.

𝑖 Karte verloren?

■ Seit einigen Jahren gibt es in Deutschland eine einheitliche Notrufnummer für die Sperrung von Bank- und Kreditkarten sowie Handys: Tel. 00 49 / 116 116. Man sollte sich aber vor der Abreise danach erkundigen, ob die eigene Bank an diesem System teilnimmt (z. B. unter www.sperr-notruf.de), und seine jeweiligen Kartennummern notieren.

Gesundheit

Vorbereitung Ein Urlaub in den Tropen erfordert einige Vorbereitungen und ein bestimmtes Verhalten vor Ort, damit die Reise zu einem schönen Erlebnis wird. Am besten konsultiert man rechtzeitig vor Reisebeginn den **Hausarzt**, um Risiken für die Gesundheit auszuschalten. Fragen, die den Impfschutz betreffen, beantworten die Tropeninstitute.

Gegen die innere Uhr »Jetlag« nennt man die körperliche Erschöpfung, die nach interkontinentalen Langstreckenflügen regelmäßig auftritt. Die Umstellung der sogenannten inneren Uhr, die auf den Zeitunterschied zurückzuführen ist, bedarf einer gewissen Zeit. Vielflieger verhalten sich in aller Regel so, dass sie ihrem Körper die benötigte **Ruhephase gönnen**. Außerdem sollte man während des Flugs leichte, bequeme Kleidung tragen und die Schuhe ausziehen. Dass man alkoholische Getränke nur in Maßen zu sich nimmt, ist sinnvoll, da Alkohol durch den höheren Druck in der Flugzeugkabine intensiver wirkt. Vor dem Flug empfiehlt sich eine leichte, kalorien- und fettarme Mahlzeit. Unmittelbar nach der Ankunft sollte man keine größeren Aktivitäten unternehmen, sondern zunächst eine mindestens eintägige Ruhephase einplanen.

Auch das tropische Klima verlangt eine gewisse Umstellung, zu der man dem Körper Zeit lassen sollte. So tut man gut daran, in den ersten Tagen körperliche Anstrengungen zu vermeiden und sich nicht zu lange der intensiven Sonnenstrahlung auszusetzen. Sonnenschutzmittel mit hohem Lichtschutzfaktor müssen ins Gepäck: Sri Lanka liegt nicht weit vom Äquator entfernt!

Tropisches Klima

Berüchtigt ist bei Asien-Reisenden eine fieberhafte Erkältung, die v. a. in den ersten Tagen eines Aufenthalts auftreten kann. Vielfach ist jedoch nicht ein Infekt dafür verantwortlich, sondern allein die Unachtsamkeit des Reisenden. Solche Erkältungen sind verbunden mit hohem Fieber (über 39 °C), während weitere Beschwerden normalerweise ausbleiben. Als hilfreich erweist sich ein fiebersenkendes Mittel sowie eine zweitägige Bettruhe. Klingt das Fieber nicht ab, konsultiert man einen Arzt.

Fiebrige Erkrankungen

Viel zu trinken ist in tropischen Ländern fast noch wichtiger als hierzulande.

Reiseapotheke Die Reiseapotheke spielt auf einer Asienreise eine weit größere Rolle als bei Reisen innerhalb Europas. Zum einen ist das Infektionsrisiko höher, zum anderen sind viele Medikamente im asiatischen Raum unter einem anderen Namen, manchmal auch überhaupt nicht erhältlich. Dass man Medikamente, auf die man ständig angewiesen ist, in ausreichender Menge von zu Hause mitnimmt, versteht sich von selbst. Ferner sollte die Reiseapotheke enthalten: Schere, Splitterpinzette, Watte, Mullbinden, Verbandstoff, Schnellverband, Wund- und Heftpflaster, Desinfektionsmittel, Medikamente gegen Fieber, Schmerzen, Durchfall und Verstopfung, Reisekrankheit, Kreislaufstörungen und Infektionen. Neben der Sonnenschutzcreme ist ein Insektenabwehrmittel, das auf die Haut aufgetragen wird, wichtig.

> **! Baedeker TIPP**
>
> **Kleidung**
>
> Das ganze Jahr über empfiehlt sich leichte, luftdurchlässige Kleidung aus Baumwolle (keine Synthetikfasern). Für die »kühleren« Monate und Ausflüge ins Bergland sollten Sie ein wärmendes Kleidungsstück (Pullover, Strickjacke o. Ä.) mitnehmen, die Abende können nämlich empfindlich kühl werden. Bei Bergtouren ist festes Schuhwerk erforderlich.

Schutzimpfungen Empfehlenswert ist neben Polio- und Tetanusimpfung eine Schutzimpfung gegen Hepatitis A, deren Erreger durch unhygienisch zubereitete Speisen und Getränken (insbesondere Eis) übertragen werden. Empfindliche Touristen sollten sich vor dem Reiseantritt mit Gammaglobulinen immunisieren.

Malaria In Asien gibt es seit Kurzem wieder vermehrt Malariaerkrankungen. Die Einnahme prophylaktisch wirkender Medikamente ist besonders bei Aufenthalten außerhalb der Touristenzentren empfehlenswert.

Aids Die Gefahr, sich mit Aids (HIV) zu infizieren, ist auch in Sri Lanka relativ groß. Gegen die Übertragung der tödlichen Immunschwäche können nur die bekannten Vorsichtsmaßnahmen helfen: Benutzung von Kondomen bei hetero- wie homosexuellem Geschlechtsverkehr, ausschließliche Verwendung von Einwegspritzen bei Injektionen. Vorsicht bei Bluttransfusionen, chirurgischen und zahnärztlichen Eingriffen.

Trinkwasser Die Versorgung mit in Flaschen abgefülltem Trinkwasser stellt auf Sri Lanka kein Problem dar. Es kommt aus den Bergen und ist sauber. Empfindliche Reisende sollten dieses Wasser auch zum Zähneputzen verwenden.

Sonnenschutz Besonders wichtig ist der Schutz vor der Sonne, die für üble Verbrennungen sorgen kann. Ein Hut oder eine Kappe sowie ein Sonnenschutzmittel mit hohem Lichtschutzfaktor (Sunblocker) gehören unbedingt ins Gepäck.

Mit Kindern unterwegs

Eine Reise nach Sri Lanka kann gerade für Kinder zu einem besonderen Erlebnis werden. Auch wenn sie meist kein ausgeprägtes Interesse an Ruinen und Tempeln haben, so entschädigt doch ein Ritt auf einem Elefanten oder der Besuch eines Nationalparks mit seiner eindrucksvollen Tierwelt für den langen Flug oder die eine oder andere Besichtigung einer kulturell bedeutenden Stätte. An den herrlichen Stränden kann man wunderbar baden, muss aber Warnhinweise unbedingt beachten. **Kinderfreundliches Land**

Gerade bei Reisen mit Kindern empfiehlt sich ein rechtzeitiger Besuch beim Hausarzt. Ausreichender **Impfschutz** ist auf jeden Fall erforderlich. Für Kinder gibt es z. T. besondere Präparate, beispielsweise für die Malariaprophylaxe.

Babynahrung sowie Windeln sind in den Supermärkten der großen Städte erhältlich. Trinkflaschen sind jedoch eher selten, sodass man sie besser mitnimmt.

Knigge

Bei aller Toleranz, die die Asiaten dem westlichen Besucher entgegenbringen, gibt es doch Verhaltensweisen, die selbst den sprichwörtlichen Gleichmut der Bewohner von Sri Lanka strapazieren. Auch wenn dies der Tourist nicht unbedingt wahrnimmt, hat er dann sein Gesicht verloren und gilt fortan als unbeachtenswert.

Eine besondere Eigenart haben die Sri-Lanker, wenn sie mit »Ja« oder »Nein« antworten sollen: Ihre Zustimmung äußert sich nämlich in

? WUSSTEN SIE SCHON …?

■ Wenn Sie in einem Bus oder Zug an einem Sitz die Aufschrift »Reserved for Clergy« sehen, sollten Sie den so markierten Platz freihalten und notfalls lieber stehen. Diese Sitze sind nämlich ausschließlich Mönchen vorbehalten.

einer Kopfbewegung, die eher dem europäischen Kopfschütteln ähnelt. Bei genauem Hinsehen merkt man jedoch, dass es eher um eine Art wiegender Kopfbewegung handelt, und die bedeutet so viel wie Zustimmung.

Wird man in ein sri-lankisches Haus eingeladen, ist es üblich, kleine Geschenke mitzubringen. Die Dame des Hauses freut sich über einen Blumenstrauß; sind Kinder da, sollte man an Süßigkeiten denken. Vor dem Betreten eines Wohnhauses zieht man die Schuhe aus. **Einladungen**

Bei Behördengängen ist es empfehlenswert, ein Hemd und ordentliches Schuhwerk zu tragen. Legere Kleidung ist verpönt! **Behördengänge**

Die linke Hand ist unrein

Die linke Hand gilt als unrein, da sich die Einheimischen auf den vielfach üblichen Toiletten nach französischer Bauart damit die Analregion reinigen. Deshalb reicht man nichts mit der Linken und nimmt auch nichts mit ihr entgegen!

Tabus

Natürlich gibt es auch Tabus, die man akzeptieren sollte, um die Gefühle der Bevölkerung zu respektieren. So sind Mönche manchmal fotoscheu. Dass man überhaupt Personen bei der Ausübung ihrer Religion fotografisch nicht zu nahetritt, sollte selbstverständlich sein. Absolut keinen Spaß verstehen die Sri-Lanker, wenn es um die Benutzung religiöser Gegenstände als Staffage für Urlaubsfotos geht: Das Besteigen von Buddha-Statuen oder überhaupt von Tempelfiguren, gleich welcher Art, ist strengstens verboten und wird mit erheblichen Geldbußen geahndet. Fotografierverbote sollte man generell respektieren.

Der Austausch von Zärtlichkeiten in der Öffentlichkeit ist ungehörig, Nacktbaden untersagt.

Konversation

Während einer Konversation befleißigt man sich besser vornehmer Zurückhaltung. Wildes Gestikulieren oder auch das Zeigen mit dem Finger auf andere Leute gilt als unschicklich. Im Gespräch sind auch unter Freunden intime Themen unüblich; auf Fragen wie z. B. nach dem Einkommen oder der persönlichen Situation antworten Sie am besten ausweichend. Allerdings sollte man nie das zum Gespräch gehörende Lächeln vergessen – je unverbindlicher die Antwort, desto freundlicher das Lächeln.

Besuch religiöser Stätten

Respekt vor der Religion der Buddhisten bzw. Hinduisten verbietet es, eine sakrale Stätte etwa in Shorts und T-Shirt zu betreten. Frauen sollten in jedem Falle die Schultern bedecken, Männer sollten vor dem Betreten eines Tempelbezirks einen Sarong um die Hüften legen – manchmal ist das sogar Pflicht. Einen Sarong erhält man in jedem Stoff- oder Schneidergeschäft, manchmal auch leihweise gegen ein geringes Entgelt vor den Eingängen zu Tempelbezirken.

Trinkgeld

Zwar enthält die Rechnung in den meisten Restaurants bereits einen Bedienungszuschlag in Höhe von etwa 10 Prozent. Es ist jedoch üblich, bei Zufriedenheit mit dem Service ein zusätzliches Trinkgeld zu geben bzw. den Rechnungsbetrag aufzurunden. Für Zimmermädchen empfiehlt sich eine kleine finanzielle Zuwendung zu Beginn des Aufenthalts; ist man am Ende damit zufrieden, gibt man ein weiteres Trinkgeld. Als Richtlinie können etwa 200 Rupien pro Woche Aufenthalt gelten. Auch Taxifahrer freuen sich selbstverständlich, wenn man den Betrag aufrundet. Aber Vorsicht: Weniger als 5 Rupien zu geben könnte als Beleidigung aufgefasst werden.

Fotografieren

Die Bewohner von Sri Lanka – gleichgültig, ob Singhalesen oder Tamilen – lassen sich im Allgemeinen gern fotografieren. Doch sollte man sich anstandshalber vor dem Abdrücken vergewissern, dass die betreffende Person auch einverstanden ist. Dass man bei religiösen Veranstaltungen eher zurückhaltend agiert, sollte eigentlich selbstverständlich sein. Grundsätzlich verboten ist das Fotografieren von militärischen Anlagen, Häfen und Bahnhöfen. Auch bei einer Verkehrskontrolle sollten Sie das Fotografieren besser unterlassen. Übrigens: Wenn Sie versprechen, Abzüge von den gemachten Fotos zu schicken, sollten Sie das auch tun. Sonst verlieren Sie nämlich ihr Gesicht, so ziemlich das Schlimmste, was in Asien passieren kann.

Literatur

Martin Stürzinger: Sri Lanka. Tee – Tempel – Turmaline. Land der lauten und leisen Töne. G. Braun Buchverlag (1995)
Die Autoren, echte Kenner von Sri Lanka, erzählen mit schönen Bildern auf einfühlsame Weise Geschichten von einem Land, das man mit offenen Augen bereisen sollte.

Bildbände

Ralf Falbe: Sri Lanka – Der Strandführer. cybertours-x verlag (2004)
Schlicht aufgemacht, aber mit vielen Tipps für günstiges Reisen.

Reise und Natur

Gehan De Silva Wijeyeratne: A Photographic Guide to Birds of Sri Lanka. New Holland Publisher (2000)
Vogelkunde der Insel.

Wolfgang Albin Uhl: Wedda – die Ureinwohner Sri Lankas. Eine Reise in die Steinzeit. Verlagshaus Reutlingen, Oertel + Spörer (1994)
Waren etwa die Wedda die ersten Bewohner der Insel Sri Lanka? Der Autor geht dieser Frage nach und beschreibt Lebensweise, Sitten und Gebräuche des Steinzeitvolks, das heute noch auf Sri Lanka lebt.

Geschichte/ Politik

Robert Knox: An Historical Relation of the Island Ceylon (Vol. 1 & 2). Tisara Prakasakayo Ltd.
Historisches englisches Standardwerk über Sri Lanka von 1681. Knox war nach seinem Schiffbruch 19 Jahre in Gefangenschaft des Königs von Kandy und zeichnete zu dieser Zeit Sitten, Gebräuche und politische Ereignisse aus seiner Sicht auf.

Minouche Moser: In einem leuchtend schönen Land. Abenteuer Alltag in Sri Lanka. Dryas Verlag (2008)
Die Autorin lebt bereits seit 2004 auf Sri Lanka und schildert mit viel Humor das tägliche Leben.

? WUSSTEN SIE SCHON …?

■ … dass der Sciene-Fiction-Autor Arthur C. Clarke seit 1956 auf Sri Lanka lebte? Sein wohl berühmtestes Buch, »2001 – A Space Odyssey«, wurde 1968 von Kubrick verfilmt. Clarke starb am 19. März 2008 in Colombo.

Religion   **Hans Wolfgang Schumann:** Die großen Götter Indiens, Diederichs Gelbe Reihe, Band 129 (2004)
Der Autor erläutert die Grundlehren der beiden Religionen, Gemeinsamkeiten und Unterschiede: die verschiedenen Auffassungen von der Seele, die scheinbar unüberschaubare Götterwelt der Hindus, die Ikonografie des Buddha-Bilds und die Wege, auf denen Hindus und Buddhisten die Erlösung von der Wiedergeburt anstreben.

Kochbücher   **H. Zeitun, M. N. Asfahani:** Sri Lanka Küche. Asfahani Verlag (2005)
Singhalesische und tamilische Kochrezepte inklusive Gewürz- und Zutatenkunde.

Nicky S. Sabnis: Das große Ayurveda-Kochbuch. At-Verlag (2004)
150 einfache, indisch inspirierte Rezepte.

Ayurveda   **Mahatma Gandhi:** Wegweiser zur Gesundheit. Die Kraft des Ayurveda. Diederichs Gelbe Reihe (1992)
Der große indische Staatsmann berichtet von seinen Erfahrungen mit Ayurveda und den Auswirkungen auf sein Leben.

Kerstin D. Rosenberg: Das große Ayurveda-Buch. Gräfe & Unzer (2004)
Schön gestaltet und üppig bebildert. Einfache Wege, Ayurveda im modernen Alltag anzuwenden.

Vasant Lad: Das große Ayurveda-Heilbuch, Windpferd-Verlag (2003)
Eine Ayurveda-Kur auf Sri Lanka kann auch dieses Buch nicht ersetzen, doch gibt es viele Ratschläge für ein gesünderes Leben nach den Regeln der altindischen Heilkunst.

Belletristik   **Michael Ondaatje:** Es liegt in der Familie. dtv (1998)
Bekannt geworden ist Ondaatje mit seinem Bestseller »Der englische Patient«. In diesem Buch erzählt er von seiner Familie und ihrem Leben auf Sri Lanka zur Kolonialzeit. Charmant und unterhaltsam. Unbedingt lesenswert!

Shyan Selvadurai: Die Zimtgärten. Goldmann (2002)
Ereignisse aus dem Leben dreier Generationen, beginnend mit der britischen Kolonialzeit auf Sri Lanka. Spannend zu lesen!

Nicolas Bouvier: Der Skorpionsfisch. Ammann (2002)
Nicolas Bouvier lässt sich im März 1955 vorübergehend auf Ceylon nieder. Einsam, geschwächt und träge vom feuchtheißen Klima, sind seine Sinne für die Wahrnehmung der kleinen Dinge geschärft. Die Reise gerät zur geistigen Gratwanderung eines Mannes, der mit westlichem Blick – hin- und hergeworfen zwischen Faszination und Schrecken – die magischen Phänomene der Schatten- und Insektenwelt Ceylons zu erfassen sucht.

Maße und Gewichte

Auch nach der Entlassung in die Unabhängigkeit wurde auf Sri Lanka das englische System für Maß- und Gewichtseinheiten beibehalten. Es wird aber auch mit dem metrischen System gerechnet.

Englisches System

 ## BRITISCHE MASSE

LÄNGEN-, FLÄCHEN- UND RAUMMASSE

1 inch = 2,45cm
1 foot = 0,305 m
1 acre = 0,405 ha
1 pound = 453 g
1 mile = 1,609 km
1 square mile = 2,59 km²

1 cubic foot = 0,028 m3
1 pound – l6 ounces

HOHLMASSE

1 gallon = 4,54 l
1 quart = 1,135 l
1 gallon = 4 quarts
1 quart = 2 pints

Medien

Aktuelle deutschsprachige Zeitungen und Zeitschriften gibt es auf Sri Lanka nicht zu kaufen. Unter den singhalesischen Tageszeitungen in englischer Sprache sind »The Island« und »The Times« empfehlenswert, sonntags erscheinen umfangreiche Ausgaben (z. B. »Sunday Times«, »Sunday Observer« oder »Sunday Leader«). Zeitungen, die auf Sri Lanka erscheinen, unterliegen allesamt der Zensur.

Zeitungen und Zeitschriften

Die staatseigene Sri Lanka Broadcasting Corporation fungiert als Dachorganisation für alle Rundfunksender auf Sri Lanka. Ausgestrahlt wird auf UKW ein mehrsprachiges Programm, darunter auch Englisch.
Gut zu empfangen sind auf Sri Lanka die Auslandsprogramme der **Deutschen Welle**, allerdings nur mit einem geeigneten Kurzwellenempfangsgerät. Da die Frequenzen wechseln, empfiehlt es sich, bei entsprechendem Interesse vor der Abreise einen aktuellen Sendeplan anzufordern. Er ist kostenlos und enthält das Programm mit Sendezeiten und Frequenzangaben (Tel. 02 28 / 429-0, www.dw-world.de).

Rundfunk

Ebenfalls unter staatlicher Kontrolle stehen die Fernsehsender ITN, Rupavahini und MTV. Das Programm besteht aus Nachrichten, der Berichterstattung über lokale Ereignisse sowie der Ausstrahlung vorzugsweise indischer Spielfilmdramen.

Fernsehen

Einige Hotels, namentlich diejenigen, die sich auf deutsche Besucher eingerichtet haben, bieten ihren Gästen das weltweit empfangbare Fernsehprogramm **Deutsche Welle TV.** Es enthält tagesaktuelle Nachrichten ebenso wie interessante Magazine.

Nationalparks

Kategorien Auf Sri Lanka gibt es derzeit 12 Nationalparks, dazu 70 Naturschutzgebiete, in drei Kategorien: **Sanctuaries** sind Schutzgebiete, in denen nicht gejagt werden darf. **Nature Reserves** entsprechen einem Naturschutzgebiet, das ohne Genehmigung besucht werden darf; die Hand des Menschen greift hier nur ordnend ein. **Strictly Nature Reserves** sind Gebiete, in denen Flora und Fauna völlig sich selbst überlassen bleiben sollen; sie dürfen deshalb nur mit einer Ausnahmegenehmigung betreten werden. Diese erhalten im Regelfall nur wissenschaftlich tätige Personen von der Wild Life and Nature Protection Society.

Zugänglichkeit Von dem Bürgerkrieg zwischen Singhalesen und Tamilen waren auch einige Nationalparks im Norden und Osten betroffen. Ob dem Ende des Kriegs sichere Touren in diese Parks möglich sind, erfährt man beim Sri Lanka Tourist Board in Colombo (▶ Auskunft).

Verhaltensregeln Nationalparks dürfen **nur in Begleitung eines Rangers** und mit einem geländegängigen Fahrzeug befahren werden. Ranger warten an den Haupteingängen zu den Nationalparks. Ihr Honorar ist in der Ein-

Auf den Fahrten in die Schutzgebiete wird man von einem Wildhüter begleitet.

trittsgebühr bereits enthalten. Es ist verboten, während der Fahrt ohne ausdrückliche Genehmigung des Rangers auszusteigen.

Die Wild Life and Nature Protection Society unterhält in einigen Nationalparks bzw. an ihren Rändern Bungalows für Besucher. Campen ist in keinem Nationalpark gestattet. Das Eco Team in Colombo veranstaltet Touren in einige Nationalparks, besonders in den Yala National Park (Tel. 11 / 583 08 33, www.srilankaecotourism.com). Angebote gibt es auch in einigen Hotels und Gästehäusern nahe den Nationalparks.

Nationalpark-touren

 # NATIONALPARKS

AUSKUNFT

▶ Wild Life and Nature Protection Society
No. 86, Rajamalwatte Road
Battaramulla
Tel. 11 / 288 73 90
Fax 288 76 64

Informationen über die Nationalparks auf Sri Lanka gibt es auch im Internet: www.wnpssl.org (englisch).

▶ Bundula Bird Sanctuary
Lage: zwischen Hambantota und Kataragama (Südosten)
Besonderheiten: relativ kleines Schutzgebiet (ca. 62 km²) mit vielen Vogelarten
Besuchsmöglichkeit: uneingeschränkt

▶ Chundilaka und Kokkilai Lagune Bird Sanctuary
Lage: an der nordöstlichen Küste
Besonderheiten: Das Gebiet liegt an einer der Hauptdurchzugsstraßen großer Schwärme von Zugvögeln und ist daher Vogelschutzgebiet
Besuchsmöglichkeit: vorher in Colombo erkundigen, Siedlungsgebiet der Tamilen

▶ Gal Oya National Park
Lage: nördlich von Yale und südwestlich von Ampara
Besonderheiten: Der innerhalb des 62 936 ha großen Parks gelegene Senanayake-Stausee ist ein Refugium für zahlreiche Vogelarten; außerdem gibt es wild lebende Elefanten und Damwild.
Besuchsmöglichkeit: uneingeschränkt

▶ Horton Plains Nature Reserve
Lage: südlich von Nuwara Eliya (Zentrales Hochland)
Besonderheiten: Hochebene auf ca. 2000 m Höhe mit interessanter Vegetation; ausgezeichnet für Wanderungen bzw. Autofahrten zum World's End genannten Felsabhang
Besuchsmöglichkeit: uneingeschränkt

▶ Kumana Bird Sanctuary
Lage: am südlichen Rand des Yala East Nationalpark
Besonderheiten: großes Vogelschutzgebiet mit bemerkenswert vielen Wasservögeln
Besuchsmöglichkeit: uneingeschränkt

► Lahugala Nationalpark

Lage: westlich von Pottuvil
Besonderheiten: Viele wilde
Elefanten, viele Vogelarten
Besuchsmöglichkeit:
uneingeschränkt; mit dem eigenen
PKW befahrbar

► Maduru Oya Nationalpark

Lage: östlich von Mahiyangana
Besonderheiten: viele Vogelarten
sowie wilde Elefanten
Besuchsmöglichkeit: vorher in
Colombo erkundigen

! *Baedeker* TIPP

Buchtipp

Der Oriental Bird Club, eine Interessenver-
einigung von Ornithologen, ist Herausgeber
einer umfangreichen Broschüre mit einer
detaillierten Beschreibung der wichtigsten
Nationalparks auf Sri Lanka (erhältlich in der
Buchhandlung im Lake House in Colombo).

► Minneriya Giritale Sanctuary

Lage: westlich von Polonnaruwa
Besonderheiten: kleines Vogelschutzgebiet, Elefanten und Bären
Besuchsmöglichkeit:
uneingeschränkt

► Ritigala Strictly Nature Reserve

Lage: südöstlich von Mihintale
Besonderheiten: Rückzugsgebiet
vieler Säugetiere und Vögel
Besuchsmöglichkeit: nein!

► Singharaja Rain Forest Reserve

Lage: nahe Ratnapura
Besonderheiten: Restbestände von
tropischen Regenwäldern, seit
1988 Weltnaturerbe der UNESCO;
vielfältige Flora, zahlreiche Tiere
Besuchsmöglichkeit: eingeschränkt

► Uda Walawe Nationalpark

Lage: ca. 200 km südöstlich von
Colombo, nahe Ratnapura
Besonderheiten: Der See im Park
ist bevorzugter Rastplatz zahlreicher Vogelarten; Damwild
Besuchsmöglichkeit:
uneingeschränkt

► Udawattekelle Nationalpark

Lage: inmitten der Stadt Kandy
Besonderheiten: viele Vogelarten
und Affen
Besuchsmöglichkeit:
uneingeschränkt

► Wasgomuwa Strictly Nature Reserve

Lage: südlich von Polonnaruwa
Besonderheiten: durch den Park
führt eine der Hauptwanderrouten
wilder Elefanten
Besuchsmöglichkeit: nein!

► Wilpattu National Park

Lage: an der Westküste
Besonderheiten: einer der größten
Nationalparks der Insel; Vögel,
Reptilien, Elefanten, Damwild
Besuchsmöglichkeit: vorher in
Colombo erkundigen

► Wirawila Tissa Bird Sanctuary

Lage: westlich von Tissamaharama
Besonderheiten: sehr artenreiche
Vogelwelt
Besuchsmöglichkeit:
uneingeschränkt

► Yala (Ruhunu-)Nationalpark

Lage: an der Südostküste
Besonderheiten: Yala East ist
Strictly Nature Reserve. In Yala
West gibt es wilde Elefanten,
Leoparden, Bären, Reptilien,
Damwild sowie zahllose Vögel.
Besuchsmöglichkeit: unein-
geschränkt (westlicher Teil)

Notrufe

❯ WICHTIGE RUFNUMMERN

▶ **Touristenpolizei**
Fort, Colombo 1
Tel. 011 / 22 69 41 oder 242 11 11

▶ **Polizei in Colombo**
Tel. 011 / 43 33 33
Außerhalb der Hauptstadt gibt es
keine zentrale Notrufnummer.

▶ **Feuerwehr**
Tel. 011 / 42 22 22
Außerhalb von Colombo gibt es

keine zentrale Notrufnummer.

▶ **Unfallrettung**
Tel. 011 / 222 22
Außerhalb von Colombo wenden
Sie sich an die nächstgelegene
Polizeidienststelle oder an
Einheimische.

▶ **Verkehrsunfall-Service**
Ward Place, Colombo 7
Tel. 011 / 69 31 84 und 69 31 85

Post und Telekommunikation

Postämter gibt es auf Sri Lanka in fast jedem Ort. Sie sind montags **Postämter**
bis freitags von 8.30 bis 16.30 Uhr sowie samstags von 8.30 bis 13.00
Uhr geöffnet. Das General Post Office in Colombo gegenüber dem
Präsidentenpalast hat rund um die Uhr geöffnet, Telefongespräche
nach Übersee werden nur von 7.00 bis 21.00 Uhr vermittelt.
Postkästen gibt es ebenfalls überall, allerdings sollte man sich nicht
auf die darauf angegebenen Leerungszeiten verlassen. Besser ist es,
die Post direkt im Postamt oder an der Hotelrezeption abzugeben.

Briefe und Postkarten sind von Sri Lanka nach Europa ca. acht bis **Postlaufzeiten**
zehn Tage unterwegs. Sicherheitshalber sollte man den Vermerk »By
air mail« (per Luftpost) nicht vergessen.

Briefmarken sind bei den Postämtern oder an der Hotelrezeption er- **Briefmarken**
hältlich. Wo Ansichtskarten verkauft werden, bekommt man meist
auch Briefmarken.

Das Telefonnetz auf Sri Lanka ist auch nach europäischen Maßstäben **Telefon**
gut ausgebaut. Allerdings ist es noch nicht von jedem Hotel aus
möglich, direkt ins Ausland zu telefonieren. In diesen Fällen vermittelt ein Operator das Gespräch und mit Wartezeiten ist zu rechnen.

▶ TELEFONIEREN

AUSKUNFT

Inlandsauskunft: 161
Auslandsauskunft: 141

EINIGE INLANDSVORWAHLEN

Anuradhapura: 025
Bandarawela: 057
Colombo: 011, Galle: 091
Gampaha: 033, Kandy: 081
Negombo: 031

Bei Telefonaten aus dem Ausland nach Sri Lanka entfällt bei den Ortsvorwahlen die voranstehende Null.

VORWAHLEN VON UND NACH SRI LANKA

Sri Lanka: 00 94
Deutschland: 00 49
Schweiz: 00 41
Österreich: 00 43

Ortsgespräche innerhalb von Colombo kosten eine Rupie, in den meisten Hotels werden sie allerdings teurer berechnet. Gespräche innerhalb der Insel kosten eine Mindestgebühr von acht Rupien für die ersten beiden Minuten, für jede weitere Minute sind zwei Rupien fällig. Da IDD-Gespräche nicht gerade billig sind, empfiehlt es sich, Telefongespräche nach Europa von den Ämtern der singhalesischen Telefongesellschaft aus zu führen. Das Postamt in Colombo (Duke Street beim Colombo Fort) ist täglich rund um die Uhr geöffnet. **Kartentelefone sind weit verbreitet**. Man findet sie in allen größeren Städten und Ortschaften. Telefonkarten im Wert von 50, 100, 200 und 500 Rupien erhält man u. a. im Hauptpostamt.

Mobilfunk Das Mobilfunknetz auf Sri Lanka wurde in den vergangenen Jahren stark ausgebaut. Mittlerweile sind sogar die meisten Gebiete außerhalb der Großstädte versorgt. Geblieben sind jedoch die erheblichen Kosten, die man umgehen kann, wenn man sich nach der Ankunft eine Prepaid-Telefonkarte mit einem festen Guthaben besorgt. Diese Karten erhält man z. B. in Colombo im Hauptpostamt, aber auch in etlichen Geschäften. Um teure Überraschungen nach der Rückkehr zu vermeiden, sollte man vor der Abreise seinen jeweiligen Mobilfunkanbieter nach den Kosten eines Roaming-Gesprächs fragen.

Preise · Vergünstigungen

Sri Lanka zählt zu den preiswerten Urlaubszielen, was nicht zuletzt auf das geringe Pro-Kopf-Einkommen seiner Bevölkerung zurückzuführen ist. Essen ist günstig, nur alkoholische Getränke sind – abgesehen vom auf Sri Lanka erzeugten Arrak – relativ teuer, da sie bzw. die Zutaten dafür importiert werden müssen.

**3-Gang-
Menü
ab 6 €**

**Einfache
Mahlzeit
ab 2 €**

**Ein Bier
2 €**

**Doppel-
zimmer
ab 30 €**

**Fahrer
ab 30 €
pro Tag**

*Ein Curry kommt selten allein – es gibt sie mit Fisch,
Fleisch, Geflügel oder vegetarisch.*

Empfehlenswert ist das Sammelticket für das »Kulturelle Dreieck«
zum Preis von 30 US-Dollar. Man erhält es beim Central Cultural
Fund (212/1 Bauddhaloka Mawatha, Colombo 7, Tel. 258 79 12) oder
zwischen 8.30 und 16.15 Uhr bei allen kulturellen Stätten.

Sammelticket

Touristen, die in antiken Ruinenstätten fotografieren möchten, benötigen eine Erlaubnis des Department of Archaeology in Colombo.
Die Eintrittskarte kostet 30 US-Dollar und berechtigt zum Besuch
sowie zum Fotografieren aller historischen Stätten des Landes während eines Monats. Man erhält dieses Ticket ebenfalls im Büro des
Central Cultural Fund in Colombo.

**Fotografier-
erlaubnis**

Prostitution

Sri Lanka ist seit vielen Jahren eines der bevorzugten Ziele des internationalen Sextourismus. Nach Thailand und den Philippinen
nimmt Sri Lanka inzwischen den dritten Platz ein. Unter den Sex-
touristen aus aller Welt findet man besonders viele Europäer.
Sextourismus nutzt die wirtschaftliche Armut vieler junger Inselbewohner aus und nimmt dabei keine Rücksicht auf deren physische
und psychische Entwicklung. Viele Opfer stammen aus ländlichen
Gebieten und dort aus den sozial unterentwickelten Schichten. Für
sie ist der »Verkauf« ihrer Körper nicht selten die letzte Möglichkeit
zu überleben. Völlig falsch ist im Übrigen die häufig vertretene Meinung, dass Prostitution in Asien in der Tradition begründet sei.

**Sextourismus
nimmt zu**

In erschreckender Weise ist die Kinder- und Jugendprostitution auf
Sri Lanka angewachsen. Die Regierung Sri Lankas, die diesem Phänomen lange Zeit nur äußerst zögerlich begegnete, hat – nicht zuletzt

**Kinder- und
Jugend-
prostitution**

aufgrund vehement vorgetragener Forderungen europäischer Länder – ein Abkommen der Mitgliedsstaaten der Vereinten Nationen mit unterzeichnet, das jedem Kind und Jugendlichen unter dem 18. Lebensjahr den Schutz vor sexueller Ausbeutung garantiert. Auch wurden die Strafen für den Missbrauch von Kindern um ein Vielfaches verschärft. Bürger der Bundesrepublik Deutschland, die der Kinderprostitution nachgehen, werden hier auch dann verfolgt, wenn sie das Verbrechen auf Sri Lanka oder anderswo begangen haben. Namhafte europäische Reiseveranstalter haben sich überdies bereit erklärt, dem Sextourismus und insbesondere der Kinder- und Jugendprostitution offensiv zu begegnen. Die Strafverfolgungsbehörden des Inselstaats haben in jüngster Zeit die Personalien von Straftätern an die deutsche Polizei weitergegeben – und die betreffenden Personen umgehend und auf Lebenszeit der Insel verwiesen.

Reisezeit

Monsunzeiten Sri Lanka hat ein tropisches Sommerregenklima mit nahezu gleichbleibend hohen Temperaturen. Deutlich ist der jahreszeitliche Wechsel der Niederschläge, der an die indische Monsunzirkulation gebunden ist. Vier Niederschlagsjahreszeiten lassen sich unterscheiden: die Vormonsunzeit (März bis Mitte Mai), die Sommermonsunzeit (Mitte Mai bis September), die Nachmonsunzeit (Oktober und November) und die Wintermonsunzeit (Dezember bis Februar).

Eine kleine Abkühlung können selbst Einheimische auf Sri Lanka gebrauchen.

Das zentrale Bergland von Sri Lanka ist eine **wirksame Klimascheide**. Es teilt durch seine Luv-/Leeeffekte die Insel in eine südwestliche »wet zone«, die knapp ein Drittel der Fläche umfasst, und eine relativ trockene »dry zone«.

Mit rund 1500 Liter pro Jahr sind die Jaffna-Halbinsel und Teile der Nordwestküste die niederschlagsärmsten Gebiete Sri Lankas, dicht gefolgt von der Nordostküste im Regenschatten des Berglands. Relativ wenig Regen fällt auch im Bereich des Yala National Park. Im feuchten Südwesten reichen die Jahresmengen von durchschnittlich 2400 Liter im Flachland bis maximal 5000 Liter an den Westhängen der Berge. Hier sorgt der Sommermonsun, der mit Gewittern und heftigen Schauern die Insel durchschnittlich um den 24. Mai herum erreicht, für die meisten Niederschläge. Im Lee des Hochlands weht dann oft der föhnartige Fallwind »Kachan«, der die Trockenheit und Sommerhitze im Nordosten der Insel noch steigert. Im Norden und Osten dauert die Regenzeit durch den Wintermonsun von Ende November bis Januar. Föhn sorgt dann an der Südwestküste für schönstes Wetter. In der Vor- und Nachmonsunzeit (März bis Mai bzw. Oktober und November) entladen sich über der Insel schwere Gewitter mit geradezu sintflutartigen Regengüssen. Sie bringen der Südwestküste mehr Niederschlag als der eigentliche Sommermonsun. Die feuchtesten Monate auf der ganzen Insel mit bis zu 20 Niederschlagstagen sind gewöhnlich Oktober und November, im Südwesten zusätzlich Mai und Juni, an der Nordostküste auch der Dezember. **Dauerniederschläge sind selbst in der Regenzeit die Ausnahme,** sodass die Sonne auch dann kaum weniger als sechs Stunden pro Tag scheint. Tropische Wirbelstürme (Bengalenzyklone) können Sri Lanka – wenn überhaupt – nur im Nordosten streifen.

Niederschläge, Unwetter

Baedeker TIPP

Gewusst wann

In der Monsun- und Zwischenmonsunzeit Ausflüge möglichst früh beginnen. Beste Bedingungen sind zwischen 10.00 und 12.00 Uhr – vor den neuen Schauern.

Das feuchtschwüle Klima, das nur durch zeitweiligen Wind an der Küste etwas erträglicher ist, stellt höchste Anforderungen an den Organismus. Tagestemperaturen von durchweg 29 bis 33 °C und Nachtwerte kaum unter 25 °C bei einer anhaltend hohen Luftfeuchtigkeit von 70 bis 90 Prozent sind **nur für gesunde Menschen längere Zeit erträglich.** Ganzjährig angenehm ist das Bergland oberhalb von 1000 Metern mit 5 bis 8 °C niedrigeren Temperaturen. Etwas weniger schwül und geringfügig kühler sind nur die Wintermonate, schweißtreibend dagegen März und April vor dem Ausbruch des Sommermonsuns (»the burst of the monsoon«) mit Maxima nahe 35 °C, an der Nordostküste bis 37 °C. Der Indische Ozean ist mit 27 bis nahe 30 °C das ganze Jahr über sehr warm.

Temperaturen, Wärmebelastung

Sri Lanka Drei Regionaltypische Klimastationen

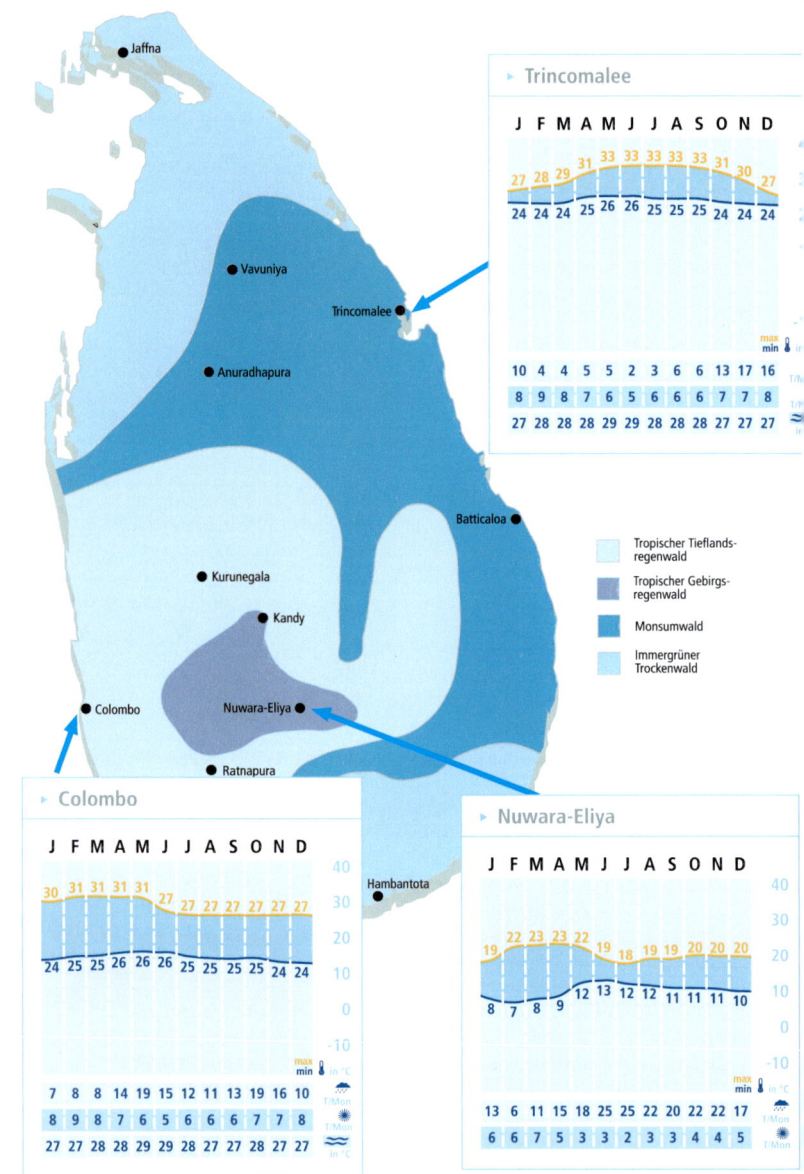

Trincomalee

	J	F	M	A	M	J	J	A	S	O	N	D
max	27	28	29	31	33	33	33	33	33	31	30	27
min	24	24	24	25	26	26	25	25	25	24	24	24
T/Monat	10	4	4	5	5	2	3	6	6	13	17	16
☀	8	9	8	7	6	5	6	6	7	7	8	
≈	27	28	28	28	29	29	28	28	28	27	27	27

Colombo

	J	F	M	A	M	J	J	A	S	O	N	D
max	30	31	31	31	31	27	27	27	27	27	27	27
min	24	25	25	26	26	26	25	25	25	24	24	
T/Monat	7	8	8	14	19	15	12	11	13	19	16	10
☀	8	9	8	7	6	5	6	6	7	7	8	
≈	27	27	28	28	29	29	28	27	27	28	27	27

Nuwara-Eliya

	J	F	M	A	M	J	J	A	S	O	N	D
max	19	22	23	23	22	19	18	19	19	20	20	20
min	8	7	8	9	12	13	12	12	11	11	11	10
T/Monat	13	6	11	15	18	25	25	22	20	22	22	17
☀	6	6	7	5	3	3	2	3	3	4	4	5

Jaffna
Vavuniya
Trincomalee
Anuradhapura
Batticaloa
Kurunegala
Kandy
Colombo
Nuwara-Eliya
Ratnapura
Hambantota

Tropischer Tieflands-
regenwald

Tropischer Gebirgs-
regenwald

Monsumwald

Immergrüner
Trockenwald

Für einen Badeurlaub an der Südwestküste mit Fahrten ins Bergland Reisen mit dem Wetter sind Januar bis März die klimatisch günstigsten Monate, für die Insel insgesamt Februar und März (geringstes Regenrisiko und niedrigste Temperaturen). Bestes Wetter an der Nordostküste (trocken, aber sehr heiß) herrscht von Februar bis September. **Unbedingt meiden: die Regenmonate Oktober und November**. Generell gilt: je höher desto feuchter, je weiter nach Norden und Osten, desto trockener. Achtung: Vor der intensiven Tropensonne schützt – neben einem breitkrempigen Hut – sehr gut leichte Baumwollkleidung.

Der Monsun (Urspr. vom arab. mausim = für die Seefahrt geeignet) Monsun ist ein jahreszeitlich wechselnder Wind, der als Südwest- (Sommer) bzw. Nordostmonsun (Winter) besonders im Indischen Ozean vorkommt. Ursache der großräumigen Luftströmung ist die Erwärmung bzw. Abkühlung der asiatischen Landmasse. Im Sommer entsteht durch die starke Sonneneinstrahlung über dem Hochland von Tibet ein Hitzetief, das im Winter durch die hohe Ausstrahlung vom asiatischen Kältehoch abgelöst wird. Dieser Luftdruckwechsel, der äquatorübergreifend große Gebiete des Indischen Ozeans erfasst, führt saisonal zum Richtungswechsel der monsunalen Ausgleichsströmung. Durch die Coriolis-Kraft abgelenkt, weht der maritim-feuchte Sommermonsun über Indien und Sri Lanka aus südwestlichen, der kontinental-trockene Wintermonsun aus nordöstlichen Richtungen. Auf seinem Weg über den Golf von Bengalen reichert sich der ursprünglich trockene Wintermonsun mit Feuchtigkeit an, sodass die Nordostseite von Sri Lanka, z. B. Trincomalee, ein winterliches Niederschlagsmaximum hat.

Shopping

Die langjährige Tradition des sri-lankischen Kunsthandwerks macht es dem Besucher leicht, die richtige Wahl des Souvenirs zu treffen. Ob geschnitzte Masken, Batiktücher oder Edelsteine: Das Angebot ist reichhaltig und günstig. Trotzdem lohnt es sich, nicht gleich beim ersten Preisangebot einzuwilligen; **Handeln gehört fast überall dazu**, außer in Warenhäusern und Geschäften der gehobenen Kategorie.
Ein breites Sortiment bieten die Arts and Craft Centers in jeder größeren Stadt. Eine empfehlenswerte Adresse sind auch die staatlichen Laksala-Läden: Hier gibt es Handarbeiten aus Holz, Blech, Silber, Reet, Naturfaser, Büffelhorn, Kokosnuss und Bambus sowie Textilien, Batiken und Seide. Laksala unterhält viele Filialen, der Hauptsitz befindet sich in 60, York Street, Fort, Colombo 1).

Entlang der Straße zwischen Colombo und Kandy gibt es eine Viel- Stoffe, Batiken zahl von kleinen Betrieben, in denen in aufwendiger Handarbeit recht kunstvolle Batiken hergestellt werden. Oft ergibt sich auch die Gelegenheit, die Herstellung der bunten Tücher zu beobachten. Streng genommen ist die Kunst der Batik keine originär sri-lankische, sie wurde vielmehr aus Indonesien importiert. Allerdings entspricht ihre Qualität immer mehr dem Original.

Kleidung

Auf Sri Lanka blüht der Markt für Designer-Imitate. Aber weil auch viele Designer dort nähen lassen, gibt es selbst die Originalwaren oft günstiger als in Europa.

Klöppelspitze

Im Süden der Insel und hier rund um die alte Hafenstadt Galle, hat sich die von den Portugiesen ins Land gebrachte Kunst des Spitzenklöppelns bis heute erhalten. Verkauft werden vor allem kleine und große Tischdecken, Taschentücher und Ähnliches.

Holzarbeiten, Masken

Die Maskenschnitzer von Ambalangoda, einem kleinen Ort an der Südwestküste, sind bekannt für die Herstellung von traditionellen Masken. Demzufolge hat sich hier auch eine Menge von Geschäften mit einer breiten Auswahl angesiedelt. Es gibt aber keinen von Touristen frequentierten Ort, in dem nicht ebenfalls Masken als Souvenirs angeboten werden.

Außerdem findet man auch alles andere, was man aus Holz herstellen kann, z. B. Elefanten oder Buddha-Figuren. Aus ökologischen Gründen sollte man allerdings **auf Produkte aus Teakholz verzichten** und eher solche aus anderen Hölzern kaufen. Zu den gewichtigen Souvenirs zählen komplette Möbelgarnituren, z. B. aus Rosenholz, wobei Geschäfte, in denen man diese erhält, auch für den Schiffstransport nach Europa sorgen.

> ! *Baedeker* TIPP
>
> **Ayurveda-Kosmetik**
>
> Westliche Toilettenartikel sind auf Sri Lanka recht teuer. Aber falls Ihnen etwas ausgeht, können Sie problemlos auf die einheimischen Ayurveda-Produkte zurückgreifen. Sie sind ausgezeichnet und günstig.

Edelsteine

Die Gegend um Ratnapura ist ein **Dorado für Edelsteinsucher**. Gefunden werden Rubine, Saphire, Topase und viele andere Edelsteine. Sorgfältig geschliffen findet man sie in den Juwelierläden überall auf der Insel wieder, selbstverständlich auch als fertige Schmuckstücke. Allerdings halten Letztere hinsichtlich der Qualität ihrer Verarbeitung manchmal nicht das, was man sich davon verspricht. Besser ist es, die Steine auf Sri Lanka zu kaufen und zuhause in der gewünschten Art fassen zu lassen.

Wie überall in Asien gibt es natürlich auch auf Sri Lanka »**fliegende Händler**«, die z. B. am Strand versuchen, den Touristen »besonders hochwertige Steine zu einem äußerst günstigen Preis« zu verkaufen. Dass es sich in den meisten Fällen um Billigware oder gar Imitationen handelt, muss wohl nicht betont werden. Auch ist vom Kauf direkt bei den Minen rund um Ratnapura abzuraten, da die Händler dort bisweilen äußerst lästig werden können. Überhaupt sollte man eine gewisse Fachkenntnis besitzen, um die Qualität von Edelsteinen beurteilen zu können. Ohne diese Kenntnis wurde schon mancher Kauf zum ebenso kostspieligen wie enttäuschenden Erlebnis.

Messingwaren

Überall auf der Insel gibt es kleine Betriebe, in denen kunstvolle Messingwaren verkauft werden. Sie werden zumeist in Handarbeit hergestellt. Die Motive sind oft religiöser, aber auch profaner Natur.

Tee

Wer Sri Lanka ohne ein paar Pakete Tee im Gepäck verlässt, hat vielleicht das wohlschmeckendste Souvenir vergessen. Namentlich im Hochland um Nuwara Eliya gibt es **zahlreiche Teefabriken** mit angeschlossener Probier- und Einkaufsmöglichkeit. Die Preise selbst für die besten Sorten sind denkbar gering, kein Wunder bei den Löhnen.

Gewürze

Ebenfalls im Hochland findet man eine ganze Reihe von **Gewürzfarmen**, in denen man frische Gewürze wie Muskatnuss, Vanille, Kardamom, Zimt und vieles mehr direkt ab Erzeuger – also frisch und preisgünstig – kaufen kann. Eine weitere gute Einkaufsgelegenheit für Gewürze sind auch die in jedem Ort stattfindenden Märkte.

Öffnungszeiten

Da auf Sri Lanka keine gesetzlichen Grenzen gesetzt sind, gibt es auch keine einheitlichen Ladenschlusszeiten. Geschäfte sind Mo. – Fr. meist 8.30 – 19.00 Uhr geöffnet, wobei zwischen 13.00 und 14.00 Uhr oftmals eine Pause eingelegt wird. Viele Geschäfte öffnen auch samstags, während sonntags die meisten geschlossen bleiben.

Die Kokosnuss wird vielseitig verarbeitet: Hier fertigt ein Mann Schöpflöffel daraus.

Sicherheit

Sri Lanka ist ein sicheres Reiseland

Auf Sri Lanka gibt es nicht mehr Kriminalität als anderswo auf der Erde. Nicht selten trägt jedoch das eigene provozierende Verhalten dazu bei, dass man bestohlen oder beraubt wird. Oft hat man mehr Bargeld bei sich, als ein Einheimischer mit harter Arbeit das ganze Jahr über verdient. Allzu offensichtlich zur Schau getragener Wohlstand erweckt unter Umständen Neid.

Spannungsgebiete meiden

Die Auseinandersetzungen zwischen Singhalesen und Tamilen berührten auch während des Bürgerkriegs kaum die von Touristen frequentierten Orte. Doch sollte man zumindest bis auf Weiteres größere Menschenansammlungen meiden und Touren in die östlichen und nordöstlichen Landesteile nur unternehmen, wenn die Tourismusbehörde in Colombo Unbedenklichkeit bescheinigt. Anbieter von Touren in diese Gebiete kennen ebenfalls die aktuelle Situation.

Vorsicht Taschendiebe!

Vor allem auf Märkten sollten Sie mit Taschendieben rechnen. Man kann sich vor ihnen schützen, wenn man Geld und andere Wert-

Träge liegt es da, das Sumpfkrokodil.
Doch reizen sollte man es nicht, das könnte gefährlich werden.

sachen in einem Brustbeutel oder einem speziellen, von außen nicht sichtbaren Gürtel mit sich führt.

Besondere Vorsicht ist im Umgang mit fremden Personen angeraten. In der Vergangenheit wurden Fälle bekannt, in denen Einheimische Speisen oder Getränke anboten, in denen sich ein bestenfalls zu vorübergehender Bewusstlosigkeit führendes Gift befand. Anschließend wurden sie bestohlen und ausgeraubt. Lehnen Sie deshalb – freundlich, aber bestimmt – solche Angebote beim geringsten Zweifel konsequent ab.

Keine Speisen und Getränke von Fremden

In jedem Hotel gibt es Safes, in denen Wertsachen für die Zeit des Aufenthalts deponiert werden können. Es empfiehlt sich, diese auch zu benutzen, v. a. zur Aufbewahrung von Reisedokumenten, Bargeld und anderen Zahlungsmitteln. Hotels lehnen grundsätzlich jede Haftung bei Zimmerdiebstählen ab.
Außerdem ist es empfehlenswert, beim Verlassen des Hotels den Zimmerschlüssel an der Rezeption abzugeben.

Wertsachen in den Safe

Wenngleich oder vielleicht gerade weil die sri-lankische Gesellschaft im Allgemeinen als konservativ, bisweilen sogar prüde gilt, kommt es immer wieder zu sexuellen Übergriffen – auch auf europäische Frauen. Sie sollten daher auf allzu freizügige Bekleidung verzichten. Nächtliche Spaziergänge am Strand oder in dubiosen Gegenden sollten Sie grundsätzlich vermeiden.

Sexuelle Übergriffe

Auf Sri Lanka gibt es zahlreiche Tiere (Elefanten, Leoparden, Krokodile u. a.), die in freier Wildbahn leben. Generell sollte man schon aus Gründen der eigenen Sicherheit auf eine Annäherung an wild lebende Tiere verzichten. Sie sind in ihrem Verhalten unberechenbar und können beispielsweise bei unvorsichtiger Verhaltensweise von Menschen plötzlich aggressiv reagieren. Im Übrigen ist es deshalb auch ausdrücklich verboten, innerhalb von Nationalparks das Fahrzeug zu verlassen.

Wild lebende Tiere

Sprache

Die Amtssprachen auf Sri Lanka sind Singhalesisch und Tamil. Letzteres wird in mehreren Dialekten gesprochen. Durch den regelmäßigen Kontakt mit Touristen haben jedoch viele Bewohner Sri Lankas grundlegende Kenntnisse der englischen Sprache.

Amtssprachen

Singhalesisch gehört zum indoarischen Zweig der indogermanischen Sprachfamilie, ist im eigentlichen Sinne aber ein isolierter Dialekt, der sich aus den in Mittelindien gesprochenen Sprachen entwickelte.

Singhalesisch

Erste Zeugnisse des Singhalesischen stammen aus dem 3. Jh. v. Chr. Im Lauf der darauf folgenden Jahrhunderte fanden Lehnwörter aus dem Pali, dem Sanskrit sowie dem Tamilischen Eingang in die Sprache. Wortschatz und Morphologie konnten jedoch trotz der Isolierung ihre Nähe zu den vorwiegend in Vorderindien gesprochenen indoarischen Sprachen bewahren, während Syntax und Stil sich den drawidischen Dialekten, der zweitgrößten Sprachfamilie des indischen Subkontinents, annäherten.

Neben der auch Elu genannten singhalesischen Sprache entwickelte sich etwa zwischen dem 2. Jh. v. Chr. und dem 2. Jh. n. Chr. eine literarische Sprache, die ebenfalls Pali- und Sanskrit-Lehnwörter aufnahm. Während das vermutlich älteste literarische Werk aus dieser Zeit, ein Kommentar zum buddhistischen Kanon Tripitaka mit historischen Elementen, als verloren gilt, sind altsinghalesische Gedichte in Form von Felsritzungen, die zwischen dem 6. und 10. Jh. n. Chr. entstanden, erhalten geblieben.

Tamil Tamil ist eine der 16 offiziellen Sprachen, die in den Staaten der Indischen Union, aber auch auf Sri Lanka gesprochen wird. Auf einer mehr als 2000-jährigen Tradition beruhend, ist Tamil eine der ältesten drawidischen Sprachen der Erde. Wie das Singhalesische ist auch das Tamilische (seit 1965) offizielle Amtssprache auf Sri Lanka, ein Zugeständnis der Regierung an die bedeutendste Minderheit auf der Insel. Auch das Tamil kann auf eine große literarische Vergangenheit verweisen; im Gegensatz zur singhalesischen Sprache verzichtete man jedoch zunächst auf die Vorbilder des Sanskrit. Erst im Lauf des 11. Jh.s benutzte man auch Sanskrit-Wörter. Als bedeutendste literarische Vorbilder gelten die umfangreichen altindischen Vers-Epen Mahabharata und Ramayana.

Als Volkssprache gilt Tamil jedoch erst seit dem 19. Jh., als der Dichter Subramanya Bharati (1882 – 1921), einer der wichtigsten Vertreter der Literatur in tamilischer Sprache, ihr durch seine Bücher zum Durchbruch verhalf.

Die »bessere Gesellschaft« spricht Englisch Bemerkenswert ist die Tatsache, dass sich vor allem Angehörige der sogenannten besseren Gesellschaft der englischen Sprache zur Verständigung bedienen. Diesem Trend, der schon seit etlichen Jahren zu beobachten ist, steht jedoch der Umstand entgegen, dass Englisch in den allgemeinbildenden Schulen **nicht als Pflichtfach gelehrt** wird. Dass es trotzdem etliche Kinder, Jugendliche und Erwachsene gibt, die wenigstens ein paar englische Begriffe kennen bzw. Redewendungen beherrschen, ist ihrem Umgang mit Touristen auf der Insel zu verdanken.

Formen der Anrede Das auf Sri Lanka allgemein gültige Prinzip der Klassengesellschaft drückt sich auch in der Art der Anrede aus. Je nachdem, welchen gesellschaftlichen Rang die anzuredende Person einnimmt, fällt die Anrede höchst unterschiedlich aus.

SPRACHFÜHRER SINGHALESISCH

Anrede

Numbe	Anrede unter gleichgestellten Personen
Thamuse	Anrede eines Höhergestellten zu einem einfachen Menschen eines geringeren Standes
Oya	Übliche, formlose Anrede unter Freunden und Bekannten
Tho	Abwertende Anrede einer Person, die einen sehr geringen gesellschaftlichen Rang einnimmt (Vorsicht! Nicht verwenden.)
Umba	Anrede für Hausbedienstete, aber auch für die eigenen Kinder (wird sie für Letztere verwendet, ist sie Ausdruck für Zuneigung)
Thamunnaanse	So werden ausschließlich höhergestellte Personen angesprochen, z. B. Mönche

Wichtige Ausdrücke und Redewendungen

Anrede (nur Männer)	Mahatmaya
Anrede (nur Frauen)	Nona mahatmaya
Grußformel	Ayubovan
Wie geht es Ihnen?	Kohomada sahpa sahneepa?
Danke, gut!	Sanee-pen innava
Bitte	Karunakarala
Danke	Istuti
Ja	Ou
Nein	Nä
Nein, danke	Ehpa, istutiy
Entschuldigen Sie bitte!	Samavena
Ich verstehe nicht!	mate terenne na
Nein, ich möchte nicht!	Mata epa!
Wie heißen Sie?	nama mokak da?
Die Rechnung, bitte!	Karunakara bila génda!
Wieviel kostet das?	Máka gána kiyada!

Unterwegs

Autobus	Bas eka
Wo ist der Busbahnhof?	bas pola koheda?
Bahnhof	Dumriyapala

Ich möchte ein Taxi	mata täksi-yak ona
Auto	kareken
Fahrrad	Baisikalaya
Straße	Mawatha
Wie heißt diese Straße?	Mé Páre nama mokakda?
nach links	ren-na
rechts	da-ku-na-ta
Gehen Sie geradeaus!	ke-lin yan-na!

Unterkunft

Hotel	Hótelaya
Gästehaus	Thánayama
Wo ist ein Hotel?	Hótalayak koheda thiyenne?
Haben Sie ein Zimmer frei?	hiskamara ti ye navada?
Wieviel kostet ein Zimmer?	ekamara ya kiyada

Geografische Angaben

Berg	Kandé
Strand	Werala
Wasserfall	Diya ella
Heiße Quelle	Unu diya Ulpotha
Fluss (klein)	Oya
Fluss (groß)	Ganga
Ort, Stadt	Pura
Straße	Mawatha

Wochentage

Montag	sanduda
Dienstag	angeharuvada
Mittwoch	badada
Donnerstag	brahaspatinda
Freitag	sikurada
Samstag/Sonntag	senesurada/irida

Monate

Januar	janavari
Februar	pebaravari
März	martu
April	apprel
Mai	may

Juni	juni		
Juli	juli		
August	agostu		
September	sättämbara		
Oktober	oktombara		
November	novämbara		
Dezember	desämbara		

Zeitangaben

Heute	ada
Gestern	iye
Morgen	heta

Zahlen

1	eka	2	deka
3	thuna	4	hathara
5	paha	6	haya
7	hatha	8	ata
9	namaya	10	dahaya

Übernachten

Hotels

Die Hotellerie auf Sri Lanka ist, insgesamt betrachtet, nicht so hoch entwickelt wie die anderer asiatischer Länder. Schuld daran ist ein bemerkenswertes Auf und Ab bei den Besucherzahlen, das einer kontinuierlichen Entwicklung bisher im Wege stand. Gleichwohl gibt es seit einigen Jahren etliche neue Hotels, deren Besitzer sich darauf verlassen, dass sich die Situation mit der Zeit entspannen wird.
Schwierig stellt sich derzeitige Situation an der Ostküste dar. Verantwortlich dafür sind nicht nur die Auseinandersetzungen zwischen der LTTE und der singhalesischen Regierung, sondern auch der Tsunami, der hier besonders heftig wütete. Dennoch gibt es bereits wieder einige geöffnete Hotels.

Rest Houses

Die Regierung von Sri Lanka unterhält eine Reihe von Rest Houses, u. a. in Dambulla, Habarana, Sigiriya, Mihintale, Polonnaruwa und Ella. Sie sind – was den Komfort angeht – bescheiden ausgestattet, aber sehr preisgünstig. Rechtzeitige Reservierung ist unbedingt empfehlenswert.

AUSKUNFT UND RESERVIERUNG

HOTELS

▶ **Fremdenverkehrsamt Sri Lanka**
▶Auskunft
Ein kostenloses Verzeichnis der Hotels und Gästehäuser (Accommodation Guide) kann dort angefordert werden.

RESTHOUSES

▶ **Ceylon Hotels Corporation**
411, Galle Road
Bambalapitiya
Colombo 4
Tel. 00 94 / 112 50 34 97
www.ceylonhotels.lk

Preiskategorien

Die in diesem Reiseführer im Kapitel »Reiseziele von A bis Z« empfohlenen Hotels sind in folgende Preiskategorien eingeteilt: Luxus ab 80 Euro, Komfortabel 50 bis 80 Euro, Günstig bis 50 Euro für ein Doppelzimmer pro Nacht ohne Frühstück. Das Frühstück wird zumeist gesondert berechnet. In großen Hotels wird mit Euro oder in US-Dollar bezahlt, während kleinere Hotels meist nur die Landeswährung akzeptieren.

Ayurvedahotel

Für einen Aufenthalt mit Ayurveda-Kur muss man mit einem Tagespreis pro Person von 80 bis 150 Euro rechnen. Bei Doppelzimmerbelegung wird dies nicht unbedingt günstiger, denn die hauptsächlichen Kosten entstehen für die Anwendungen und die Konsultation der Ärzte. Inklusive ist dann aber die typgerechte ayurvedische Verpflegung bei allen Mahlzeiten.

Reservierung

Eine Reservierung empfiehlt sich namentlich in der Hauptreisezeit von November bis März, auf jeden Fall notwendig ist sie um Weihnachten und Neujahr. Während der Nebensaison von April bis Oktober ist eine Reservierung nicht nötig.

Wohnen bei Einheimischen

Bei den sogenannten Homestays wohnen Sie meist mit der Familie des Hausbesitzers unter einem Dach und nehmen oft auch an den Mahlzeiten teil, eine preisgünstige Art der Unterkunft. Adressen hierzu finden Sie unter: www.explorelanka.com.

Jugend-unterkünfte

Auf Sri Lanka gibt es **keine Jugendherbergen**. Reisenden mit einem schmalen Geldbeutel finden in Gästehäusern adäquate Unterkünfte.

Camping

Auf Sri Lanka gibt es keine ausgewiesenen Campingplätze. Das Zelten ist jedoch – außer in Nationalparks – theoretisch gestattet, wenn zuvor die Genehmigung des jeweiligen Grundstücksbesitzers eingeholt wird. Die Übernachtung in den zahlreichen Rasthäusern auf der Insel ist allerdings so preisgünstig, dass es sich kaum lohnt, mit Rucksack und Zelt Sri Lanka zu erkunden.

Urlaub aktiv

Sri Lankas Vogelwelt zieht Ornithologen aus aller Welt an. Für sie **Tierbeobachtung** gibt es mit Eco Adventure Travels eine profunde Anlaufstelle, die vogelkundliche Exkursionen mit der Besichtigung kultureller Sehenswürdigkeiten verbindet und qualifizierte Führer vermittelt (▶ S. 154).

In einem Hotel oder einem Restaurant auf Sri Lanka kann es schon **Kricket ist** einmal passieren, dass der gewohnte Service von einer Minute auf **Volkssport** die andere nicht mehr dem entspricht, womit man gerade eben noch verwöhnt worden ist. Und wenn sich dann nahezu die gesamte Belegschaft vor dem Fernsehapparat in der Lobby oder im Restaurant versammelt, handelt es sich mit Sicherheit um die entscheidende Phase eines Cricket- bzw. Kricket-Matches.
Kricket ist der Nationalsport Nummer eins, deshalb sollte man Nachsicht üben. Kein anderes Sportereignis, nicht einmal das Finale einer Fußball-Weltmeisterschaft, vermag so viele Zuschauer anzulocken wie diese urenglische Sportart, deren Anfänge bereits im 15. Jh. vermutet werden. Kricket lernen auf Sri Lanka schon die Kleinsten, und jede Schule des Landes, die auf sich hält, besitzt eine eigene Mannschaft. Selbstverständlich gibt es auch eine Nationalmannschaft, die als Aushängeschild der Nation gilt: Mit dem Gewinn der Weltmeisterschaft 1996 errang sie den größten sportlichen Erfolg in der Geschichte des Landes, 2007 wurde sie Vize-Weltmeister.
Es gibt **zwei große Stadien auf Sri Lanka**. Eines davon befindet sich in Colombo. In Galle wurde 1998 ein weiteres Kricket-Stadion eingerichtet, in dem auch Länderspiele stattfinden.

Auf Sri Lanka gibt es derzeit drei Golfplätze mit internationalem **Golf** Standard: in Colombo, Rajawella und Nuwara Eliya. Es ist geplant, in den nächsten Jahren weitere Plätze einzurichten.

Die Landschaft des Zentralen Berglands ist ein Dorado für Moun- **Mountainbiking** tainbiker. Die Fahrräder können zwar entliehen werden, passionierte Biker sollten ihr Gefährt allerdings besser mitbringen.

Sri Lanka ist zwar kein klassisches Ziel für Wanderer, es gibt aber **Wandern** doch einige reizvolle Regionen, die man per pedes erkunden kann: zum Beispiel die Horton Plains, eine einzigartige Naturlandschaft mit interessanter Botanik. Hier gibt es einen gut ausgeschilderten Wanderweg. Wanderungen sind auch im Sinharaja Rain Forest Sanctuary bei Ratnapura möglich, hier allerdings nur in Begleitung eines lizenzierten Führers. Und wenn man so will, ist der Aufstieg auf den Adam's Peak auch so etwas wie eine Wanderung.

Tennisplätze, zum Teil mit Flutlicht ausgestattet, gibt es überall auf **Tennis** der Insel, namentlich in den Hotels der oberen Kategorien.

▶ INFOS & VERANSTALTER

TIERBEOBACHTUNG

▶ **Eco Adventure Travels**
58, Dudley Senanayaka Mawatha
Colombo 8
Tel. 011 / 268 56 01
cdctrv@slt.lk

▶ **www.slwcs.org**
Homepage der Sri Lanka Wildlife
Conservation Society

▶ **www.camacdonald.com/
birding/asiasrilanka.htm**
Viele schöne Bilder der Vogelwelt
sowie Berichte von engagierten
Vogelschützern

GOLF

▶ **Royal Colombo Golf Club
Colombo**
Model Farm Road, Colombo 8
Tel. 011 / 69 14 01
18 Löcher, gesamte Bahnlänge:
5776 m, Par 71
Lage: auf Meereshöhe
Dieser Golfclub wurde bereits
1879 gegründet und ist damit der
älteste auf Sri Lanka. Besonderheit:
Viele Wasserhindernisse, das Loch
Nr. 5 liegt direkt neben einer
Eisenbahnlinie. Ausrüstungs-
verleih ist möglich.

▶ **Victoria International Golf and
Country Resort Kandy**
www.golfsrilanka.com
18 Löcher, gesamte Bahnlänge
6288 m, Par 73
Tel. 081 / 237 63 76
Der jüngste Golfplatz auf Sri
Lanka zählt auch zu den
schönsten.

▶ **Nuwara Eliya Golf Club**
Tel. 052 / 52 28 35
18 Löcher, gesamte Bahnlänge

5550 m, Par 70
Vielleicht der schönste Golfplatz
auf Sri Lanka: Er liegt in einem Tal
unweit von Nuwara Eliya und
wurde 1880 von den Briten
gegründet. Besonderheit: lange
und schmale Fairways.
Pro-Shop für Ausrüstungsverleih
vorhanden.

SPORTREISE-
VERANSTALTER

▶ **Lanka Sportreizen**
29-B, S.DES. Yayasinghe Mawatha
Kalubowila, Dehiwela
Tel. 011 / 282 45 00, 282 49 55
www.lsr-srilanka.com

KANUFAHREN

▶ **Jetwing Eco Holidays**
Jetwing House
46/26 Navam Mawatha
Colombo 2
Tel. 011 / 234 57 00
www.jetwingeco.com

RAFTING

▶ **Rafters Retreat**
Hilland Estate, Kitugala
Tel. 036 / 228 75 98
chnnap@jtmin.com

TAUCHEN

▶ **Poseidon Diving Station**
Galle Road, Hikkaduwa
Tel. 091 / 227 72 94
www.divingsrilanka.com

▶ **Unawatuna Diving Centre**
Matara Road
Peellagoda/Unawatunabei Galle
Tel. 091 / 224 46 93
(deutschsprachig)
info@unawatunadiving.com
www.srilankadiving.com

Wassersport

Etliche Hotels entlang der Westküste bieten einen Segelbootverleih, wobei es sich meist um kleine Boote der Jollenklasse handelt. Noch häufiger gibt es Surfbretter; manchmal kann man die ersten Stehversuche auf einem solchen unter fachkundiger Anleitung machen.

Segeln, Surfen

Kanufahren ist an den Oberläufen des Kelani Ganga sowie des Kalu Ganga durch eine faszinierende Berglandschaft möglich. In einigen Abschnitten kommen auch Wildwasserrafter auf ihre Kosten.

Kanufahren

Das kleine Dorf Kitulgala liegt am Ufer des Kelani Ganga und wurde bekannt als Schauplatz des Films »Die Brücke am Kwai«. Unweit davon befindet sich das Rafter's Retreat, eine Unterkunft der besonderen Art, die als Baumhaus aus dem Holz der umgebenden Wälder errichtet wurde und ein guter Ausgangspunkt für viele Raftingtouren auch für Anfänger und Familien ist. Für die etwa 6 km lange Fahrt durch Schluchten und Stromschnellen benötigt man ca. 2 Stunden.

Rafting

Auch vor Sri Lanka wurde die einst so prächtige Unterwasserwelt durch die Korallenbleiche geschädigt, während der Tsunami nur geringe Zerstörungen bewirkte. Trotzdem lohnen sich Tauchgänge, allein schon wegen des überbordenden **Fischreichtums**. In einigen Touristenorten gibt es nach dem Tsunami auch schon wieder Tauchschulen und Veranstalter von Ausfahrten zu Tauchgebieten. Zwischen November und April besteht gute Gelegenheit, Großfischen und Blau- oder Pottwalen zu begegnen.

Schnorcheln, Tauchen

Auch Ammenhaien kann man in Sri Lankas Unterwasserwelt begegnen.

Tauchschule Der Tsunami zerstörte entlang der Westküste von Sri Lanka die meisten Tauchschulen, die in exponierter Lage standen. Unter den wieder aufgebauten ist die Tauchschule in Hikkaduwa empfehlenswert, die auch Anfänger nach dem weltweit gültigen PADI-Prinzip ausbildet.

Verkehr

Straßenverkehr

Linksverkehr! Auf Sri Lanka herrscht Linksverkehr, d. h., man fährt auf der linken Spur, überholt wird rechts.

Straßennetz Das Straßennetz auf Sri Lanka ist nach landesspezifischen Maßstäben gut ausgebaut. Eine Ausnahme bilden die südöstlichen Inselteile. Allerdings ist nur etwa ein Fünftel des Straßennetzes von ca. 152 000 km befestigt. Die erste Straße von Colombo nach Kandy wurde 1821 von den britischen Kolonialherren angelegt und diente in erster Linie dem Transport von Kaffee, später dann von Tee und Kautschuk. **Autobahnen bzw. Schnellstraßen gibt es jedoch auch heute noch nicht**. Vor allem in den entlegenen Inselteilen sind die Straßenbeläge in schlechtem Zustand.

Straßenzustand Die Straßen auf Sri Lanka gelten zwar nach inländischen Maßstäben als gut ausgebaut, ihr Zustand entspricht jedoch keineswegs dem der europäischen Verkehrswege. Straßenränder sind durchweg unbefestigt, es gibt teils riesige Schlaglöcher, Bodenwellen und plötzliche Belagwechsel. Selbst auf Hauptstraßen muss man jederzeit **mit Verkehrshindernissen rechnen**: Grasende Kühe, schlafende Hunde und plötzlich die Straße überquerende Passanten erfordern die höchste Konzentration des Fahrers. Während der Monsunzeit ist auch mit gelegentlichen Überflutungen tiefer gelegener Straßen bzw. Wege zu rechnen.

Höchstgeschwindigkeit Innerhalb geschlossener Ortschaften gelten offiziell 56 km/h, außerhalb darf man **nicht schneller als 72 km/h** fahren. Die Polizei führt Geschwindigkeitskontrollen durch.
Bei der Planung einer Autofahrt sollte man eine Durchschnittsgeschwindigkeit von höchstens 30 km/h veranschlagen.

Pannen- und Unfallhilfe Bei Fahrzeugpannen und Unfällen ist man auf die Hilfe anderer Verkehrsteilnehmer angewiesen. Notruftelefone an den Straßen gibt es nicht. Bei einer Panne macht man am besten durch Winken auf sich aufmerksam. Da die Einheimischen sehr hilfsbereit sind, wartet man im Allgemeinen nicht lange. Das Abschleppen von fahruntüchtigen Fahrzeugen ist bis zur nächsten Werkstatt erlaubt.
Nachts hingegen ist die Situation schwieriger, besonders wenn man

weiter von Städten entfernt ist. Dies ist ein weiterer Grund, warum man **auf Nachtfahrten aus prinzipiellen Erwägungen verzichten** sollte.

Das Tankstellennetz ist dicht, Selbstbedienung ist unüblich. Die Zapfsäulen sind in Englisch und Singhalesisch beschriftet. Dieselkraftstoff ist, weil staatlich subventioniert, sehr billig.

Tankstellen

Verkehrsmittel

Die Bahn auf Sri Lanka ist ein Relikt aus der Zeit der britischen Kolonialherrschaft. 1867 wurde die erste Strecke eröffnet: Sie führte von Colombo nach Kandy. Im Lauf der Jahrzehnte erfolgte ein planmäßiger Ausbau auf insgesamt 1453 km, sodass heute nahezu jeder größere Ort mit der Bahn erreicht werden kann. Für die Abwicklung sorgt die Ceylonesische Staatsbahn (CGR). Eine Fahrt mit der Bahn von Colombo nach Kandy gehört zu den eindrucksvollsten Erlebnissen, die ein Eisenbahnfan haben kann.

Es gibt **drei Klassen**. Für die 1. Klasse ist eine Vorausbuchung notwendig. In einigen Fernzügen werden Aussichtswaggons mitgeführt.

Bahn

Mit der Bahn nach Kandy zu fahren ist ein Erlebnis.

Die Züge verkehren zwar **nach festen Fahrplänen**, doch gibt es nur manchmal gedruckte Unterlagen zum Mitnehmen. Die Bahn **zählt zu den billigsten Verkehrsmitteln** auf Sri Lanka. So kostet z. B. eine Hin- und Rückfahrt von Colombo nach Kandy (ca. 120 km) selbst in der 1. Klasse umgerechnet nur ca. 1,50 Euro. Noch billiger, aber wegen Überfüllung auch weniger empfehlenswert sind die 2. und 3. Klasse. Kinder bis zu einem Alter von 3 Jahren reisen umsonst, zwischen 3 und 12 Jahren zum halben Fahrpreis. Eine **Platzreservierung** ist gegen Gebühr grundsätzlich möglich, für die (klimatisierte) 1. Klasse in Fernzügen ist sie sogar vorgeschrieben. Außerdem ist es angeraten, Fahrkarten rechtzeitig zu kaufen, da Züge zu allen Tageszeiten oft restlos überfüllt sind.

Die Staatsbahn Sri Lankas veranstaltet gelegentlich **Rundfahrten**, die Übernachtungen und Mahlzeiten beinhalten. Nähere Auskünfte erhalten Sie am Bahnhof Colombo-Fort.

Die wichtigsten Eisenbahnstrecken auf Sri Lanka sind (die Strecken in Richtung Norden sind zurzeit nur bis Vavuniya befahrbar):

Colombo Fort – Anuradhapura: 206 km, ca. 5 Std.
Colombo Fort – Avissawella: 61 km, ca. 1,5 Std.
Colornbo Fort – Badulla: 290 km, ca. 10 – 11 Std.
Colombo Fort – Batticaloa: 254 km, ca. 8 – 10 Std.
Colombo Fort – Bentota: 63 km, ca. 1,5 – 2 Std.
Colombo Fort – Galle: 112 km, ca. 2 – 3 Std.
Colombo Fort – Hikkaduwa: 92 km, ca. 3 Std.
Colombo Fort – Kandy: 116 km, ca. 3 Std.
Colombo Fort – Matara: 156 km, ca. 3 – 4 Std.
Colombo Fort – Polonnaruwa: 254 km, ca. 6 – 7 Std.
Colombo Fort – Puttalam, 133 km, ca. 3 Std.
Colombo Fort – Bentota, 63 km, ca. 1,5 – 2 Std.

Taxi

Taxis gibt es vor allem in den größeren Städten in ausreichender Zahl. Taxameter sind jedoch außerhalb von Colombo unüblich, weshalb man den Fahrpreis vor Antritt der Fahrt aushandelt. Als Faustregel kann man ca. 20 bis 25 Rupien pro gefahrenem Kilometer veranschlagen. Für längere Fahrten, z. B. Tagesausflüge, kann man Pauschalpreise vereinbaren.

Three Wheeler

Das Three Wheeler, nach dem Namen seines Herstellers auch Bajaj genannt, ist ein typisch asiatisches Verkehrsmittel. Es fährt auf drei Rädern, wird von einem Zweitaktmotor angetrieben und verfügt über eine manchmal erstaunliche Ladekapazität. Three Wheeler gibt es überall auf Sri Lanka; **der Fahrpreis ist vorher auszuhandeln**. Für den ersten Kilometer einer Fahrstrecke rechnet man mit ca. 30 Rupien, jeder weitere sollte nicht mehr als 10 Rupien kosten.

Busse

Busse sind mit Abstand das am meisten verbreitete und preisgünstigste Verkehrsmittel auf Sri Lanka. Mit ihnen lassen sich auch entlegene Inselteile erreichen. Allerdings sind die Busse nicht selten in einem äußerst beklagenswerten Zustand und noch häufiger sind sie restlos überfüllt. Bedenklich ist auch der äußerst rücksichtslose Fahrstil mancher Busfahrer, die die engen und schlaglochübersäten Straßen manchmal mit Rennstrecken verwechseln.

Grundsätzlich unterscheidet man zwischen normalen Bussen und Express-Bussen. Letztere verkehren vor allem zwischen den größeren Städten. Jeder noch so kleine Ort auf Sri Lanka verfügt über einen eigenen Busbahnhof, der sich stets in der Nähe des Uhrturms – typisch für das Zentrum einer Ortschaft auf Sri Lanka! – befindet. **Einen festen Omnibusfahrplan gibt es nicht unbedingt.** Manche Fahrer fahren erst los, wenn genügend Passagiere an Bord sind. Das betrifft insbesondere die privaten Busse, die man an der Aufschrift »Intercity Express« erkennt. Sie verfügen – im Gegensatz zu den staatlichen Omnibussen des Sri Lankan Transport Board – sogar über Klimaanlagen. Die **Preise** für eine Busfahrt sind denkbar gering. So kostet z. B. eine Fahrt von Colombo nach Kandy gerade mal ca. 30 Rupien.

Fahrräder

In einigen von Touristen frequentierten Orten, z. B. in den Ruinenstädten von Polonnaruwa und Anuradhapura, kann man Fahrräder ausleihen. Diesen Service bieten auch manche Hotels. Die Preise sind niedrig: Ein Fahrrad kostet pro Tag ca. 60 bis 80 Rupien.

Motorräder

In den Badeorten entlang der Westküste gibt es einige Motorradverleiher. Aus prinzipiellen Erwägungen sollte man auf diese Möglichkeit verzichten. Die ungewohnten Verkehrsverhältnisse wie Linksverkehr, schlechter Straßenzustand usw. können zu schweren Unfällen führen!

Zeit

Auf Sri Lanka

Auf Sri Lanka gilt das ganze Jahr über Normalzeit, eine Sommerzeit gibt es nicht. Die Abweichung von der Mitteleuropäischen Zeit (MEZ) beträgt plus 4,5 Std., während der mitteleuropäischen Sommerzeit MESZ + 3,5 Std.

Touren

UNSERE ROUTEN FÜHREN SIE ZU
DEN SCHÖNSTEN GESCHICHTS-
TRÄCHTIGEN ORTEN DER INSEL, ABER
AUCH ZU DEN LANDSCHAFTLICHEN
HÖHEPUNKTEN. UND WIR SAGEN
IHNEN AUCH, WO SIE AM BESTEN ÜBERNACHTEN.

TOUREN AUF SRI LANKA

Sie müssen nicht alle vier Touren absolvieren, um einen Einblick in das Leben auf Sri Lanka zu gewinnen. Aber Sie werden sicher erleben, dass eine Tour schon wieder Lust auf die nächste macht oder dass sich die eine mit der anderen trefflich kombinieren lässt. Bevor Sie aber starten, sollten Sie die nachfolgenden Ratschläge lesen.

TOUR 1   **Große Inselrundfahrt**
Sri Lanka wurde schon von den Arabern als »die Bezaubernde« bezeichnet. Auf dieser Rundreise erlebt man alles, was die Insel so reizvoll macht: alte Tempel, sattgrüne Teeplantagen, feine Strände und nicht zuletzt viele freundliche Menschen. ▶ **Seite 166**

TOUR 2   **Auf königlichen Spuren**
Diese Tour bringt Sie zu den Königsstädten auf Sri Lanka, in denen viele historische Bauwerke von der reichen Geschichte der Insel künden. Außerdem streift die Tour auch reizvoll gelegene Landschaften wie z. B. das zentrale Bergland. ▶ **Seite 171**

TOUR 3   **Das zentrale Bergland**
Teeplantagen, wohin das Auge reicht. Herabstürzende Wasserfälle, ein heiliger Zahn Buddhas und die Stadt, in der schon die britischen Kolonialherren Erholung suchten: Das alles bietet diese Tour, die in das zentrale Bergland der Insel führt. ▶ **Seite 175**

TOUR 4   **Kombination mit Tour 3**
Diese Rundreise basiert auf der zuvor beschriebenen Tour 3, bietet jedoch die Gelegenheit, auch die Tierwelt auf Sri Lanka und den noch vorhandenen tropischen Regenwald kennen zu lernen. ▶ **Seite 176**

Kelaniya
Während der Vollmondzeiten ist der Tempel Raja Maha Vihara das Ziel ganzer Heerscharen von Gläubigen. Sie feiern dann Buddhas ersten Besuch auf Sri Lanka.

zurzeit touristisch noch nicht entwickelte Region

© Baedeker

** ✶✶ **Anuradhapura   ✶ ✶Mihintale

✶ Giritale

✶✶ **Buddhastatue
von Aukana**   ✶ ✶Sigiriya   ✶ ✶Polonnaruwa

TOUR 2   ✶ ✶Dambulla

Kurunegala

Bot. Garten
von Peradeniya   Dalada Maligawa

Ambepussa   Tempel des heiligen
Zahns in Kandy
✶ ✶Pinawella   ✶Kandy   Ramboda
✶ ✶**Elefanten-
waisenhaus**   Wasserfälle

✶✶   Badulla
Colombo   Nuwara Eliya   ✶Ella
Kelaniya   ✶Avissawella   **TOUR 4**
✶ ✶Horton
Plains
✶Ratnapura   **TOUR 3**
✶ ✶Yala
National Park
TOUR 1

✶✶   Hambantota   Tissamaharama
Ambalangoda
✶Hikkaduwa
✶ ✶Galle   ✶ ✶Matara   ✶ ✶Blow Hole
Dondra Head

Unterwegs auf Sri Lanka

Genügend Zeit einplanen

Die Insel Sri Lanka bietet so viele Sehenswürdigkeiten, dass eine Woche gerade mal ausreicht, sich einen ersten Überblick zu verschaffen. Dazu gehört in jedem Fall ein Besuch der religiös-historischen Stätten wie Anuradhapura und Polonnaruwa. Eine Fahrt durch das mit herrlichem Grün bewachsene zentrale Bergland sollte man ebenfalls nicht versäumen. Inmitten dieser grandiosen Landschaft liegt Kandy mit dem Tempel des Heiligen Zahns und die Stadt bietet sich wegen ihrer komfortablen Unterkünfte als Übernachtungsstation an.

Nach wie vor nur **beschwerlich zu erkunden ist der Norden** Sri Lankas, insbesondere die Halbinsel Jaffna. Hier wüteten die Kontrahenten des Bürgerkriegs am heftigsten, als habe es gegolten, die Infrastruktur des jeweiligen Feindes mit aller Macht zu zerstören. Es wird wohl noch Jahrzehnte dauern, bis diese wieder einigermaßen hergestellt sein wird.

Tierfreunde kommen in den **Nationalparks** auf Sri Lanka auf ihre Kosten. Neben wild lebenden Elefanten gibt es eine Vielzahl anderer

Egal zu welcher Jahreszeit Sie reisen, das Meer rund um Sri Lanka hat immer Badetemperatur und die Sandstrände sind von beinah samtener Qualität.

Tiere, einige davon nur noch hier, weil sie anderswo längst ausgestorben sind. Der Yala National Park ist vielleicht der bekannteste unter den Schutzgebieten auf Sri Lanka, wenn auch nicht unbedingt der artenreichste.

Der perfekte Sri-Lanka-Urlaub könnte sich also in einen Rundreiseteil und einen Badeurlaub aufteilen. Eine Woche bis zehn Tage sollte man für den ersten Teil einplanen, bevor man sich, bereichert mit den unterschiedlichsten Eindrücken, verdientermaßen erholt. **Die schönsten Sandstrände** von Sri Lanka gibt es an der Ostküste, und weil diese in der Vergangenheit durch den Bürgerkrieg nur schwer zugänglich waren, hat sich diese Tatsache noch längst nicht überall herumgesprochen. Darum sind sie noch fast menschenleer. Hier ist es überhaupt kein Problem, noch ein ruhiges Fleckchen zum Baden und Faulenzen zu finden. Schöne und gepflegte Strände mit feinem Sand findet man aber auch an der Südwestküste, etwa bei dem schon seit den 1970er-Jahren legendären Badeort Hikkaduwa. Durch den Tsunami wurden hier die meisten Hotels entlang der Küste zwar zerstört, doch zwischenzeitlich wieder neu und vor allem schöner und komfortabler aufgebaut. Alternativ dazu gibt es eine ganze Reihe schöner Badeorte nördlich der Hauptstadt Colombo bei Negombo.

Seit dem Ende des Bürgerkriegs ist die Ostküste von Sri Lanka etwa bis Trincomalee nahezu uneingeschränkt bereisbar. Neue Hotels sollen gebaut werden, Straßen repariert und touristische Sehenswürdigkeiten erschlossen werden. Noch nicht bzw. nur sehr eingeschränkt werden Reisen in den Norden empfohlen, da hier die Infrastruktur fast völlig zerstört ist.

Sicherheit

Auf den ersten Blick mag das Reisen auf Sri Lanka mit dem Kraftfahrzeug angesichts des engmaschigen Straßennetzes ein problemloses Unterfangen sein. Die tatsächlichen Gegebenheiten lassen jedoch die ausdrückliche Warnung sinnvoll erscheinen, nicht selbst zu fahren, sondern sich der Dienste eines einheimischen Fahrers zu bedienen. Die im Folgenden beschriebenen Rundreisen wurden auch unter dieser Voraussetzung zusammengestellt.

Reisen auf Sri Lanka

Ein **landeskundiger Fahrer** hat außerdem den Vorteil, dass man sich weniger auf den bisweilen anarchisch anmutenden Verkehr konzentrieren muss, sondern sich den Schönheiten der Landschaft widmen kann. Weitere Informationen finden Sie unter dem Stichwort »Verkehr« in den ►Praktischen Informationen dieses Reiseführers.

Bus fahren kann auf Sri Lanka zu einem Erlebnis werden, allerdings auch zu einem der negativen Art. Die Fahrpreise sind zwar billig, die Busse jedoch meist hoffnungslos überfüllt. Bisweilen erinnert der Fahrstil mancher Chauffeure auch an selbstmörderische Absichten, die für unsere Begriffe ausgesprochen sorglos über die vor allem im Landesinnern und im Bergland schmalen und kurvenreichen Straßen brettern. **Offizielle Fahrpläne gibt es nur selten**, gefahren wird daher oft erst, wenn der Bus voll ist.

Tour 1 Große Inselrundfahrt

Start und Ziel: Colombo   **Dauer:** 12 – 14 Tage

Die große Sri-Lanka-Rundreise tangiert so gut wie alle bedeutenden Sehenswürdigkeiten der Insel. Für jeden, der Sri Lanka zum ersten Mal besucht, bietet sie einen umfassenden Einblick. Die Route ist so angelegt, dass man auch Ziele besichtigen kann, die etwas abseits der Hauptstrecke liegen.

1. Tag:
Colombo –
Dambulla

Verlassen Sie ❶ ✶✶ **Colombo** am frühen Morgen in Richtung Norden. Bereits wenige Kilometer außerhalb der Stadt erreichen Sie den Raja Maha Vihara in **Kelaniya**. Seine ältesten Teile stammen aus dem 13. Jh., beachtenswert sind die teils hervorragend erhaltenen Wandmalereien. Von hier geht es durch die abwechslungsreiche Landschaft hinein in das Innere der Insel. Etwa um die Mittagszeit dürfte man ❷ **Kurunegala** erreicht haben. Hier beeindrucken die seltsam geformten, nach Tiernamen benannten Felsen über der Stadt, die man auch schon von dem schön gelegenen **Batalagoda-See** aus sehen kann. Für die berühmten Höhlentempel von ❸ ✶✶ **Dambulla** sollte man ausreichend Zeit mitbringen. Sie waren bereits in prähistorischer Zeit bewohnt, der größte Teil ihrer prachtvollen Ausstattung stammt jedoch aus dem 1. Jh. v. Chr. (Übernachtung in Dambulla).

 NICHT VERSÄUMEN

- Kelaniya: wunderschöne Wandmalereien
- Dambulla: prachtvolle Höhlenmalereien
- Kandy: Ein Zahn lockt Tausende von Pilgern.
- Horton Plains: ein Paradies für Naturfreaks
- Tissamaharama: Von hier aus geht's in den Yala National Park.

2. Tag:
Mihintale –
Aukana

Auch dieser Tag sollte frühzeitig begonnen werden, damit ausreichend Zeit für die Besichtigung des Klosters von Mihintale und – am Nachmittag – von Anuradhapura zur Verfügung steht. Erste Station ist ❹ ✶✶ **Mihintale**, die Geburtsstätte des Buddhismus auf Sri Lanka. Hierher soll um 250 v. Chr. der Mönch Mahinda im Auftrag von König Ashoka gekommen sein, um die Lehre des Erleuchteten zu verbreiten. Alljährlich am Tag des Juni-Vollmonds feiern Zehntausende Pilger hier dieses Ereignis. ❺ ✶✶ **Anuradhapura** schließlich gehört der Nachmittag. Die Erkundung der ausgedehnten Ruinenstätte vermittelt einen Eindruck von der Baukunst früherer singhalesischer Könige. Anschließend verdient die ❻ ✶✶ **Buddha-Statue von Aukana**, die Meisterleistung eines leider unbekannten Künstlers, einen Besuch (Übernachtung in Dambulla).

3. Tag:
Polonnaruwa –
Sigiriya

Zwei weitere Höhepunkte im sogenannten **Kulturellen Dreieck** von Sri Lanka stehen am dritten Tag auf dem Programm. Zunächst geht die Fahrt nach ❼ ✶✶ **Polonnaruwa**, das Anuradhapura um 1073 als

★★ Anuradhapura ⑤ ④ ★★ Mihintale

12 km

64 km

46 km

★★
Buddhastatue
von Aukana ⑥

79 km

⑧ *67 km* ⑦ ★★ Polonnaruwa

★★ Dambulla ③ ★★ Sigiriya

55 km

105 km

Kurunegala ②

⑩ Dalada Maligawa

⑪ *33 km* ⑨ *10 km*

93 km

★★ Botanischer Garten
von Peradeniya

★★ Pinawella
Elefanten-
waisenhaus

103 km

① ★★ Colombo

⑫ ★ Nuwara Eliya

50 km

⑬

★ Ratnapura

★★ Horton
Plains

⑱

★★
Yala-
Nationalpark

87 km

167 km

⑮

★★ Ambalangoda
⑲

133 km

Hambantota

★ Hikkaduwa *13 km* ⑰

⑭ *67 km*

17 km

124 km

★★ Galle ⑯

Pinawella
*Offensichtlich viel Spaß haben
die kleinen Dickhäuter beim Baden.*

Hauptstadt ablöste. Auch hier wartet eine Vielzahl von teils recht gut erhaltenen Ruinen auf Besucher. Die Krönung dieses Vormittags ist die Besichtigung der berühmten **Buddha-Statuen im Gal Vihara**.

Nur wenige Kilometer von Polonnaruwa entfernt liegt die einzigartige Felsenfestung von ❽ ✴ ✴ **Sigiriya**, das Ziel des Nachmittags. Nachdem man die in aller Welt bekannten »**Wolkenmädchen von Sigiriya**« gesehen hat, sollte man keinesfalls den etwas mühsamen Aufstieg zur eigentlichen Felsenfestung versäumen. Allein die Vorstellung, wie die Arbeiter unter König Kassyapa das Baumaterial auf den Felsen brachten, raubt schier den Atem. Dafür belohnt eine herrliche Weitsicht den schweißtreibenden Aufstieg (Übernachtung in Dambulla).

4. Tag:
Dambulla –
Kandy

Was sich bei der Fahrt von Sigiriya zurück nach Dambulla bereits angekündigt hat, steht im Mittelpunkt der kommenden Tage. Die Landschaft wird üppiger, das **zentrale Bergland** rückt ins Blickfeld. Etwa auf halber Strecke nach Kandy kann man einen Abstecher zum Alu Vihara bei **Matale** einplanen, der schon wegen seiner beeindruckenden Lage in einer großartigen Felslandschaft besticht. Der Tempel spielte eine wichtige Rolle für den Buddhismus: Hier soll ein Konzil von etwa 500 Mönchen stattgefunden haben, bei dem die Worte Buddhas erstmals schriftlich niedergelegt wurden.

> ! **Baedeker** TIPP
>
> **Kandyan Dance Show**
> In Kandy sollten Sie abends einen Besuch der Kandyan Dance Show anvisieren. Dabei werden Tänze aus allen Landesteilen gezeigt (Cultural Center der Kandyan Art Association, 72 Sangaraja Mawatha).

Auf dem weiteren Weg nach **Kandy**, das man um die Mittagszeit erreichen sollte, lohnt noch eine kurze Pause an einem der zahlreichen **Gewürzgärten** entlang der Straße A 9. Hier erfährt man einiges über die traditionelle Naturheilkunde **Ayurveda**, die seit geraumer Zeit eine neue Blüte erlebt.

Bevor es in Kandy den Tempel des Heiligen Zahns zu besichtigen gilt, steht Kurzbesuch des bereits im 14. Jh. als königlicher Lustgarten angelegten ❾ ✴ ✴ **Botanischen Gartens von Peradeniya** an. Er gilt als eine der schönsten Anlagen dieser Art weltweit.

Die Besichtigung des wichtigsten Heiligtums auf Sri Lanka bildet den Abschluss dieses erlebnisreichen Tages. Der Heilige Zahn, der von Buddha selbst stammen soll und im Lauf der Jahrhunderte eine odysseehafte Reise durch verschiedene Landesteile erlebte, zieht im ❿ ✴ ✴ **Dalada Maligawa**, dem »Tempel des Heiligen Zahns« täglich Tausende gläubiger Buddhisten in seinen Bann (Übernachtung in Kandy).

5. Tag:
Ausflug

Wiederum wird ein früher Start am Morgen durch ein Erlebnis der besonderen Art belohnt. Das ⓫ ✴ ✴ **Elefantenwaisenhaus von Pinawella** findet man nur wenige Kilometer westlich von Kandy bei Kegalla. Man sollte spätestens gegen 8.30 Uhr starten, um die Fütterung der Jungtiere nicht zu versäumen. Vergnüglich ist anschließend auch das Bad der Dickhäuter im Fluss, an dem man sogar teilnehmen kann (Übernachtung in Kandy).

Hoch hinauf geht es am sechsten Tag der Rundreise, und zwar in die »Stadt über den Wolken«, wie ⑫ ✴ **Nuwara Eliya** auch genannt wird. Man spürt den Temperaturunterschied und die Luft wird klar und frisch. Die vor allem mit Teebüschen dicht besetzte Landschaft gehört zu den schönsten auf Sri Lanka, aber auch zu denen, die landwirtschaftlich am intensivsten genutzt werden. Natürlich bietet es sich an, eine **Teefabrik** zu besuchen, davon gibt es hier einige. Auch die Stadt Nureliya – wie der Name von den Einheimischen ausgesprochen wird – hat einige Sehenswürdigkeiten und nicht zuletzt Einkaufsmöglichkeiten (Übernachtung in Nuwara Eliya).

**6. Tag:
Kandy –
Nuwara Eliya**

Mit dem Jeep in die ⑬ ✴✴ **Horton Plains** – das ist eines der schönsten Erlebnisse, die Naturfreunden geboten werden können. Müßig zu betonen, dass man auch hierzu früh starten sollte. Denn an der Stelle, die **World's End** genannt wird, ziehen in den späteren Vormittagsstunden Nebelfetzen auf und machen die ansonsten herrliche Sicht vom steil abfallenden Felsen nahezu unmöglich.
Die Fahrt geht zurück nach Nuwara Eliya, von dort aber gleich weiter nach Bandarawela. Auf dem Weg liegt der bekannte **Botanische Garten von Hakgala**, der aus einer Kaffeeplantage hervorging. Auf der Weiterfahrt nach Bandarawela öffnet sich an einigen Stellen ein großartiger Blick auf eine beeindruckende Landschaft, der bei klarem Wetter bis hinunter zur Südküste von Sri Lanka reicht. Bei **Bandarawela**, einem weiteren Zentrum des Teeanbaus, gibt es – entsprechend Zeit vorausgesetzt – zudem die Möglichkeit, die Höhlen in Istripura zu besichtigen (Übernachtung in Bandarawela).

**7. Tag:
Nuwara Eliya –
Bandarawela**

Die Strecke führt nun wieder in das Tiefland, was man allein schon an den deutlich höheren Temperaturen spürt. ⑭ **Hambantota** war bis zum Tsunami am 26. Dezember 2004 ein höchst lebendiger Fischerort an der Südostküste von Sri Lanka. An manchen Stellen sieht man noch die Zerstörungen, vieles wurde jedoch zwischenzeitlich wieder aufgebaut. Hambantota galt als Musterbeispiel der Regierung für den Wiederaufbau. Der Hafen wird derzeit mit chinesischer Hilfe auch für große Schiffe ausgebaut und soll bis 2011 fertiggestellt sein. Auch der Wiederaufbau der einstige Königsresidenz **Tissamaharama**, in der frühere Könige ein beeindruckendes Bewässerungssystem einrichteten, dauert an (Übernachtung in Hambantota).

**8. Tag:
Bandarawela –
Hambantota**

Für eine Fahrt durch den ⑮ ✴✴ **Yala National Park** gibt es zwei Möglichkeiten: Entweder startet man schon am frühen Morgen oder am Nachmittag. Der Unterschied ist gering, denn zu beiden Zeiten sieht man eine Vielzahl von Tieren, darunter auch wild lebende

**9. Tag:
Yala National
Park**

Elefanten, Wasserbüffel, Krokodile sowie zahlreiche Vögel. Das Anmieten eines geländegängigen Fahrzeugs mit ortskundigem Führer empfiehlt sich (Übernachtung in Hambantota).

10. Tag:
Hambantota –
Galle

Entlang der Küstenstraße führt die Strecke nun durch einige **Fischerdörfer**, beziehungsweise durch das, was nach dem Tsunami von ihnen übrig geblieben ist. Tausende Familien wurden obdachlos, mehrere Tausend Menschen starben und hinterließen Waisen. Beeindruckend sind aber auch gerade hier die Hilfsmaßnahmen aus aller Welt, die den Menschen wenigstens ein provisorisches Zuhause gaben. Unterwegs lohnt ein Abstecher zum **Blow Hole**, einem Felsspalt, in dem das Meerwasser zusammengepresst wird und fontänenartig in die Höhe schießt. Am besten kann man dieses Phänomen während der Monsunzeit erleben, wenn die Wellen entsprechend hoch sind. Die Stadt 16 ✶✶ **Galle** besaß schon vor vielen Jahrhunderten einen bedeutenden Hafen, musste diesen Rang aber längst an Colombo abgeben. Reizvoll ist aber ein Bummel durch das **Fort**, das wegen seiner exponierten Lage vom Tsunami völlig verschont blieb, wohingegen die Stadt selbst großenteils überflutet wurde. Im Fort gewinnt man einen guten Eindruck von der typischen Architektur des holländischen Kolonialzeitalters. Besonders beeindruckend sind die

An Sri Lankas Stränden sind oft Muschelsucher unterwegs – wie hier bei Galle.

noch erhaltenen massiven **Befestigungsanlagen**, die aber nicht verhindern konnten, dass 1796 die Engländer die Stadt übernahmen (Übernachtung in Galle).

Von Galle ist es nur eine knappe Dreiviertelstunde Fahrt bis nach ⑰ ✳ **Hikkaduwa**. Dieser in den 1970er-Jahren weltbekannte Badeort lädt weniger wegen seiner Sehenswürdigkeiten, als vielmehr wegen seiner vorzüglichen Badestrände und Tauchreviere ein. Außerdem ist Hikkaduwa ein guter Ausgangspunkt für Ausflüge. Das ist ein weiterer Grund für die Empfehlung, hier gleich ein paar Übernachtungen einzuplanen und z. B. den Abend des elften Tages in einem der vorzüglichen Fischrestaurants zu verbringen.

11. Tag: Galle – Hikkaduwa

Ein weiterer Tag am Strand ist zwar sicher erholsam, Sie könnten aber auch einen Ausflug nach ⑱ ✳ **Ratnapura** unternehmen. Die **Stadt der Edelsteine** trägt ihren Namen zu Recht, denn hier werden die meisten Saphire, Rubine und anderen Edelsteine auf Sri Lanka gefunden. Die ganze Stadt lebt von der Suche oder vom Handel mit den Preziosen und selbstredend gibt es hier viele günstige **Einkaufsmöglichkeiten**. Auch die **Minen** kann man besichtigen, doch sollte man dort keinesfalls Edelsteine kaufen, denn die Händler können sehr lästig werden! (Übernachtung in Hikkaduwa.)

12. oder 13. Tag: Ratnapura

Der letzte Tag dieser Rundreise führt entlang der Südwestküste zurück zum Ausgangspunkt Colombo. Nicht versäumen sollten Sie einen Zwischenstopp in ⑲ ✳✳ **Ambalangoda**, dem Zentrum der Maskenschnitzer. Auch **Kalutara** mit seiner imposanten Dagoba direkt an der Straße lohnt eine kurze Pause. Beides berücksichtigt, sollte man **Colombo** am frühen Nachmittag erreichen.

14. Tag: Hikkaduwa – Colombo

Tour 2 Auf königlichen Spuren

Start und Ziel: Colombo   **Dauer:** 8 Tage

Die Rundreise führt zu den früheren Königsstädten auf Sri Lanka, in denen zahlreiche Altertümer von Bedeutung warten. Berücksichtigt werden aber auch landschaftlich reizvoll gelegene Sehenswürdigkeiten wie z. B. das Zentrale Hochland.

Die Rundreise beginnt in ❶ ✳✳ **Colombo**, wo man am ersten Tag genügend Zeit hat, die Sehenswürdigkeiten der Stadt zu besichtigen. Für den Vormittag empfiehlt sich ein Spaziergang durch das farbenprächtige und lebhafte Stadtviertel **Pettah**. Den Nachmittag könnte man z. B. im **Nationalmuseum** von Colombo verbringen, alternativ oder daran anschließend einen Spaziergang durch den Stadtteil **Cinnamon Garden** machen (Übernachtung in Colombo).

1. Tag: Colombo

2. Tag:
Colombo –
Anuradhapura

Etwa 210 km beträgt die Fahrstrecke für den zweiten Tag, den man früh beginnen sollte. Unterwegs gibt es nämlich eine ganze Reihe von Sehenswürdigkeiten, wie z. B. den malerisch gelegenen Tempel von **Kelaniya**. Auf der Weiterfahrt über **Kurunegala** lohnt sich ein Abstecher zur Felsenfestung von **Yapahuwa**. Sie stammt aus dem 13. Jh. und ist schon allein wegen ihrer Abgeschiedenheit im Dschungel eine Sehenswürdigkeit. Viel Zeit bleibt jedoch nicht, denn die Straße nach Anuradhapura, dem Ziel dieser Tagesetappe, ist eng und wird viel befahren. Das in alten Zeiten als Hauptstadt genutzte ❷ ✶ ✶ **Anuradhapura** ist heute ein riesiges Ruinenfeld, das nach wie vor erschlossen wird. Was es jetzt schon zu sehen gibt, ist freilich eindrucksvoll genug, denn immerhin herrschten hier insgesamt 119 Könige, von denen nicht wenige ihre baulichen Spuren hinterließen. Einer davon ließ sogar ein neunstöckiges Gebäude erbauen (Übernachtung in Anuradhapura).

✔ **NICHT VERSÄUMEN**

- Yapahuwa: Mitten im Dschungel steht eine Felsenfestung.
- Anuradhapura: Hier herrschten 119 Könige – geblieben sind eindrucksvolle Ruinen.
- Polonnaruwa: meisterhafte Buddha-Statuen im Gal Vihara
- Sigiriya: Allein die Wolkenmädchen lohnen den Besuch.

3. Tag:
Anuradhapura –
Giritale

Von Anuradhapura geht die Fahrt weiter nach ❸ ✶ ✶ **Mihintale**, der »Wiege des Buddhismus« auf Sri Lanka. Von der Plattform, auf der sich die strahlend weiße Dagoba erhebt, genießt man eine herrliche Sicht über die Landschaft.
Der Nachmittag ist der Besichtigung von ❹ ✶ ✶ **Polonnaruwa**, der zweiten Hauptstadt des singhalesischen Königreichs, vorbehalten. Die zahlreichen Ruinen weisen etliche wertvolle Details auf. Selbstverständlich darf ein Besuch der weltberühmten Felsskulpturen im **Gal Vihara** nicht fehlen. Am Abend geht es weiter nach ❺ **Giritale** (Übernachtung in Giritale).

4. Tag:
Giritale – Kandy

Früh sollten Sie an diesem vierten Tag starten, denn zunächst fahren Sie zur einzigartigen ❻ ✶ ✶ **Felsenfestung von Sigiriya**. König Kassyapa ließ sie einst erbauen, um sich der Rache seines Halbbruders zu entgehen, was ihm aber nichts nützte, denn aus unerfindlichen Gründen verließ er selbst die Festung, um sich dem Kampf zu stellen. Dass er dabei Selbstmord beging, ist eines der ungelösten Rätsel der singhalesischen Geschichte. Nicht versäumen darf man auch einen Blick auf die »Wolkenmädchen von Sigiriya«.
Auch die bekannten und nur wenige Kilometer von Sigiriya entfernten ❼ ✶ ✶ **Höhlentempel von Dambulla** sind ein Muss. Besonders schön ist die Haupthöhle mit insgesamt 66 Buddha-Figuren und nachgerade einzigartigen Wandmalereien aus verschiedenen Jahrhunderten.
Auf der Weiterfahrt nach Kandy – die Straße führt durch eine immer üppiger werdende Landschaft in die höher gelegenen Inselteile – gibt

✷✷ **Anuradhapura** ② — 12 km — ③ ✷ ✷ **Mihintale**

— 97 km — **Giritale** ⑤

67 km

✷✷ **Sigiriya** ⑥ ④ ✷✷ **Polonnaruwa**

✷✷ **Dambulla** ⑦ — 24 km —

206 km   72 km

Anuradhapura
*Ein Meisterwerk singhalesischer
Künstler ist das Steinrelief
»Die Liebenden« im Felsen-
kloster Isurumuniya Vihara.*

⑨ — 33 km — ⑧ ✷✷ **Kandy**

✷✷ **Pinawella
Elefanten-
waisenhaus**

103 km

① — 51 km — ⑪ 125 km ⑩

Avissawella ✷ **Nuwara Eliya**

✷✷
Colombo

Kandy
*Ein schönes Abendprogramm
beim Besuch der Stadt:
Kandy-Tänze*

es noch das Kloster **Alu Vihara** (►Matale) oder auch die Stadt selbst zu besichtigen. Vorausgesetzt, man hat die Zeit, sollte man diese geschichtlich interessanten Stätten unbedingt besuchen. Der nächste Übernachtungshalt ist in Kandy.

❽ ✶ ✶ Kandy, die Stadt, in der der letzte König eines singhalesischen Reichs regierte, bevor er von den Engländern im Jahr 1815 zur Kapitulation gezwungen wurde, ist reich an Sehenswürdigkeiten verschiedenster Art. Den Morgen verwendet man am besten für einen Besuch des wichtigsten buddhistischen Heiligtums auf Sri Lanka, des **Tempels des Heiligen Zahns**. Er wurde 1998 durch einen Bombenanschlag der Tamil Tiger, der militanten Organisation der Tamilen, schwer beschädigt, ist aber inzwischen wieder hergestellt. Das Attentat traf die Singhalesen sprichwörtlich mitten ins Herz und kostete die Tamilen viele Sympathien für ihre besondere Problematik.

Für den Nachmittag könnte man sich einen Besuch des wunderbaren **Botanischen Gartens von Peradeniya** vornehmen (►Kandy). In dieser herrlichen Parkanlage, die an drei Seiten von Sri Lankas längstem Fluss, dem Mahaweli Gange, umschlossen wird, gibt es eine Fülle an exotischen Pflanzen und Bäumen zu sehen (Übernachtung in Kandy).

6. Tag:
Kandy –
Nuwara Eliya

Von Kandy dauert die Fahrt etwa eine Dreiviertelstunde zu dem nur auf den ersten Blick unscheinbaren Ort Pinawella. Hier gibt es jedoch eine weltweit einzigartige Pflegeeinrichtung, das **❾ ✶ ✶ Elefantenwaisenhaus von Pinawella** (►Kegalla). Einzigartig deshalb, weil der Staat als Träger agiert und für den Unterhalt aller Elefanten jeden Alters aufkommt, die – aus welchen Gründen auch immer – des besonderen Schutzes bedürfen. Das Eintrittsgeld deckt nur einen Teil der entstehenden Kosten, wenn man bedenkt, dass ein ausgewachsener Elefant am Tag etwa 250 kg Futter benötigt und ein Elefantenkind mit täglich 60 Litern Babymilch großgezogen wird.

Weiter geht die Fahrt vorbei an Teeplantagen nach **❿ ✶ Nuwara Eliya**, der höchstgelegenen Stadt auf Sri Lanka. Gerade deshalb war sie bei den Kolonialherren aus England so beliebt. Hier ist die Luft klarer als in Colombo und die Temperaturen sind längst nicht so hoch wie im Tiefland. Am Nachmittag sollte noch genügend Zeit bleiben, dass man sich auf die vielerorts noch sichtbaren Spuren der englischen Kolonialherren machen kann (Übernachtung in Nuwara Eliya).

7. Tag:
Nuwara Eliya –
Avissawella

Auf der Weiterfahrt in Richtung Westküste über die A 7 kann man auf den riesigen **Teeplantagen** viele tamilische Frauen bei ihrer mühevollen und miserabel bezahlten Arbeit als Teepflückerinnen beobachten. Wenn man die Abzweigung nach Hatton • Dikoya, einem hübschen Doppelort inmitten einer grandiosen Landschaft, außer Acht lässt, erreicht man direkt bei **Kitulgala** (►Avissawella) eine Stelle, die besonders für Cineasten interessant ist: Hier wurde ein Teil des Films **Die Brücke am Kwai** gedreht, da man in Thailand, wo die echte Brücke stand, auf der Suche nach einer passenden Örtlichkeit nicht fündig wurde. Übernachten kann man unweit des Drehorts in einem **Gästehaus**, zudem gibt es ein Quartier in Avissawella.

Wählt man die zweite Übernachtungsmöglichkeit, ist es am achten und letzten Tag dieser Rundreise nicht weit zu den Ruinen der einstigen ⑪**Königsstadt Sitavka** (► Avissawella). Sie liegt an einer Biegung des gleichnamigen Flusses und besaß eine Befestigungsanlage der Portugiesen bzw. der Holländer. Bis nach Colombo, dem Ausgangspunkt dieser Rundreise, sind es nur noch knapp 60 km über die A 4.

8. Tag:
Kitulgala bzw.
Avissawella –
Colombo

Tour 3 Das zentrale Bergland

Start und Ziel: Colombo   **Dauer:** 4 bzw. 5 Tage

Unsere Fahrt führt von Colombo direkt ins Zentrale Hochland und dort in die Städte Kandy und Nuwara Eliya. Der Schwerpunkt liegt dabei weniger auf der Besichtigung historisch bedeutender Tempelanlagen, die Rundreise vermittelt vielmehr einen guten Eindruck von der einzigartigen Landschaft des Inselinneren.

Man verlässt ①✶✶ **Colombo** am frühen Morgen auf der A 1 in Richtung Kurunegala. Erstes Ziel ist ②**Kelaniya** mit dem beachtenswerten Tempel **Raja Maha Vihara**. Interessant sind vor allem die Wandgemälde im älteren, rechts vom Hauptheiligtum gelegenen Tempelteil; sie stellen Szenen aus den Jataka, den Vorleben Buddhas, dar. Weiter geht die Fahrt nach ③**Ambepussa**, wo es zwar keine ausgesprochenen Sehenswürdigkeiten gibt, doch ist die Landschaft allein schon interessant genug. Auch in **Kegalla**, eine der weniger bedeutsamen Hauptstädte des singhalesischen Reichs, ist nicht mehr viel vom einstigen Glanz zu sehen. Die eigentliche Sehenswürdigkeit befindet sich wenige Kilometer nordöstlich von Kegalla; es ist das ④✶✶ **Elefantenwaisenhaus von**

1. Tag:
Colombo – Kandy

✔ NICHT VERSÄUMEN

- Kelaniya: schöne Wandmalereien und ein mächtiger Bodhi-Baum
- Kegalla: wo Elefantenwaisen ein liebevolles Zuhause finden
- Kandy: Lust auf Natur? Im Botanischen Garten von Peradeniya werden Sie fündig!
- Kandy: Ein Zahn lockt Tausende von Pilgern
- Nuwara Eliya: Abkühlung im Bergland
- Ratnapura: Hier wird nach Edelsteinen gesucht.

Pinawella (► Kegalla). Vielleicht hat man das Glück, die Fütterung der Babyelefanten beobachten zu können, von denen es hier immer einige gibt. Am Abend erreicht man Kandy, die letzte Hauptstadt des ehemaligen Königreichs (Übernachtung in Kandy).

2. Tag:
Kandy –
Nuwara Eliya

Den Vormittag sollte man der Besichtigung des eindrucksvollen **5 ★ ★ Tempels des Heiligen Zahns** in ►Kandy widmen. Vor diesem mit Abstand bedeutendsten Heiligtum des Buddhismus auf Sri Lanka versammeln sich tagtäglich Tausende von Gläubigen, um der hochverehrten Buddha-Reliquie in dem rund 1 m hohen, prachtvollen Reliquiar zu huldigen.

Man verlässt Kandy über die A 1 in Richtung Südwesten und passiert Peradeniya mit seinem berühmten **Botanischen Garten** (► Kandy). Für seine Besichtigung sollte man bei dieser Rundreise allerdings nur einen kurzen Abstecher einplanen.

Bei Peradeniya verlässt man die A 1, um auf der A 5 in Richtung Süden weiterzufahren. Gampola, die Heilige Stadt am Strom – gemeint ist der Siripura Gange, an dem der liebenswürdige Ort liegt – passierend, verläuft diese Straße bereits durch das **Zentrale Hochland**, was man auch an den Temperaturen bemerkt. Diese Region ist dafür bekannt, dass hier der beste Tee der Insel angebaut wird. Einen kurzen Stopp an den **6 Ramboda-Wasserfällen** sollte man nutzen, um den Blick über die einzigartige Landschaft zu genießen. Von hier ist es nicht mehr weit nach **7 ★ Nuwara Eliya**, der »Stadt in den Wolken«, dem Etappenziel des zweiten Tages (Übernachtung in Nuwara Eliya).

3. Tag:
Nuwara Eliya –
Ratnapura

Etwa 150 km beträgt die Fahrstrecke des dritten Tages. Sie führt von Nuwara Eliya auf der A 5 zunächst noch Osten, später – bei Wellmade – in Richtung Süden.

Bei Haputale wendet sich die Straße wieder nach Westen und führt vorbei an den **8 ★ ★ Horton Plains**. Auf den ersten Blick vom Tal aus unterscheidet sich diese Landschaft nur wenig von der bisherigen des Zentralen Hochlands. Allerdings bildet das Hochplateau, auf dem die Horton Plains liegen, eine interessante Ausnahme zu dem bisher Gesehenen. Naturfreunde und Wanderer könnten dafür vielleicht einen zusätzlichen Tag einplanen. Angeraten scheint allerdings die Quartiernahme in Ratnapura, da es hier ansonsten keine empfehlenswerten Unterkünfte gibt. Am Abend erreicht man Ratnapura, das Zentrum der Edelsteinsuche und des -handels (Übernachtung in Ratnapura).

4. bzw. 5. Tag:
Ratnapura –
Colombo

Nutzt man die Gelegenheit, von Ratnapura zurückzufahren, um die Horton Plains zu besuchen, verlängert sich die Route 3 um einen Tag. Dann empfiehlt es sich auch, eine weitere Nacht in Ratnapura zu verbringen.

Nur etwa 100 km sind es noch von Ratnapura bis nach Colombo, sodass genügend Zeit bleibt, diesen Tag gemächlich anzugehen. Beispielsweise gibt es in **9 ★ Ratnapura** ein hübsches Edelsteinmuseum, das in jedem Fall einen Besuch lohnt. Während der Rückfahrt nach Colombo wird man den Wechsel der Landschaft vom satten Grün der Berge zu den trockenen Gebieten der Westküste deutlich bemerken.

Kelaniya
*Am Raja Maha Vihara tanzen
die steinernen Gnome.*

Tour 4 Kombination mit Tour 3

Dauer: 4 bzw. 5 Tage zusätzlich

**Diese Rundreise basiert für den ersten und zweiten Tag auf der zu-
vor beschriebenen Route 3, bietet jedoch die Gelegenheit, auch
noch die Tierwelt von Sri Lanka im berühmten Yala National Park
kennen zu lernen.**

Statt von ❶ ★ **Nuwara Eliya** in Richtung Ratnapura zu fahren, be-
nutzt man die A 5 nach ❷ **Badulla**. Hier lohnen die ❸ **Dunhinda-
Wasserfälle** einen kurzen Abstecher, bevor die Fahrt in Richtung
Süden zunächst über die A 5 und dann über die A 16 bis Ella geht.
Die Besichtigung der **Felsbildwerke von Buduruvagala** (►Ella), deren
Mittelpunkt eine 15 m hohe, aus dem Felsen geschlagene Buddha-Fi-
gur ist, sollte man nicht versäumen. Sie wurden entweder im 4. Jh.
geschaffen oder – anderen Quellen zufolge – erst 500 Jahre später.
Von Ella geht die Fahrt weiter über die A 23, die spätere A 2, die

**3. Tag:
Nuwara Eliya –
Tissamaharama**

nach ❹**Tissamaharama** unweit der Südostküste führt (Übernachtung in Tissamaharama).

2. Tag:
Ausflug

Der in der Nähe von Tissamaharama gelegene ❺✶✶ **Yala National Park** bietet einen guten Einblick in die vielfältige Tierwelt von Sri Lanka. Es lohnt sich, den Ausflug dorthin möglichst früh zu beginnen, da sich die Tiere während der heißen Tageszeit ins Dickicht der Büsche zurückziehen. Erreicht man den Yala National Park bereits gegen 9.00 Uhr, ist die Wahrscheinlichkeit groß, selbst Leoparden auf dem weitläufigen Gelände beobachten zu können. Außerdem gibt es hier etliche wild lebende Elefanten, zahllose Vögel und Reptilien.
Der Nachmittag kann dafür genutzt werden, um das **Maha Devale** in ► Kataragamazu besuchen. Dieser Tempel scheint die Zeiten unverändert überstanden zu haben (Übernachtung in Tissamaharama).

3. Tag:
Tissamaharama –
Galle

Die Straße von Tissamaharama nach Galle verläuft fast ausschließlich entlang der Südküste durch die vom Tsunami größtenteils zerstörten **Fischerdörfer** und durch kleinere Ortschaften, in denen vielleicht gerade der eine oder andere sehenswerte Markt stattfindet.
Bei Tangallabe findet sich das ❻✶✶ **Blow Hole**, ein Felsspalt, durch den das von den Wellen herangeführte Meerwasser gepresst und fontänenartig in die Höhe gespritzt wird.
❼✶✶ **Matara**, das nächste Ziel dieses Tages, ist auch noch nach dem Tsunami bekannt für seine schönen **Badestrände**, die man bereits vor dem Erreichen der Stadt passiert. ❽**Dondra Head** schließlich wird das südliche Ende von Sri Lanka genannt: Ein 64 m hoher **Leuchtturm** markiert diese Stelle.
Von Matara sind es nur wenige Kilometer bis nach ❾✶✶ **Galle**. Vorausgesetzt, man erreicht diese während der Zeit der Portugiesen und Holländer so bedeutende Stadt noch am Nachmittag, lohnt sich ein Spaziergang durch den Stadtteil **Fort**. Beeindruckend sind die baulichen Zeugen der Kolonialarchitektur, z. B. einige Kirchen, sowie die größtenteils hervorragend erhaltenen Befestigungsanlagen (Übernachtung in Galle).

4. Tag:
Hikkaduwa –
Colombo

Entlang der Südwestküste führt die A 2 zu dem lebendigen Touristenort ❿✶ **Hikkaduwa**. Es sind nur wenige Kilometer, sodass Sie sich unterwegs Zeit lassen können für einen erholsamen Aufenthalt an einem der **herrlichen Strände**.
Von Hikkaduwa nach Colombo sind es dann noch etwa 100 km. Entsprechend Zeit vorausgesetzt, empfiehlt sich deshalb die **Quartiernahme in Hikkaduwa**, evtl. aber auch in Bentota, um nicht zu nahe an die laute und hektische Großstadt heranzukommen. Dies gilt auch für den Fall, dass man für den restlichen Aufenthalt auf Sri Lanka ein Hotel in Negombo nördlich von Colombo gebucht hat oder buchen möchte. Die Fahrt von Hikkaduwa bzw. Bentota nach Negombo führt durch Colombo und nimmt deshalb mindestens einen halben Tag in Anspruch.

Nuwara Eliya
*Die Ramboda-Wasserfälle
bei Nuwara Eliya stürzen
aus 100 m in die Tiefe.*

✶ **Nuwara Eliya** ① 55 km ② **Badulla**
                                   21 km
                                ③ ✶ **Ella**

✶✶
**Yala
National Park**
⑤

182 km   38 km

Tissamaharama ④

Yala National Park
*Im westlichen Teil des Parks
kann man zahllose Vögel
entdecken.*

✶ **Hikkaduwa**
⑩
✶✶ **Galle**
⑨   45 km   31 km   ⑥ ✶✶ **Blow Hole**
17 km   ⑧   ⑦
88 km
Dondra Head   ✶✶ **Matara**

Galle
*Galle war eine bedeutende Hafen-
stadt auf Sri Lanka. Der Leuchtturm
wies den Schiffen den Weg.*

Reiseziele von A bis Z

DSCHUNGELLANDSCHAFTEN,
TEEPLANTAGEN IN DEN BERGEN
UND TRAUMHAFTE SANDSTRÄNDE
SIND NICHT ALLES, WAS SRI LANKA
ZU BIETEN HAT. AUCH EINE URALTE KULTUR
HAT EINDRUCKSVOLLE SPUREN HINTERLASSEN.

★★ Adam's Peak (Sri Pada)

B 8

Provinz: Sabaragamuwa   **Höhe des Gipfels:** 2243 m ü.d.M.

Obwohl der Adam's Peak nur der fünfthöchste Berg Sri Lankas ist, gilt er als die bedeutendste Erhebung der Insel. Für Hindus, Buddhisten und Moslems, aber auch für den christlichen Teil der Bevölkerung ist er das Pilgerziel schlechthin. Für Naturenthusiasten ist der Sonnenaufgang auf seinem Gipfel ein unvergessliches Erlebnis.

Adam weinte 1000 Jahre

Seinen heutigen Namen trägt der Berg vermutlich aufgrund einer historischen Überlieferung, die dem arabischen Weltreisenden lbn Battuta (▶Berühmte Persönlichkeiten) zugeschrieben wird. In einem seiner zahlreichen Reiseberichte beschreibt er einen heiligen Berg namens Al Rohun, auf dem Adam nach seiner Vertreibung aus dem Paradies erstmals seinen Fuß auf die Erde gesetzt und nicht weniger als 1000 Jahre sein Schicksal beweint haben soll. Auch in den Berichten des venezianischen Asienreisenden Marco Polo, der Sri Lanka im 13. Jh. bereiste, findet sich eine Stelle, in der er auf dem Berg Adams Grab vermutete. Zwar haben sich diese Überlieferung in erster Linie die Moslems zu eigen gemacht, doch bezieht auch ein Teil der auf Sri Lanka lebenden Christen seinen Glauben an die Bedeutung des Bergs aus dieser Historie. Andere wiederum nehmen an, dass der heilige Thomas, ein Jünger Jesu, während seiner Missionsreisen durch den indischen und den persischen Raum den Berg bestiegen und auf dem Gipfel eine Fußspur hinterlassen hat.

Der Adam's Peak ist zwar nur der fünfthöchste Berg des Landes, doch spirituell ist er der bedeutendste. Hier soll Buddha einen Fußabdruck hinterlassen haben.

ADAM´S PEAK ERLEBEN

ANREISE

Mit dem Auto:
Von Colombo nach Dalhousie über die A 4 bis Avissawella, von dort weiter über die A 7 bis Hatton (ca. 154 km).

Mit der Bahn:
Von Colombo nach Kandy, von dort gibt es tägliche Verbindungen nach Hatton. In Hatton fahren Omnibusse oder Taxis.

Mit dem Bus:
Keine regelmäßigen Busverbindungen bis Dalhousie, nur Pilgerbusse.
Alternative: Von Colombo bis Maskeliya täglich mehrere Verbindungen (Fahrtdauer ca. 6 Std.), von dort Weiterfahrt mit dem Taxi.

ÜBERNACHTEN

► **Günstig**
In Dalhousie gibt es etliche Guest Houses und Pilgerherbergen mit einfacher Ausstattung, aber zu äußerst günstigen Preisen (z. B. das White House, geöffnet von Dez. bis Mai).

Buddhisten wie Hinduisten betrachten den Adam's Peak als heilige Stätte, als Berg des Gottes Saman, der zu den vier Wächtergottheiten zählt. Doch den Buddhisten ist vor allem der **Fußabdruck Buddhas** (Sri Pada) heilig, eine 1,60 m lange und 75 cm breite Vertiefung, die der Erleuchtete bei einem seiner drei Besuche auf Sri Lanka hinterlassen haben soll. König Valagam Bahu soll die Fußspur im 1. Jh. n. Chr. entdeckt haben.

Ein Berg für jeden Glauben

Auch die Hinduisten betrachten diese Vertiefung als heilig. Sie sehen in ihr eine **Fußspur des Gottes Shiva** und nennen den Adam's Peak Shivanadi-padam. Letztendlich lassen sie aber auch die buddhistische Interpretation gelten, denn Buddha ist ihrer Auffassung zufolge eine Reinkarnation des Gottes Shiva.

Aufstieg auf den Adam's Peak

Von den beiden Wegen, die auf den Adam's Peak führen, windet sich der eine – längere – von Süden aus Richtung Dalhousie auf den Berg hinauf. Der andere beginnt an der Nordseite bei Maskeliya.

Zwei Wege

Ungeachtet dessen, welchen Weg man wählt, sollte man für eine Besteigung des Adam's Peak **auf jeden Fall zwei Tage einplanen**. Der Aufstieg über rund 6,5 km, bei dem ca. 5200 Stufen zu überwinden sind, ist beschwerlich; besonders in der heißen bzw. tropisch-feuchten Jahreszeit bedarf es einer guten Kondition. Eine gute Ausrüstung (festes Schuhwerk, ein ausreichender Trinkwasservorrat sowie wärmende Kleidung) sind unbedingt empfehlenswert. Für einen gemächlichem Marsch sollte man etwa 3 bis 4 Stunden einplanen.

Bei einer Besteigung von Dalhousie her sollte der erste Tag der Anreise gehören. Dort empfiehlt sich eine Quartiernahme in einer einfachen Herberge oder in dem unweit entfernten Ort Dikoya (►Hatton · Dikoya). Den eigentlichen Aufstieg zum Berggipfel sollte man schon gegen Mitternacht beginnen, um das fantastische Naturereignis des Sonnenaufgangs auf dem Berg nicht zu verpassen. Der Weg von der Dalhousie-Teeplantage führt durchweg über Stufen, sodass es einer zusätzlichen Beschilderung nicht bedarf. Entlang des Wegs gibt es Teehäuser, in denen warme Getränke gereicht werden.

Auf dem Gipfel   Den Gipfel bildet eine etwa 300 m² große, dicht bebaute Plattform, auf der sich in einem kleinen Tempel die ummauerte Fußspur – offenbar die eines linken Fußes – befindet. Im 12. Jh. ließ König Parakrama Bahu I. auf dem Gipfel des Adam's Peak einen dem Hindu-Gott Saman geweihten Tempel errichten. Später zogen buddhistische Mönche in den Tempel ein, bis der zum Brahmanismus übergetretene König Raja Sinha I. ihn im 16. Jh. wieder den Brahmanen übergab. Erst unter König Kirti Sri, der den Buddhismus auf Sri Lanka wieder

> **! Baedeker TIPP**
>
> **Nur nicht am Wochenende!**
> Wenn Sie den Adam's Peak besteigen möchten, sollten Sie einen Wochentag wählen. An den Wochenenden bilden sich auf dem Pilgerpfad zum Gipfel manchmal kilometerlange Schlangen – und die Unterkünfte sind meist auch überfüllt.

in Erinnerung brachte, wurde er zwei Jahrhunderte später wieder von buddhistischen Mönchen bewohnt. Die brahmanischen Priester wurden jedoch nicht vertrieben; sie bauten sich einen kleineren Tempel, der noch erhalten ist. Die weiteren Gebäude stammen alle aus neuerer Zeit und sind nicht besonders bemerkenswert.

Die **Glocken**, die man nach dem Erreichen des Gipfelplateaus anschlagen kann, haben für die Pilger eine symbolische Bedeutung: Wer den Adam's Peak zum ersten Mal besteigt, darf eine von ihnen einmal anschlagen, beim zweiten Besuch zweimal und bei jedem weiteren einmal mehr.

Nach dem Sonnenaufgang, den die Gläubigen mit großem Jubel feiern, bietet sich bei klarem Wetter vom Gipfel des Adam's Peak ein herrlicher Rundblick über das Hochland hinweg bis Colombo.

✶✶ Ambalangoda

B 9

Gebiet: Südwestküste	**Provinz:** Southern
Höhe: 5 m ü.d.M.	**Einwohnerzahl:** ca. 60 000

Die Stadt liegt herrlich an der Südwestküste der Insel und besitzt ein aus einem Felsen herausgebildetes Schwimmbad. Wer dem Tourismustrubel von Bentota oder Hikkaduwa entfliehen möchte und Kontakt mit der Bevölkerung sucht, dürfte hier gut aufgehoben sein. Ambalangoda wurde vom Tsunami schwer getroffen.

Sehenswertes in Ambalangoda

Ambalangoda ist die Heimatstadt der singhalesischen Maskenschnitzerei. In zahlreichen Werkstätten entstehen auch heute noch nach traditionellen, teils jahrhundertealten Motiven die Masken, die für die verschiedenen Formen des singhalesischen Tanzes benutzt werden. Die großartigen, farbenprächtigen Kolam-Masken beispielsweise werden für das volkstümliche Tanztheater geschnitzt, Sanui- bzw. Thovil-Masken finden bei der Austreibung von Dämonen Verwendung. Bei der Herstellung dürfen nur drei Holzarten benutzt werden, und zwar das Holz des Sandelbaums, das Holz der Kadura-Mangrove und das des Brechnussbaums.

★ ★
Masken-schnitzereien

Ambalangoda ist der Geburts- und Heimatort der berühmten Maskenschnitzerfamilie Wijesooriya, die bereits seit Generationen in diesem kunstvollen Gewerbe tätig ist. Sie unterhält ein kleines Museum im Haus des Enkels von Wijesooriya, Ariyapala Gurunnanse. Hier werden die Geschichte der Kunst des Maskenschnitzens und die Bedeutung der Maskenarten anschaulich dargestellt. Eine Werkstatt befindet sich ebenfalls im Haus; gegen eine geringe Gebühr ist eine **deutschsprachige Broschüre** erhältlich (426 Patabendimulla; Öffnungszeiten: tgl. 8.00 – 17.00 Uhr; Eintritt frei).

Maskenmuseum

Die Maskenschnitzer von Ambalangoda beherrschen ihr Handwerk seit Jahrhunderten perfekt.

► AMBALANGODA ERLEBEN

ANREISE

Mit dem Auto:
Von Colombo (85 km), Bentota (28 km), Hikkaduwa (13 km) und Galle (35 km) über die A 2.
Mit der Bahn:
Station an der Strecke Colombo – Matara.
Mit dem Bus:
Von den oben genannten Orten gibt es regelmäßige Busverbindungen.

ÜBERNACHTEN/ESSEN

► Komfortabel

Sri Lanka Ayurveda Garden
95B Sea Beach Road
Patabendimulla, Ambalangoda
Tel./Fax 091 / 225 98 88
Buchung in Deutschland:
Tel. 060 82 / 92 80 80
Fax 060 82 / 92 86 39
www.ayurveda-garden.de
9 Zimmer und 1 Appartementhaus
Schön gelegenes, traditionsreiches Hotel mit familiärer Atmosphäre. Eigener Ayurveda-Kräutergarten.

Triton Hotel
Ahungalla
Tel. 091 / 640 41-4
Fax 091 / 640 46
www.aitkenspenceholidays.com
160 Zimmer, Restaurant mit einheimischer und internationaler Küche, Bar, Pool, alle Arten Wassersport
Unweit von Ambalangoda, der Stadt der Maskenschnitzer, liegt dieses Hotel direkt am Meer und dort an einem der schönsten Strände von Sri Lanka. Wahlweise ist die Buchung als »all inclusive« möglich, dann ist (fast) alles im Preis enthalten.

► Günstig

Piya Nivasa Guesthouse
Galle Road, Akurala
(5 km außerhalb von Ambalangoda)
Tel. 091 / 12 25 81 46
6 Zimmer
Einfaches Gästehaus, im Kolonialstil gehalten, mit sauberen Zimmern. Hier gibt es DZ mit Frühstück für unter 10 Euro.

Die Zimmer im Sri Lanka Ayurveda Garden sind im Kolonialstil eingerichtet.

Ebenfalls in der Ortsmitte findet man die Dance School, in der bisweilen originale Tieflandtänze, manchmal auch Kandy-Tänze aufgeführt werden.

Dance School

Wenn Sie Ambalangoda in Richtung Hikkaduwa verlassen, gelangen
Sie nach 5 km zum Galagoda-Tempel, in dem sich mit einer Länge
von 50 m die **längste liegende Buddha-Figur** von Sri Lanka befindet.

**Galagoda-
Tempel**

Am südlichen Ortsausgang steht einer der größten Tempel von Sri
Lanka, der Sunandaramaya Mahavihara. Bemerkenswert sind das Bo-
genfeld über dem Eingang, das hinduistische Elemente aufweist, sowie die aus dem 18./19. Jh. stammenden Wandmalereien, die Geschichten aus den Vorleben Buddhas erzählen.

**Sunandaramaya
Mahavihara**

★ Ampara

E 7

Gebiet: Südliche Ostküste   **Provinz:** Eastern
Höhe: ca. 25 m ü.d.M.   **Einwohnerzahl:** ca. 60 000

**Nach Ampara, der Hauptstadt des gleichnamigen Distrikts, kommt
man, wenn man den Gal-Oya-Nationalpark erkunden oder die stillen, weiten Strände der Ostküste als Urlaubsziel erkoren hat. Die
Stadt wird zu einem großen Teil von Moslems bewohnt.**

Hier und in der gesamten Provinz richtete der Tsunami dramatische
Schäden an. Etwa ein Drittel der Bevölkerung der Region – mehr als
10 000 Menschen – starb durch die Flutwellen. Der Wiederaufbau ist
noch im Gang. Bis Ampara wieder hergestellt ist, wird es noch Jahre
dauern. Unweit der Provinzhauptstadt Ampara wurde eines von fünf
SOS-Kinderdörfern auf Sri Lanka errichtet, in dem traumatisierte
Kinder ein Zuhause gefunden haben.

**Viele Opfer
des Tsunami**

Die Stadt im Gal-Oya-Tal wurde bereits im 10. Jh. gegründet, doch
ist aus dieser Zeit und den folgenden Jahrhunderten kaum etwas erhalten. In einem kleinen archäologischen Museum werden die spärlichen Funde aus dieser Zeit aufbewahrt.

**Historisches ist
kaum erhalten**

Ampara ist das Zentrum des Gal Oya Development Scheme, des
größten Entwicklungsprojekts der Insel, das um 1950 ins Leben gerufen wurde. Im Zuge dieses Unternehmens entstand der Senanayake
Samudra, ein **Stausee** mit einer Fläche von 77 km², der den Mittelpunkt des Gal-Oya-Nationalparks bildet. Erkundungen dieses landschaftlich äußerst reizvollen Gebiets werden in der Regel von Jugi-
niyagala aus unternommen, einem Ort am Ostende des Stausees, der
von Ampara etwa 16 km entfernt und über eine gut ausgebaute Straße zu erreichen ist.

**Entwicklungs-
projekt**

▶ AMPARA ERLEBEN

ANREISE

Mit dem Auto:
Von Colombo gibt es zwei Routen: über Kandy – Mahiyangana – Maha Oya (ca. 270 km) oder über Ratnapura – Wellawya – Siyambalanduwa (ca. 300 km). Empfehlenswert ist die

erstgenannte Strecke, da sie durch eine sehr schöne Berglandschaft führt.

ÜBERNACHTEN
In Ampara gibt es einige Gästehäuser mit anständigem Komfort, z. B. Monty's Guesthouse.

Umgebung von Ampara

Buddhistischer Tempel

Bei Digayapi, etwa 10 km östlich von Ampara zwischen dem Ort Trakkamam und der Küste, wurden in den 1980er-Jahren die Ruinen eines buddhistischen Tempels freigelegt. Er wurde an einer Stelle errichtet, von der die Legende erzählt, Buddha habe diese persönlich besucht.

Hamangala-Höhlen, Malayadi-Tempel

Die Hamangala-Höhlen, etwa 20 km von Ampara entfernt, waren schon in sehr früher Zeit u. a. von den Wedda bewohnt. In etlichen Höhlen sind Inschriften, in einer davon **alte Wandmalereien** von ihnen zu finden. Man erreicht die Höhlen über die A 27 in nordwestlicher Richtung, indem man zwischen dem 8. und 9. Meilenpfosten links abbiegt, den Weg bis Bandaraduwa fährt und dann noch etwa 6 km einem Dschungelpfad folgt.

Der Malayadi-Tempel, auch Illukapitiya Raja Maha Vihara genannt, besteht aus mehreren früher bewohnten Höhlen. In einer von ihnen sind ebenfalls noch Wandmalereien der Wedda zu sehen.

✶✶ Anuradhapura

B 5

Provinz: North Central
Einwohnerzahl: 56 000

Höhe: ca. 90 m ü.d.M.

Anuradhapura, eine der ältesten und sehenswertesten Städte auf Sri Lanka, liegt in der sogenannten dry zone, dem trockensten Gebiet der Insel. Die heutige Stadt Anuradhapura gliedert sich in den Ruinenteil und ein neues Zentrum, das erst im 20. Jh. entstand. Das Ruinenfeld von Anuradhapura wurde von der UNESCO zum Weltkulturerbe erklärt.

Stadt der 90 Könige?

Der Name der Stadt Anuradhapura wurde in der Vergangenheit vielfach als Ableitung des singhalesischen Wortes »anuva« betrachtet. Es bedeutet neunzig, und man meinte damit die Stadt der 90 Könige. Da es jedoch in Wahrheit 119 Könige waren, die von Anuradhapura ihr Reich regierten, dürfte diese Deutung des Namens eher falsch sein. Wahrscheinlicher ist, dass der Name der Stadt auf ein Fürstengeschlecht namens Anuradha zurückzuführen ist. Anderen Quellen zufolge wurde die Stadt nach dem Stern Anuradha benannt, der in der indischen Astrologie den Gott des Lichts verkörpert.

Residenzstadt

Anuradhapura, heute eine eindrucksvolle Ruinenstadt, war insgesamt 119 Königen in 13 Jahrhunderten – wenn auch nicht immer ungestört – Residenzstadt und eine der bedeutendsten Hauptstädte des singhalesischen Reichs. Hier und in ►Mihintale) entstanden die ersten Heiligtümer des Buddhismus, und hier entwickelte sich ein Kunststil, der zu den klassischen Stilen zählt. Durchdrungen von der Idee des Buddhismus, zeugen die Bauten vom hohen Selbstbewusstsein des jungen Reichs. Klöster und Königspalast waren Mittelpunkte der literarischen und religiösen Kultur.

Moderne Stadtplanung

Die Stadtplanung mutet geradzu modern an, dabei entstand sie bereits vor ca. 2500 Jahren. Drei im 1. Jh. v. Chr. angelegte Wasserreservoirs (singhalesisch: wewa) und ein **ausgeklügeltes Kanalsystem** sorgten für die Bewässerung des sehr trockenen Landes und für Trinkwasser in der Stadt, die zum Zeitpunkt ihrer größten Blüte mehrere Hunderttausend Einwohner gehabt haben muss.

Anuradhapura war Sri Lankas erste Hauptstadt und wird wegen ihres Bodhi-Baums von der Bevölkerung auch als heiliger Ort verehrt.

▶ ANURADHAPURA ERLEBEN

ANREISE

Mit dem Auto:
Von Kandy auf der A (138 km); von
Puttalam auf der A 12 (ca. 70 km); von
Polonnaruwa auf der A 11 (ca. 97 km)
Mit der Bahn:
Station an der Strecke von Colombo
nach Jaffna
Mit dem Bus: Regelmäßige Verbin-
dung von den oben genannten Städten

ÜBERNACHTEN / ESSEN
▶ **Komfortabel**
① *The Village*
Habarana
Tel. 066 / 227 00 47
Fax 066 / 227 00 46
www.johnkeellshotels.com
108 Cottages, Restaurant, Bar, Pool
Ideal etwa in der Mitte zwischen
Anuradhapura und Polonnaruwa
gelegenes Hotel mit sehr komfortablen
Zimmern im Cottagestil.

▶ **Komfortabel**
② *Tissawewa Rest House*
Old Town
Anuradhapura

Tel./Fax 025 / 222 22 99
20 Zimmer
Unweit der antiken Ruinenstätten von
Anuradhapura liegt dieses hübsche
Rest House im Kolonialstil inmitten
eines tropischen Gartens. Die Zimmer
sind sehr geschmackvoll ausgestattet.
Die Veranda vor dem Haus mit Blick
auf den Garten ist zugleich Bar und
abends nach dem Essen im eigenen
Restaurant ein beliebter Treffpunkt für
die Gäste.

③ *Palm Garden Village*
Puttalam Road
Pandulegema
Tel. 025 / 51 32
Fax 025 / 32 48
www.palmgardenvillage.com
50 Zimmer, Restaurant, Bar,
Shopping Arkade, großer Pool
Beeindruckend ist die weitläufige
und schön gestaltete Anlage. Die
insgesamt 50 Zimmer (davon 10
Suiten) sind in kleinen Häusern
untergebracht.

Um das Jahr 380 v. Chr. wurde die Siedlung Anuradhagama (gama =
Siedlung) von König Pandukabhaya zur Hauptstadt des singhalesischen Reichs erhoben. Er nannte sie Anuradhapura (pura = Stadt).
Die eigentliche Geschichte der Stadt begann jedoch erst mit der Regierung von König Devanampiya Tissa (250 – 210 v. Chr.), der die
von dem Mönch Mahinda verkündete Lehre des Buddhismus aufnahm und unterstützte. In diese Zeit fiel auch die erste rege Bautätigkeit; es entstanden jedoch zunächst einfache Bauten für die Bevölkerung und den Regenten, während die Bauwerke zu Ehren Buddhas
repräsentativer angelegt wurden.
Im Jahr 993 gab es den ersten Bruch in der Entwicklung der Stadt,
als sie durch die aus Südindien einfallenden Chola-Herrscher erobert
wurde. Diese überfielen aber auch die nur knapp 100 km entfernt gelegene Stadt ▶Polonnaruwa und machten sie zu ihrer Residenz. Anu-

radhapura wurde in den folgenden Jahren von dort mitverwaltet. 1070 gelang es dem früheren Fürsten von Ruhuna, König Vijaya Bahu I. von Polonnaruwa aus, das er bereits 15 Jahre zuvor zurückerobert hatte, auch Anuradhapura den Cholas wieder zu entreißen. Da Polonnaruwa strategisch günstiger lag, beließ er es bei der Wiederinstandsetzung des größtenteils zerstörten Bewässerungssystems sowie einiger buddhistischer Heiligtümer, machte aber Polonnaruwa zu seiner neuen Hauptstadt.

Von Anuradhapura, das ab diesem Zeitpunkt im Dämmerschlaf versank und im Lauf der Jahrhunderte vom Dschungel überwachsen wurde, war bis zum Beginn des 19. Jh.s nur soviel bekannt, dass ein britischer Beamte Ralph Backhaus, der per Zufall hierher kam, von einer großartigen Ruinenstadt im Norden der Insel schwärmte. Der britische Archäologe H. P. Bell fand um 1820 diese Berichte der Überprüfung wert und entdeckte die Stadt. Bis die Ausgrabungsarbeiten begannen, dauerte es jedoch noch bis 1890.

Von da an im Dämmerschlaf

Im Jahr 1980 erklärte die UNESCO das Ruinenfeld von Anuradhapura zum Weltkulturerbe, was für die längst noch nicht beendeten Ausgrabungsarbeiten natürlich immens hilfreich ist.

> ## ❗ *Baedeker* TIPP
>
> ### Mit Fahrrad oder Fahrer
>
> Das Gelände der Ruinenstadt ist mit etwa 50 km² nicht nur sehr weitläufig, sondern auch recht unübersichtlich, zumal an vielen Stellen noch Ausgrabungen stattfinden. In Hotels sowie am Eingang zum Ruinenfeld gibt es Fahrräder zu leihen. Man kann aber auch einen Fahrer engagieren, der einiges über die Geschichte der Sehenswürdigkeiten zu erzählen weiß.

Rundgang durch das Ruinenfeld

Als Ausgangspunkt der hier vorgeschlagenen Besichtigungsfahrt wird das Tissa Wewa Resthouse an der New Road empfohlen. Es wurde von einem der britischen Gouverneure als Sommerresidenz erbaut und steht in einem schön angelegten Park. Der Bau besitzt den Charme des frühen Kolonialstils. Das Wasserreservoir, dessen Namen das Rest House trägt, wurde von König Devanampiya Tissa im 3. Jh. v. Chr. angelegt. Aus ihm bezieht die Stadt Anuradhapura auch heute noch einen großen Teil des Trinkwassers.

Ausgangspunkt

Rechts von der New Road stehen die Reste der Mirisavati-Dagoba, die König Duttha Gamani um 100 v. Chr. an der Stelle erbauen ließ, wo er einst einen Speer und seine königliche Standarte in den Boden trieb. Als er den Speer wieder herausziehen wollte, gelang ihm dies nicht – worauf er um ihn herum die Dagoba errichten ließ. Der Speer besaß für den König freilich eine besondere Bedeutung: Er hatte ihn in der siegreichen Schlacht gegen den Tamilenkönig Elara (158 v. Chr.) erobert und in seinem Schaft soll sich eine Buddha-Reliquie befunden haben. Beides – Speer und Standarte – sollen sich heute

Mirisavati-Dagoba

✔ **NICHT VERSÄUMEN**

- Archäologisches Museum: wertvolle Fundstücke
- Sri Maha Bodhi: ältester Baum der Welt
- Bronzepalast: die eindrucksvollste Ruine der Stadt
- Am Queen's Pavillon: der schönste Mondstein auf Sri Lanka
- Am Felsenkloster: einzigartiges Elefantenrelief

noch in dem Schrein im Innern der Dagoba befinden. Die Mirisavati-Dagoba war **einst eine der größten Dagobas** auf Sri Lanka. Bei einer Renovierung um das Jahr 930, die König Kassyapa V. veranlasste, soll ihre Höhe jedoch reduziert worden sein.

Von den umliegenden Klostergebäuden stehen noch einige Fundamente sowie Pfeilerreihen. Erhalten blieb auch eine 3 m lange steinerne Wanne im Refektorium, in der die gläubige Bevölkerung täglich ihre Speisengaben für die Mönche ablegten.

Basawak Kulam,
Bulan Kulam

Die New Road führt zu den Ufern des Basawak Kulam Tank, eines künstlich angelegten Sees, der ebenso wie der benachbarte Bulan Kulam aus der Gründerzeit Anuradhapuras stammen soll.

Archäologisches
Museum

Über die Arippu Road, rechts einbiegend, gelangt man nun zum Archäologischen Museum. Es beherbergt neben Dagoba-Modellen etliche wertvolle Buddha-Statuen, Skulpturen und Fresken sowie Steininschriften. Besondere Beachtung verdienen die z. T. **hervorragend ausgeführten Bronzestatuen**, die Hindu-Gottheiten darstellen. Das Obergeschoss ist kunsthandwerklichen Gegenständen u. a. aus Elfenbein sowie chinesischem Porzellan vorbehalten.

Im Außenbereich des Museums stehen mit Reliefskulpturen verzierte Uriniersteine, die ursprünglich in den westlich von Anuradhapura gelegenen Waldklöstern standen (Öffnungszeiten: 8.00 – 17.00 Uhr, Di. und Fei. geschlossen; Eintrittsgebühr).

Der älteste
Baum der Welt

Unweit des Museums befindet sich der Sri Maha Bodhi, der Historie zufolge, der älteste Baum der Welt. Er soll aus einem Zweig gewachsen sein, der von jenem indischen Bodhi-Baum (Ficus religiosa) geschnitten wurde, unter dem Siddharta Gautama das Stadium der Erleuchtung erlangte. Nach Sri Lanka gelangte er – der Überlieferung zufolge – im Jahr 230 v. Chr. durch Sanghamitta, die Schwester des indischen Missionars Mahinda. Der Baum, der heute wegen seiner Größe gestützt werden muss, ist täglich **das Ziel zahlloser Pilger** aus der ganzen buddhistischen Welt, die ihm durch Opfergaben (Blüten, Räucherstäbchen u. a.) ihre Verehrung erweisen.

Der Bodhi-Baum wird umgeben von einer hohen, im 18. Jh. errichteten Mauer, sodass seine tatsächliche Größe kaum ersichtlich wird. Die weiße Fassade des Eingangstors ist mit zahlreichen Reliefs von Figuren (buddhistisch-hinduistischen Gottheiten) und floralen Elementen geschmückt. Bevor man den heiligen Bezirk betritt, sollte man den schön gearbeiteten Mondstein betrachten, der von den obligatorischen Wächterstelen flankiert wird.

Anuradhapura Orientierung

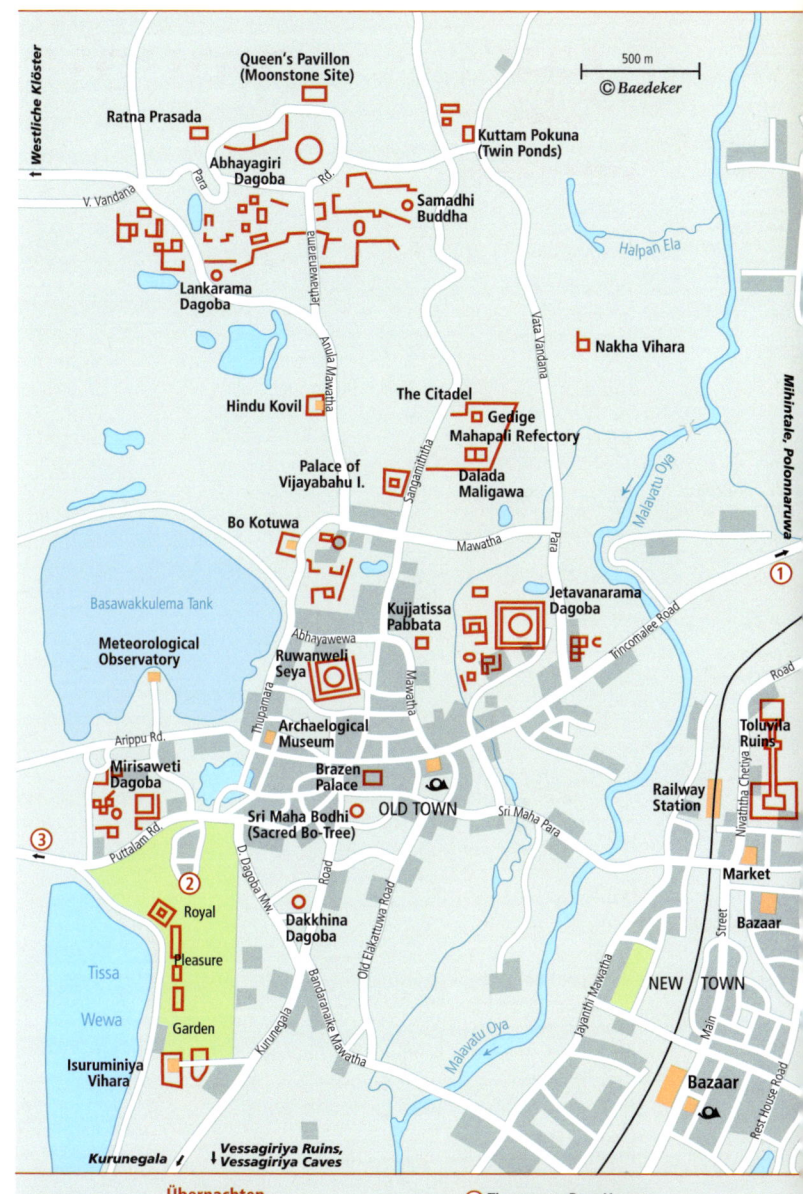

Queen's Pavillon (Moonstone Site)

Ratna Prasada

Abhayagiri Dagoba

Kuttam Pokuna (Twin Ponds)

Samadhi Buddha

Halpan Ela

Lankarama Dagoba

Nakha Vihara

Hindu Kovil

The Citadel

Gedige

Mahapali Refectory

Palace of Vijayabahu I.

Dalada Maligawa

Bo Kotuwa

Jetavanarama Dagoba

Basawakkulema Tank

Kujjatissa Pabbata

Meteorological Observatory

Ruwanweli Seya

Toluvila Ruins

Abhayawewa

Archaelogical Museum

Brazen Palace

Railway Station

Mirisaweti Dagoba

Tissa

OLD TOWN

Sri Maha Bodhi (Sacred Bo-Tree)

Market

Wewa

Royal

Bazaar

Dakkhina Dagoba

Pleasure

NEW TOWN

Garden

Isuruminiya Vihara

Bazaar

Kurunegala / *Vessagiriya Ruins, Vessagiriya Caves*

500 m
© Baedeker

V. Vandana

Para ...Rd.

Anula Mawatha

Sangamiththa

Vata Vandana

Mawatha

Para

Mawatha

Malavatu Oya

Trincomalee Road

Mihintale, Polonnaruwa

Arippu Rd.

Puttalam Rd.

ThupArama

D. Dagoba Mw.

Road

Old Elakattuwa Road

Bandaranaike Mawatha

Kurunegala

Sri Maha Para

Malavatu Oya

Jayanthi Mawatha

Nivaththa Cheriya

Road

Street

Main Street

Rest House Road

① ② ③

Übernachten
① The Village
② Tissawewa Rest House
③ Palm Garden Village

Im Innenhof erhebt sich eine Andachtshalle, die von mehreren Schreinen mit Buddha-Statuen umgeben wird. Die Terrasse, auf der der Bodhi-Baum steht, wurde unter Kirti Sri Raja Sinha, dem letzten König von Kandy, um das Jahr 1800 restauriert.

Lohapasada (Bronzepalast) Zu den eindrucksvollsten Ruinen Anuradhapuras gehören die 1600 Säulen, die in Reihen von je 40 aufgestellt sind und einst den unter König Duttha Gamani (161 – 137 v. Chr.) errichteten Lohapasada trugen. Dabei handelte es sich um ein vermutlich neunstöckiges Gebäude, das **mehr als 1000 Zimmer** enthielt – zu dieser Zeit eine Meisterleistung singhalesischer Architektur. Im Lauf der Zeit wurde er mehrfach zerstört und wieder aufgebaut, zuletzt unter König Parakrama Bahu I. (1153 – 1186 n. Chr.). Das erste Gebäude soll nur 15 Jahre nach seiner Fertigstellung durch ein Feuer vernichtet worden sein. Von dieser Art des Lohapasada gab es der Überlieferung zufolge nur zwei ähnliche Bauwerke auf der Erde; ein weiterer steht in Bangkok/Thailand.

Seinen Namen bezog der Lohapasada vermutlich von einem bronzenen Dach, aber auch die Außenfassaden sollen mit Kupferplatten verkleidet gewesen sein. Dachfirst, Traufe und Grat waren mit Edelsteinen, Silberverzierungen und Bergkristallen besetzt, so wird es jedenfalls in der Chronik Mahavamsa beschrieben. In der großen Audienzhalle im Erdgeschoss des Gebäudes stand ein mit Schnitzwerk reich verzierter Thronsessel, um den sich tausend Mönche versammeln konnten. Sie bewohnten den Palast, der also eigentlich ein klösterliches Wohngebäude war, nach einer bestimmten Rangordnung: Die einfachen Mönche lebten in den unteren Geschossen, die alten und als heilig geltenden in den oberen Stockwerken.

? **WUSSTEN SIE SCHON …?**

■ … dass die Form der Dagobas auf Sri Lanka auf Buddha zurückgehen soll? Als ihn seine Anhänger fragten, was sie denn nach seinem Tode zu seiner Verehrung erbauen sollten, antwortete er: »Baut Häufchen aus Sand, wie Reis, den ein jeder braucht.«

Ruwanweli-Dagoba Zum Lohapasada gehört auch die Ruwanweli-Dagoba, die ebenfalls unter König Duttha Gamani zum Dank für den Sieg über den Tamilenkönig Elara errichtet wurde. Vielleicht ließ er sie aber auch als Zeichen seiner persönlichen Reue über den Krieg errichten, der viele Tausend Menschenleben gekostet hatte.

Die Dagoba ist das erste der monumentalen Bauwerke dieser Art auf Sri Lanka. Sie maß bis zu ihrer goldenen Spitze, die ein Geschenk aus Burma gewesen sein soll, stolze 90 m und hatte an der Basis einen Durchmesser von 91 m. Ihre Form geht auf einen Wunsch des Königs an den Architekten zurück, der das Bauwerk so gestaltet haben wollte, dass es aussehen sollte **wie ein Tropfen, der auf eine Wasserfläche fällt**. In der Folgezeit entstanden etliche weitere dieser tropfenförmigen Dagobas. Der König selbst soll die Fertigstellung

Die ursprüngliche Tropfenform der Ruwanweli-Dagoba wurde 1893 zugunsten der Glockenform verändert.

der Dagoba übrigens nicht mehr erlebt haben. Als er jedoch auf dem Sterbebett lag, habe sein Sohn die unfertigen Teile des Bauwerks mit Tüchern kaschiert, um seinem Vater eine letzte Freude zu machen.

Die Terrasse der Dagoba wird von einer Mauer eingefasst, deren Außenwände 338 Stucksculpturen von Elefanten schmücken. Die bildhauerische Qualität der ursprünglichen Form lässt sich heute nur noch schwer beurteilen, da die Skulpturen im Laufe der Jahrhunderte mehrfach restauriert wurden. Auffallend ist, dass kein Elefant dem anderen gleicht.

Alle vier Zugänge führen über die quadratische Terrasse zum Altar, der gegen die Dagoba gelehnt und mit weiteren beachtenswerten **Elefantenfriesen** geschmückt ist. Im nördlichen Teil der Terrasse sind die teilweise mit schönen **Reliefskulpturen** geschmückten Steine, die man während der Ausgrabungsarbeiten fand, sehenswert. Ihre originalen Standorte konnten jedoch nicht verifiziert werden.

Wenn man den Dagoba-Bezirk an der Westseite verlässt, trifft man auf ein sehr schön angelegtes altes Bad, in das sorgfältig behauene Steinstufen hinabführen.

Die Thuparama-Dagoba weiter nördlich ist die älteste Dagoba auf Sri Lanka. König Devanampiya Tissa ließ sie im 3. Jh. v. Chr. erbauen. Drin sollte eine heilige Reliquie – ein Splitter von Buddhas Schlüssel-

Thuparama-Dagoba

bein – untergebracht werden, die ihm von König Ashoka zum Geschenk gemacht worden war. Ob dies auch geschah, verliert sich im Dunkel der Geschichte. Die Dagoba besaß einst die »Reishaufenform«, ihr heutiges Aussehen in Form einer Glocke erhielt sie nach etlichen Restaurierungen. Die Basis wurde aus vier Gneisblöcken zusammengefügt, die Pfeiler, die die Dagoba in vier konzentrischen Kreisen umgeben, stammen aus dem 1. Jh. n. Chr. und trugen einst ein hölzernes Runddach. Es wird angenommen, dass es sich bei diesem Bauwerk möglicherweise um die erste Watadage auf Sri Lanka handelt, die ab dem 7. Jh. häufiger anzutreffen war. An der Straße, die von dieser Dagoba nach Norden führt, stehen rechts einige kleine Dagobas und links die Ruinen eines Hindu-Tempels.

Lankarama-Dagoba

Die Straße verzweigt sich nun und führt links zu den Ruinen der kleineren Lankarama Dagoba aus dem 1. Jh. v. Chr., die unter König Vattagamani errichtet wurde. Die Pfeiler, deren Kapitelle mit Reliefs geschmückt sind, trugen wahrscheinlich ein Dach. Links vom Eingang zeigt eine Steinplatte ein schönes Löwenrelief.

Ratna Prasada (Edelsteinpalast)

Unter den Ruinen – vor allem mächtige steinerne Pfeiler – des Ratna Prasada, ein früher wohl zum Abhayagiri-Kloster gehörendes Gebäude aus dem 2. Jh., findet sich **die wahrscheinlich schönste Wächterstele Sri Lankas**. Sie stammt aus dem 8./9. Jh. und ist ganz im klassischen Stil gehalten. Die 1,38 m hohe Stele zeigt den Schlangenkönig Naga mit spitzer Haube, der von der siebenköpfigen Naga beschützt wird. In der einen Hand trägt er die Purnagheta genannte Vase des Überflusses, aus der prächtige Lotosblüten hervorquellen, in der anderen einen blühenden Lotossten-

? WUSSTEN SIE SCHON …?

■ … dass Mondsteine den Übertritt von einem profanen in einen sakralen Raum markieren? Gleichzeitig meint man mit Mondsteinen auch zart schimmernde Halbedelsteine.

gel. Beides gilt als Symbol der Reinheit. Auf einem Nebenpfeiler kniet ein Elefant als Bewacher.

Mondstein am Queen's Pavillon

Der Queen's Pavillon wurde Ende des 3. Jh.s erbaut und ist bekannt für den schönsten Mondstein auf Sri Lanka. Da dieser in der Vergangenheit mehrfach beschädigt wurde, umgab man ihn mit einem Gitter, das ein Übertreten des Steins – der den Übergang von der materiellen in die spirituelle Welt versinnbildlicht – verhindert. Vom Pavillon selbst stehen jedoch nur noch einige Steinpfeiler sowie Umfriedungen.

Abhayagiri-Dagoba

Mit einer Gesamthöhe von 115 m ist die Abhayagiri-Dagoba die zweithöchste auf Sri Lanka. Sie wurde unter König Vattagamani Abhaya Ende des 1. Jh. v. Chr. errichtet und im 3. Jh. zum Zentrum der Mahayana-Sekte. Im Lauf der Zeit wurde sie von Gras überwuchert, ihre Restaurierung ist im Gange.

Eine der berühmtesten Buddha-Statuen auf Sri Lanka ist der 2 m **Samadhi-Buddha**
hohe Samadhi-Buddha, eine Steinskulptur aus dem 4. Jahrhunder.
Mit sparsamsten Mitteln gelang dem Künstler ein Höchstmaß an
Ausdruck. Das Gesicht zeigt gleichermaßen überweltliche Ruhe und
höchste Verinnerlichung. Die Nase musste allerdings rekonstruiert
werden, da sie zerbrochen war. Von der ursprünglichen Bemalung
sind keine Spuren mehr erhalten. Ein Dach schützt die Statue vor
Witterungseinflüssen, allerdings verhindert es auch die zu bestimmten Stunden faszinierende Wirkung des Sonnenlichts. Am schönsten
wirkt sie noch in den frühen Morgenstunden.

Die beiden klassisch schön gestalteten Wasserbecken Kuttam Pokuna **Kuttam Pokuna**
bildeten etwa im 7. Jh. die Badeanlage eines Klosters, das vermutlich **(Wasserbecken)**
dort stand, wo heute die Kaparama
genannten Ruinen zu finden sind.
Dem Kloster war möglicherweise
auch eine buddhistische Universität
angegliedert. Das Wasser, das die beiden 42 x 17 und 30 x 17 m großen
Becken speist, wird über eine 6 km
lange unterirdische Leitung herangeführt und fließt zunächst durch eine
Filteranlage in das größere, dann in
das kleinere Becken. Bedenkt man
den Zeitpunkt, zu dem diese erst vor
wenigen Jahren entdeckte Zuleitung
erfunden und erbaut wurde, handelt
es sich um eine beachtliche Inge-
nieurleistung.
Die beiden Becken sind mit sorgfältig
behauenen, in Stufen angeordneten
Granitblöcken verkleidet. Die Um-
randungen wurden mit einigen Reliefskulpturen verziert, darunter findet sich beispielsweise ein sehr schöner Nagastein. Die Mönche badeten
übrigens nicht allein aus Gründen der
körperlichen Reinigung in diesen Becken, sondern ebenso bei religiösen
Anlässen.

Die Badebecken wurden zur körperlichen Reinigung und für rituelle Bäder genutzt.

Folgt man der Straße in südlicher Richtung, dann stößt man auf die **Dalada Maligawa**
Ruinen des Dalada Maligawa, des Tempels des Heiligen Zahns, der
im 4. Jh. unter König Sirimeghavana erbaut wurde. In seinem Innern
soll die 313 n. Chr. auf die Insel gelangte Zahnreliquie Buddhas nach
ihrer Ankunft auf der Insel zunächst aufbewahrt worden sein. Dies
geht jedenfalls aus einer Inschrift hervor, die man in der Ruine fand.
Heute befindet sie sich in ►Kandy.

Jetavanarama-Dagoba

Mit einer Höhe von 122 m war die Jetavanarama-Dagoba einst das höchste Bauwerk dieser Art in Anuradhapura, heute ist sie nur noch etwa 75 m hoch und war lange von dichtem Buschwerk überzogen. Vor einigen Jahren hat man aber mit der Restaurierung begonnen. Sie wurde Anfang des 4. Jh.s unter König Mahasena errichtet, der dem Mahayana-Buddhismus, zu dem sich auch die Jetavana-Glaubensschule bekannte, den Vorzug gab vor der strengeren Lehre des Hinayana-Buddhismus. Dies war allerdings die einzige Zeit, in der der Mahayana-Buddhismus auf Sri Lanka eine größere Rolle spielte.

Ranamasu Uyana (Königliche Gärten)

Die Königlichen Gärten, auch »Park des Goldenen Fisches« genannt, liegen nahe dem Tissa Wewa, umfassten jedoch einst ein sehr viel größeres Terrain als heute. Hier gab es beispielsweise künstlich angelegte Flussläufe, kleine Seen, Brücken, Pavillons und Badeanlagen. Die Gärten wurden bereits im 1. Jahrhundert v. Chr. angelegt und stetig erweitert. **Die beiden gut erhaltenen Bäder gehören zu den schönsten Werken der Felsbaukunst**; das nördliche Bad, dessen Becken größtenteils in den Felsen gehauen wurde, ist das ältere von beiden. Es erhielt sein Wasser durch einen Kanal vom Tissa Wewa. Beachtenswert ist der direkt in den Fels geschlagene Elefantenfries.

? WUSSTEN SIE SCHON …?

■ Aus dem Ruinenfeld ragen drei große Tanks hervor. Dies sind künstliche Seen, die schon seit der Antike die trockenen Zonen der Insel bewässern. Der älteste (bassawakkulama) wurde vor über 2500 Jahren erbaut. Im Tissa Wewa kann man baden, während der Nuwara Wewa den Wasservögeln gehört.

Isurumuniya Vihara (Felsenkloster)

Das Felsenkloster Isurumuniya Vihara lohnt allein schon wegen seiner einzigartigen Reliefs einen Besuch, bemerkenswert ist aber auch seine malerische Lage am Tissa Wewa. In die früher weitläufigere Anlage aus dem 3. Jh. sind kegel- und kugelförmige Felsen einbezogen, die Tempel zum Teil sogar in Felsen hineingebaut. Alle heute sichtbaren Gebäude stammen jedoch aus neuerer Zeit. Aus der ursprünglichen Zeit ist allein die Einsiedlerhöhle im mittleren Teil des Felsens erhalten geblieben.

Die zum Kloster gehörende Badeanlage auf der rechten Seite besitzt eine Umrandung und eine Treppe aus grob zusammengefügten Quadersteinen. An den Felsen beiderseits eines tiefen Spalts hinter dem Bad finden sich **schöne Basreliefs, die fast übermütig wirkende Elefanten zeigen**. Geht man die Treppe zum eigentlichen Heiligtum hinauf, sollte man rechter Hand nicht das sehr schöne Relief »Mann mit Pferd« übersehen, das wahrscheinlich aus dem 7. Jh. stammt. Es zeigt einen in gelöster Haltung sitzenden Mann und den Kopf eines Pferds, der aus dem Hintergrund auftaucht und wohl den Arm des Mannes berührt. Sinn und Bedeutung des Bildnisses, das jenen des indischen Pallava-Stils ähnelt, sind unbekannt. Vielleicht hat ein Künstler hier einfach nur seiner Fantasie freien Lauf gelassen. Das Haupttheiligtum beherbergt übrigens nicht mehr alle Statuen. Ein Teil von ihnen wurde in einem kleinen, gleich nebenan errichteten Museum untergebracht. Hier befindet sich auch **das wohl berühmteste Relief dieses Klosters**, das den Titel »Die Liebenden« trägt. Es wird auf das 5. bis 6. Jh. datiert und offenbart in der Darstellung eines Kriegers mit einer Frau eine seltene Harmonie. In der Vergangenheit wurde auch vermutet, es handle sich um die Darstellung zweier Gottheiten, doch deuten die beigegebenen Attribute, Schwert und Schild, eher auf ein weltliches Paar.

Dazu gibt es auch eine sinnfällige Legende in der Chronik Mahavamsa, nämlich die, dass es sich um Prinz Saliya, einen Sohn von König Duttha Gamani, und seine Frau Asokamala handle. Sie war eigentlich die Tochter eines Schmieds, die der Prinz nur zur Frau nehmen konnte, nachdem er auf alle Thronrechte verzichtet hatte. Doch wie es in der Mahavamsa heißt,

Aus einer ehemaligen Einsiedlerhöhle entwickelte sich im Lauf der Zeit das Felsenkloster Isurumuniya.

habe nichts und niemand die beiden trennen können, weil sie bereits in einem früheren Leben miteinander verheiratet gewesen sein sollen. Die Prinzessin sei allerdings in einem niedrigeren Stand wiedergeboren worden, da sie sich gegenüber der Mutter als respektlos erwiesen habe.

Umgebung von Anuradhapura

Der westliche Vorort von Anuradhapura galt als wenig begehrtes Wohngebiet. Hier lagen die Verbrennungsstätten und Friedhöfe und hier wohnten Menschen der niederen Kasten. Trotzdem ließ sich hier – möglicherweise aus Protest gegen das verweltlichte Denken verschiedener Stadtklöster – eine Gemeinschaft von Mönchen nieder, die ein absolut asketisches Leben führten. Sie aßen z. B. nur Reis mit dem bitteren Öl des Margosaa-Baums und nähten sich ihre Gewänder aus Kleidungsstücken, die sie im nahen Leichenhaus fanden. Ihr Viertel umgaben sie mit hohen Mauern, um sich vor neugierigen Blicken zu schützen. Die Bauten waren durchweg schlicht gehalten, doch wohlproportioniert. Jeder Bau hatte zwar eine überdachte Halle und eine offene Terrasse, auf Skulpturen und andere Ausschmückungen wurde jedoch völlig verzichtet. Eine Ausnahme stellen die Urniersteine dar. Diese wurden mit Reliefs verziert – vielleicht wollten die Mönche damit ihre Verachtung gegenüber allem weltlichen Reichtum zum Ausdruck bringen.

Westliche Klöster

✱ ✱
Ausgrabungen von Nillakgama

Die berühmte Ausgrabungsstätte von Nillakgama liegt ca. 45 km von Anuradhapura in Richtung Maho. Man erreicht sie am besten mit dem Auto. Eine Inschrift am westlichen Eingangstor aus dem 8. oder 9. Jh. weist auf die Funktion des Bauwerks als Bodhigara hin. Ungeklärt blieb jedoch bis heute, wer der Stifter war und wie der antike Name des Orts lautete. Hier wurden im späten 19. Jh. unter der Leitung von H. P. C. Bell und Dr. Paranavitana Reste einer interessanten Klosteranlage aus dem 8. bis 10. Jh. freigelegt, darunter **ein fast vollkommen erhaltener Bodhighara** mit fein ausgearbeiteten Reliefs. Diese heilige Einfriedung des Bodhi-Baums ist die älteste, die bislang auf Sri Lanka gefunden wurde. Sie besteht aus einer quadratischen Plattform von 3,3 m Seitenlänge mit zwei gegenüberliegenden Vorhallen und einer gemauerten Umfassung. Darauf erhebt sich eine kleinere Plattform mit einer Seitenlänge von einem Meter, auf der der Bodhi-Baum stand. An der Außenseite der gemauerten Umfassung verläuft zwischen zwei sorgfältig behauenen Simsen ein Elefantenfries, Pilaster trennen die einzelnen Tierskulpturen. Eine nach außen gewölbte Brüstung, deren Unterseite nahe den Eingangsvorhallen mit Gänsen verziert ist, bildet den Abschluss der 2 m hohen Mauer.

Der Mondstein vor den beiden Treppenstufen ist unverziert, auch die kurzen Balustraden sind einfach und haben nicht die übliche Makara-Form. Die Vorhallen sind dagegen mit kunstvollen Reliefs geschmückt; als Motive dienen ein Flöte spielender Zwerg und der Schlangenkönig Muchalinda unter dem gespreizten Kopfschild der Naga, in der Hand die Vase des Überflusses und einen Blütenzweig. Ferner zeigen sie die auf Sri Lanka ungewöhnliche Darstellung eines Bogenschützen auf einem sich aufbäumenden Pferd, der einige nicht näher zu bestimmende Gegenstände in der Hand hält, sowie eine kniende Figur zu Füßen des Pferdes. Eine flache Steinplatte bildet die Decke der Vorhalle.

Den 2 m hohen Steinsockel der inneren Plattform umziehen ein Fries mit Gänsen, Simse mit Lotosblättern und ein Elefantenfries, wobei letzteres die Besonderheit aufweist, dass einige Tiere in Frontal-, andere wiederum in Seitenansicht dargestellt sind. Der kleine Hof ist mit behauenen Steinen unterschiedlicher Größe belegt. An den vier Seiten stehen Blumenaltäre. 16 Pfeiler, von denen noch einige vorhanden sind, trugen in früherer Zeit das hölzerne Dach.

Ruinenfeld von Ranjangane

Etwa 30 km südlich (auf der A 28) von Anuradhapura liegt das Ruinenfeld von Ranjangane. Die Ruinen sind die Reste eines großen Waldklosters, das vermutlich im 6. Jh. gegründet wurde. Diese Mönche zogen es vor, in der Einsamkeit der Wälder zurückgezogen zu leben, und sie beschränkten sich auf Bauten ohne architektonischen bzw. künstlerischen Aufwand. Diese Architektur erreichte im 8. und 9. Jh. einen Höhepunkt. Interessant ist der Watadage, ein runder Tempel mit einem Stupa unter einem Holzdach, das von mehreren Reihen konzentrisch angeordneter Steinpfeiler getragen wird.

Aukana

C 5/6

Provinz: North Central   **Höhe:** ca. 90 m ü.d.M.

Aukana liegt nahe dem Kalawewa-Stausees. Dieser und der ebenfalls unweit gelegene Balaluwewa-Stausee wurden im Rahmen eines Bewässerungsprogramms mit insgesamt 18 Stauseen angelegt, das König Dhatusena (455 – 473 n. Chr.) initiierte. Es diente in erster Linie der Wasserversorgung der Hauptstadt ►Anuradhapura.

Sehenswertes in Aukana

Mitten im Gebirgsdschungel erhebt sich bei Aukana die Monumentalstatue eines ca. 14 m hohen stehenden Buddhas, die als Meisterleistung singhalesischer Steinmetzkunst gilt. Sie wurde aus einem Felsen herausgeschlagen und ist eines der bedeutendsten buddhistischen Heiligtümer Sri Lankas. Die Statue wurde wahrscheinlich auf Geheiß von König Dhatusena geschaffen. Bewundernswert sind die vollendeten Proportionen, die **überweltliche Wirkung des Gesichts** und die Gestaltung des Gewands. Es ist in regelmäßige Falten gelegt, zeigt am Saum die für diese Zeit charakteristische dicke Saumfalte und wird so von der linken Hand gehalten, dass dieses Ende zu schweben scheint. Die rechte Hand ist zum Gestus der Segensgewährung (asiva mudra) erhoben. Auf dem Haupt erhebt sich die Flamme der Erleuchtung (ketumala).

★ ★
Buddha-Statue von Aukana

In dem kleinen Kloster bei der Statue leben nur noch wenige Mönche. Von hier aus führt ein mit Wegweisern versehener Pfad zu Felsenhöhlen, die im 3. Jh. von buddhistischen Einsiedlermönchen bewohnt waren. Aus dieser Zeit stammen auch die Felsritzungen.

Klosteranlage

Umgebung von Aukana

Etwa 6 km südlich von Aukana liegt Vijithapura, eine der ältesten Städte auf Sri Lanka. Sie wurde bereits im 6. Jh. v. Chr. gegründet und besitzt eine heute verfallene Dagoba, in der ein Kieferknochen Buddhas als heilige Reliquie enthalten gewesen sein soll.

Vijithapura

Etwa 12 km westlich von Aukana findet man bei Sasseruwa eine weitere Buddha-Statue, die nur 12 m hoch ist und den Buddha ebenfalls im Gestus der Schutzgewährung zeigt. Sie ist künstlerisch etwas weniger wertvoll als jene von Aukana und stammt möglicherweise von der Hand eines Schülers, der bei dem Schöpfer der großartigen Aukana-Statue in die Lehre ging. Anderen Quellen zufolge soll sie erst im 8. oder 9. Jh. entstanden sein. In der Umgebung gab es einst mehrere Klöster sowie mehr als 100 Felshöhlen, in denen Mönche lebten. Sie sind jedoch nur über Trampelpfade zu erreichen.

★
Buddha-Statue von Sasseruwa

▶ AUKANA ERLEBEN

ANREISE

Mit dem Auto:
Von Anuradhapura über die A 9 bis Kekirawa, von dort ca. 6 km in nordöstlicher Richtung auf der Straße nach Talawa. Vor den Bahngleisen links einbiegen und etwa 5 km am Stausee Kalawewa entlangfahren

dann rechts nach Aukana einbiegen (4 km). Das letzte Stück von Kekirawa nach Aukana ist während der Monsunzeit bisweilen unpassierbar.
Mit der Bahn:
Die nächstgelegene Eisenbahnstation befindet sich in Kalawewa (an der Strecke Colombo–Trincomalee).

Avissawella

B 8

Provinz: Western   **Höhe:** ca. 75 m ü.d.M.

Avissawella liegt, umgeben von üppiger tropischer Vegetation, am Sitavka-Fluss und ist ein Zentrum der Kautschukindustrie. Sitavka, wie Avissawella in früheren Zeiten hieß, war im 16. Jh. königliche Residenz, Hauptstadt eines singhalesischen Teilreichs und während der portugiesischen Kolonialzeit hart umkämpft.

Geschichte   Der Name Sitavka hängt wahrscheinlich mit Sita, der Gemahlin Ramas, zusammen. Diese wurde – so berichtet das Ramayana – vom Dämonenkönig Ravana in Indien geraubt und hier versteckt gehalten. Während dies eine der Legenden des Ramayana ist, entspricht es den Tatsachen, dass Sitavka eine bedeutende Rolle spielte, als das Königreich Kotte dreigeteilt wurde und König Mayadunne hier seine Residenz anlegte. Auch sein Sohn König Raja Sinha I., der vom Buddhismus zum Brahmanismus konvertierte, lebte hier bis zu seinem Tod 1592. Beide Könige setzten den vordringenden Portugiesen heftigen Widerstand entgegen, mussten allerdings hinnehmen, dass die Stadt mehrfach den Besitzer wechselte. Nach den Portugiesen kamen die Holländer, die eine Festung anlegten.

Sehenswertes in Avissawella

Das alte Sitavka   Das alte Sitavka liegt an einer Biegung des gleichnamigen Flusses. Vom Königspalast und den beiden Festungsanlagen der Portugiesen und Holländer sind nur noch einige Ruinen zu sehen.

Königsgrab   Links von der Talduwa Road, nahe der Polizeistation, bezeichnet ein Stein das Grab des Königs Raja Sinha I. Es ist das einzige Grab eines singhalesischen Königs, das mit Sicherheit lokalisiert werden konnte.

▶ AVISSAWELLA ERLEBEN

ANREISE

Mit dem Auto:
Über die A 4 von Colombo (59 km).
Mit der Bahn:
Endstation der Bahnlinie von
Colombo.
Mit dem Bus:
Gute und regelmäßige Busver-
bindungen von Colombo.

RAFTING

Der wasserreiche Kelani Ganga ist
einer der besten Flüsse für Rafting auf
Sri Lanka. Ein idealer Einstieg befindet sich bei der Teefabrik bei
Pattewatta. Auf den ersten Kilometern
ist die Strecke sehr anspruchsvoll.

Aussteigen kann man im unteren Teil
an vielen Stellen, da die Straße fast
parallel verläuft.

ÜBERNACHTEN

▶ **Günstig**
Kitulgala Rest House
Kitulgala
Tel. 036 / 875 28
www.ceylonhotels.lk/kith.html
19 Zimmer (15 davon ohne
Klimaanlage)
Inmitten einer grandiosen Landschaft
und am Ufer des Kelani River liegt
dieses Gästehaus unweit des
Drehorts für den Film »Die Brücke
am Kwai«.

Unterhalb der Brücke führt an der Ginigathena Road rechts ein Weg **Shiva-Tempel**
zu dem Shiva geweihten Tempel Berende Kovil, den König Raja Sin-
ha I. errichten ließ. Allerdings wurde er aus unbekannten Gründen
nie fertiggestellt. Beachtung verdienen einige Steinskulpturen.

Umgebung von Avissawella

Von Avissawella führt eine Straße ostwärts über Talduwa zum Dorf ✳
Kitulgala in einer von dichten Wäldern dominierten Landschaft. Die- **Kitulgala**
ser Ort erlangte größere Bekanntheit als **Drehort für die Dschungel-
szenen des Films »Die Brücke am Kwai«** (1957) nach dem gleichnamigen Roman von Pierre Boulle. Die echte Brücke, bei deren Bau
Zehntausende von alliierten Kriegsgefangenen ums Leben kamen,
stand allerdings in der Provinz Kanchanaburi in Thailand.

✳ Bandarawela

C 8

Provinz: Uva   **Höhe:** ca. 1250 m ü.d.M.

**Bandarawela ist eines der Zentren des Teeanbaus auf Sri Lanka.
Wegen seiner angenehmen Witterungsbedingungen gilt er seit
Kolonialzeiten als heilklimatischer Ort.**

Sehenswertes in Bandarawela

Landschaft
Typisch für die Landschaft um Bandarawela sind die sanft geschwungenen Hügel und kegelförmigen Berge, auf denen – so scheint es zumindest – jeder Quadratzentimeter mit Teebüschen besetzt ist. Wegen des günstigen Klimas gedeihen hier auch Erdbeeren und andere Obstsorten.

Teefabrik-besichtigung
In und um Bandarawela gibt es etliche Teefabriken, von denen einige besucht werden können (beachten Sie die Hinweisschilder an den jeweiligen Zufahrten). Während einer Besichtigung erfährt man viel Wissenswertes über den hiesigen Teeanbau und die Produktion, ebenso über die Unterschiede zwischen den einzelnen Sorten. Außerdem können Sie Tee kosten und kaufen.

Umgebung von Bandarawela

✳
Höhlen von Istripura
Etwa 21 km nordwestlich von Bandarawela trifft man auf das Welimada Rest House, ein guter Ausgangspunkt zur Erforschung der nördlich davon gelegenen Höhlen von Istripura. In den Höhlen befinden sich die längsten unterirdischen Gänge auf Sri Lanka. In der Nähe der Höhlen erheben sich die Ruinen des britischen Forts MacDonald.

Dowa-Tempel
Die landschaftlich sehr reizvolle Straße in Richtung Nordosten nach Badulla führt nach 6,5 km zu dem in den Fels gehauenen Dowa-Tempel. Dieser ist bestückt mit einer 8 m hohen, aus dem Felsen geschlagenen Buddha-Figur. Sie wurde aus unbekannten Gründen nicht vollendet, verkörpert aber vermutlich den Bodhisattva Maitreya und stammt wohl aus dem 10. Jahrhundert. Nähere Beachtung verdienen außerdem einige kleinere Statuen von Hindu-Gottheiten und schöne Wandmalereien, die von Mönchen sorgfältig restauriert wurden.

✳
Fahrt über den Haputale-Pass nach Haputale
Besonders schöne landschaftliche Ausblicke bieten sich auf einer Fahrt über den 1600 m hohen Haputale-Pass, der durch das gleichnamige Naturschutzgebiet führt. Hier leben im dichten Dschungel auch einige wilde Elefanten. Haputale selbst ist ein **beliebter Erholungsort**. Er liegt auf einer Höhe von etwa 1300 m ü.d.M. und ist auf einem steil abfallenden Felsgrat erbaut. An klaren Tagen kann man eine grandiose Aussicht genießen, die bis zur Südküste der Insel reicht. Bei Nacht sieht man sogar die Scheinwerfer des Leuchtturms von Hambantota. In der Ebene liegt der Uda Walawe National Park mit dem gleichnamigen See, einem der größten Wasserreservoire der Insel.

Ausflugstipp
Bandarawela ist ein guter Ausgangspunkt für einen Besuch der landschaftlich sehr reizvollen ▶Horton Plains.

▶ BANDARAWELA ERLEBEN

ANREISE

Mit dem Auto:
Von Badulla auf der A 16 (30 km),
von Nuwara Eliya auf der A 5 (50 km).
Mit der Bahn:
Station an der Linie von Kandy nach
Badulla.
Mit dem Bus:
Gute Busverbindungen gibt es von
Kandy wie auch von Nuwara Eliya.

EINKAUFEN

Im Bergland von Bandarawela trifft
man immer wieder auf ausgeschil-
derte Teefabriken mit Probier- und
Einkaufsmöglichkeiten.

ÜBERNACHTEN

Baedeker-Empfehlung

▶ **Komfortabel**
Bandarawela Hotel
14, Welimada Road, Bandarawela
Tel. 057 / 222 25 01
Fax 057 / 222 28 34
www.aitkenspencehotels.com
Das erste Berghotel auf Sri Lanka wurde
1893 errichtet und bietet einen traditions-
reichen Charme. Die 33 behaglichen Zimmer mit Plüsch und Spitzen sind im
britischen Kolonialstil eingerichtet.

Batticaloa

E 6

Provinz: Eastern
Einwohnerzahl: ca. 78 000

Höhe: ca. 3 – 8 m ü.d.M.

**Die Stadt Batticaloa, die halb auf einer Landzunge und halb auf ei-
ner Insel im Norden einer 54 km langen Lagune liegt, hat malerische Reize, und die Ausflüge ins Hinterland sind voller Exotik. Dem
Phänomen der »Singenden Fische« in der Lagune auf die Spur zu
kommen, kann zum spannenden Abenteuer werden.**

Hauptanziehungspunkt an der Ostküste Sri Lankas sind die wunder-
vollen langen und fast menschenleeren Strände der näheren und
ferneren Umgebung. Die Stadt wurde durch ihre geschützte Lage in
einer Lagune vom Tsunami kaum in Mitleidenschaft gezogen, im Gegensatz zu den nahen Fischerdörfern: Hier blieb kaum ein Stein auf
dem anderen. Nach der Anordnung der Regierung, dass kein Haus
mehr näher als 100 m zum Strand errichtet werden darf, leben heute
noch viele Menschen in Notunterkünften.   **Lagunenlage**

Tamilen siedelten sich in der Umgebung von Batticaloa bereits in
früher Zeit an und nannten den Ort Madakala puwa (»Sumpfige Lagune«). Später ließen sich hier auch arabische und malaiische Händler und Kaufleute nieder. 1602 landete der holländische Admiral   **Geschichte**

Spielbergen in Batticaloa, kurz danach auch Admiral de Weert. Zwischen ihm und König Vimela Dharma, der mithilfe der Holländer die portugiesischen Kolonialherren von der Insel vertreiben wollte, kam es jedoch zu keiner Verständigung und bei einem gemeinsamen Essen sogar zum Eklat: Als König Vimela Dharma nebenbei bemerkte, er müsse zurück nach Kandy, da er die Königin nicht so lange allein lassen dürfe, antwortete de Weert zweideutig, es gebe doch am Königshof sicher genügend Männer, die die Königin unterhalten könnten. Daraufhin erschlug ihn der König. Im Jahr 1612 kam es in Kandy dann trotzdem zu einer Vereinbarung mit dem holländischen Admiral da Boschouwer, die gegen die Portugiesen gerichtet war und die Holländer sozusagen verpflichtete, gegen die Portugiesen vorzugehen. Diese errichteten um 1620 in Koddamunai (tamilisch: »Landspitze mit dem Fort«) eine kleine Befestigungsanlage, um Angriffe der Holländer abwehren zu können.

> **! Baedeker TIPP**
>
> **Königskokosnuss**
>
> Nicht nur durststillend, sondern auch gut für den Verdauungsapparat ist der Saft der Königskokosnuss. In Sri Lanka wird er fast überall sehr günstig am Straßenrand angeboten.

1636 kehrten die Holländer unter Admiral Coster tatsächlich zurück und schon zwei Jahre später hatten sie die Portugiesen vertrieben und das Fort erobert. Zusammen mit der Stadt Batticaloa übergaben sie es den Königen von Kandy. Um 1660 erkannte freilich die Vereinigte Ostindische Kompanie die strategisch interessante Lage von Batticaloa. Da kam es den Holländern gelegen, dass die Könige von Kandy ihnen noch für den Krieg vereinbarte Zahlungen schuldeten: Sie nahmen die Stadt sozusagen als Pfand und legten hier eine Befestigungsanlage an. Als die Briten 1795 immer größere Teile von Sri Lanka in Besitz nahmen, hielt auch das kleine Fort von Batticaloa nicht lange den Angriffen stand. Die Gegenwehr der Holländer dauerte nur drei Wochen.

In die Zeit der britischen Kolonialherrschaft auf Sri Lanka fällt der Bau der Straße von Batticaloa nach Kandy. Die Entwicklung von Batticaloa blieb jedoch hinter der des 145 km nördlich gelegenen ▶Trincomalee zurück, da Letzteres über einen weitaus besseren Naturhafen verfügte. Der bescheidene Wohlstand der Bevölkerung heute ist vor allem auf den ergiebigen Fischfang und den Anbau von Obst und Gemüse zurückzuführen. Auch die – vor Bürgerkrieg und Tsunami – verkehrstechnisch günstige Lage ermöglichte ein stetiges Wachstum.

Sehenswertes in Batticaloa

Lagune Die 54 km lange Salzwasserlagune zwischen Chenkaladi im Norden und Kalmunai im Süden ist mit Booten befahrbar, die Landschaft mit einer beachtlich reichen Vogelwelt ist auf beiden Seiten von großem Reiz. An zwei Stellen – bei Batticaloa und bei Kallar – öffnet sich die Lagune durch enge Wasserstraßen zum offenen Meer. Eine

● BATTICALOA ERLEBEN

ANREISE

Mit dem Auto:
Von Colombo auf der A 1 bis Kandy, von dort über die A 26 bzw. später A 5 bis zur Ostküste. Dort rechts auf die A 15 (ca. 303 km).

Mit der Bahn:
Endstation der Bahnlinie von Colombo über Polonnaruwa.

ÜBERNACHTEN/ESSEN

▶ **Günstig**

Co-Op Inn
Trinco Road
Tel. 065 / 226 13

Einfache, aber saubere und günstige Zimmer mitten in der Stadt. Das angeschlossene Restaurant bietet vorzügliche Currys!

Riviera Resort
New Dutch Bar Road
Kallady
Tel./Fax 065 / 234 47
www.riviera-online.com
7 Zimmer, 1 Familienvilla, Konferenzraum, Restaurant
Sehr gepflegtes und schön an der Lagune gelegenes Gästehaus mit liebevoll eingerichteten Zimmern.

Brücke (bei Batticaloa) sowie ein Damm (bei Kallar) verbinden die lang gestreckte Insel mit dem Festland.

Die Kallada-Brücke verbindet die kleine Insel Batticaloa mit der Landzunge, wo unmittelbar an der Lagune das holländische Fort aus dem 17. Jh. liegt. Die mächtigen, vielfach grasüberwachsenen Außenmauern sind gut erhalten. An jeder Ecke der Anlage erhob sich einst eine mit Kanonen besetzte Bastion.

Holländisches Fort

Die eiserne Lady Manning Bridge ist eine der längsten Brücken auf Sri Lanka. Sie verbindet die Landzunge mit der Insel und ist ein Teil der nach Süden führenden Straße A 4.

Lady Manning Bridge

Da in Batticaloa zumeist Tamilen und die meisten der auf Sri Lanka noch verbliebenen Moors leben, trifft man fast nur auf hinduistische Tempelanlagen. Sie sind zwar hübsch anzusehen, stammen jedoch ausnahmslos aus neuerer Zeit und sind deshalb ohne größeren kunsthistorischen Wert.

Hindu-Tempel

Seit Langem kennt man in Batticaloa des Phänomen der »Singenden Fische« – sie sind sogar in der Enzyclopedia Britannica erwähnt! Wenn man in mondhellen Nächten und bei ruhiger See ein Paddel ins Wasser taucht und das andere Ende ans Ohr hält, hört man (vielleicht) etwa sechs verschiedene, sehr fein klingende Töne. Für die Entstehung der Geräusche gibt es noch **keine wissenschaftliche Erklärung** und gesehen hat die Fische auch noch niemand. Möglicherweise aber stammen sie von den hier besonders zahlreich vertretenen

Singende Fische

Mollusken, einer zur Gruppe der wirbellosen Tiere zählenden Art. Dabei wird angenommen, dass das Geräusch entsteht, wenn das Wasser während der Gezeiten durch leere Molluskenschalen strömt. Eine andere Annahme geht davon aus dass die ebenfalls sehr zahlreichen Katzenfische diese Geräusche erzeugen. Aber auch dafür hat noch niemand den Beweis antreten können.

✳ Bentota

A/B 9

Provinz: Southern   **Höhe:** 2 – 5 m ü.d.M.

Ein sehr schöner, von Palmen gesäumter Strand war der wichtigste Grund dafür, dass der Fischerort Bentota in den 1980er-Jahren zu einem bekannten Touristenzentrum ausgebaut wurde. Zugunsten eines abwechslungsreichen Strandlebens hat Bentota dafür allerdings an Lokalkolorit verloren. Doch gibt es hier heute noch etliche gute Restaurants, die vorzügliche Fischgerichte servieren.

Geschichte   Von 1644 bis 1652 verlief nördlich von Bentota die holländisch-portugiesische Grenze. Die Holländer waren von Süden bis hierher vorgestoßen und zerstörten das von den Portugiesen errichtete Fort bis auf ein Gebäude, das sie als Rest House für ihre Offiziere einrichteten. Die Engländer, die später dann die Holländer als Kolonialmacht ablösten, kamen gerne nach Bentota, um sich in dem hier deutlich besseren Klima zu erholen, wenn sie der drückenden Schwüle in der Hauptstadt Colombo entfliehen wollten.

! *Baedeker* TIPP

Perahera von Bentota

Am Vollmondtag im November/Dezember findet in Bentota eine farbenprächtige Perahera statt, zu der viele Besucher aus den umliegenden Dörfern und Städten kommen.

Sehenswertes in Bentota

✳
Badestrand   Der 4 km lange Sandstrand ist die eigentliche Sehenswürdigkeit von Bentota. Baden kann hier allerdings während der Monsunzeit gefährlich sein. Es gibt Möglichkeiten zum Surfen und Segeln.

✳
Galapatha Raja   Der Galapatha Raja Maha Vihara stammt in seinen Ursprüngen vermutlich aus dem 2. Jh. v. Chr. und soll unter der Regentschaft von König Duttha Gamani errichtet worden sein. Später dann, unter König Parakrama Bahu I., soll hier eine Buddha-Reliquie ihre Heimat gefunden haben, weshalb der Tempel lange Zeit als bedeutendes Pilgerziel galt. Dass es an dieser Stelle eine bedeutende buddhistische Universität gegeben hat, wird zwar gern behauptet, ist jedoch nicht bewiesen.
Maha Vihara

● BENTOTA ERLEBEN

ANREISE

Mit dem Auto:
Colombo bzw. Galle über die A 2
(42 bzw. 74 km).
Mit der Bahn:
Station an der Bahnlinie Colombo–
Matara (tgl. mehrfach Verbindungen).
Mit dem Bus:
Regelmäßige Verbindungen von den
oben genannten Städten.

TAUCHEN

LSR Bentota Dive Center (CIS)
29B, de S. Jayasinghe Mawatha
Dehiwala
Tel. 011 / 282 49 55
Fax 011 / 282 61 25
lsrdive@sri.lanka.net
Tauchschule mit Ausbildung nach
PADI und Ausrüstungsverleih.
Tägliche Ausfahrten in interessante
Tauchgebiete.

ÜBERNACHTEN

► Luxus
Saman Villas
Aturuwella, Bentota
Tel. 034 / 227 54 35
Fax 034 / 227 54 33
www.samanvilla.com

27 Zimmer. Vielleicht die beste
Adresse in Bentota, auf jeden Fall aber
eine der teuersten. Bester Service.

Taj Exotica Bentota
Tel. 034 / 227 56 50
Fax 034 / 227 51 60
150 Zimmer
Neue Luxusherberge der indischen
Taj-Hotelkette. Herrliche Lage auf
einer Landzunge.

► Komfortabel
Ceysands
Aluthgama, Bentota
Tel. 034 / 227 50 73
Fax 034 / 227 53 95
www.ceysands.com
84 Zimmer. Ebenfalls auf einer
Landzunge zwischen dem Bentota-
Fluss und dem Meer gelegenes Hotel.

► Günstig
Induruwa Beach Hotel
Kaikawala Induruwa
Tel./Fax 034 / 331 04
90 Zimmer plus 15 Z. für Ayurveda-
Gäste.
Sehr schönes Hotel in aussichtsreicher
Lage und komfortablen Zimmern.

Das Induruwa Beach Hotel besitzt einen wunderschön angelegten Pool.

Ausflugstipps Als lohnende Ausflugsziele von Bentota aus empfehlen sich die Maskenschnitzerstadt ▶Ambalangoda und das beliebte, weiter südlich gelegene Seebad ▶Hikkaduwa. In nördlicher Richtung liegt die Distriktshauptstadt ▶Kalutara mit einer imposanten Dagoba.

Beruwala

A 9

Provinz: Western **Höhe:** ca. 7 m ü.d.M.
Einwohnerzahl: ca. 33 000

Das idyllisch in einer weit geschwungenen Bucht gelegene Fischerörtchen Beruwala ist vermutlich die älteste Moslemsiedlung auf der Insel und ein Pilgerziel für alle Moors.

Quirliger Badeort Wahrscheinlich landeten die Moslems bereits um das Jahr 800 in der schützenden Bucht, nachgewiesen ist eine erste muslimische Ansiedlung aber erst im Jahr 1024. Damals hieß der Ort noch Barberyn. Heute gilt Beruwala als beliebter Badeort mit einigen komfortablen Hotels, die an den Strand grenzen. Auf den zwischen hohen Kokospalmen gespannten Seilen kann man die **Toddy-Tapper** bei ihrer riskanten Arbeit beobachten. Sie gewinnen aus den Palmen den Blütensaft, der als Grundlage für die Herstellung des hochprozentigen Arraks verwendet wird. Hergestellt wird er in einer »Arrack Distillery« in Beruwala.

! *Baedeker* TIPP

Wenn Ramadan zu Ende ist …

… kommen bis zu 60 000 muslimische Pilger nach Beruwala, um das Ende des Fastenmonats ausgelassen zu feiern. Dann gibt es auch Märkte und kulturelle Veranstaltungen.

Sehenswertes in Beruwala

Kachimalai-Moschee Die Kachimalai-Moschee (13./14. Jh.) bestimmt mit ihren schlanken Minaretten noch heute das Stadtbild. Sie ist **die älteste Moschee auf Sri Lanka**. Eine moderne Moschee steht im China Fort, dem Wohnviertel wohlhabender arabischer Edelsteinhändler. Das Grab eines islamischen Heiligen, dessen Steinsarg eines Tages an der Küste angeschwemmt worden sein soll, ist das Pilgerziel der Sri-Lanka-Moors.

Edelsteinwerkstätten In Beruwala gibt es einige Werkstätten, in denen vorzugsweise auf Sri Lanka gefundene Edelsteine zu Schmuckstücken verarbeitet werden.

Inseln Der Küste vorgelagert sind mehrere üppig bewachsene Inseln, die durch ein **Korallenriff** geschützt werden. Dieses ist jedoch ebenso bedroht wie die meisten anderen rund um Sri Lanka, da selbst strenge Verbote die Einheimischen nicht am Raubbau hindern.

● BERUWALA ERLEBEN

ANREISE

Mit dem Auto:
Von Colombo bzw. Galle über die A 2
(55 bzw. 61 km).
Mit der Bahn:
Station an der Bahnlinie Colombo–
Matara (tgl. mehrfach Verbindungen).
Mit dem Bus:
Täglich mehrfache Verbindungen von
den oben genannten Städten.

ÜBERNACHTEN/ESSEN

▶ Luxus

Ayurveda Villa Hotel Riverina
Kaluwamodara
Tel. 034 / 760 44-45
Fax 034 / 60 47
www.ayurveda-health-resorts.com
188 Zimmer, Restaurant, Coffeeshop,
2 Bars, Pool (mit Kinderbereich),
Diskothek, großes Sportangebot
Erholung suchende Gäste sind hier
ebenso willkommen wie Ayurveda-
Gäste, für die es verschiedene Kur-
offerten gibt. Sehr schöne Lage am
Bentota River. Die hauseigene Tauch-
basis bietet diverse Kurse und viele
Ausflüge an.

Lanka Princess
Kaluwamodara
Tel. 034 / 227 67 18
Fax 034 / 227 63 23
www.lankaprincess.com
110 Zimmer, Restaurant, Bar, Pool
Vielfach empfohlenes Hotel mit
deutschem Management.

▶ Komfortabel

Eden Resort und Spa
Kaluwamodera
Tel. 034 / 227 60 75
Fax 034 / 227 61 81
www.edenresortandspa.com
158 Zimmer, Restaurant, Coffeeshop,
Pool, Wellness, Wassersportangebot
Urlaub in stilvollem Ambiente, die
Zimmer sind geräumig.

▶ Günstig

Barberyn Reef Ayurveda Resort
Morgolla
Tel. 034 / 227 60 36
Fax 034 / 227 60 37
www.barberynresorts.com
Eines der ersten Ayurveda-Hotels mit
gemütlichen Zimmern. Kochkurse.

Das Lanka Princess Hotel liegt an der Mündung des Bentota River ins Meer.

✴ Chilaw

A 6

Provinz: Western   **Höhe:** ca. 5 m ü.d.M.
Einwohnerzahl: ca. 24 000

Der geschäftige Fischerort Chilaw, einer der wichtigsten auf Sri Lanka, liegt am nördlichen Ende einer langen Lagune an der Westküste, dem Chilaw Lake, der sich nach etwa 2 km zum Meer hin öffnet. Dort mündet der Deduru Oya, nördlich davon beginnt die trockenheiße Klimazone der Insel.

Standort der Jesuiten

In der Vergangenheit spielte Chilaw insofern eine wichtige Rolle, als sich hier eine größere Missionsstation der Jesuiten befand. Das erklärt auch, warum sich hier mehr als ein Drittel der Bevölkerung zum römisch-katholischen Glauben bekennt.

Sehenswertes in Chilaw

✴ **Fischmarkt**

Die Arbeit der Fischer und der Frauen und Mädchen, die große Körbe mit Fischen auf den Köpfen zum Fischmarkt tragen, kann man am besten von der Brücke beobachten, die die Stadt mit einer schmalen Landzunge westlich des Chilaw Lake verbindet.

Marienkirche

Nahe dem Meer erhebt sich die mächtige katholische Marienkirche aus dem 19. Jh., Beleg für das missionarische Wirken der Jesuiten. Chilaw ist heute eine von elf katholischen Diözesen der Insel.

Umgebung von Chilaw

✴ **Hindu-Tempel**

Etwas außerhalb des Stadtgebiets, ca. 3 km östlich, steht bei dem kleinen Ort Munneswaram eines der ältesten Hindu-Heiligtümer von Sri Lanka. Das Munnesvaram Kovil ist dem Gott Shiva geweiht und wird von den Gläubigen hoch verehrt.

Tinapitiya-See

Auf dem Weg nach dem ca. 24 km südlich gelegenen Marawila kommt man an dem kleinen, künstlich angelegten Tinapitiya-See vorbei. Links der Straße steht beim Tempel Taniwella Devale die Figur eines sich aufbäumenden Pferdes, mit der eine Legende verbunden ist. Danach soll das Pferd eines wohlhabenden Kaufmanns gescheut haben, als er eilig am Tempel vorbeireiten wollte, ohne den Göttern seine Verehrung zu bezeugen. Er fiel auf den Boden, wurde schwer verletzt – und schwor, dem Tempel ein Bildnis seines Pferds zu stiften, wenn er wieder gesunden würde.

Marawila

Marawila gilt als eines der Zentren der sri-lankischen Batikproduktion. Hier kann man die **Batiken** günstiger kaufen als in den Touristenorten.

► CHILAW ERLEBEN

ANREISE

Mit dem Auto:
Von Colombo über die A 1 in
Richtung Norden (81 km).
Mit der Bahn:
Station an der Eisenbahnlinie von
Colombo nach Puttalam.
Mit dem Bus:
Gute Verbindungen von Colombo
(Fahrtzeit ca. 3 Std.).

ÜBERNACHTEN/ESSEN

► **Komfortabel**
Club Palm Bay Hotel
Morogolla
Tel. 034 / 227 60 39
Fax 034 / 227 60 38
Schönes Mittelklasse-Strandhotel mit
komfortablen Zimmern. Das Hotel
besitzt einen großen Pool und ein
gutes Restaurant.

✴ Colombo

A 8

Provinz: Western
Einwohnerzahl: 650 000

Höhe: 1 – 5 m ü.d.M.

Colombo ist die Hauptstadt Sri Lankas und auch die größte Stadt der Insel. Hektisch und laut, wie sie sich heute dem Besucher bietet, ist sie eine Zusammenfügung verschiedener, ursprünglich selbstständiger Stadtteile, von denen jeder seinen eigenen Charakter und Stil besitzt.

1344	Erstmalige Erwähnung der Hafenstadt
1505	Portugiesen gehen an Land und errichten 1518 ein Fort.
1658	Eroberung der Stadt durch die Holländer
1796	Übernahme der Stadt durch die Engländer
1869	Durch die Eröffnung des Suezkanals wird die Stadt ein wichtiger Handelshafen.
20. Jh.	Entwicklung zur Großstadt; Ceylon wird 1948 unabhängig von Großbritannien; Colombo bleibt Hauptstadt.

Das wird besonders deutlich, wenn man den Stadtteilen Pettah und Cinnamon Garden einen Besuch abstattet – deutlicher können die Unterschiede kaum sein. Während es in der Pettah noch Behausungen gibt, in denen das Elend auf den ersten Blick sichtbar wird, wird der andere Stadtteil von den Villen der gehobenen Gesellschaft dominiert, und während es in der Pettah recht laut und bunt zugeht, fließt der Verkehr in Cinnamon Garden durch breite Alleen vorbei an akkurat angelegten Gärten.

Not und Wohlstand

Geschichtliche Entwicklung

Die günstige Lage an der Westküste der Insel, aber auch die Tatsache, dass sich hier ein fruchtbarer Küstenstreifen erstreckt, hat Colombos Entwicklung zu einem **wirtschaftlichen Zentrum** von Sri Lanka sicher begünstigt. Königsstadt war Colombo jedoch nie. Die singhalesischen Herrscher zogen Städte wie Anuradhapura, Polonnaruwa oder auch Kandy vor, vielleicht wegen des angenehmeren Klimas. Seit 1982 ist Colombo nicht einmal mehr Sitz des Parlaments, das sich nun in Sri Jayawardanapura versammelt. Diese Kunststadt hieß einst Kotte und war ein Vorort von Colombo, der seinen heutigen Namen erst erhielt, als aus dem Vorort die administrative Hauptstadt wurde. Gleichwohl ist Colombo immer noch Sitz zahlreicher Ministerien und anderer Regierungsbehörden.

Wie der Name Colombo entstand, ist mit letzter Sicherheit nicht geklärt. Im 5. Jh. n. Chr. berichtete der chinesische Reisende Fa-Hsien von einem kleinen Hafen, unterließ es jedoch, seinen Namen zu nennen. Etwa im 8. Jh. hatte der Hafen einige Bedeutung erlangt, als sich hier verstärkt arabische Händler, die Ahnen der heute noch auf Sri Lanka lebenden Moors, niederließen und ihn Calenbou nannten.

Am Wochenende treffen sich die Einheimischen zum Flanieren am Strand von Colombo.

Der chinesische Handelsreisende Wang Tai Yuan, der Colombo etwa um 1330 besuchte, sprach in seinen Aufzeichnungen von der Stadt Kao-lan-pu. Erst unter den Portugiesen erhielt Colombo seinen heutigen Namen, vielleicht in Erinnerung an den großen Entdecker Christoph Columbus. Andere Deutungen führen ihn auf die singhalesischen Worte Cola-amba (= Blatt des Mango-Baums) zurück. Am schlichtesten – und möglicherweise auch am sichersten – ist die dritte Theorie: Die Singhalesen nannten den Ort schon immer Kolamba, was nichts anderes als Hafen bedeutet. **Colombo ist seit dem Altertum bekannt**, so bei König Salomo und bei den Königen von Saba, die es bereits im 1. Jh. v. Chr. durch regen weltweiten Handel zu großem Reichtum brachten. Der bei Fa-Hsien noch kleine Hafen wurde zu einem wichtigen Umschlagplatz für den Handel mit Pfeffer, Zimt, Elfenbein, Edelsteinen und Pfauenfedern. lbn Battuta, der große arabische Weltreisende (►Berühmte Persönlichkeiten), beschrieb Calenbou – wie er die Stadt nannte – im 14. Jh. als »die schönste Stadt der Insel Serendib«, womit er aber eher ihre wirtschaftliche Bedeutung und ihren kosmopolitischen Geist als ihre städtebauliche Schönheit gemeint haben dürfte.

Um 1518 legten die **Portugiesen** mit der Erlaubnis der Könige von Kotte nur wenige Kilometer südlich von Colombo in der Hafengegend ein mächtiges Fort an. In seinem Schutz entstand die eigentliche Stadt mit Holzhäusern, aber auch mit repräsentativen Verwaltungsgebäuden. 1656 gelang es den Holländern durch Verrat, das Fort einzunehmen – der portugiesische Verräter wurde jedoch nicht wie versprochen, für seine Tat belohnt, sondern bei lebendigem Leib eingemauert. Die **Holländer** bauten die Befestigungen weiter aus und gründeten die Wohnviertel Wolfendahl und Hulftsdurp, so genannt nach dem holländischen Gouverneur Hulft. Sie legten zunächst zahlreiche Kanäle an, darunter den von Kalutara, südlich von Colombo, bis nach Puttalam führenden, 174 km langen Wasserweg, der heute noch zur Beförderung von Gütern dient. Zu dieser Zeit entstand auch der Zimtgarten (Cinnamon Garden), heute das Wohnviertel betuchter Bürger.

1796 hielten die **Briten** Einzug in Colombo und machten das Fortviertel zum Sitz ihrer Kolonialverwaltung. Auch die Zimtgärten verschwanden, an ihrer Stelle entstanden die eher benötigten Wohnhäuser. Um 1872 wurde auch der größte Teil der Befestigungsanlagen geschleift.

Bis 1822 war Galle der wichtigste Hafen von Sri Lanka, dann trat Colombo an seine Stelle. 1877 ließ der britische Gouverneur Sir William Gregory die bis dahin offene Anlegestelle zu einem geschützten Hafen ausbauen. Mit dem Vollzug der Unabhängigkeit zogen Regierung und Parlament des neuen selbstständigen Staats in die von den Briten errichteten Gebäude ein. 1950 tagte in Colombo eine Konferenz des Commonwealth of Nations, bei der der »Colombo-Plan zur Stärkung der gemeinsamen wirtschaftlichen Entwicklung in Südostasien« ins Leben gerufen wurde.

Colombo Orientierung

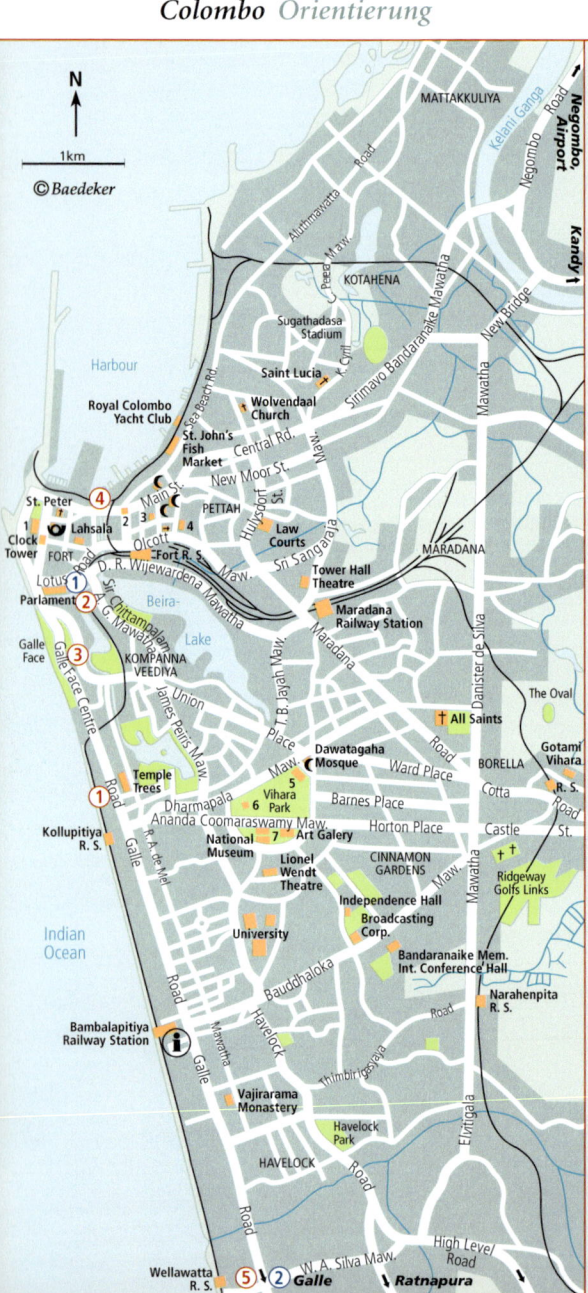

1 President's House
2 Khan Memorial
3 Dutch Period
  Museum
4 Central Bus Stand
5 Old Town Hall
6 War Memorial
7 New Town Hall

Essen
① Curry Leaf
② The Angler
  Restaurant

Übernachten
① Taj Samudra
  Hotel
② Hilton Colombo
③ Galle Face Hotel
④ Grand Oriental
  Hotel
⑤ Mount Lavinia
  Hotel

► COLOMBO ERLEBEN

AUSKUNFT

Sri Lanka Tourist Board
80, Galle Road
Colombo 3
Tel. 011 / 243 70 55, 243 70 59
www.srilanka.travel

VERKEHR

In Colombo bewegt man sich am besten mit dem Taxi oder einem Mietwagen inklusive Fahrer fort. Zahlreiche Travel Agents, deren Kontaktadressen beim Sri Lanka Tourist Board zu erhalten sind, bieten diese Touren an.
Die öffentlichen Busse sind meist hoffnungslos überfüllt und lassen den unkundigen Touristen eher orientierungslos zurück.
Den Stadtteil Pettah jedoch kann man gut zu Fuß erkunden.

MÄRKTE

Südlich der Einfahrt zur Lagune kann man jeden Morgen bis gegen 11.00 Uhr das Treiben auf den Fischmarkt erleben.
Unter den Luftwurzelbäumen im alten Fort ist sonntags Markt.

EINKAUFEN

Odel Unlimited
704, Galle Road 5, Alexandra Place
Colombo 03
Großes Einkaufszentrum mit vielen Geschäften (Mode, Lederwaren, Schmuck, Bücher, Tee, Ayurveda-Kosmetik, Sportartikel u. v. m.), u. a. »Factory Outlets« europäischer Designer, die auf Sri Lanka nähen lassen.

Laksala
60, York Street
Colombo 1
Reiche Auswahl zu äußerst günstigen Preisen (Handeln nicht möglich, Fix-

preise!) Das Sortiment umfasst Batikstoffe, Holzschnitzereien, Flechtarbeiten und vieles mehr.

Paradise Road
213 Dharmapala Maw 61, Ward Place
Colombo 07
Eine der empfehlenswertesten Shopping-Adressen in Colombo. Die Räume sind vom Boden bis zu den Decken mit Kostbarkeiten gefüllt: handbemaltes Porzellan, Tischdekor aus Palmzweigen, ayurvedische Öle, Salatbestecke aus Kokosnussschalen, Möbelstoffe vom Ballen oder handgewirkte Kissenbezüge.

Elephant Walk
61, Ward Place, Colombo 7
Eines der neuen Einkaufsparadiese in Colombo. Textilien für den Haushalt, Gebrauchsgegenstände für die Küche oder auch originelle Mitbringsel findet man in den historischen Räumen.

Victorian Charm Kalaya
No. 08 Palm Grove 116 Havelock Road, Colombo 03
Eine wahre Fundgrube für qualitätvolle Arbeiten. Der Besitzer Praneela Fernando-Kururuppu verbindet östliche und westliche Arten der Textilherstellung, z. B. aus handgearbeiteter Spitze, aber auch exquisite Stickereien.

Hermitage Gallery Suriya Home Décor Store
28 Gower Street 61, 5th Lane
Colombo 05
Antike Truhen, Tische und andere hübsche Möbelstücke gibt es hier ebenso wie alte Haushaltsgegenstände, vom Vogelbauer über die Messinglampe bis hin zum Bild aus früheren Zeiten.

ESSEN

► Erschwinglich

① *Curry Leaf*
(im Hilton Hotel)
Tel. 011 / 254 46 44
Wohl das beste Restaurant in
Colombo für vorzügliche Curry-
Gerichte. Herrlicher Garten.
Allerdings nur abends geöffnet,
Reservierung empfohlen!

② *The Angler Restaurant*
71, Hotel Road, Mount Lavinia
Tel. 011 / 271 66 26
Kleine Speisekarte, aber was auf den
Tisch kommt, ist frisch und hervorragend zubereitet. Der Besitzer vermietet auch hübsche Zimmer zu
einem günstigen Preis.

ÜBERNACHTEN

► Luxus

① *Taj Samudra Hotel*
25, Galle Face Center Road
Tel. 011 / 244 65 39
Fax 011 / 262 42 55
www.tajhotels.com
350 Zimmer, 3 Restaurants, Coffee
Shop, Pool, Tennis, Squash, Fitnesscenter
Direkt an der Promenadenstraße Galle
Face Road in einem sehr schön
angelegten Garten gelegenes 5-Sterne-
Hotel mit gediegenem Service und
sehr komfortablen Zimmern.

② *Hilton Colombo*
2, Sir Chittampalam A Gardiner
Mawatha
Tel. 011 / 249 24 92
Fax 011 / 254 46 57
www.hilton.com
384 Zimmer, 6 Restaurants,
Shopping-Arkade, Pool, Diskothek
Zentral gelegenes Hotel der international renommierten Hilton-Kette
mit großem, schönem Garten direkt
an der Promenade.

Baedeker-Empfehlung

► Luxus

⑤ *Mount Lavinia Hotel*
100, Hotel Road, Mount Lavinia
Tel. 011 / 271 17 11
Fax 011 / 273 07 26
www.mountlaviniahotel.com
275 Zimmer, 2 Restaurants, Pool
Traditionsreiches Haus im Kolonialstil mit
200-jähriger Geschichte – Sir Thomas
Maitland, der Erbauer und britischer
Generalgouverneur, verstand zu leben.
Mehrfach preisgekrönt als eines der
schönsten Hotels in Asien.

► Komfortabel

③ *Galle Face Hotel*
2, Galle Road, Colombo 3
Tel. 011 / 254 10 10 - 16, 254 35 65 - 77
Fax 011 / 254 10 72 - 74
www.gallefacehotel.com
65 Zimmer im Classic Wing,
82 Zimmer im Regency Wing,
9 Restaurants, 4 Bars, Pool
Das 1864 erbaute Galle Face ist ein
gediegenes Hotel im Kolonialstil und
einem modernen Anbau. Die Zimmer
sind geräumig, aber nichts Besonderes.
Die Suiten jedoch sind ansprechend
eingerichtet. Das Ambiente verströmt
einen Hauch Tradition. Zum Five
o'Clock Tea trifft man sich auf der
herrlichen Terrasse. Das Hotel steht
direkt am Meer.

► Günstig

④ *Grand Oriental Hotel*
2, York Street (am Hafen)
Tel. 011 / 32 03 91
Fax 011 / 44 76 40
www.grandoriental.com
62 Zimmer, 2 Restaurants, Bar
Preisgünstiges, gepflegtes Hotel mit
großen, im Kolonialstil eingerichteten
Zimmern.

✷ **Fort (Stadtteil)**

Den Stadtteil Fort, der Form nach etwa ein Dreieck, könnte man als Keimzelle der heutigen Stadt Colombo bezeichnen. Er wird begrenzt von Hafen, Marine Drive, Lotus Road und York Street – Letztere war während der holländischen Kolonialzeit keine Straße, sondern ein Kanal, der unter der britischen Herrschaft zugeschüttet wurde. Auch sonst erinnert im Stadtteil Fort nichts mehr an die Zeit der Niederländer, denn von den mächtigen Befestigungsanlagen, die einst das Fort-Viertel umschlossen, sind nur noch ein paar wenige Reste zu sehen. Selbst den Straßen wurden ihre holländischen Namen genommen und durch englische ersetzt. Die Reste findet man noch hinter dem Queen's House, wo ein Bollwerk die felsige Küste überragt – von den Singhalesen Gal Bokka, Felsenbauch, genannt –, woraus bei den Engländern Galle Buck wurde. Der **Leuchtturm** am Übergang von der Chaitya Road in den Marine Drive wurde auf einem Felsvorsprung errichtet, stammt aber aus neuerer Zeit.

Am Ende des Marine Drive erhebt sich das klassizistische Alte Parlamentsgebäude im typischen Stil der Kolonialzeit. Seit Sri Jayawardanapura City Sitz des Parlaments ist, dient dieses Gebäude nur noch der Verwaltung. **Altes Parlamentsgebäude**

Schräg gegenüber dem Alten Parlament führt die Janadhipathi Mawatha, die frühere Queens Street, in das Zentrum des Stadtteils zum Clock Tower. Eigentlich handelt es sich um einen 1850 erbauten Leuchtturm, der jedoch nicht mehr ausreichte, als die umliegenden Häuser immer mehr in die Höhe wuchsen und seine Leistungsfähigkeit einschränkte. 1952 wurde er deshalb umgebaut. **Clock Tower**

Colombo Fort Orientierung

Der Straße nach Norden folgend, trifft man links auf ein weißes Gebäude im Kolonialstil. Einst residierte hier der britische Generalgouverneur, heute ist es **Amtssitz des Ministerpräsidenten**. Bei dem lang gestreckten Bau gegenüber handelt es sich um das ebenfalls im repräsentativen Kolonialstil errichtete, rund um die Uhr geöffnete General Post Office. Der Residenz schließt sich ein schöner Park an, der aber aus Sicherheitsgründen nicht zugänglich ist.

Highlights Colombo

Fort
Das ehemalige holländische Fort ist heute ein quirliges Geschäftsviertel mit vielerlei Einkaufsmöglichkeiten.
▶ **Seite 219**

Pettah
Lebendiges Bazarviertel, in dem man auch auf allerlei Gaukler und Schlangenbeschwörer trifft.
▶ **Seite 220**

Galle Face Green
Beliebtes Naherholungsgebiet direkt an der Küste.
▶ **Seite 224**

Cinnamon Garden
Das elegante Villenviertel von Colombo besitzt auch eine riesige Grünanlage mit altem Baumbestand, in der man herrlich rasten kann.
▶ **Seite 225**

Straßenzüge mit einst prächtigen Häusern

Nachdem man die Sir Baron Jayatillake Mawatha (die frühere Prince Street) überquert hat, trifft man rechter Hand auf ein Gebäude, in dem sich die Büros der Regierungsmitglieder (Cabinet Offices) befinden. Die Straße wurde in der Zeit der britischen Kolonialherrschaft ausgebaut, wovon heute noch zahlreiche Bauten zeugen. Allerdings nagt der Zahn der Zeit kräftig an den Mauern. Die Sir Baron Jayatillake Mawatha trifft nun auf die breite York Street, auf der das rote, mit Dachbalustraden, Giebeln und Türmchen reich geschmückte Warenhaus Miller's ins Auge fällt. Unweit davon steht das staatliche Kaufhaus Laksala mit einer großen Auswahl an kunsthandwerklichen Arbeiten sowie Edelsteinen und Textilien. Das Grand Oriental Hotel an der Ecke York-/Church Street kündet ebenfalls noch vom Charme vergangener Zeiten. Der Glanz, den so berühmte Besucher wie der Literat Somerset Maugham hinterließen, ist heute allerdings ziemlich verblichen.

Garnisonskirche St. Peter

Ebenfalls an der Church Street befindet sich die alte Garnisonskirche St. Peter (19. Jh.). Hier sind heute die Büros der Mission to Seamen, der Seefahrer-Mission, untergebracht.

✶ ✶ Pettah (Stadtteil)

Händler- und Marktviertel

Die Pettah (Tamil: pettai, alte Stadt), die sich östlich an den Stadtteil Fort anschließt, war früher das Wohn- und Geschäftsviertel der Portugiesen, später der Holländer. Die Spuren der letzteren sind heute noch an vielen Stellen zu finden. Heute ist die Pettah das laute, hektische Basarviertel von Colombo, in dem man alle nur erdenklichen Waren zu niedrigsten Preisen erhält, vor allem dann, wenn man zu handeln versteht. In der Pettah leben heute noch die Moors, die Nachfahren der arabischen Seefahrer, aber auch alle anderen auf Sri Lanka vertretenen Ethnien sind hier zu finden. Während der Unruhen des Jahres 1983 war die Pettah Ziel von Plünderungen und Brandstiftungen, deren Opfer v. a. Moors waren. Die Straßen sind etwa in der Form eines Schachbretts angelegt, **in jeder Straße werden nur bestimmte Waren verkauft:** in der einen Metallwaren, in der anderen Textilien. Gewürze, Kräuter und Tees gibt es z. B. nur in der 5th Cross Road, Schmuck nur entlang der 2nd Cross Road.

An der 2nd Cross Road steht einer der wichtigsten Hindu-Tempel von Colombo. Er ist der Göttin Kali, der Gemahlin Shivas, geweiht. Seine Frontseite ist überreich mit Götterfiguren des hinduistischen Pantheons geschmückt. Im Innern zeigt eine Skulptur die grausame und blutrünstige, aber auch tapfere Göttin, die wie üblich mit einem Tigerfell um ihren schwarzen Körper und mit einer Kette aus Menschenschädeln dargestellt wird, In den Händen hält sie Schwert und Stock, eine Schlinge sowie einen Männerkopf. Kali, die Schwarze, ist ein Sinnbild der alles verschlingenden Zeit.

Hindu-Tempel

An der bergan führenden Sea Street, der Straße der Goldschmiede, liegen drei fantasievoll geschmückte Hindu-Tempel aus dem frühen 19. Jh., die als Ganeshan- sowie als New bzw. Old Kathiresan Temple bekannt sind.

Der alte Kathiresan-Tempel ist dem Kriegsgott Skanda geweiht. Alljährlich im Juli findet hier eine farbenprächtige Zeremonie statt, bei der dem Gott gehuldigt wird.

Marktstände in Colombo: farbenfroh, lebendig – und preisgünstig

Jami-Ul-Afar-Ju-mma-Moschee

Die Jami-Ul-Afar-Jumma-Moschee (1908) in der 2nd Cross Road wird auch Große Moschee genannt; die dekorative Verwendung von rotem und weißem Backstein verleiht ihr ein zauberhaftes Aussehen. Auch die architektonischen Elemente – der kuppelgekrönte Uhrturm und die schlanken Minarette oder die wie gedreht wirkenden Säulen, die Pilaster und Giebel – sind außerordentlich reizvoll.

Dutch Period Museum

In einem Gebäude aus dem 17. Jh. ist dieses Museum untergebracht, das mit der Unterstützung der Regierung der Niederlande eingerichtet wurde. Es bietet einen Einblick in die Geschichte Sri Lankas zu Zeiten der holländischen Kolonialherrschaft (Öffnungszeiten: Di. bis Do., Sa. und So. 9.00 – 17.00 Uhr, Fei. geschlossen; Eintrittsgebühr).

Hulftsdorp

Ehemaliges holländisches Wohnviertel

Östlich der Pettah liegt das ehemalige holländische Hulftsdorp, sowohl Wohn- als auch Gerichtsviertel, benannt nach dem holländischen Gouverneur Hulft. An der anglikanischen All Saints Church, einem Bau aus dem 19. Jh., vorbei gelangt man zu dem im holländischen Kolonialstil erbauten, mit seinen Kolonnaden repräsentativ wirkenden Supreme Court (Gerichtshof). In der schmalen, bald bergan, bald bergab führenden Hulftsdorp Street und in den Gassen darum herum findet man noch einige – allerdings recht zerfallene – typisch holländische Wohnhäuser.

Die Wolfendahl-Kirche ist eine der vier holländischen Kirchen auf Sri Lanka.

Die 1749 erbaute, holländisch-reformierte Wolfendahl-Kirche im **✱** ehemals gleichnamigen Viertel ist die älteste erhalten gebliebene christliche Kirche von Colombo. Sie steht auf den Grundmauern der portugiesischen Kirche Aqua de Lupo. Der auf kreuzförmigem Grundriss errichtete, kraftvolle Bau beherrscht einen Hügel, von dem aus sich ein **schöner Blick** über den Hafen und die alten Stadtviertel von Colombo bietet. Einige der schönen reliefgeschmückten Grabsteine holländischer Gouverneure und Kolonialbeamter sowie ihrer Familien sind älter als die Kirche; sie wurden von dem alten holländischen Friedhof in Gordons Garden im Fort-Viertel hierher gebracht. Beachtenswert sind im Inneren die Kanzel, das Gestühl sowie die Kirchenbücher.

Wolfendahl-Kirche

Nördlich der Pettah

Die nördlich der Pettah gelegenen Viertel werden auch heute noch größtenteils von Christen bewohnt. In Kotahena, einem Missionszentrum des 18. Jh.s, leben viele Abkömmlinge aus portugiesischsinghalesischen Mischehen – die Burghers. Von den vielen Kirchen in diesem Viertel sind einige sehenswert.

Burgher-Viertel

Die prachtvolle römisch-katholische Kirche **Santa Lucia**, im 18. Jh. im barocken Stil erbaut, wird von einer hohen Kuppel bekrönt. Beachtenswert sind die Grabsteine einiger französischer Bischöfe. Zum angeschlossenen Kloster gehört auch ein Knabenkonvikt.

Kirchen

Die anglikanische **Christ Church** wurde 1845 von dem ersten anglikanischen Bischof Dr. Chapman gestiftet; bei den Bewohnern des Viertels hat sich jedoch die frühere Bezeichnung Stone Church (Steinkirche) erhalten.

Wegen ihrer angeblichen Wunderkräfte genießt die Statue des hl. Antonius in der römisch-katholischen **St. Anthony's Church** an

! *Baedeker* TIPP

Hafenblick

Das Treiben im Hafen von Colombo können Sie am besten und in Muße vom Restaurant des Grand Oriental Hotel aus beobachten (2, York Street, Colombo 01).

der Mahawatta Road nicht nur bei Christen hohes Ansehen. Der Kirche sind das St. Anthony's Convent sowie die St. Anthony's School angegliedert. In der Nähe stehen der kleine buddhistische Tempel Sri Pushparamaya und die kleine römisch-katholische St. James Church.

Hafengebiet

Der Hafen von Colombo, heute das wirtschaftliche Herz der Stadt, wurde zwischen 1875 und 1907 zu einem Welthafen ausgebaut. Drei Molen mit einer Länge von 1580, 800 und 325 m umfassen ein Gebiet von 49 km². Am Queen Elizabeth Quai ganz im Westen und am Delft Quai können je fünf Überseeschiffe gleichzeitig anlegen, am

Welthafen

Prince Quai zwei. Zum Hafen gehören ein modernes Trockendock, leistungsfähige Krananlagen, große Lagerhallen sowie das aus englischer Kolonialzeit stammende Gebäude der Hafenbehörde (Port Authority). Der größte Teil des Hafens kann aus Sicherheitsgründen nicht besichtigt werden.

Südlich des Stadtteils Fort

Beira-See Südlich des alten Parlamentsgebäudes trifft man – wie an vielen anderen Stellen in der Stadt – auf einen Teil des Beira-Sees. Der heute in einzelne Partien geteilte See umschloss früher eine Insel, die als Slave Island (Sklaveninsel) bekannt war; heute heißt der Stadtteil offiziell Kompannaveediya. Im Gebiet der früheren Sträflingsinsel trifft man heute noch auf einige Elendsquartiere.

Galle Face Green An der Küste zieht sich eine mehrere Kilometer lange Grünfläche hin, Galle Face Green genannt. Einst veranstalteten hier die Engländer Pferderennen und andere Belustigungen, aber auch Militärparaden. Die Grünfläche wurde unter dem englischen Gouverneur Sir Barnes um 1828 angelegt, der sie den Frauen von Colombo widmete. Heute ist Galle Face Green vor allem **in den Abendstunden ein beliebter Treffpunkt** für die Bevölkerung, die die stets vom Meer her wehende frische Brise schätzt. Es gibt auch etliche Garküchen, deren Sauberkeit manchmal aber zu wünschen übrig lässt.

Repräsentative Hotels Auf der anderen Seite der Galle Face Center Road liegt das hübsche **Samudrah-Haus** mit dem gleichnamigen Luxushotel und hinter diesem Gebäude befindet sich das Sri Lanka Tourist Board. Das **Galle Face Hotel** im Süden von Galle Face Green, ein repräsentativer Bau im viktorianischen Stil mit Anbauten aus den 1970er-Jahren, zählt zu den traditionsreichsten Hotels von Colombo. Einst war es der Treffpunkt für all diejenigen, die im Handel und in der Kolonialpolitik Rang und Namen hatten, und seine Terrasse wurde oft als »die schönste östlich von Suez« bezeichnet. Auch heute noch verspürt man den Zauber dieses alten Hotels und seine Exklusivität, auch wenn der Glanz ein wenig verblichen ist. Dem Hotel schließt sich ein schön angelegter Garten mit Pool an.

! **Baedeker** TIPP

Lunch mit Cricket

Im angesagten Kollupitiya-Viertel trifft sich zur Lunchzeit im Cricket Club ein vorwiegend junges Publikum, um die leichte Küche zu genießen und um auf fünf Fernsehern Kricketspiele aus aller Welt zu verfolgen (34 Queens Road).

Weitere Sehenswürdigkeiten Die Straße, die vor dem Galle Face Hotel zum Innern der Stadt abzweigt, führt am Hotel Holiday Inn vorbei – dessen Architektur dem islamischen Stil nachempfunden ist – zu der sehenswerten Christ Church aus dem 19. Jahrhundert. Die Galle Road verläuft, parallel zur Küste, durch die teils **von Straßenmärkten belebten Stadtviertel** Kollupitiya, Bambalapitiya, Wellawatta und schließlich nach Mount Lavinia, einem seit jeher beliebten Badeort. An dieser Straße liegen weitere Hotels der Luxuskategorie wie z. B. das Lanka Oberoi mit einem weitläufigen Garten und einer beeindruckenden Hotelhalle sowie etliche Botschaftsgebäude.

Die protestantische Kirche St. Andrews, ein Gotteshaus der schottischen Kirche, wurde 1842 im neugotischen Stil erbaut. Charakteristisch sind die Zinnenbekrönung der kleinen Eingangshalle sowie die bergfriedähnlichen Türme. Zwei sehenswerte Bauten im schönsten englischen Kolonialstil sind die Botschaft der USA und das Wohnhaus des Premierministers inmitten eines herrlichen Parks mit Frangipani-Bäumen.

Cinnamon Garden

Die Straße Dharmapala Mawatha bzw. die später davon abzweigende Ananada Kumaraswamy Mawatha führen nun in das Villenviertel Cinnamon Garden, den grünsten Stadtteil von Colombo. Ihn wählten einst die Briten als bevorzugte Wohngegend, heute wohnen hier zumeist wohlhabende Singhalesen. Ihre schönen Häuser werden oft von hohen Bäumen, Ziersträuchern und Büschen verborgen. Seinen Namen bezog dieses prachtvolle Wohnviertel aus der Tatsache, dass es hier in früheren Zeiten ausgedehnte Zimt- und Gewürzanpflanzungen gab.

Das Nobelviertel von Colombo

Das Herzstück von Cinnamon Garden bildet der Viharamahadevi-Park, der bis 1958 Victoria Park hieß. Seinen heutigen Namen trägt er nach der Mutter von König Dhutta Gamani, der die Stadt Anuradhapura im 2. Jh. von der Tamilenherrschaft befreite; eine Statue im Park erinnert an sie. Am nordwestlichen Ende, gegenüber der Town Hall, steht die schöne Statue eines sitzenden Buddhas, am südwestlichen Ende ein Kriegerdenkmal zum Gedenken an die Gefallenen beider Weltkriege. Der Park ist ein **beliebtes Erholungsziel** der Einwohner von Colombo, insbesondere am Wochenende. An seiner nordöstlichen Ecke erhebt sich die imposante Town Hall, deren Kuppel an das Kongressgebäude in Washington erinnert. Beeindruckend ist auch der mächtige Portikus mit schönen Verzierungen an den Säulenkapitellen.

Viharamahadevi-Park

Die architektonisch moderne Bandaranaike Memorial Conference Hall, ein sechseckiger Bau, wurde 1973 errichtet und ist ein Geschenk der Volksrepublik China an Sri Lanka. Das Kongresszentrum trägt den Namen des ermordeten Ministerpräsidenten Solomon Bandaranaike (►Berühmte Persönlichkeiten), an den in einem kleinen Museum erinnert wird. Es enthält zahlreiche Erinnerungsstücke und Dokumente aus dem Leben des Politikers (Öffnungszeiten: Di. – Sa. 9.00 – 17.00 Uhr; Eintrittsgebühr).

Bandaranaike Memorial Conference Hall

🕐

Im Nationalmuseum von Colombo trifft man auf Dokumente einer wechselvollen Geschichte.

★★
Nationalmuseum

Das leuchtende Weiß des stattlichen Gebäudes mit dem Nationalmuseum von Colombo liegt inmitten eines schön angelegten Parks. Die Anlagen und das Gebäude zeigen Würde und Anmut des viktorianischen Kolonialstils. Die architektonischen Elemente sowie die dreigiebelige Fassade mit vorgesetztem Portikus offenbaren eine beeindruckende Harmonie. Der Bau entstand zwischen 1873 und 1877 auf Anregung der Royal Asiatic Society und auf Veranlassung des britischen Gouverneurs Sir William Gregory (Öffnungszeiten: tgl. außer Fei. 9.00 – 17.00 Uhr; Eintrittsgebühr).

Umgebung von Colombo

Dehiwala

Dehiwala bildet zusammen mit Mount Lavinia eine Doppelstadt. Der Dehiwala-Kanal bildet die Grenze zu Colombos südlichstem Stadtteil Wellawatte. Die erste Straße links hinter der Verkehrsinsel in Dehiwala führt zu dem buddhistischen Tempel Sri Subnadarama, dessen Innenwände mit schönen Malereien geschmückt sind. Er enthält auch die Figur eines liegenden Buddhas, dessen mit Saphiren besetzten Augen im Schein einer Öllampe leuchten.

★
Zoologischer Garten ▶

In Dehiwala lohnt zudem der Zoologische Garten einen Besuch, nicht nur wegen seines reichhaltigen Tierbestands, sondern auch wegen seiner schönen Anlage mit vielen Bäumen, Sträuchern und Blumen. Nahe dem Eingang leben verschiedene Papageienarten in großen Volieren, es folgen ein Bezirk mit den verschiedensten Arten

Rotwild und dann das Terrain für Raubtiere wie Löwen, Bengalische Tiger, Pumas, Leoparden, Jaguar und Bären. Besonders artenreich ist das Aquarium mit einer Vielzahl von Meeresbewohnern. In einem weiteren Gehege sind Krokodile und Schlangen zu sehen. Dazu kommen Bereiche mit Seelöwen, Schildkröten, Affen, Störchen und Wisvögeln und vieles mehr. Der Zoo wird als **einer der schönsten Asiens** gerühmt. Seine Anfänge gehen übrigens auf den deutschen Tierparkexperten Carl Hagenbeck (1844–1913) zurück (Öffnungszeiten: tgl. ⏲ 8.30–18.00 Uhr; Eintrittsgebühr).

Mount Lavinia

Etwa 3 km südlich von Dehiwala liegt das berühmte Seebad Mount Lavinia, das man von Colombo auch mit der Eisenbahn oder mit dem Bus erreicht. Auf einem Felsen über dem Meer ließ sich der britische Generalgouverneur Sir Thomas Maitland um 1819 eine **prachtvolle, großzügige Residenz** erbauen, die er allerdings nur an Wochenenden nutzte. Sein Nachfolger, Sir Edward Barnes (1824 bis 1831), musste sie auf Anweisung der Regierung in London freilich wieder verkaufen, da sie ohne Genehmigung errichtet worden war. Später wurde die Residenz in das heute noch erstklassige Mount-Lavinia-Hotel umgewandelt. Von seiner Terrasse blickt man weit über das Meer und hinunter zum kilometerlangen, mit Palmen gesäumten Strand.

Der Name des Hotels geht wohl nicht auf eine Frau namens Lavinia zurück, sondern eher auf die Lavinia genannte Pflanze, möglicherweise aber auch auf den singhalesischen Begriff Lihiniya-gala, was Vogelfelsen bedeutet. Die Singhalesen, die Mount Lavinia namentlich an Wochenenden besuchen, nennen den Ort, der früher ein kleiner Fischerort war, immer noch bei seinem alten Namen: Gakkissa. Leider ist die Wasserqualität in den letzten Jahren immer schlechter geworden, da die Abwässer aus dem Großraum Colombo zu einem großen Teil ungeklärt ins Meer geleitet werden. Während der Monsunzeit gibt es hohe Wellen und Unterströmungen, die das Baden gefährlich machen.

✴ Dambulla

C 6

Provinz: Central Province **Höhe:** ca. 110 m ü.d.M.

Das mit Abstand Berühmteste an Dambulla, einem kleinen Ort an der Straße zwischen Matale und Anuradhapura, sind die fünf Felshöhlen mit zahlreichen Buddha-Statuen sowie einzigartigen Wand- und Deckenmalereien. Sie zählen zum Schönsten, was singhalesische Künstler je hervorgebracht haben. Im Ort selbst gibt es ansonsten keine Sehenswürdigkeiten, einen Besuch wert ist jedoch der tägliche große Markt.

▶ DAMBULLA ERLEBEN

ANREISE

Mit dem Auto:
Von Kandy über die A 9 (72 km);
von Anuradhapura über die A 13
und A 9 (108 km), von Kurunegala
über die A 6 (55 km).
Mit der Bahn:
Nächstgelegene Station ist Habarana
an der Strecke Colombo–Trincomalee
(26 km entfernt).
Mit dem Bus:
Gute Busverbindungen von Kandy
und Kurunegala.

ÜBERNACHTEN

▶ **Komfortabel**
Amaya Lake Dambulla
Kandalama, Dambulla
Tel. 066 / 446 81 00
Fax 066 / 223 19 32
www.amayaresorts.com
92 Zimmer
Malerisch an einem See gelegen, bietet
dieses Hotel sehr schöne Zimmer mit
allem Komfort. Zum Angebot gehört
außerdem ein umfangreiches Sport-
programm.

Höhlentempel von Dambulla

Geschichte Wahrscheinlich waren eine oder zwei der Höhlen von Dambulla bereits in prähistorischer Zeit heilige Stätten. In den ersten vorchrist-
lichen Jahrhunderten wurden sie von buddhistischen Mönchen in
Besitz genommen. 102 v. Chr. verbarg sich König Vatta Gamani Ab-
haya, auch Valagam Bahu genannt, hier, als er von den Tamilen aus
Anuradhapura vertrieben worden war; erst 85 v. Chr. konnte er sein
Reich zurückerobern. Als Dank für die Mönche, die ihm Unter-
schlupf gewährt hatten, verwandelte er die Höhlen in prachtvolle
Tempel, machte sie zum **Ziel von Wallfahrten** und stiftete ein Kloster.
König Vijaya Bahu I. (1055 – 1110) ließ die Ausschmückungen der
Höhlen restaurieren und teilweise neu gestalten. Dazu stiftete er
mehrere Statuen und schenkte dem Kloster Ländereien. Auch von
König Nissanka Malla (1187 – 1196) ist bekannt, dass er einige Statuen stiftete. An der weiteren Ausgestaltung der Höhlen waren
schließlich auch die Herrscher des Kandy-Reichs, Senerat (1605 bis
1635) und Kirti Sri Raja Sinha (1747 – 1778) beteiligt.

Aufstieg zum Tempel Der Aufstieg auf den schwarzen Granitfelsen, Dambula-gala, erfolgt
über die Ostseite des Felsens und führt über einen einfachen Felsweg,
später über etwa 250 in den Fels geschlagene Stufen. Von der oberen
Plattform bietet sich ein schöner Blick über die von Stauseen durchsetzte Dschungellandschaft und in der Ferne sieht man bei klarem
Wetter den imposanten Felsen von ▶ Sigiriya. Im Vorhof sieht man
gleich rechts eine an König Nissanka Malla erinnernde Inschrift.
Die Höhleneingänge liegen unter der vorkragenden Felswand und
sind durch offene, durchgehende Vorbauten markiert; der Giebel
über dem Haupteingang hat die Form einer Dagoba. Die ersten drei

Höhlen sind die ältesten und stammen zum Teil aus dem ersten Jahrhundert v. Chr., die beiden anderen wurden erst im 18. Jh. angelegt.

Die erste Höhle trägt den Namen Devaraja-lena (Götterhöhle) und enthält die 14 m lange, aus dem Felsen gehauene Figur eines liegenden Buddhas, vor dem sein Lieblingsschüler Ananda sitzt. Unter den zahlreichen weiteren Statuen gibt es eine des Hindu-Gottes Vishnu.

Erster Höhlentempel

Der zweite Höhlentempel, Maharaja-lena (Höhle der großen Könige) genannt, ist **unzweifelhaft der schönste**: 66 aneinandergereihte Buddha-Statuen aus verschiedenen Zeiten umgeben eine kleine Dagoba. Einige Statuen sind aus dem Fels herausgemeißelt worden. Früher waren sie mit Gold überzogen, heute sind sie jedoch nur noch golden angemalt. Die Buddhas im Kandy-Stil sind an der roten Schärpe über der linken Schulter und dem roten Saumabschluss zu erkennen. Nahe dem westlichen der beiden Eingänge steht die Statue des Königs Vatta Gamani Abnaya, ihm gegenüber die Statuen von Vishnu und Rama.

Zweiter Höhlentempel

Die große stehende Buddha-Statue ist von Wandmalereien umgeben, deren Thema die Versuchung Buddhas durch den Verführer Mara ist: Der von Buddha besiegte Mara stürzt von seinem schwarzen

Heute ist die Tempelanlage mit einem Elektrozaun umgeben, da die Äffchen allzu lästig wurden.

HÖHLENTEMPEL VON DAMBULLA

✳ ✳ **Die Wege ins Paradies sind bekanntlich eher mühsam, und so muss man, um zu den herrlichen Höhlentempeln zu gelangen, erst einen frei stehenden Felsrücken besteigen, auf dem das Kloster Dambulla liegt. Belohnt wird der Aufstieg mit einem atemberaubenden Ausblick über die grüne, von Hügelzügen gerahmte Ebene und mit fünf in der Ausstattung überbordenden Heiligtümern, deren älteste Kunstwerke aus vorchristlicher Zeit stammen, die jüngsten aus dem 20. Jahrhundert.**

🕐 Öffnungszeiten:
tägl. 8.00 – 17.00 Uhr

① Devaraja-lena
Die erste Höhle birgt die 14 m lange, aus dem Felsen gehauene Figur eines liegenden Buddha, der kurz vor dem Übergang ins Nirwana ist. Vor ihm sitzt sein Lieblingsschüler Ananda. Die teils restaurierten Wand- und Deckengemälde stammen aus dem 1. Jh. v. Chr.

② Magharaja-lena
Der 60 m lange, 30 m breite und bis zu 15 m hohe zweite Felsentempel ist nicht nur der größte, sondern auch der schönste und mit den kostbarsten Heiligtümern ausgestattet.

③ Maha Alut Viharaya
Zum größten Teil aus dem 18. Jh. stammen die zahlreichen Buddha-Statuen in der dritten Höhle, darunter auch das Hauptkultbild, das Buddha unter dem Makara-Bogen zeigt, und eine Statue vom letzten Kandy-König Sri Kirti Raja Sinha.

Auch hier sind die Wände überreich mit leuchtenden Malereien geschmückt; sie zeigen Buddhas und Bodhisattvas in verschiedenen Größen und Haltungen sowie mit unterschiedlicher Hautfarbe. Dafür wurden Marmor sowie Sandel- und Ebenholz verwendet.

④ Pachima Viharaya (außerhalb 3D)
Die kleine vierte Höhle enthält fünf Statuen im volkstümlichen Kandy-Stil. In der kleinen Dagoba sollen einst die Kronjuwelen der Gattin von König Valagamba aufbewahrt worden sein.

⑤ Devana Alut Viharaya (außerhalb 3D)
Die jüngste der fünf Höhlen besitzt neben einem liegenden Buddha aus neuerer Zeit zahlreiche Figuren des hinduistischen Pantheons. Die Malereien stammen aus der späten Kandy-Zeit.

⑥ Museum
Im kleinen Museum des Klosters wird unter anderem die Palmblattherstellung erläutert.

Sri Lankas eindrucksvollster Höhlentempel: das Kloster Dambulla

Elefanten, um ihn herum ist sein Heer – Schlangen, Dämonen und mythische Tiere – versammelt. Andere Malereien an der Decke zeigen **Episoden aus Buddhas Leben**, zum Beispiel den Angriff von Maras Heer. Der Elefant, auf dem Mara sitzt, zeigt Buddha jedoch seine Unterwerfung an. Weitere Szenen schildern den Beginn von Siddharta Gautamas Weg hin zum Religionsstifter, zunächst jedoch einiges aus dem Leben am elterlichen Hofe: Er beweist im Palasthof, wie er den Bogen beherrscht; er zieht aus, um sich im Umgang mit Waffen zu üben – seine Diener tragen u. a. Schwert und Diskus –, und schließlich den Fortgang aus dem Palast auf seinem Pferd Kantaka.

Hinter den Statuen am Ende der Höhle läuft ein **Fries** entlang, auf dem Szenen aus dem Kampf von König Duttha Gamani gegen den Tamilenherrscher Elara zu sehen sind. Elara beherrschte in der zweiten Hälfte des 2. Jh.s v. Chr. die Stadt Anuradhapura. Die zum Teil vielfigurigen Malereien wirken sehr farbenfroh und weisen kompositionelle Eigenarten auf. Dies wie auch die Gesichter haben die Vermutung bestärkt, dass es sich möglicherweise um Künstler handelte, die von der Mogulmalerei des Dekka (in Indien) beeinflusst waren oder sogar von dort stammten.

Neben dem Eingang befindet sich auch eine kleine **Dagoba**, die von sitzenden Buddhas umgeben wird. Einige davon sitzen auf Kobra-Podesten, die den Schlangengott symbolisieren.

An einer Stelle der Höhle tropft unablässig von der Decke herab. Es wird in einem steinernen Becken aufgefangen und dient rituellen Waschungen. Der stete Quell versiegt nicht einmal in den trockenen Monaten und soll dem Ort seinen Namen gegeben haben: »Dambulla« bedeutet in Pali »Wasser«. Der Legende nach soll die **geheimnisvolle Quelle** zu einem unterirdischen Fluss gehören, der angeblich bergauf fließt.

Dritter Höhlentempel

Die dritte Höhle, Maha Alut Viharaya (Großer neuer Tempel) birgt ebenfalls zahlreiche Buddha-Statuen, die zum größten Teil aus dem 18. Jh. stammen, darunter auch das **Hauptkultbild**, das Buddha unter dem Makara-Bogen zeigt, sowie eine Statue von König Kirti Sri Raja Sinha (reg. 1747 – 1780). Auch hier sind die Wände überreich mit Malereien geschmückt: Sie zeigen Buddhas und Bodhisattvas in verschiedenen Größen und Haltungen sowie mit unterschiedlicher Hautfarbe.

Vierter und fünfter Höhlentempel

Die kleine vierte Höhle (Pachima Viharaya, Westliche Höhle) enthält fünf Statuen und schöne, jedoch unsachgemäß restaurierte Wandmalereien. Die fünfte Höhle (Devana Alut Viharaya, Zweiter neuer Tempel) ist die jüngste und beinhaltet neben einem liegenden Buddha aus neuerer Zeit Figuren der hinduistischen Götterwelt. Bemerkenswert ist die Statue von Devata Bandara, einer lokalen Gottheit. Die Malereien stammen aus der späten Kandy-Zeit und wurden in den 1920er-Jahren restauriert.

Seit Buddha
millionenfach
meisten mo
diese Darstell

Diese Statue im dritten Tempel
erinnert an König Sri Raja
Sinha, der die Anlage Ende
des 18. Jh.s renovieren ließ.

Baedeker

...zang ins Nirwana ist sein Abbild
...ziert worden. Er ist eine der am
...en Figuren der Welt. Bekannt ist
...im Meditieren wird er vom Kopf
...einer Kobra vor Regen geschützt.

An diesen Statuen kann
man gut die verschiedenen
kanonisierten Haltungen und
Gesten Buddhas studieren.

① 6

Dedigama

B 7

Provinz: Sabaragamuwa   **Höhe:** ca. 64 m ü.d.M.

Dedigama, in den Ausläufern des lieblichen Sabaragamuwa-Berglands gelegen, bezieht seine Bedeutung aus der Tatsache, dass einer der glanzvollsten Herrscher des singhalesischen Reichs, König Parakrama Bahu I., hier geboren wurde. Aus den Kämpfen der Fürsten um die Königswürde war er als Sieger hervorgegangen. Im 14. Jh. war Dedigama die Residenz von König Parakrama Bahu V., der von hier aus über eines der drei eigenständigen Reiche der Insel herrschte.

Sehenswertes in Dedigama

Die Chronik Mahavamsa berichtet, dass König Parakrama Bahu I. sich genau an der Stelle, an der er zur Welt kam, eine mächtige Dagoba errichten ließ, doch erst in jüngster Zeit konnte Dedigama als das in der Mahavamsa erwähnte Punkhagama eindeutig identifiziert werden.

✷ Punkhagama (Dagoba)

Die Dagoba mit dem Namen Kota Vihara wurde zu Beginn der 1980er-Jahre kunstvoll renoviert. Sie zeigt den prachtvollen Polonnaruwa-Stil und besitzt **Reliquienkammern**. Einige Stücke des Inhalts sind in dem kleinen, nahe gelegenen archäologischen Museum zu sehen, darunter eine sehr schöne bronzene Öllampe, die mit tanzenden Figuren sowie einem Elefanten verziert ist. Das Museum besitzt ferner einige Buddha-Statuen sowie weitere Funde aus der näheren Umgebung.

Etwa 5 km weiter südlich, in der streng von der Welt abgeschiedenen Waldeinsiedelei von Salgala, leben buddhistische Mönche in Askese und Meditation. Das Kloster hat zwar eine lange Tradition, wurde aber erst 1931 neu bezogen.

Kumarankanda Raja Maha Vihara (Kloster)

 ## DEDIGAMA ERLEBEN

ANREISE

Mit dem Auto:
Von Colombo über die A 1 bis kurz hinter Ambepussa, dann rechts abbiegen (68 km).
Von Kandy über die A 1 bis einige Kilometer hinter Nelundeniya, dann links einbiegen (50 km).

Mit der Bahn:
Die nächstgelegene Bahnstation ist Alawwa (11 km entfernt).
Mit dem Bus:
Gute Busverbindungen gibt es von Colombo wie auch von Kandy.

✳ Ella

D 8

Provinz: Uva **Höhe:** 1012 m ü.d.M.

Ella liegt in der zauberhaften Dschungellandschaft des Uva-Hochlands. Höhlen, Schluchten und Wasserfälle bestimmen die Region. An vielen Stellen ergeben sich wunderbare Ausblicke auf die vielfältige Landschaft. Der Ort eignet sich für Wanderungen ebenso wie für schöne Fahrten mit dem Auto, z. B. durch das Ella Gap.

Sehenswertes in Ella

Sagenhafter Ausblick Vom Ella Rest House genießt man vielleicht die schönsten Aussichten, die Sri Lanka zu bieten hat. Der Blick schweift weit über die beeindruckende Landschaft bis hin zum Meer, das etwa 100 km entfernt ist. In der großen, jetzt mit Wasser gefüllten Höhle vor dem Rest House soll der Dämonenkönig Ravana die geraubte Sita, Gemahlin des Prinzen Rama, versteckt gehalten haben. Während der Jungsteinzeit war die Höhle vermutlich bewohnt, denn in ähnlichen Höhlen der Umgebung fand man einfache Werkzeuge, vor allem aus Quarz, der sogenannten Balangoda-Kultur.

 **ELLA ERLEBEN**

ANREISE

Mit dem Auto:
Von Bandarawela auf der A 16 (12 km); von Badulla auf der A 16 (18 km).
Mit der Bahn:
Station an der Linie von Colombo nach Badulla.
Mit dem Bus:
Gute Busverbindungen von Bandarawela und Badulla.

ÜBERNACHTEN/ESSEN

▶ **Luxus**
Country Comfort Inn
32, Police Station Road
Tel. 057 / 222 85 00
Fax 057 / 222 85 01
www.hotelcountrycomfort.lk
20 Zimmer, Restaurant, Bar, Ausflugsprogramm

Von den insgesamt 20 Zimmern sind acht im Kolonialstil-Altbau untergebracht. Empfehlenswertes Restaurant mit sri-lankischer Küche, allerdings nur eingeschränkte Aussicht auf die Landschaft.

▶ **Komfortabel**
Grand Ella Motel
Wellawaya Road
Tel./Fax 057 / 222 86 55
www.ceylonhotels.lk
14 Zimmer, Restaurant
Schon die Fahrt zum Grand Ella Motel führt durch eine faszinierende Berglandschaft, vorbei an Reisfeldern und Teeplantagen. Das Motel diente früher als Gästehaus der Regierung, wurde vor ein paar Jahren renoviert und bietet seither 3-Sterne-Komfort. Zahlreiche schöne Wanderwege.

Umgebung von Ella

Einen Besuch lohnt der Dowa-Tempel ca. 6 km südlich von Ella. Einige Stufen führen ins Innere des ganz in den Fels gehauenen Tempels mit Wandmalereien, die von den hier lebenden Mönchen in den vergangenen Jahren sorgfältig restauriert wurden. Bemerkenswert sind außerdem Statuen verschiedener Hindu-Gottheiten sowie ein 8,1 m hohes Buddha-Bildnis, das vermutlich aus dem 10. Jh. stammt und den Bodhisattva Maitreya darstellen soll.

✱
Dowa-Tempel

6 km südöstlich von Ella erreicht man über die abschüssige Straße nach Wellawaya die wild schäumenden **Ravana-Ella-Wasserfälle**. Weitere 13 km westlich von Wellawaya trifft man auf die majestätischen **Diyaluma-Wasserfälle**, deren Wasser etwa 175 m herabstürzt. Diese Wasserfälle sind die höchsten auf Sri Lanka.

✱
Wasserfälle

Mitten im Dschungel steht bei Buduruvagala eine Gruppe bedeutender Felsbildwerke, die zwischen dem 8. und 9. Jh., anderen Quellen zufolge bereits im 4. Jh. v. Chr., entstand. Man erreicht sie von Wellawaya (ca. 7 km) über die nach Süden führende Tissamaharama Road, dann rechts einbiegen und ca. 4 km über die unbefestigte Straße weiterfahren. Während der Monsunzeit sind die Felsbildwerke meistens nur mit einem geländegängigen Fahrzeug erreichbar.

✱ ✱
Felsbildwerke von Buduruvagala

Die Felsbildwerke von Buduruvagala erheben sich mitten im Dschungel.

Mittelpunkt der aus dem Felsen gehauenen Reliefstatuen ist ein 15 m hoher stehender Buddha im Gestus der Furchtlosigkeit (abhaya-mudra). Er wird flankiert von zwei Dreiergruppen, deren 7,3 m hohe mittlere Figur jeweils einen Bodhisattva darstellt (die linke zeigt wahrscheinlich den Bodhisattva Avalokitesvara). Sie ist die künstlerisch am besten gearbeitete aller sieben Reliefstatuen. Neben ihm steht in anmutiger Tribhanga-Pose die Göttin Tara und hält eine Vase mit einem Lotos in der Hand. Die Figur auf der anderen Seite zeigt vermutlich Sudhana Kumara, die Begleitfigur von Avalokitesvara.

Der Bodhisattva rechts ist möglicherweise Vajrapani, ein »Wächter der Lehre«, der in der Hand den Vajra (Blitz, Donnerkeil) trägt, oder sie stellt den Bodhisattva Maitreya dar. Die Legende berichtet, es sei Upatissa, ein Sohn von König Silakala (523 – 535). **Dieser König war der erste, der auf Sri Lanka – gemäß der Lehre Buddhas – das Töten von Tieren verbot.** Die beiden anderen Figuren sind noch nicht ansatzweise identifiziert.

★ ★ Galle

Provinz: Southern
Einwohnerzahl: 91 000

Höhe: 7 m ü.d.M.

In Galle glaubt man sich in eine Stadt des 17. Jahrhunderts versetzt – so gut sind hier die Bauten aus der Zeit der holländischen Besatzung Sri Lankas erhalten. Ohne einen Schuss Pulver übernahmen die Briten 1798 die Stadt, das mag vielleicht der wichtigste Grund für den guten Zustand sein. Heute gehört Galle zum Weltkulturerbe der UNESCO.

Industrie-standort Als Naturhafen hatte Galle schon in früher Zeit für die Chinesen und Araber und später auch für die Kolonialmächte eine große strategische Bedeutung. Heute ist Galle **die siebtgrößte Stadt Sri Lankas**, in der neben Buddhisten, die die mit Abstand größte Mehrheit bilden, viele Moslems und Christen wohnen. Bekannt ist die Stadt auch wegen ihrer Industrie, insbesondere der Zementproduktion, und des Fischfangs, vor allem Thunfisch. besitzt. Galle ist überdies ein Zentrum des Kunsthandwerks. Bekannt sind die filigranen Klöppelarbeiten.

ℹ Größte Tsunami-Schäden

■ In Galle zeigte sich der Tsunami vom 26. Dezember 2004 von seiner schrecklichsten Seite. Während das mächtige Fort am Hafen den Fluten widerstand, kamen allein auf dem dahinter gelegenen örtlichen Busbahnhof innerhalb weniger Minuten mehr als 1000 Menschen ums Leben.

Im Hinterland gibt es einige Tee-, Kautschuk- und Kokospalmenplantagen. Der Hafen dient vor allem dem Export von Tee in alle Welt.

Der Name Galle stammt von dem singhalesischen Wort Gala (Fels, **Stadtname**
Berg, aber auch Rastplatz) ab. Die Holländer verwechselten übrigens
Gala mit dem lateinischen Wort Gallus (Hahn) – diesem Irrtum ver-
dankt die Holländisch-Ostindischen Kompagnie den **Hahn auf ihrem
Wappen**. Die Araber unterhielten vermutlich bereits im 9. Jh. in Gal-
le einen Handelshafen und, nannten die Stadt Kalahl.

14. Jh.	Erste Erwähnung des Hafens in Galle
1505	Die Portugiesen landen in Galle und bauen 1589 ein Fort.
1640	Die Holländer erobern Galle, zerstören das Fort und errichten 1663 ein eigenes.
1796	Die Briten übernehmen Galle ohne Kampf.
1815	Galles Stellung als wichtigster Hafen der Südwestküste geht zugunsten Colombos verloren.

Galle könnte das in der Bibel erwähnte Tarsis sein, das König Salo-   **Geschichte**
mon nur vom Hörensagen kannte, von wo er aber Edelsteine, Seide
und Gewürze bezog. Chinesen und Araber wickelten über Galle einen bedeutenden Teil ihres Handels ab; ihre Waren wurden von hier
aus bis nach Genua und Venedig transportiert. Im 9. Jh. scheint Galle eine bedeutende arabische Handelsniederlassung gewesen zu sein.
1505 gelangten portugiesische Schiffe, die von Sumatra oder der Malaiischen Halbinsel kommende arabische Gewürzschiffe kapern wollten, zufällig nach Galle, als ein Unwetter sie in den Hafen trieb. Sie
zogen schon bald wieder ab, kehrten jedoch 1518 in der Absicht wieder, auf Sri Lanka Fuß zu fassen. Aus dem Jahr 1543 stammen eine
erste portugiesische Handelsniederlassung und eine kleine Kirche;
1587 musste der singhalesische König den Portugiesen die ganze
Stadt überlassen. Diese legten ein Fort an, das sie Santa Cruz nannten. Kurze Zeit später entstanden ein Wall, drei Bastionen und eine
Befestigungsanlage am Hafen.
Als die Holländer unter General Coster im Jahr 1640 mit zwölf
Schiffen bei der späteren Sonnenbastion am Hafenbecken von Galle
gelandet waren, genügten ihnen lediglich 2000 Mann, um die Stadt
zu erobern. 1663 umgaben sie den Landvorsprung mit einer Festung,
die unter dem holländischen Gouverneur Petrus Vuysr (1728 bis
1729) noch bedeutend verstärkt wurde. Außerdem entstanden Ver-
waltungsgebäude, Küchen und Wohnhäuser. 1796 übergab der holländische Gouverneur Dieterich Thomas Fretzsz die Schlüssel zur
Garnison von Galle kampflos an den britischen Regimentskomman-
deur Macquarie.
Die weitere Entwicklung des Hafens von Galle litt jedoch unter der
Tatsache, dass davor liegende Korallenriffe die Zufahrt bei stür-
mischem Wetter erheblich erschwerten. Deshalb wählten die Briten
Colombo zu ihrem Haupthafen und bauten diesen aus.Der Hafen
von Galle verlor zunehmend an Bedeutung.

► GALLE ERLEBEN

ANREISE

Mit dem Auto:
Von Colombo, Kalutara und
Hikkaduwa über die A 2 (von
Colombo 115 km); von Matara
über die A 2 (45 km).

Mit der Bahn:
Station an der Strecke von Colombo
nach Matara.

Mit dem Bus:
Gute Busverbindungen von Colombo
und allen anderen oben genannten
Orten.

EINKAUFEN

Laksala
Sea Street, Galle
Staatlich initiiertes Kaufhaus mit
beeindruckender Auswahl v. a. von
traditionellem Kunsthandwerk

(Batikstoffe, Flechtarbeiten, Holzschnitzereien) zu sehr günstigen (Fix-)
Preisen.

ÜBERNACHTEN/ESSEN

► Luxus

① *Amangalla*
Church Street
Tel. 091 / 223 33 88
Fax 091 / 223 33 55
www.amanresorts.com
Stilvolle Unterkunft im Holländischen
Fort: Das Amangalla residiert im
ehemaligen New Oriental Hotel, seit
mehr als 140 Jahren die erste Adresse
in Galle. Heute ist es eines der
teuersten Hotels der Insel. Das Garden
House kostet pro Nacht ca. 700 US-
Dollar, günstigere Doppelzimmer
kommen auf knapp 400 US-Dollar.

Modernes Design im Luxusresort The Fortress

② Galle Fort Hotel
28, Church Street, Galle Fort
Tel. 091 / 223 28 70
Fax 091 / 223 29 39
www.galleforthotel.com
13 Zimmer, Restaurant, Bar, Pool, Spa
Neues Hotel unter deutscher Leitung, das im 300 Jahre alten, denkmalgeschützten Haus einer alteingesessenen Kaufmannsfamilie untergebracht ist. Individuelle Atmosphäre, hervorragendes und trotzdem preisgünstiges Restaurant, auch für Nicht-Hotelgäste.

③ The Fort Printers
39, Pedlar Street
Tel. 091 / 224 79 77
Fax 091 / 224 79 76
www.thefortprinters.com
5 Zimmer, Restaurant, Pool
Ganz dem Trend folgend, alte Gemäuer in moderne Hotels umzuwandeln, wurde dieses Haus innerhalb des Holländischen Forts eingerichtet. Früher war hier eine Druckerei untergebracht, heute gibt es nur fünf stilvolle Zimmer mit allem Komfort. Einige Teile des Interieurs erinnern an die Zeit, als hier noch gedruckt wurde.

④ The Fortress
Matara Road, Kogolla Beach,
PO Box 126
Tel. 091 / 438 09 09
Fax 091 / 438 03 38
www.thefortress.lk
49 Zimmer und Residenzen, Pool, Restaurant, Tea Room, Spa, Ayurveda, Fitnessräume, Yoga-Pavillon, Wassersport-Center, Tauchschule, Hochzeitskapelle, Bibliothek u. v. a. m.
Brandneues Luxusrefugium nahe Galle mit allen Annehmlichkeiten. Die Architektur des Resorts ist angelehnt an die holländischen Forts und es liegt direkt an der Südküste. Hinter

den Mauern eröffnen sich aufwendig gestaltete Gärten und Wasserlandschaften rund um das Hotel. Hier wird man mit Dingen verwöhnt, von denen man vielleicht gar nicht ahnte, dass es sie gibt.

Baedeker-Empfehlung

► Luxus
⑤ Light House
Dadella (am nördlichen Ortsausgang)
Tel. 091 / 222 37 44
Fax 091 / 222 40 21
www.jetwinghotels.com
60 Zimmer, 3 Themensuiten, 2 Restaurants, Coffeeshop, Bar, Spa, Pool, eigener Strand
Die erste Adresse in Galle, allein der Treppenaufgang zur Rezeption ist beeindruckend. Sehr komfortable Zimmer, erstklassige Gastronomie.

► Komfortabel
⑥ Closenberg
11, Closenberg Road, Magalle
Tel. 091 / 222 43 13
Fax 091 / 222 22 41
www.closenberghotel.com
20 Zimmer (davon 4 Suiten), Restaurant, Bar, sehr schöner Garten
Legendäres Haus von 1860 auf einer Landspitze, die Zimmer sind unter Verwendung vieler schöner Antiquitäten im Kolonialstil eingerichtet.

► Günstig
⑦ The Lady Hill
29, Upper Dickson Road
Tel. 091 / 224 43 22
Fax 091 / 223 48 55
www.ladyhills.com
20 Zimmer, Restaurant, Pool, Bar
Von der Bar auf dem Dach hat man vielleicht den besten Blick auf Galle und das Meer. Die Zimmer sind freundlich und komfortabel.

Galle Orientierung

Übernachten
① Amangalla
② Galle Fort Hotel
③ The Fort Printers
④ The Fortress
⑤ Light House
⑥ Closenberg
⑦ The Lady Hill

Auf den Wallanlagen rund um Fort bieten sich schöne Ausblicke.

✴ Rundgang durch das Stadtviertel Fort

Das Stadtviertel Fort, der alte holländische Stadtkern, liegt auf einer kleinen Halbinsel und wird von den Stadtteilen Kaluwella durch den alten holländischen Kanal Parana Ela und den Dharmapala Park (früher Victoria Park) sowie von der Pettah östlich des Kanals an der Hafenbucht durch eine Grünfläche, Esplanade genannt, getrennt. Die aus holländischer Zeit stammende Schmetterlingsbrücke und die Main Street verbinden Fort und Pettah mit Kaluwella.

Alter holländischer Stadtkern

Die Wälle der Befestigungsanlagen, eine **beliebte Promenade**, folgen der Küstenlinie und schließen auf der Landseite die Halbinsel vom Hinterland ab. Sie haben eine Gesamtlänge von etwa 4 km. Darin eingerechnet ist der zweite Wall, den die Holländer zur Verstärkung des ersten anlegten. Die Wälle sind mit elf Bastionen besetzt; Star-, Moon- und Sun-Bastion sicherten die Festung zur Landseite hin.

Man betritt das Fort heute durch das Neue Tor, das die Briten 1873 in die Mauern brachen. Sie erbauten auch den Clock Tower. Die Mondbastion an der Esplanade steht auf Resten des portugiesischen Forts Conceyçao, die Sternbastion auf denen des ebenfalls von den Portugiesen errichteten Forts St. Antonia. Es folgen im Westen die um 1730 errichteten Bastionen Aeolus, Clippenburg, Neptun – auf der einst die Signalstation stand – und Triton. Hier stand früher eine Windmühle. An den Vlagge Klipp und Flag Rock genannten Felsen am südlichsten Zipfel befanden sich eine weitere portugiesische Bastion und ein Leuchtturm.

Neues Tor

Bastionen Der neue Leuchtturm steht auf der Point-Utrecht-Bastion. In der Nähe erhebt sich das ehemalige Pulvermagazin mit einer Inschrift, aus der hervorgeht, dass es 1782 fertiggestellt wurde. Die nächsten Bastionen sind die Autors-Bastion und die Akersloot-Bastion, so benannt nach dem Geburtsort von General Coster. Zur holländischen Kolonialzeit soll es zwischen der Akerslot- und der Zwart-Bastion (Schwarze Bastion, heute Polizeistation) einen unterirdischen Gang gegeben haben. Die Zwart-Bastion ist vermutlich die älteste aller Befestigungsanlagen, Reste der früheren portugiesischen Festung Santa Cruz von 1580 sind noch zu erkennen. Hier wurden einst die ankommenden Schiffe kontrolliert und durch ein heute noch vorhandenes Gatter in den Hafen eingelassen.

Das alte Tor bildete zwischen 1669 und 1873 den einzigen Zugang zur Stadt. Das Relief an der Außenseite des Tors zeigt das Wappen von König Georg III. von England (1760–1820), das an der Innenseite dasjenige der Vereinigde Oostindische Compagnie, flankiert von zwei Löwen, darüber der Hahn und darunter die Jahreszahl 1669 in lateinischen Ziffern. Die Sonnenbastion wurde 1667 angelegt und begrenzt den Hafen im Norden. Zwischen ihr und der Zwart-Bastion gab es früher noch zwei weitere Forts, die Vismark-Bastion schräg gegenüber dem Hotel New Oriental, heute das luxuriöse Amangalla-Hotel, und die Commandement-Bastion. Die Straßennamen sind Übersetzungen der holländischen Bezeichnungen ins Englische. Bei einem Gang durch das Viertel trifft man allenthalben auf ehemals holländische Verwaltungsbauten, eine holländische und zwei englische Kirchen, einen buddhistischen Tempel sowie auf ehemalige Wohnhäuser wohlhabender englischer Kaufleute, die im typisch holländischen Stil, zu erkennen an den breiten Veranden, errichtet wurden.

> ## ❗ *Baedeker* TIPP
>
> ### Schmuck, Antikes, Kunsthandwerk
>
> Einen Besuch lohnt das kleine Historical Museum an der Leyn Baan Street 31–39 in einem der ältesten Gebäude des Forts. Es wurde ganz im Stil historischer Herrenhäuser gestaltet und stammt etwa aus dem Jahr 1680. Sehenswert ist seine kunterbunte Sammlung von Schmuck, Antiquitäten und Kunsthandwerk (Öffnungszeiten: Di. – So. 9.00 – 18.00 Uhr).

Government House Das alte Government House nahe dem alten Tor (Queen's House), heute Sitz der Firma Walker, Son und Co., war früher die Residenz des holländischen Gouverneurs von Galle, dann des englischen Verwalters. Die Steinplatte über dem Eingang zeigt einen Hahn und die Jahreszahl 1683.

Kirchen Von der alten holländischen Kirche von 1640 sind keine Reste mehr vorhanden. Man weiß nicht einmal mehr genau, wo sie gestanden hat. Die jetzige **holländische Kirche** in der Church Street wurde 1755 vollendet und ist eine Stiftung von Gertuyda Adriana de Grand zum Dank dafür, dass sie nach Jahren kinderloser Ehe eine Tochter zur

Welt brachte. Die Kirche besitzt zwei schöne barockartige Giebel. Im Innern ist der mit Grabplatten ausgelegte Fußboden beachtenswert. Gegenüber der Kirche steht ein alter Glockenturm (1701).

Etwas weiter der Church Street folgend, trifft man auf die 1871 erbaute anglikanische **Allerheiligen-Kirche** (All Saints Church) mit Epitaphen aus der englischen Kolonialzeit. Weiter unten sind das arabische College und nahe der Küste die Moschee sehenswert. In der Light House Street steht die Methodistenkirche aus dem Jahr 1894, an der Rampatt/Great Modera Baystreet der buddhistische Tempel Sri Sudharmalaya.

Weitere Sehenswürdigkeiten

Nordwestlich des Forts und jenseits des Dharmapala-Parks, liegt der Stadtteil Kaluwella (schwarze Stadt), das **Viertel der Einheimischen** – im Gegensatz zum Fort, dem Viertel der Weißen, der Europäer. Direkt am Park des Rathauses auf dem sogenannten Kalvarienberg (Calvary Hill) steht die römisch-katholische Kathedrale St. Mary aus dem Jahr 1874.

Kaluwella (Stadtteil)

Intaktes Wohnviertel aus den Zeiten der Holländer

Pettah   Östlich des Hafens erstreckt sich die Pettah, das **Bazarviertel** von Galle. Mit etwas Glück findet man schöne kunstgewerbliche Stücke. Der Kerkhof, ein holländischer Friedhof nahe dem Markt, enthält Gräber holländischer Beamter und Offiziere. Das Tor trägt die Inschrift »Memento mori« (»Gedenke des Todes«) und die Jahreszahl 1786. Seit diesem Jahr hat wohl diese Grablege die beiden älteren Friedhöfe innerhalb des Forts ersetzt.

Umgebung von Galle

Kogalla   Beim Meilenstein mit der Aufschrift 83, südlich von Galle, führt eine links abzweigende Straße nach knapp 3 km zum Kathaluwa-Tempel, dessen Innenwände mit Malereien von vier Künstlern des 18. Jh.s bedeckt sind. Sie zeigen, in Friesen angeordnet, Szenen aus den Jataka, den verschiedenen Leben Buddhas, Tänzer und eine Gruppe westlich gekleideter Musikanten. Der Stil ist provinziell und die Darstellung der menschlichen Gestalten etwas unbeholfen. Pflanzen und Tiere sind hingegen lebendiger dargestellt. Bemerkenswert ist jedoch die Fabulierfreude der ausführenden Künstler und die relativ nuancierte farbliche Gestaltung.

? **WUSSTEN SIE SCHON …?**

■ … dass sich an den Rhumassala Kanda, einen riesigen bewachsenen Felsen am Watering Point, eine Legende aus dem Ramayana knüpft? Als Lakshmani, der getreue Bruder von Prinz Rama, in einer Schlacht verwundet wurde, schickte Rama den Affengott Hanuman zum Himalaya, um von dort eine bestimmte Heilpflanze zu holen. Hanuman vergaß jedoch deren Namen und brachte gleich einen ganzen mit vielen Kräutern bewachsenen Felsen mit, der nun hier liegt.

Brandungsangler   Typisch für diese Gegend ist das Brandungsangeln, wie man es auf dem Weg von Ahangama, einige Kilometer östlich von Kogalla zu sehen bekommt. Die Fischer sitzen auf etwa 5 m hohen Pfählen, die in den Meeresboden getrieben wurden. Dort werfen sie ihre Angeln aus. Da man ernsthafte Fangversuche nur in den Morgen-, allenfalls noch in den Abendstunden beobachten kann, sind jene Fischer, die tagsüber auf den Pfählen sitzen oder in der Nähe am Ufer warten, eher auf ein kleines Trinkgeld der Touristen aus.

Gal-Oya National Park

D – E 7

Provinz: Eastern/Uva   **Höhe:** 7 – 30 m ü.d.M.

Der Gal-Oya National Park ist mit einer Fläche von 256 km² das viertgrößte Schutzgebiet der Insel. Das von hohen Gräsern und Bäumen dominierte Hügelland wird von Wasserläufen durchzogen, am Horizont tauchen die Umrisse bizarrer Felsen und Berge auf.

▶ GAL-OYA-NATIONALPARK ERLEBEN

ANREISE

Mit dem Auto:
Von Colombo über Kandy und
Mahiyangana – Maha Oya – Ampara
– Inginiyangala (ca. 290 km) oder
über Ratnapura – Wellawaya –
Siyambalanduwa – Inginiyala
(ca. 320 km).

ÜBERNACHTEN

Im Osten des Nationalparks gibt
es einige staatliche Bungalows und
einen Campingplatz.
Empfehlenswert ist auch das Safari
Inn Hotel (Tel. 063 / 224 21 47)
unweit des Parkeingangs.

Das Gebiet gilt seit jeher als Stammland der Wedda, von denen noch **Stammland**
etliche Hundert hier leben. Der Nationalpark ist ein Ergebnis der **der Wedda**
Aufstauung des Gal Oya, bei der der riesige Senanayake-See, das
größte Binnengewässer auf Sri Lanka, entstand. Damit wurde eines
der ehrgeizigsten Entwicklungsprojekte ins Leben gerufen, das dieser
abgelegenen Region einen gewissen wirtschaftlichen Aufschwung
brachte. Seit dem Ende des Bürgerkriegs kann man den Nationalpark
ohne Einschränkung besuchen.

Sehenswertes im Gal-Oya National Park

Der mit US-amerikanischer Unterstützung gebaute Senanayake-Stau- **Senanayake-**
damm besitzt eine Länge von 1200 m und eine Höhe von 90 m. **Staudamm**
Durch seine Errichtung entstand der gleichnamige, etwa 90 km² große See, der an den ersten Ministerpräsidenten von Sri Lanka, Don
Stephen Senanayake, erinnert. Zu dem Gesamtprojekt gehört eine
Anzahl weiterer, jedoch bedeutend kleinerer Stauseen, darunter der
Ekgal Aru, der Jayanthi Wewa und der Namal Oya Wewa, sowie einige Flüsse und Kanäle im Tal des Gal Oya. Im Zuge der wirtschaftlichen Entwicklung entstanden rund um den Nationalpark einige kleinere Fabriken. Der wirtschaftliche Aufschwung lockte auch zusätzliche Bewohner in das Gebiet.

Der Haupteingang zum Naturschutzgebiet befindet sich wenige Kilo- **Naturschutz-**
meter westlich von ►Ampara, wo man auch einen Jeep leihen kann. **gebiet**
Es darf – wie alle anderen Nationalparks auf Sri Lanka – ausschließlich per Jeep und in Begleitung eines Rangers befahren werden, **das
Aussteigen innerhalb des Parkgeländes ist strikt verboten**. Alternativ dazu ist die Erkundung des Nationalparks per Boot möglich, Auskunft dazu wird am Haupteingang erteilt.
Der Gal-Oya-Nationalpark ist in erster Linie Heimat zahlreicher wilder Elefanten, zudem gibt es Hirsche – u. a. den weiß gesprenkelten
Axis-Hirsch, einige Leoparden und dem Vernehmen nach auch noch
Bären, die man jedoch nur sehr selten zu Gesicht bekommt. Die Ufer

der Gewässer sind ein Dorado für zahllose Vögel. Mitunter kann man auch Krokodile beobachten.

Wedda-Höhlen

Innerhalb und außerhalb des Nationalparks befinden sich einige Höhlen, die ursprünglich von den Wedda bewohnt wurden, so z. B. in der mehr als 610 m hohen Danigala-Bergkette oder bei Makara. ´Hier ist auch ein guter Beobachtungspunkt für frei lebende Elefanten. In Ratugala, 32 km nördlich von Inginiyagala, lebt ein kleiner **Wedda-Stamm** unter teils immer noch primitiven Verhältnissen im Dschungel. In Gonagala findet man außer einigen Höhlen mit Felsmalereien, die vermutlich aus dem 3. oder 8. Jh. stammen, die Reste einer Dagoba und einen Mondstein.

Westminster Abbey (Berg)

Am südöstlichen Rand des Nationalparks erhebt sich die Felsspitze des 558 m hohen Westminster Abbey, von dem aus man eine herrliche Aussicht genießen kann. Seinen für Sri Lanka eher ungewöhnlichen Namen erhielt der Berg von britischen Seeleuten. Als sie an der Küste entlangfuhren, fühlten sie sich bei seinem Anblick an die Form der berühmten Kathedrale in London erinnert. Am Fuß des Felsens befindet sich eine weitere Wedda-Höhle.

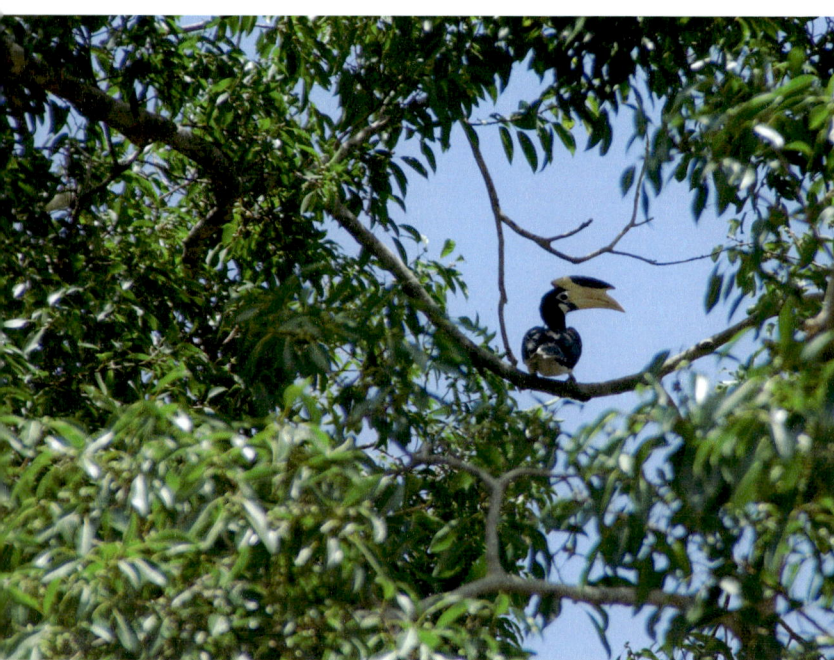

Der Tukan lebt versteckt in den Baumwipfeln des Gal Oya National Park. Auffällig ist sein überdimensionaler Schnabel.

Giritale

Provinz: North Central   **Höhe:** ca. 105 m ü.d.M.

Einer der ältesten Stauseen von Sri Lanka, der Anfang des vorigen Jahrhunderts wieder in Stand gesetzt wurde, bildet den Mittelpunkt eines der interessantesten Naturschutzgebiete der Insel. Die Landschaft ist außerordentlich reizvoll, denn hier wechselt dichter Dschungel mit offenem Grasland.

Sehenswertes in Giritale

Der Minneriya-Stausee mit einer Wasseroberfläche von ca. 1800 Hektar wurde im Jahr 275 von König Maha Sena angelegt und erhielt sein Wasser von dem bereits ein Jahrhundert früher geschaffenen Elahera-Kanal. 1903 erneuerte man den Stausee, der beträchtlich verschlammt war, und verband ihn durch eine Verlängerung des Elahera-Kanals um 140 km mit dem Kandul- und dem Kantale-Stausee weiter nördlich.

Minneriya-Stausee

Der kleine **Giritale-Stausee** ist ebenfalls an das Kanalnetz angeschlossen; wie die anderen Stauseen sorgt auch er für eine ausreichende Bewässerung der Landwirtschaft in der Umgebung.

Schier undurchdringlicher Dschungel und offene Grasflächen bestimmen das Gebiet des Giritale Minneriya Sanctuary wenige Kilometer außerhalb von Giritale. Hier leben außer einigen wilden Elefanten auch noch Leoparden, die man jedoch eher selten zu Gesicht bekommt. Günstiger ist jedenfalls die Gelegenheit, hier viele Vertreter der einheimischen Vogelwelt beobachten zu können. Bei einer einzigen Wanderung durch das Schutzgebiet wurden nicht weniger als 39 verschiedene Vogelarten gezählt, darunter der Weißbrust-Kingfisher, etliche Paddy-Reiher, Fischuhus, der Indische Pirol und der Koel, eine grau gesprenkelte Kuckucksart. Empfehlenswert ist eine **Bootstour auf dem Minneriya-Stausee**, bei der man besonders viele Vögel beobachten kann. Am Rand des Schutzgebiets gibt es einige größere Teakholzplantagen, die von der Regierung im Rahmen des Wiederaufforstungsprogramms angelegt wurden.

✱ Giritale Minneriya Sanctuary

Wasserbüffel beim Bad im Minneriya-Stausee

GIRITALE ERLEBEN

ANREISE

Mit dem Auto:
Von Habarane nach Minneriya
(20 km), von dort weiter nach
Giritale (12 km); von Polonnaruwa
nach Giritale (10 km).

Mit der Bahn:
Bahnstationen der Linie Gal Oya–
Batticaloa sind Minneriya und Hin-
gurakgoda (jeweils ca. 6 km von
Giritale entfernt).

Mit dem Bus:
Von Habarana, Polonnaruwa und
Minneriya gute Verbindungen.

ÜBERNACHTEN

▶ **Luxus**
The Deer Park Hotel
Reservierung in Colombo:
04, Hunupitiya Road
Colombo 2
Tel. 011 / 44 88 50, 44 88 48, 44 71 53
Fax 011 / 44 88 49
80 Zimmer, Restaurant, Bar, Pool
Im Stil einer Lodge errichtetes Hotel
unweit der historischen Stätten von
Anuradhapura, Polonnaruwa und
Mihintale. Sehr schöne und
komfortable Zimmer.

Hambantota

D 9

Provinz: Southern
Einwohnerzahl: 12 000

Höhe: 7 m ü.d.M.

Hambantota, Zentrum der Meersalzgewinnung und auch nach dem Tsunami wieder ein reger Fischereihafen, liegt in der trockenen Zone der Südküste an einer schön geschwungenen Bucht. Typisch für die Landschaft sind die genügsamen, zur Befestigung der Wanderdünen angepflanzten Palmyra-Palmen.

Tsunami-Schäden

Außer Singhalesen leben hier viele Malaien, die dem moslemischen Glauben anhängen. Sie sollen dem Ort seinen Namen gegeben haben: Hambans (kleines Boot) und tota (Hafen) sind Worte aus der malaiischen Sprache. Hambantota ist auch ein guter Ausgangspunkt für Fahrten durch den ▶Yala National Park.

Hambantota wurde durch den Tsunami nicht nur beschädigt, fast der ganze Ort wurde durch eine bis zu 12 m hohe Flutwelle auf einer Länge von etwa einem Kilometer regelrecht weggespült. Allein auf dem Sonntagsmarkt, der zu diesem Zeitpunkt stattfand, verloren innerhalb weniger Minuten mehr als 5000 Menschen ihr Leben. Obwohl die Regierung von Sri Lanka gerade die Region Hambantota zu einem Muster für den schnellen und unbürokratischen Wiederaufbau ausgewählt und Finanzmittel für 6223 Häuser bereitgestellt hatte, sind die Spuren der Verwüstung teilweise heute noch deutlich sichtbar.

HAMBANTOTA ERLEBEN

ANREISE

Mit dem Auto:
Über die A 2 von Colombo (240 km),
Galle (122 km) und Matara (77 km).
Mit dem Bus:
Gute Verbindungen von Galle.

ÜBERNACHTEN/ESSEN

► **Günstig**
Oasis Ayurveda Beach Resort
Tel. 047 / 222 64 50
Fax 047 / 222 06 52
www.oasis-ayurveda.de
40 Zimmer, 2 Restaurants, Bar, Pool,
Fitnesscenter, Tennis, Squash, Yoga

Das Oasis war das erste Hotel in Hambantota, das nach dem Tsunami wieder aufgebaut wurde. Es liegt direkt an einem weitläufigen, fast menschenleeren Strand inmitten eines 50 000 m² großen Gartens, an einen hübschen See angrenzend und in absoluter Ruhe. Die Anlage gliedert sich in zwei Teile, von denen einer für Gäste reserviert ist, die keine Anwendungen gebucht haben. Kurgäste genießen ein Ayurveda-Büfett oder ärztlich abgestimmte Speisen.

Geschichte

Der Hafen von Hambantota war bereits griechischen Seefahrern bekannt und durch sie erfuhr der alexandrinische Geograf Ptolemäus von ihm. Auf seiner Karte nannte er ihn Dionysii. Die heute in Hambantota lebenden Malaien sind zum großen Teil Nachkommen malaiischer Soldaten, die von den Holländern und den Briten angeworben worden waren.

Sehenswertes in Hambantota

Fischmarkt

Hambantota ist auch nach dem Tsunami ein wichtiger Fischerhafen. Ein buntes Treiben herrscht auf dem Fischmarkt am Morgen, wenn die Boote zurückkommen.

Karagan Lewaya (See)

Von dem reizvoll gelegenen See Karagan Lewaya unmittelbar im Westen von Hambantota hat man bei gutem Wetter einen weiten Blick bis hin zum ►Adam's Peak, zum Pass von ►Haputale oder zu den sieben Bergspitzen von ►Kataragama.

Umgebung von Hambantota

Ambalantota

Etwa 11 km westlich von Hambantota liegt kurz vor der Mündung des Walawe Ganga der kleine Ort Ambalantota. Hier sind spärliche Reste eines alten holländischen Forts, ein altes Rest House (jetzt Polizeistation), der Girihandu Vihara sowie ein Archäologisches Museum zu finden. Der Girihandu Vihara enthält ein bedeutendes Kalksteinrelief im Stil der indischen Andhra-Kunst (etwa Mitte des 1. Jh.s. v. Chr. bis 2. Jh. n. Chr.). Es zeigt einen stehenden Buddha mit mehreren szenischen Darstellungen von Gestalten, die ihm huldigen und ihm Geschenke darbieten. Das Werk wurde vermutlich von einem indischen Künstler ausgeführt. Im Archäologischen Museum sind Funde aus dieser schon früh besiedelten Gegend zu sehen, darunter die 1,8 m große, fein ausgearbeitete Statue eines Bodhisattva aus dem 7./8. Jahrhundert (Öffnungszeiten: Sa. – Do. 9.00 – 17.00 Uhr; Eintrittsgebühr).

Kunandaka Lena-Höhle

Von Ambalantota führt eine Straße zu dem mitten im Dschungel gelegenen Ridiyagama-Stausee, der zwischen 1928 und 1932 angelegt wurde. In der nahe gelegenen Höhle Kunandaka Lena, auch Karambagalle genannt, wurden **die ältesten bisher auf Sri Lanka geschaffenen Malereien** entdeckt. Wie der Mönch Buddhagosa im 5. Jh. berichtete, hat dort ein Einsiedlermönch zwölf Jahre lang gelebt, ohne von den Malereien an der Decke gewusst zu haben. Erst pilgernde Mönche, die ihn besuchten, machten ihn darauf aufmerksam. Die Gemälde wurden mit roter Farbe auf einen weißen Belag aufgebracht und zeigen den Kopf eines Bodhisattvas und den Oberkörper einer aus den Wolken auftauchenden Apsara (Himmelsjungfrau), die dem Bodhisattva eine Blüte überreicht.

Hatton · Dikoya

C 8

Provinz: Central   **Höhe:** 1340 m ü.d.M.

Die kleine, malerisch zwischen den mit Teebüschen dicht besetzten Hügeln gelegene Siedlung Dikoya ist seit Langem mit dem Nachbarort Hatton zusammengewachsen.

Wichtiges Teeanbaugebiet

In diesem Teil des Zentralen Hochlands, Upper Glenn genannt, in Höhen zwischen 1200 und 1600 m, gedeiht der **beste Tee** von Sri Lanka. Es ist zugleich das größte zusammenhängende Teeanbaugebiet auf der Insel. Nicht weit von Hatton entspringt der Mahaweli Ganga, der mit 332 km längste Fluss Sri Lankas, der um die hohen Berge herum seinen Weg zunächst nach Westen nimmt, dann ost- und wieder nordwärts fließt und bei Mutur nahe Trincomalee ins Meer mündet. Die Stadt ist ein guter Ausgangspunkt für die Besteigung des ►Adam's Peak.

Sehenswertes in Hatton und Dikoya

Landschaftsbild

Allein die Landschaft rund um Hatton ist eine Sehenswürdigkeit für sich: sanft geschwungene Hügel, auf denen nicht nur scheinbar jeder Quadratmeter mit Teebüschen besetzt ist, dichte grüne Wälder und die Kulisse der herrlichen Bergwelt. Ein Besuch empfiehlt sich besonders in der Zeit zwischen Dezember und März, wenn kaum Regen fällt und die Luft angenehm frisch ist.

HATTON · DIKOYA ERLEBEN

ANREISE

Mit dem Auto:
Von Colombo über Avissawella auf der A 7 (135 km); von Nuwara Eliya auf der A 5 (48 km); von Kandy auf der A 5 bis Ginigathena, dann weiter auf der A 7 (72 km).

Mit der Bahn:
Die Station des Doppelorts liegt an der Hochland-Eisenbahnlinie.

Mit dem Bus:
Gute Busverbindungen von allen oben genannten Städten.

ÜBERNACHTEN

In Hatton bietet beispielsweise das Ajantha Guest House (Tel. 052 / 222 23 37) anständigem Komfort.

Interessant ist die Besichtigung einer Teefabrik, die etwa eine halbe Stunde in Anspruch nimmt. In dieser kurzen Zeit erfährt der Besucher vieles über die Verarbeitung von Teeblättern und die unterschiedlichen Sorten. Besucht werden können u. a. die Mount Vernon Estate oder die Court Lodge Estate in der Nähe von Dambulla und Talawakelle sowie das Teeforschungsinstitut in der St. Combs Estate; **eine Voranmeldung ist nicht notwendig.** In den meisten Teefabriken wird zum Abschluss der Besichtigung eine frisch gebrühte Tasse Tee serviert. Gleichwohl sollte man sich der schlechten Bedingungen erinnern, unter denen die zahllosen, zumeist tamilischen Teepflückerinnen arbeiten und leben. Ihre Arbeit ist schwer, die Bezahlung äußerst gering. Dass dies ein erhebliches Potenzial für soziale Spannungen darstellt, ist nachvollziehbar.

★ **Teefabriken**

✳ Hikkaduwa

B 9

Provinz: Southern   **Höhe:** 5 – 36 m ü.d.M.

Hikkaduwa ist ein seit vielen Jahren in aller Welt bekannter Badeort an der Südwestküste von Sri Lanka und berühmt für seine schönen Strände. Die viel gelobten Korallenbänke sind jedoch durch Raubbau sowie durch Umwelteinflüsse erheblich geschädigt. Trotzdem hat Hikkaduwa kaum an Beliebtheit eingebüßt: Die Gastfreundschaft der Einwohner ist nach wie vor das größte Kapital.

Auch Hikkaduwa wurde vom Tsunami schwer getroffen und fast alle Hotels entlang der Küste wurden stark beschädigt. Inzwischen haben jedoch alle wieder geöffnet, und die Besitzer haben die Katastrophe genutzt, die Zimmer mit besserem Komfort auszustatten. In der Nebensaison wirkt Hikkaduwa fast wie ausgestorben, aber auch zu dieser Zeit kann man an einigen Stellen im Meer baden.

Tsunami-Schäden

▶ HIKKADUWA ERLEBEN

ANREISE

Mit dem Auto:
Von Colombo über die A 2 (98 km);
von Galle über die A 2 (19 km).
Mit der Bahn:
Station an der Eisenbahnlinie von
Colombo nach Matara.
Mit dem Bus:
Gute Busverbindungen von Colombo
wie auch von Galle.

STRÄNDE

Die Strände von Hikkaduwa gelten als
eines der besten Surfreviere Sri
Lankas. Zwischen November und
April treffen sich hier Surfer aus aller
Welt, Könner vor allem am südlichen
Ende des Korallenriffs. In Hikkaduwa
bieten einige Shops Leihboards an.
Das Wasser ist auch gut zum
Schwimmen geeignet, Strandeinsam-
keit ist hier aber nicht zu haben.

MARKT

Oberhalb des Bahnhofs von Hikkaduwa findet jeden Sonntagvormittag
ein Markt (Sunday Market) statt, zu
dem Bauern und Händler aus der
Umgebung anreisen.

ESSEN

▶ **Preiswert**
Restaurant Refresh
384, Galle Road
Tel. 075 / 45 81 08-9
Reichhaltige Speisekarte, viel frischer
Fisch direkt aus dem Meer.
Gemütliche Atmosphäre, dafür etwas
teurer als der Durchschnitt.

▶ **Günstig**
Abbas Restaurant
7, Waulagoda Road
Tel. 091 / 227 71 10
tgl. 9.00 – 22.00 Uhr
Eisenbahnfans kommen hier voll auf

ihre Kosten, denn der Zug rollt direkt
am Lokal vorbei. Aber hier gibts die
besten Steaks in Town und guten
Kaffee. Und so oft kommt der Zug für
die anderen nun auch wieder nicht.

ÜBERNACHTEN

▶ **Luxus**
Amaya Reef Resort & Spa
400, Galle Road
Hikkaduwa
Tel. 091 / 438 32 44
Fax 091 / 438 32 43
www.amayaresorts.com
54 Zimmer, Restaurant, Bar, Pool
Sehr komfortables Hotel mit
geschmackvoll und modern
eingerichteten Zimmern. Gediegene
Atmosphäre. Zurzeit wohl das beste
Hotel in Hikkaduwa.

▶ **Komfortabel**
Corel Garden
Galle Road
Tel. (in Colombo) 011 / 232 08 62
Fax 011 / 243 90 46
coral@keells.com
150 Zimmer, Restaurant, Coffeeshop,
Bar, Pool, Tennis, Squash, Wassersport, Fitnesscenter
Großes Hotel auf einer Landspitze, seit
vielen Jahren beliebt bei einem internationalen Publikum. Modern einge-
richtete Zimmer.

Corel Sands Hotel / Blue Coral
326, Galle Road
Tel. 091 / 227 75 13, 227 74 36
Fax 091 / 438 32 25
www.coralsandshotel.com
75 Zimmer, Restaurant, Bar, 2 Pools,
Wassersport
Nach einigen Zerstörungen durch den
Tsunami wurde dieses Hotel direkt am
Strand wieder aufgebaut und im Zuge
dessen auch modernisiert. Dem glei-

chen Besitzer gehört jetzt auch das benachbarte Blue Coral Hotel und Gäste können alle Einrichtungen beider Hotels benutzen. Aufmerksamer Service, ordentliche Zimmer.

▶ Günstig

The Plantation Villa Hotel
Baddegama Road, Baddegama
Tel./Fax 091 / 924 05
Wer dem Trubel von Hikkaduwa entfliehen und trotzdem die Strände nicht missen möchte, findet in diesem kleinen Hotel im Hinterland von Hikkaduwa die richtige Bleibe. Empfehlenswertes Restaurant mit einheimischen Spezialitäten; regelmäßig Kochkurse.

In Dodanduwa: Oriental Rest
54, Galle Road
Kontakt in Deutschland:
Tel. 05 31 / 39 07 98 10
www.oriental-rest.de

6 Zimmer, Restaurant
Kleines, preisgünstiges Gästehaus mit hübschen Zimmern. Schöner Garten direkt am Strand; hilfsbereite Besitzer.

Baedeker-Empfehlung

▶ Komfortabel

Ayurveda-Centrum
Lawrence Hill Paradise
47, Waulagoda Middle Road
Tel. 091 / 227 75 44
Fax 091 / 438 32 99
www.ayurvedakurlaub.de
14 Zimmer, Ayurveda-Restaurant, Pool
In diesem Hotel, gelegen in einem wunderschönen, 12 000 m² großen Garten auf einem Hügel oberhalb von Hikkaduwa, trifft man ausschließlich Ayurveda-Gäste. Wer Ruhe und Entspannung sucht, ist hier richtig, und der Strand ist auch nicht weit. Alle Ayurveda-Anwendungen sind im Preis enthalten.

Ein Ayurveda-Hotel inmitten eines herrlichen Gartens: das Lawrence Hill Paradise

Sehenswertes in Hikkaduwa

Korallenriffe

Obwohl die Korallengärten nahe der Küste unter Naturschutz gestellt wurden, zählen sie nicht mehr zum bevorzugten Ziel von Tauchern und Schnorchlern. Beachtlich ist die Vielfalt der maritimen Welt jedoch immer noch. Während der angebotenen **Fahrten mit dem Glasbodenboot** kann man zahlreiche Fischarten, Muscheln, Schnecken usw. sehen. Jenseits der Korallenbänke gibt es noch Großfische wie Barrakudas oder Muränen und Meeresschildkröten. Von dem weltweiten Phänomen der Korallenbleiche blieben aber auch die Korallenbänke von Hikkaduwa nicht verschont.

Landschaftsbild

Das Landschaftsbild um Hikkaduwa wird nicht nur von den breiten und relativ gepflegten Stränden geprägt, sondern auch von einem vielfältig bewachsenen Hinterland. Nördlich des Ortszentrums liegt eine große Lagune, an der Bootsfahrten angeboten werden.

Sinigama Vihara

Etwa 2 km vom Busbahnhof von Hikkaduwa entfernt steht der Tempel Sinigama Vihara. Man kann ihn nur über einen hölzernen Steg erreichen. Er ist einer von zwei Tempeln auf Sri Lanka, in denen bestohlene oder beraubte Menschen darum beten, ihr Hab und Gut wieder zurückzuerhalten. Im Tempel gibt es nämlich ein besonderes Öl, das man zu Hause anzündet – worauf der Übeltäter von Krankheit, Unfall oder einem sonstigen Schicksalsschlag heimgesucht wird. Um weiteres Unheil zu vermeiden, stellt er sich dann selbst …

Unter Wasser verbergen sich die besten Sehenswürdigkeiten von Hikkaduwa.

Umgebung von Hikkaduwa

Der buddhistische Tempel Purana Totagama Raja Maha Vihara in Telwatta, einem kleinen Ort nördlich von Hikkaduwa, wurde 1805 erbaut, geht aber auf eine frühere Gründung zurück. Anfang des 15. Jh.s lebte hier Sri Lankas berühmtester Dichter Sri Ranula, bevor König Parakrama Bahu II. ihn an seinen Hof in Kotte rief. Der Makara-Bogen am Eingang zählt zu den schönsten der Kandy-Zeit. Ungewöhnlich ist die Figur des Gottes Amor mit Pfeilen aus blütenbesetzten Spitzen. Dieses Motiv aus der europäischen Kunst scheint eher zufällig hierher geraten zu sein. Die Wandmalereien im Innern zeigen Szenen aus dem Leben Buddhas.

Telwatta

 Baedeker TIPP

Wandeln auf dem einzigen Pfad

Das Kloster auf Polgasduwa akzeptiert nur männliche (!) Besucher, die sich einige Tage lang mit den Lehren Buddhas befassen möchten. Um ein ungestörtes Meditieren und Studium der Schriften zu gewährleisten, ist ein Inselbesuch nur mit schriftlicher Einladung möglich (www.metta.lk/temples/ih/Info.htm).

Der kleine Fischerort Dodanduwa liegt malerisch zwischen dem Meer und dem herrlichen Ratgama-See, den der Ratgama Oya hier bildet und in dem mehrere üppig bewachsene kleine Inseln schwimmen. In der Umgebung des Dorfes wachsen viele Zimtsträucher. Die Bewohner sind besonders strenge Anhänger des Buddhismus. Der Tsunami richtete auch hier teilweise erhebliche Schäden an.

Dodanduwa

Der Tempel Kumarankanda Raja Maha Vihara im Ortszentrum besitzt ausgesprochen schöne Wandmalereien sowie einen Fußabdruck Buddhas. Bemerkenswert sind ferner verschiedene Götterfiguren.

◄ **Kumarankanda Raja Maha Vihara**

Etwa 1 km weiter trifft man auf den Tempel Sailabima Aramaya, zu dem eine lange Steintreppe hinaufführt. Die Wandmalereien im Bilderhaus erzählen von Buddhas Geburt und schildern Ereignisse aus seinen verschiedenen Leben (Jakata). Hier entstand die erste Schule auf Sri Lanka für die Söhne buddhistischer Laien und eine Bildungsstätte für die Mönchsgemeinschaft.

◄ **Sailabima Aramaya**

Große Bekanntheit erlangte die im Ratgama-See gelegene Insel Polgasduwa, zu der man mit Booten von den Flussufern übersetzen kann. Hier gründete der 1878 in Wiesbaden geborene Deutsche Anton Gneth – sein Mönchsname ist Nyanantiloka, später erhielt er den Ehrennamen Mahathara, d. h. der Älteste – 1911 eine **buddhistische Klostersiedlung.** Gneth oder besser Nyanantiloka machte sich einen berühmten Namen als Verfasser zahlreicher Kommentarwerke und als Übersetzer von Teilen des Pali-Kanons, darunter Visuddhi-Magga (Der Reinheitspfad) und Anguttara-Nikaya (Lehrreden des Buddha). Die letzten vier Jahre seines Lebens verbrachte er bei seinem Schüler Nyanaponika in dessen Waldklause bei Kandy. Er starb 1957 in Colombo nach einer Operation und wurde mit einem Staatsbegräbnis geehrt.

Polgasduwa (Insel)

Ausflüge   Von Hikkaduwa lassen sich mit dem Bus oder der Bahn bequem weitere lohnenswerte Ausflugsziele erreichen, wie z. B. ►Galle und weiter südlich ►Matara oder ►Kalutara und ►Ambalangoda in nördlicher Richtung.

✶ ✶ Horton Plains

C 8

Provinz: Central   **Höhe:** ca. 2150 m ü.d.M.

Das einsame, mit Gräsern und Büschen bewachsene Hochland der Horton Plains – das höchste auf Sri Lanka – ist ein beliebtes Ausflugs- und Wanderziel und in den heißen Monaten ein angenehmer Aufenthaltsort. Benannt wurde es nach Sir R. W. Horton, der von 1831 bis 1837 als britischer Gouverneur auf Sri Lanka amtierte. Die Horton Plains sind ein Nationalpark, da hier die letzten Reste des tropischen Bergnebelwalds geschützt werden sollen.

Wanderung über die Horton Plains   Eine Wanderung über die Horton Plains zählt zu den beeindruckendsten Erlebnissen, die einem Naturfreund auf Sri Lanka geboten werden können. Eine solche Wanderung sollte man früh am Morgen beginnen, wenn sich noch reizvolle Aussichten über die urwüchsige Landschaft und bizarren Vegetationsformen bieten, denn schon gegen 11 Uhr vormittags entwickeln sich – besonders am World's End – oft dichte Nebelschwaden. Die Tierwelt allerdings ist in dieser Höhe nicht gerade vielfältig. Am ehesten entdeckt man noch verschiedene Vogelarten.

Die Horton Plains bieten ein **gut ausgeschildertes Netz an Wanderwegen**, die nicht verlassen werden dürfen. Gutes Schuhwerk ist nötig (Rutschgefahr)! Zur Anfahrt sollte man auf ein geländegängiges Fahrzeug zurückgreifen, wie sie in den umliegenden Orten allenthalben angeboten werden. Vor dem Besuch der Horton Plains ist eine Eintrittsgebühr zu entrichten. Die nördliche Begrenzung der Horton Plains bildet der Totapola, mit 2359 m der dritthöchste Berg auf Sri Lanka. Seine Besteigung dauert etwa 2 Stunden.

✶ ✶
World's End   Ein Spaziergang durch das gewellte Grasland und durch Gebiete mit subtropischer Vegetation führt zu beiden **Aussichtspunkten** Big World's End und Little World's End. Am Ersteren fällt die Felswand über eine Höhe von fast 1000 m steil in die Tiefe ab, beim zweiten sind es immerhin noch 600 m.

Baker's Falls (Wasserfall)   Eine herrliche, aber zu jeder Jahreszeit schweißtreibende Wanderung führt in etwa einer halben Stunde zu den Baker's Falls, einem wildromantischen Wasserfall, um dessen Becken herum große Baumfarne wachsen.

► HORTON PLAINS ERLEBEN

ANREISE

Mit dem Auto:
Von Westen über Talawakelle (A 7), Agrapatana und Diyagama Estate; von Norden über Nuwara Eliya oder Hakgala. Von Colombo sind die Horton Plains ca. 170 km entfernt.
Mit der Bahn:
Die nächstgelegenen Bahnstationen befinden sich in Pattipola und Ohiya (beide etwa 11 km entfernt).

ÜBERNACHTEN

Im Areal der zum Naturschutzgebiet erklärten Horton Plains gibt es leider keine Unterkünfte. Bester Ausgangspunkt für einen Besuch ist ►Nuwara Eliya.

Jaffna

A/B 2

Provinz: Northern
Einwohnerzahl: 146 000 (Bezirk)

Höhe: 2 – 7 m ü.d.M.

Schon in der Vergangenheit wurde die Halbinsel Jaffna nur von wenigen Touristen besucht. Aber nach dem Ausbruch des Bürgerkriegs im Jahr 1983 kam der Fremdenverkehr nahezu vollständig zum Erliegen.

Fast alle der ursprünglich hier lebenden Singhalesen wurden vertrieben, ihre Häuser niedergebrannt. Das Stadtbild von Jaffna wird mit Sicherheit noch jahrelang geprägt sein von den Zerstörungen, die der ethnische Konflikt hervorgerufen hat. Die Kontinuität der hier existenten, aus dem Süden Indiens stammenden drawidischen Kultur wurde jedoch schon früher unterbrochen, als die Kolonialherren die alten Tempel- und Palastbauten zerstörten.

Geprägt von Zerstörungen

Dabei bietet die Landschaft der Halbinsel einen erstaunlich scharfen Kontrast zu den übrigen Landesteilen. Sie ist karg und wird von einer genügsamen Vegetation dominiert. Die Bewässerung der landwirtschaftlich genutzten Felder erfolgt nicht – wie ein paar Dutzend Kilometer weiter südlich – durch Stauseen und Kanäle, sondern durch Brunnen. Trotzdem zeugen zahlreiche kleine Felder vom Fleiß der Bevölkerung, der es allen naturgegebenen Widrigkeiten zum Trotz gelang, dem Boden einige Erträge abzuringen. Die Menschen, kleine, sehr dunkelhäutige Tamilen, seit alters her hier ansässig, sind liebenswürdig und gastfreundlich. Der größte Teil der nach der Vertreibung der singhalesischen Bevölkerung nur noch ca. 60 000 Einwohner lebt dicht gedrängt in der Stadt Jaffna und hängt dem hinduistischen Glauben an.

Karge Landschaft

▶ JAFFNA ERLEBEN

ANREISE

Mit dem Auto:
Von Colombo über Anuradhapura (A 6, A 10, A 28, A 20), weiter über die A 14 bis Mannar und von dort über die A 32 bis nach Jaffna. Auf der Strecke gibt es mehrere Kontrollpunkte (Check Points).

Mit der Bahn:
Derzeit besteht keine Bahnverbindung von Colombo nach Jaffna. Sie soll jedoch in absehbarer Zeit repariert werden.

ÜBERNACHTEN

In Jaffna gibt es – abgesehen von einigen Gästehäusern mit bescheidenem Komfort – noch keine empfehlenswerten Unterkünfte.

Geschichte Die Kenntnisse über die geschichtliche Entwicklung dieses Inselteils sind spärlich. Vermutlich gründete in der ersten Hälfte des 13. Jh.s ein tamilischer Abenteurer, möglicherweise ein Königssohn, aus Südindien auf der Halbinsel Jaffna ein Fürstentum, dessen Hauptstadt Nallur wurde. Marco Polo, der diese Stadt 1292 besuchte, berichtet, das Fürstentum werde von einem König namens Sandernaz regiert und sei keinem anderen König tributpflichtig. In der Rajavali-Chronik steht, dass im 14. Jh. König Arya Chakravarti der mächtigste Herrscher in Ceylon war, denn ihm mussten die beiden anderen Könige – Vikrama Bahu II. in Gampola und Alakeshvara in Rayigama – Tribut zahlen. Als König Alakeshvara, der sich in Kotte unweit von Colombo eine neue, stark befestigte Königsstadt eingerichtet hatte, die Zahlungen verweigerte, rückte Arya Chakravarti nach Süden vor. Er eroberte Chilaw, Negombo und Colombo, wurde aber bei Kotte zurückgeschlagen. Damit waren die Tributzahlungen an den Herrscher im Norden beendet. In der ersten Hälfte des 15. Jh.s wurde das Reich von Arya Chakravarti in Jaffna dem mächtigen Vijayanagara-Reich in Südindien unterworfen. Um 1450 gelang es dem singhalesischen König Parakrama Bahu IV., den Norden zurückzuerobern und mit seinem eigenen Reich zu vereinen. Er belehnte den siegreichen Heerführer Prinz Sapumal mit der Halbinsel. Um 1477 fiel Arya Chakravarti jedoch erneut in Jaffna ein und löste es aus dem ohnehin im Zerfall begriffenen singhalesischen Königreich heraus.

Bis 1619 hielten die Regenten von Jaffna dem Druck der Portugiesen stand, doch sie mussten sich ergeben, nachdem 1621 ihr letzter Herrscher hingerichtet worden war. 1658 ging die Herrschaft von den Portugiesen auf die Holländer über, 1796 fiel Jaffna an die Engländer. Während der gesamten Zeit der Kolonialherrschaft war Jaffna ein Ziel intoleranter Missionierungsbestrebungen. Die Portugiesen führten den Katholizismus ein. Die Katholiken wiederum waren das Opfer der Holländer, die ihre reformierte Kirche etablieren wollten.

Auch nach dem Ende des Bürgerkriegs ist Jaffna (noch) kein Reise-
ziel von Bedeutung. Zu schwer wurde die Stadt durch die militärischen Auseinandersetzungen geschädigt, die meisten wichtigen historischen Bauten zerstört. Überdies wird es wohl noch Jahre dauern,
bis man empfehlenswerte Unterkünfte anfindet.

Unsichere Lage

Kalutara

A 8

Provinz: Western
Einwohnerzahl: 38 000

Höhe: 3 m ü.d.M.

**Kalutara liegt an der Mündung des hier 300 m breiten Kalu Ganga
zu beiden Seiten des Flusses, den hier eine Brücke überspannt. Die
Stadt ist ein Zentrum des Kautschukhandels und die Heimat der
Korbflechter und Mattenweber.**

Im Jahr 1042 verlegte der südindische Prinz Vikrama Pandya, Herrscher über das Ruhuna-Reich, den Regierungssitz nach Kalutara, da
er sich vor den Angriffen der zu dieser Zeit in Polonnaruwa herrschenden Chola-Könige fürchtete. Schon ein Jahr später wurde er
allerdings von einem nordindischen Prinzen ermordet, der die Herrschaft über das Ruhuna-Reich übernahm. Im frühen 13. Jh. zogen
viele Menschen aus dem Kerngebiet des Reichs in den Süden und
Südwesten. Um ihren Lebensunterhalt zu sichern, ließ König Parakrama Bahu II. an der Küste Kokospalmen anpflanzen. 1655 fiel die
Stadt in die Hände der Holländer. Diese bauten ein Fort, erweiterten
und verstärkten die schon von den Portugiesen angelegten Befestigungen und machten aus Kalutara einen bedeutenden Handelsplatz.
1797 kamen die Briten, die jedoch zugunsten Colombos auf einen
weiteren Ausbau der Stadt verzichteten.

Geschichte

Sehenswertes in Kalutara

Markantes Wahrzeichen der Stadt ist die imposante Dagoba, die freilich aus jüngerer Zeit stammt. Sie unterscheidet sich von jenen der
traditionellen Bauweise, indem sie innen hohl und begehbar ist.
Gegenüber der Dagoba liegt die kleine Tempelanlage Gangatilake
Vihara. Die Bauwerke stammen ebenfalls aus neuerer Zeit und sind
kulturhistorisch wenig bedeutsam. An der Straße befindet sich ein
kleiner Schrein, an dem gläubige Autofahrer anhalten, ein paar Münzen opfern und damit um eine sichere Weiterfahrt bitten.

**✶
Dagoba**

Im Hinterland von Kalutara trifft man auf ausgedehnte **Gummibaumplantagen**, in denen Kautschuk gewonnen wird. 31 km östlich
der Stadt liegt das Rubber Research Institute, eine Institution zur
Erforschung neuer Methoden in der Kautschukproduktion.

**Umgebung von
Kalutara**

▶ KALUTARA ERLEBEN

ANREISE

Mit dem Auto:
Von Colombo auf der A 2 oder auf einer Route durch das Landesinnere über Bandagarama (52 km); von Bentota auf der A 2 (22 km).

Mit der Bahn:
Station an der Bahnlinie von Colombo nach Matara.

Mit dem Bus:
Gute Busverbindungen von Colombo und von den weiter südlich gelegenen Badeorten.

ÜBERNACHTEN/ESSEN

▶ Komfortabel
Kani Lanka Resort & Spa
St. Sebastian's Road, Katukurunda
Kalutara

Tel. 034 / 428 08 01
Fax 034 / 222 65 30
www.kanilanka.com
105 Zimmer, Restaurant, Pool, Spa
Auf einer Landspitze gelegenes, sehr komfortables Hotel.

▶ Günstig
Lily Beach Hotel
123/12 De Abrew DriveKalutara North
Tel./Fax 034 / 222 21 59
lilyrest@sltnet.lk
5 Zimmer, Restaurant
Nah am Strand gelegen, mit teils herrlichem Blick aufs Meer. Die Besitzer sind bekannt für ihre köstlichen srilankischen Kochkünste (Spezialität: Meeresfrüchte, vor allem Hummer!). Gutes Preis-Leistungsverhältnis.

✶ ✶ Kandy

C 7

Provinz: Central
Einwohnerzahl: ca. 110 000

Höhe: 490 – 504 m ü.d.M.

Kandy, die »schönste Stadt im Land« und das Herz Sri Lankas, liegt eingebettet in eine liebliche, von Wäldern bedeckte Hügellandschaft. Stolz der Stadt sind der Tempel des Heiligen Zahns, der idyllische See inmitten der Stadt und der weltberühmte Botanische Garten.

Geistiges und religiöses Zentrum

Kandy ist sich seiner geschichtlichen Rolle, die es als letzte singhalesische Hauptstadt und als Sitz des letzten singhalesischen Königs, Raja Sinha II., gespielt hat, sehr wohl bewusst. Heute ist die Stadt ein geistiges und religiöses Zentrum Sri Lankas, was nicht zuletzt daran liegt, dass Buddhisten, Hindus, Moors und auch Christen hier friedlich zusammenleben. Die 1835 gegründete Universität ist die weitaus größte des Landes. Die in Kandy lebenden Menschen betrachten sich gerne als der Elite des Landes zugehörend, was allein schon die Bezeichnung »**Kandyans**« beweist. Der Name Kandy ist übrigens eine kurze Form von »Kanda uda pas rata« und meint »Königreich in den Bergen«.

15 Jh.	Unterkönig Vikrama Bahu erhebt Galle zu seiner Hauptstadt und baut einen Palast.
16./17. Jh.	Das Königreich Kandy ist Zentrum des Widerstands gegenüber den portugiesischen Invasoren.
1636	Schutzvertrag mit den Holländern gegen die Portugiesen
1760–1766	Kampf gegen die »Schutzmacht« der Holländer
1815	Die Briten übernehmen die Kolonialmacht in Kandy; das singhalesische Königtum erlischt.

Die Hügel, Sümpfe und der mächtige Mahaweli Ganga, der nördlich der Stadt eine Schleife bildet, wie auch das malariaträchtige Klima schützten Kandy lange Zeit vor dem Zugriff der Kolonialherren. Bis ins Jahr 1615, als den Briten endlich die Einverleibung der Stadt in ihren Besitz gelang, war Kanda der letzte Rest des singhalesischen Reichs.

Wie Tempelinschriften in der Umgebung beweisen, war die Gegend um Kandy bereits im 5. Jh. besiedelt. Erst am Ende des 15. Jh.s aber erhob der in Gampoha residierende Unterkönig Vikrama Bahu (1447–1511) auf der Suche nach einem sicheren Ort die unbedeutende Siedlung zu seiner **Hauptstadt** und ließ sich hier einen Palast erbauen. Während dieser Zeit residierte das zentrale Königshaus in Kotte, unweit von Colombo.

1518 begannen die Portugiesen mit der Eroberung der Insel. Doch während der König von Kotte um seines vermeintlichen politischen Vorteils willen mit den Portugiesen gemeinsame Sache machte, bildete sich unter seinem Bruder Mayadunne, dem König in Sitavka, eine starke **Gegenbewegung**, die dessen Sohn, der spätere König Raja Sinha I. (1582–1592) fortsetzte. In Kandy regierte zu dieser Zeit ein Fürst namens Karalliyadde Bandara, der 1582 von Raja Sinha I. besiegt wurde und mit seiner Tochter Dona Catherina nach Trincomalee fliehen musste. Doch konnte sich Raja Sinha I. in Kandy nicht halten und im Jahr 1588 wurde er durch eine Revolte gestürzt.

Mithilfe der Portugiesen gelang es 1592 dem zum Christentum konvertierten Singhalesen Don Juan, König von Kandy zu werden. Sein Übertritt zum christlichen Glauben war jedoch nur von kurzer Dauer, denn er bekannte sich alsbald wieder zum Buddhismus und nahm den Namen Vimela Dharma Suriya I. an. Davon fühlten sich die Portugiesen provoziert, rüsteten zum Rachefeldzug, nahmen Kandy für kurze Zeit ein und plünderten die Stadt. Dharma Suriya I. gelang es aber schon bald, die in der Stadt verbliebenen portugiesischen Besatzungstruppen zu schlagen. Danach herrschte er bis 1604 ohne weitere Störungen.

Auch die Regierungszeit seines Nachfolgers, König Raja Sinha II. (1605–1687), stand ganz im Zeichen der Auseinandersetzungen mit den Kolonialherren. Er verbündete sich mit den 1606 auf Sri Lanka gelandeten Holländern, um die Portugiesen zu vertreiben. Die Holländer hatten jedoch keineswegs im Sinn, dem König zu helfen, was sich alsbald auch herausstellen sollte. Wegen der Nichtbezahlung angeblicher Kriegsschulden nahmen sie einige Städte an der Küste als Pfand, die sie zuvor von den Portugiesen erobert hatten. Auch sonst kam es immer wieder zu Streitigkeiten, v. a. über den Zimthandel oder auch die Einführung eines neuen Steuersystems, doch letztlich blieben die Herren von Kandy stets Sieger.

Widerstand gegen die Kolonialregierung

Seit 1739 herrschte in Kandy die tamilische Dynastie der Nayakkar, deren Könige sich allerdings größtenteils nicht zum Hinduismus, sondern zum Buddhismus bekannten. Unter Sri Vijaya Raja Sinha (1739 – 1747) wurden die Christen aus Kandy vertrieben. Der bedeutendste Herrscher war Kirti Sri Raja Sinha (1747 – 1778), der eine religiöse Erneuerungsbewegung ins Leben rief und das Reich zu kultureller Blüte führte. Trotz einer vertraglichen Verpflichtung mit den Holländern nahm er aber insgeheim mit den Engländern Kontakt auf, mit dem Ziel, die Holländer von Sri Lanka zu vertreiben. Die Engländer ließen sich jedoch nicht auf Zugeständnisse ein; sie begannen 1795 mit der Eroberung der Insel und erklärten sie 1802 zur Kronkolonie. Nur das Kandy-Reich entzog sich ihrem Zugriff, und zwar bis zum Jahr 1815. Erst der dritte Feldzug seit 1802 brachte den gewünschten Erfolg. Der König wurde gefangen genommen und nach Südindien gebracht, wo er 1832 starb. In der Konvention von Kandy (1815) wurde nun auch der letzte Rest des Reichs zur Kronkolonie und Colombo zur Hauptstadt erklärt. Kandy blieb jedoch bis zur Unabhängigkeit 1948 das Zentrum des Widerstands gegen die Maßnahmen der Kolonialregierung.

? WUSSTEN SIE SCHON …?

■ … dass die Stadt Kandy mehrere singhalesische Namen wie z. B. Maha Nuwara (Große Stadt) trug? Zwischendurch hieß sie Kanda uda pas rata (Land in den Bergen); die Portugiesen machten daraus Candia. Ihren heutigen Namen erhielt die Stadt während der Zeit der britischen Kolonialherrschaft.

Sehenswertes in Kandy

Kiri Muhuda (See)

Der lang gestreckte, künstlich angelegte See, der Kandy viel Charme verleiht, entstand zwischen 1810 und 1812 unter dem letzten König von Kandy aus einem einfachen, kleinen Teich, der für die als heilig geltenden Wasserschildkröten angelegt wurde. Die gemauerte Einfassung ließ der britische Gouverneur 1875 anlässlich des Besuchs des englischen Thronfolgers Prinz Edward errichten; ihre Form gleicht den Ziermauern des Zahntempels. Unweit des Eingangs zum Tempelbezirk steht am Ufer ein hübscher Pavillon, der einst der königlichen Familie diente. Heute sind hier eine öffentliche Bücherei und das Büro der Touristeninformation untergebracht. Von dem Lustschlösschen, das früher auf der Insel im See stand, sind nur noch wenige Reste erhalten. An der Brücke unweit des Zugangs zum Zahn-

Kandy, die heute drittgrößte Stadt der Insel, gilt als schönste der alten Königsstädte.

tempel findet sich ein **Bootsverleih**, reizvoll ist aber auch ein Spaziergang um den See (ca. 4,5 km).

Der Malwatta Vihara am Südufer des Kandy-Sees, in der zweiten Hälfte des 18. Jh.s von König Kirti Sri Raja Sinha gegründet, ist eines der wichtigsten buddhistischen Klöster auf Sri Lanka. Der oberste Priester ist der höchste Würdenträger aller Klöster im Süden des Lands und Mit-Protektor der Zahnreliquie. Die Tempelanlage besteht aus zwei Teilen. Über eine Rampe, die auf die Anhöhe führt, erreicht man die sehenswerten Wohngebäude der Mönche. Diese kann man nach Rücksprache mit einem der Bewohner auch gerne besichtigen (Schuhe ausziehen nicht vergessen). Die Gebäude gruppieren sich als dreiseitig geschlossenes Rechteck um eine offene, von Holzsäulen getragene Halle. Mit ihren verwinkelten, von Wasserrinnen durchzogenen Gängen und kleinen Zellen sind sie ein interessantes Beispiel für die sri-lankische Wohnarchitektur.

Malwatta Vihara (Tempel)

Kandy Orientierung

① \ *Matale*

Torrington Road

Lover's Walk

Kurunegela

Ashgiriya Monastery

W. Sri

Sumangata

Kande

Lady

Trinity College

Town Hall

V. Wewel. Rd.

King's Pavillon

Udawattekele Sanctuary

Yatinuwara Vidiya

Kenupodelle Vidiya

D. S. Senanayake

Maha Vishnu Devala

Archaeological Museum

Audience Hall

Scot's Kirk

Raja Vidiya

Kachcheri

Srimath Bennet Soysa

Wadugodapitiya M.

Maw.

③

Vidiya

Temple of the Buddha's Tooth

National Museum

Wembley

Clock Tower

Wesleyan Church

Vidiya

Mahawatha

Police

Dalada

National Bank

/ Hanguranketa

Mount Leo Convent

Bandaranaike Maw.

Market

M. Paffiya

Para

Sangarala

Kandy Lake

②

Bandaranaike

Hitagadera

Patti

Wace Park

Malwatte Monastery

Mahawatha

Satemanketa Pati

Railway Station

Gampola

© *Baedeker*

200 m

Übernachten
① Mahaweli Reach Hotel
② Swiss Residence
③ Hill Top Hotel

Den zweiten Teil der Anlage erreicht man von der Uferstraße über eine Treppe. Interessantestes Gebäude hier ist das Bilderhaus. Die Ostseite des unteren Stockwerks schmücken recht lebendig wirkende Steinskulpturen, die Wände des oberen Geschosses sind mit Malereien im Kandy-StiI bedeckt. Der Hauptsaal enthält Statuen von Buddha, Vishnu und Saman sowie einiger Stifter, darunter die des Königs Kirti Sri. Besonders bemerkenswert ist die Tatsache, dass der Bot – das eigentliche Heiligtum – wie in Thailand mit Grenzsteinen

(Semas) umgeben ist. Die Erklärung für diese auf Sri Lanka einzigartige Gestaltung ist einfach: König Kirti Sri holte thailändische Mönche auf die Insel, die hier ein Beispiel für die buddhistische Architektur ihres Heimatlands errichteten.

Oberhalb des südwestlichen Seeufers liegt eines der vornehmsten Villenviertel von Kandy mit Bauten aus der englischen Kolonialzeit.

✳ Spaziergang durch die Innenstadt

Zwei Straßen begrenzen im Süden und Osten die Innenstadt mit ihren dicht gedrängten Geschäften und Restaurants: die D. S. Senanayake Vidiya (sie führt weiter nach Katugastota) und die Dalada Vidiya, die nach Peradeniya führt. Beim Queen's Hotel treffen beide Straßen wieder aufeinander. Dies ist **das belebteste Stadtviertel von Kandy**, weshalb sich hier der etwa einstündige Spaziergang besonders lohnt. Viele der größtenteils aus dem 19. Jh. stammenden Häuser zeugen noch vom Charme der viktorianischen Zeit. Doch es gibt auch mehrere christliche Kirchen und zwei Moscheen. Berühmt ist das **Kataragama Devale**, ein mehreren Hindu-Göttern geweihter Tempel. Verehrt werden hier insbesondere Vishnu und Ganesha, vor allem aber der Kriegsgott Skanda. Sehr eindrucksvoll ist der mit zahlreichen Figuren besetzte Turmaufbau über dem Eingang, Symbol für das hinduistische Pantheon.

Viktorianischer Charme

Einen Besuch der Markthalle am westlichen Ende der Dalada Vidiya sollte man keinesfalls versäumen, da es hier das reichhaltigste Angebot an Früchten von ganz Kandy zu sehen und natürlich auch zu kaufen gibt. Die beste Zeit dafür ist in den Vormittagsstunden.

Markthalle

Das Museum ist in dem Teil des ehemaligen Königspalasts untergebracht, der für die Königin reserviert war. Zu sehen sind Schmuck, Textilien, Waffen, rituelle Gegenstände sowie Elfenbeinschnitzereien aus dem 17. bis 19. Jahrhundert (Öffnungszeiten: So. – Do. 9.00 bis 17.00 Uhr; Eintrittsgebühr). ☉

Nationalmuseum von Kandy

Highlights Kandy

Kiri Muhuda
Romantisch ist eine kleine Bootstour in den Abendstunden auf dem Kandy Lake.
► Seite 262

Dalalada Maligawa
Der Tempel des Heiligen Zahns ist das bedeutendste Heiligtum des Buddhismus auf Sri Lanka.
► Seite 266

Botanischer Garten von Peradeniya
Eine Naturlandschaft von unglaublicher Üppigkeit und Farbigkeit
► Seite 273

Huna Falls
Beeindruckend schöne Wasserlandschaft, in der Umgebung von Kandy
► Seite 279

▶ KANDY ERLEBEN

AUSKUNFT

Travel Information Centre
Headmans Lodge
13, Deva Veediya, Kandy
Tel. 081 / 222 26 61

ANREISE

Mit dem Auto:
Von Colombo über die A 1
(116 km); von Kurunegala über die
A 10 (42 km); von Dambulla über die
A 9 (72 km) und von Nuwara Eliya
über die A 5 (77 km).
Mit der Bahn:
Die nächstgelegene Bahnstation ist
Peradeniya an der Strecke von
Colombo nach Matale.
Mit dem Bus:
Gute Busverbindungen von allen oben
genannten Städten.

ÜBERNACHTEN/ESSEN

▶ **Luxus**
① *Mahaweli Reach Hotel*
35, P. B. A.Weerakoon Mawatha
Tel. 081 / 447 27 27
Fax 081 / 221 28 54
www.mahaweli.com
114 Zimmer, Restaurants, Bar, Pool
Etwas außerhalb des Stadtzentrums

von Kandy oberhalb des Mahaweli
Ganga, des längsten Flusses auf Sri
Lanka, liegt dieses Hotel. Die Zimmer
sind geräumig, das Restaurant wird
gelobt. Schön angelegter Garten.

▶ **Komfortabel**
② *Swiss Residence*
23, Bahirawakanda
Tel. 011 / 587 33 05
Fax 011 / 237 23 36
www.jetwing.net
40 Zimmer, Restaurant, Bar, Pool
Gepflegtes, individuelles Hotel
am Stadtrand von Kandy mit
komfortablen Zimmern und
aufmerksamem Service.

▶ **Günstig**
③ *Hill Top Hotel*
200/21, Bahirawakanda
Peradeniya Road
Tel. 074 / 74 44 41
Fax 074 / 43 37 55
www.aitkenspencehotels.com
82 Zimmer, Restaurant, Bar, Pool
Beeindruckend ist die Lage dieses
Hotels in den Bergen oberhalb von
Kandy, die Zimmer sind ansprechend
gestaltet.

✳ ✳ Dalada Maligawa (Tempel des Heiligen Zahns)

Geschichte des Heiligen Zahns

Die Geschichte Kandys ist – wie die aller Königsstädte auf Sri Lanka
– eng mit der von zahlreichen Legenden umwobenen Geschichte der
heiligen Zahnreliquie verbunden. Nach der feierlichen Verbrennung
von Buddhas Leichnam im Jahr 483 v. Chr. in Kushinagara (Nordindien) fand man in der Asche mehrere unverbrannt gebliebene
Knochenteile, darunter vier Zähne und einen Teil des Schlüsselbeins.
Einer der Zähne ging an den König des Kalinga-Reichs in Südindien,
wo er acht Jahrhunderte lang große Verehrung genoss. Mit dem
Schwinden des buddhistischen Glaubens in Indien geriet die Reliquie

in Gefahr, von hinduistischen Königen geraubt und möglicherweise vernichtet zu werden. Eine der Legenden berichtet, der Zahn habe allen Zerstörungsversuchen des Panda-Königs widerstanden und sei sogar aus einem Teich, in den ihn dieser geworfen habe, auf einer Lotosblüte wieder an die Oberfläche gelangt. Die buddhistische Nonne Hemamala, Tochter des Königs Guhasiwa, brachte den Zahn – in ihren Haaren versteckt – im Jahr 313 n.Chr. nach Sri Lanka. König Sirimeghavana ließ in seinem Palastbezirk einen eigenen Tempel erbauen, und in der Folgezeit wurde der Zahn jährlich in einer feierlichen Prozession zum Abhayagiri-Kloster gebracht, wo alle Gläubigen ihn verehren konnten.

In den politischen Wirren seit dem Ende des 10. Jh.s, als Anuradhapura als Hauptstadt aufgegeben werden musste, begann **die große Wanderschaft der Reliquie**, der jedoch immer die besondere Aufmerksamkeit der Könige galt. Schließlich hatte vor allem derjenige ein Anrecht auf den Thron, der den Zahn besaß. Er kam zunächst ins Fürstentum Ruhuna (im Süden der Insel), danach u. a. nach Kotmale, auf den Beligala-Felsen, nach Dambadeniya und schließlich nach Yapahuwa, wo er von den Pandyas, die gegen Ende des 13. Jh.s die Festung erstürmt hatten, geraubt und nach Indien zurückgebracht wurde. Durch geschickte Verhandlungen erhielt König Parakrama Bahu II. die Zahnreliquie jedoch zurück und er ließ sie nach Polonnaruwa bringen. Später lag sie in Kurunegala und in Gampola, von wo sie angeblich – wie auch

der singhalesische König selbst – nach China entführt wurde. König Alakesvara soll sie wieder zurückgebracht haben, denn sie befand sich nachweislich 1412 bei der Krönung von König Parakrama Bahu VI. in Rayigama.

Von dort gelangte der Zahn in die neue Residenzstadt Kotte, wo er Ende des 16. Jh.s in die Hände der Portugiesen fiel. Diese brachten ihn angeblich in ihre indische Besitzung Goa und vernichteten ihn. Um sich als König vor dem Volk zu legitimieren, brauchte Vimela Dharma Suriya I., der 1592 in Kandy die Macht an sich gerissen hatte, den Heiligen Zahn. So ließ er kurzerhand die Version verbreiten, die Portugiesen hätten nur eine Kopie zerstört, das Original befinde sich in seinen Händen. Die Bevölkerung entschloss sich, ihm zu glauben. Seither gilt der Zahn in Kandy als die heiligste Reliquie des Buddhismus auf Sri Lanka.

Der Tempel ist den ganzen Tag über zugänglich, der Schrein, ein **Öffnungszeiten** zweistöckiges, hölzernes Gebäude im Innenhof, wird nur zu den religiösen Zeremonien (Puja) um 5.30, 9.30 und 18.30 Uhr geöffnet. Laute Gongschläge und Trommelwirbel leiten diese Handlungen ein.

Tempelanlage Der Dalada Maligawa, der »Tempel des Heiligen Zahns«, steht innerhalb des ehemaligen Palastbezirks. Von den frühesten Bauwerken für die heilige Reliquie ist nichts mehr zu sehen. Der älteste erhaltene Teil ist der innere Bau aus der Regierungszeit von König Kirti Sri Raja Sinha (1747–1778). Sein heutiges Gesicht erhielt der gesamte Komplex um 1803 unter dem letzten König von Kandy, Sri Vikrama Raja Sinha (1798–1815), der den Wassergraben anlegen und, unter Verwendung europäischer Bauformen, den massiven Eingangspavillon, die schmuckvollen Außenmauern und den das architektonische Bild bestimmenden oktogonalen Vorbau mit Umgang erbauen ließ. Man betritt den Tempelbezirk vom Palace Square aus, nachdem man – seit dem Attentat – gleich mehrere **Sicherheitskontrollen** passiert

In dieser schönen Tempelanlage befindet sich Sri Lankas Zentrum des buddhistischen Glaubens.

hat. Bemerkenswert ist zunächst die fünfstufige Treppe, die von zwei in die Außenmauer eingelassenen Elefantenreliefs flankiert wird. Sie stammen aus dem Palast des Königs Sri Vira Marendra Sinha (1707 bis 1739) in Kundalase und zeigen in ihrem Ausdruck und dem reichen Dekor den typischen Skulpturstil der Kandy-Zeit. Die beiden Ziersäulen über den Reliefs sind Geschenke aus Burma.

Der halbrunde, reich ornamentierte **Mondstein** ist eine gute Steinmetzarbeit, reicht in der Qualität jedoch nicht an den Mondstein von ► Anuradhapura heran. Ein anderer Mondstein folgt nur scheinbar den Vorbildern: So wenden sich z. B. die Löwen und Wildgänse nicht dem Mittelpunkt, dem Lotos, sondern dem sich nähernden Besucher zu.

In dem Wassergraben, den man auf einer Steinbrücke überquert, leben Schildkröten, die als heilig gelten. Ein Relief gegenüber dem Tempeltor zeigt die Göttin Lakshmi mit zwei Elefanten. Beachtung verdienen auch einige reich mit skulptierten Reliefs geschmückte Tore und Türstürze im unteren Geschoss. Sie zeigen weibliche und männliche Wächterfiguren, einen Makara-Torbogen, das von Buddha in Bewegung gesetzte Rad der Lehre, Löwen, Lotosblüten und vieles mehr.

> ## ! Baedeker TIPP
>
> ### Nach Kandy mit der Bahn
> Die Fahrt mit der Bahn von Colombo nach Kandy gehört zu den eindrucksvollsten Erlebnissen, die einem Eisenbahnfan geboten werden können. 2,5 Stunden mit ICE, 3,5 mit dem normalen Zug dauert die Fahrt, dabei werden auf einer Strecke von 180 km immerhin 2000 Höhenmeter überwunden. Auf der Strecke gibt es Serpentinen (darunter die einzigartige Demodera-Schleife) und nicht weniger als 47 Bergtunnel – eine Meisterleistung der Eisenbahningenieure.

Im Innenhof steht das eigentliche Heiligtum, gleichzeitig der älteste Teil des Tempels. Es ist ein zweistöckiges, reich verziertes Gebäude, das ausschließlich aus Holz errichtet wurde. Holzsäulen und Gebälk sind mit außerordentlich schönen Schnitzereien versehen. Über eine Treppe erreicht man das Obergeschoss, von dem aus ein Gang zu einer mit kostbaren Perlmutt- und Elfenbeinintarsien verzierten, silberbeschlagenen Tür führt. Dahinter liegt das Allerheiligste, die Zahnreliquie. Das Reliquiar besteht aus sieben jeweils ineinander passenden, dagobaförmigen goldenen Behältern, sogenannten Karanduwas, die mit Perlen und Edelsteinen besetzt sind.

Der letzte und wertvollste Behälter ist aus Elfenbein gefertigt und birgt die verehrte Reliquie, den Heiligen Zahn von 5 cm Länge und 1,5 cm im Durchmesser. Er wird allerdings nur bei einer besonderen Feierlichkeit gezeigt, die alle vier Jahre stattfindet. Außer der **Originalreliquie**, die auf einer goldenen Lotosblüte ruht, ist deren Kopie zu sehen, die alljährlich bei der Esala Perahera, einer mehrtägigen feierlichen Prozession durch Kandy, mitgeführt wird. Die sieben Behälter sind verschließbar, die Schlüssel dazu besitzen der Oberpriester des Malwatte- und des Asgiriya-Klosters, die auch im Wechsel die religiösen Zeremonien im Tempel abhalten.

DALADA MALIGAWA

★ ★ **Der Zahntempel in Kandy hütet das wertvollste Heiligtum der Insel, einen Eckzahn Buddhas. Die Reliquie wurde im Lauf der Jahrhunderte mehrfach umquartiert, zieht nun aber im Tempel von Kandy die Anhänger des Erleuchteten Buddha in Bann. Alljährlich im Juli/August, bei der elftägigen Perahera von Kandy, wird sie auf einem prächtig geschmückten Elefanten durch die Stadt getragen.**

🕐 Öffnungszeiten des Reliquienschreins:
5.30, 9.30 und 18.30 Uhr

① Wassergraben

Man erreicht den Tempel über eine Steinbrücke, die den Wassergraben überspannt, in dem sich zahlreiche Fische und Schildkröten tummeln. Der Graben geht auf Kandys letzten König Sri Vikrama Rajasinha (1798–1815) zurück.

② Architektur

Die Grundlagen für das heutige Gebäude wurden ab 1706 gelegt. Sein abgeknicktes Ziegeldach ist ein typisches architektonisches Element der »Kandy-Architektur«. Erst zu Beginn des 19. Jh.s kam der achteckige, turmähnliche Anbau dazu. Er wurde errichtet, um von seiner Balustrade aus dem Volk den heiligen Zahn gut präsentieren zu können. Heute beherbergt er eine umfangreiche Bibliothek mit sehr wertvollen Palmblatt-Manuskripten.

③ Andachtshalle

Im Erdgeschoss liegt die Andachtshalle mit zahlreichen Buddha-Figuren, die Buddhisten aus aller Welt gespendet haben.

④ Raum der Reliquie

Der ca. 1 m hohe Reliquienbehälter in Form einer Dagoba befindet sich im ersten Obergeschoss, dem Udamale, hinter einer mit Elfenbeinzähnen geschmückten Tür, die während der Andachtszeiten – begleitet von Trommelwirbeln – geöffnet wird. Darin verbergen sich sechs weitere ineinander geschachtelte Behältnisse, die jeweils reich mit Edelsteinen verziert sind. Im letzten Behälter liegt die verehrte Reliquie, der rechte obere Eckzahn Buddhas.

Ganze Blütenberge türmen sich im Tempel des heiligen Zahns durch die Opfergaben der Gläubigen auf.

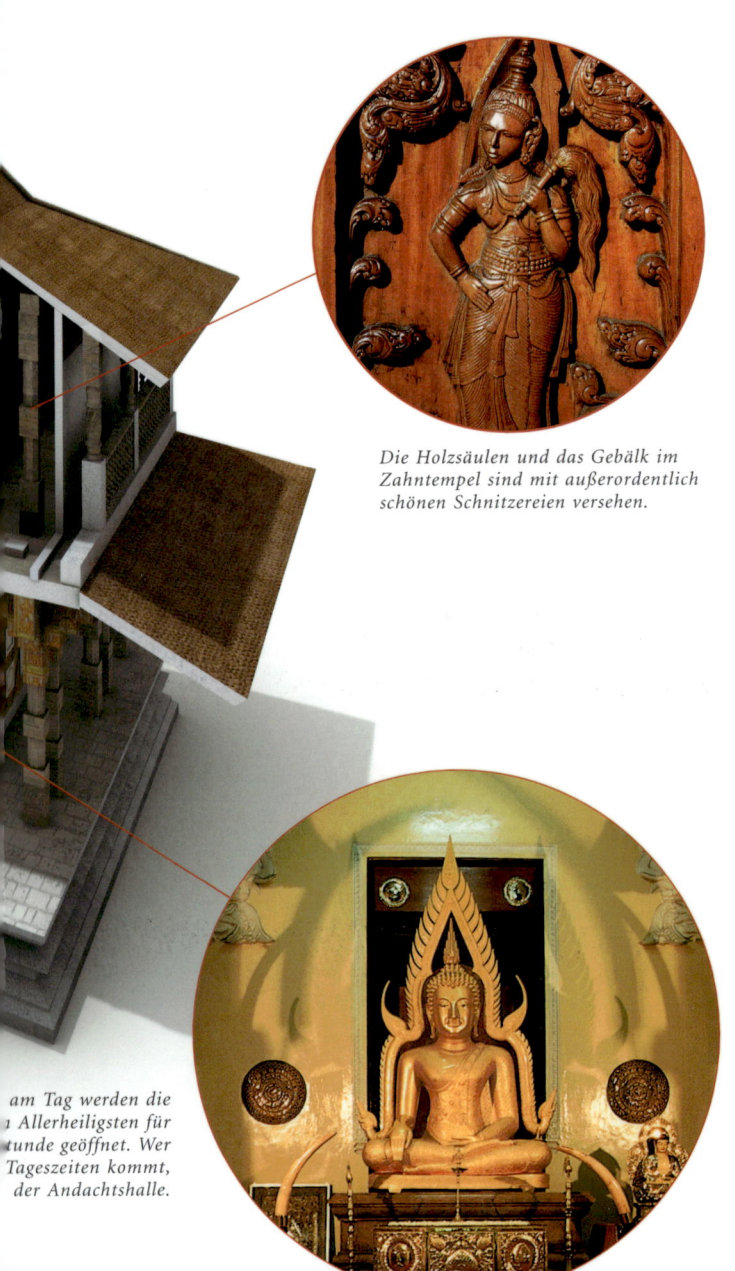

Die Holzsäulen und das Gebälk im
Zahntempel sind mit außerordentlich
schönen Schnitzereien versehen.

am Tag werden die
Allerheiligsten für
unde geöffnet. Wer
Tageszeiten kommt,
der Andachtshalle.

② ③ ④ ①

© Baedeker

Nur dreim
Türen z
jeweils eine
zu andere
verweilt

hnenprozession am Zahntempel

Oktogon   Der Weg zum Oktogon führt an einem Raum mit mehreren Buddha-Statuen aus verschiedenen Epochen vorbei. Das Oktogon selbst wurde für die königliche Familie errichtet. Hier stand früher ein Thron, von dem aus der Regent der Perahera zusehen konnte und auch die Reliquie präsentierte. Durch eine Falltür konnte der König einen Tunnel erreichen, der direkt zu seinem Lustschloss auf der kleinen Insel im Kandy-See führte.

Predigthalle   Die dreistöckige Predigthalle, ein eindrucksvolles, mit Skulpturen reich geschmücktes Bauwerk, das auch als Wohngebäude für die Mönche diente, schließt den Tempelbezirk nach Osten hin ab. Im zweiten Stockwerk ist ein kleines Museum eingerichtet. Hier kann man u. a. ein Holzmodell des Zahntempels und eine Nachbildung des Fußabdrucks von Buddha auf dem ►Adam's Peak sehen. Kleinere seitlich angefügte Gebäude verbinden diesen Bau mit den Verehrungshallen.

Audienzhalle   Östlich davon steht auf einem gestuften Unterbau die ehemalige Audienzhalle der Könige von Kandy. Sie wurde bereits 1784 begonnen, jedoch erst unter dem letzten König vollendet. Sehenswert sind die Schnitzereien an Säulen und Gebälk, die erst 1820 unter britischer Herrschaft fertiggestellt wurden. 1815 wurde in diesem Raum die Konvention (eigentlich war es eher eine Kapitulation) zwischen dem Königreich Kandy und den Briten abgeschlossen, mit der auch das letzte singhalesische Teilreich zur britischen Kronkolonie erklärt wurde. Heute tagt hier der Oberste Gerichtshof von Kandy.

Säulenhalle   Im Norden schließen sich die 1803 erbauten Säulenhallen an den Tempelbezirk an. Das Gebälk ist verschwenderisch mit Schnitzereien, vor allem Blütenmotiven, verziert.

Archäologisches Museum   Weiter nördlich sind die Überreste des alten Königspalastes zu sehen, während der britischen Kolonialzeit Wohnsitz des Gouverneurvertreters in Kandy. Heute wird es als archäologisches Museum genutzt. Die Sammlung enthält v. a. Stücke aus der Kandy-Zeit (Öffnungszeiten: Sa. – Do. 9.00 – 17.00 Uhr; Eintrittsgebühr).

Nationalmuseum   In dem anmutigen Bau südlich der Audienzhalle, 1765 nach holländischen Plänen errichtet, ist heute das Nationalmuseum von Kandy untergebracht. Die sehenswerte Sammlung enthält u. a. die goldene Krone von König Raja Sinha II., wertvolle Elfenbein- und Holzschnitzereien, rituelle Öllampen, lebensgroße Holzfiguren mit der für Kandy typischen Kleidung sowie Palmblatt-Manuskripte. Beachtung verdienen auch die Stiche mit Ansichten von Kandy aus dem 19. Jh. sowie Karten von Ceylon (Öffnungszeiten: Mi. – Mo. 9.00 – 17.00 Uhr; Eintrittsgebühr bzw. Sammelticket für das Kulturdreieck).

Nordwestlich des Tempels des Heiligen Zahns erhebt sich das Natha Devale aus dem 14. Jh., das älteste sakrale Gebäude der Stadt. Es diente dazu, den Königen des singhalesischen Reichs zum Zeichen ihrer Machtübernahme das Schwert zu überreichen. Die hinduistische Gottheit Natha gilt übrigens als Schutzpatron der Stadt Kandy. Bemerkenswert im Innern des Devale ist vor allem die Skulptur eines ruhenden Buddha.

Natha Devale (Tempel)

Unweit des Natha Devale steht das Pattini Devale, das der Schutzgöttin Pattini, einer Gottheit des Mahayana-Buddhismus, geweiht ist. Sie verkörpert Reinheit und hilft, Seuchen und andere Krankheiten von Menschen und Tieren fernzuhalten. Von ihr gibt es auf der Insel nur sehr wenige bildliche Darstellungen. Eine davon findet man auch im Nationalmuseum von ► Colombo. König Gaja Bahu (112 bis 134) führte den Pattini-Kult auf Sri Lanka ein und veranstaltete zu Ehren der Göttin alljährlich ein Fest, um Regen und damit Wohlstand im Königreich zu sichern.

Pattini Devale (Tempel)

? WUSSTEN SIE SCHON …?

■ … dass am 26. Januar 1998 ein Mitglied der Tamil Tigers vor dem Tempelkomplex 250 kg Sprengstoff zündete? Dieses Attentat erschütterte das ganze Land. Beklagt wurden der Tod von acht Menschen, aber auch schwere Beschädigungen der Tempelanlage. Wie durch ein Wunder war jedoch der heiligste Bereich kaum beeinträchtigt, was manche Gläubige auf den Einfluss der Reliquie zurückführen.

Es dürfte mit ziemlicher Sicherheit **einzigartig auf der Welt** sein, dass sich inmitten einer Stadt ein Naturschutzgebiet befindet. In Kandy ist dies der Fall: Hier erstreckt sich gleich oberhalb des Zahntempels das Udawattakele-Naturschutzgebiet, ursprünglich ein Jagdgebiet für die Könige. Durch das Areal führen Spazierwege, die z. T. noch die Namen der Gattinnen britischer Gouverneure und hoher Beamter der Kolonialregierung tragen. Zu beobachten gibt es verschiedene Vögel, Schmetterlinge und viele Affen.

Udawattakele-Natur-schutzgebiet

Umgebung von Kandy

Der Botanische Garten von Peradeniya ist einer der schönsten und umfassendsten in Süd- bzw. Südostasien. Fast alle tropischen Pflanzenarten des Kontinents sind hier zu finden, daneben aber auch solche der gemäßigten Klimazonen. Das 80 Hektar große Gelände wird an drei Seiten vom Mahaweli Ganga umflossen, dessen Flussbett hier etwa die Form eines Hufeisens annimmt.
Die Geschichte der Anlage geht zurück bis ins Jahr 1371, als König Vikrama Bahu II. hier einen Palast erbauen ließ, den er mit Lustgärten umgab. König Kirti Sri Raja Sinha (1747–1781) machte ihn zu seinem königlichen Garten und auch sein Nachfolger Raja Sinha II. hatte hier eine Residenz.
Den Botanischen Garten heutiger Ausprägung richtete um 1821 der Engländer Alexander Moon ein, 1824 wurde die Anlage der Öffent-

★ ★ Botanischer Garten von Peradeniya

lichkeit zugänglich gemacht. Als Moon schon ein Jahr später starb, wurde sie jahrelang vernachlässigt, bis George Gardner sie 1844 wieder in Stand setzte und erweiterte. Den Weltruhm, den der Botanische Garten heute genießt, begründete jedoch G. H. K. Twhaites: Er leitete den Garten von 1849 bis 1857, vergrößerte ihn nochmals und bereicherte ihn um eine Vielzahl tropischer Pflanzen.

Der Botanische Garten kostet eine geringe Eintrittsgebühr. (Öffnungszeiten: tgl. 8.00 – 19.00 Uhr).

Rundgang durch den Garten ►

Bereits vor dem Haupteingang trifft man rechts auf eine Reihe Amherstia nobilis aus Burma und der Malaiischen Halbinsel, auch **»Königin der blühenden Bäume«** genannt. Auf der anderen Seite stehen zwei schöne Rambong-Gummibäume aus Assam, die 1914 gepflanzt wurden. Auf dem Rasendreieck gegenüber dem Eingang stehen ein prachtvoller Mahagonibaum und beiderseits des Eingangs ein Feuerbaum aus Madagaskar.

Nahe dem Eingang liegt der **Gewürzgarten** mit einem fast 160 Jahre alten Muskatnussbaum, außerdem Zimtbäume, Ingwer, Kardamom, Nelken, Vanille und Pfeffer. Folgt man dem Lake Drive, trifft man auf den Cajeput-Gummibaum, dahinter auf den Upas-Baum aus Java, dessen Rinde ein Pfeilgift für Bogen- oder Blasrohrschützen enthält. Unweit davon findet man den burmesischen Riesenbambus, den höchsten Bambus der Erde: Er erreicht eine Höhe von bis zu 40 m und einen Durchmesser von 24 cm.

Ein Juwel der Landschaftsgartenkunst – der Botanische Garten

Botanischer Garten Orientierung

Sommerhaus

Mahaweli Ganga

River Drive

River Drive

Mahaweli Ganga

19

Great
Circle

Thwaites-Denkmal

17

9

18

14

16

13

15   12

11

10

Gardners
Denkmal

2

3,4   1

Eingang

5

8

6

5

7

Colombo ↓

© *Baedeker*

1 Haupteingang	8 Pinienhain	13 Java-Mandelbäume
2 Gewürzgarten	9 Herbarium,	14 Palmenallee
3 Hibiskus-Sträucher	Pflanzenmuseum	15 Blumengarten
4 Riesenbambus	10 Sukkulentenhaus	16 Tropische Farne
5 Palmengarten	11 Orchideenhaus	17 Kohlpalmenallee
6 Kräutergarten	12 Orchideengewächs-	18 Cook's Pinienallee
7 Studiengarten	häuser	19 Königspalmenallee

Biegt man links in den South Drive ein, trifft man auf den in die sanft hügelige Landschaft eingebetteten, mit **Wasserlilien und Lotosblüten**bedeckten See. An seinem Ufer wachsen verschiedene Wasserpflanzen, darunter auch Papyrusstauden aus Ägypten.

Der Hügelpfad links durchquert den nördlichen Teil des **Palmengartens** mit Betelnuss- oder Arekapalme, dessen Früchte und Blätter wegen ihrer leicht berauschenden Wirkung in vielen Ländern Asiens zusammengerollt und gekaut werden. Hier wächst auch die Kitul- oder Toddy-Ppalme, aus deren Blütensaft der auf Sri Lanka beliebte Arrak destilliert wird. Außerdem gibt es Exemplare der Kohlpalme, der Königspalme, der Siegelwachspalme und der auf Sri Lanka heimischen Nibong-Palme. Links am Weg stehen drei Talipot-Palmen, mit 25 m die höchste aller Palmenarten – ihre riesigen fächerförmigen Blätter wurden zur Herstellung von Palmblatt-Manuskripten (Olas) verwendet. Es folgt ein weiterer **Kräutergarten** mit Heilkräutern, dann ein Studiengarten mit Versuchszüchtungen.

! *Baedeker* TIPP

Prominente Namensgeber

Beachtung verdient auch der Teil des Gartens, der an prominente Besucher auf Sri Lanka erinnert. Ihnen zu Ehren wird hier jeweils ein Baum gepflanzt, ein Schild am Fuß nennt den Namen des Besuchers sowie die jeweilige Baumart (aus Deutschland kam bisher nur der frühere Bundeskanzler Kurt Georg Kiesinger).

Dem Lake Drive folgend, sieht man verschiedene auf Sri Lanka heimische Bäume (z. B. die Ceylon Screw Pine, den Sandelholzbaum sowie mehrere Mahagonibäume). Von der Ecke River Drive/Jonville Drive hat man einen schönen Blick über die große Rasenfläche und die Gannoruwa-Hügel im Hintergrund. Den Mittelpunkt bildet ein besonders schönes Exemplar des 1861 gepflanzten Ficus benjamini (Java-Weide) mit einer weit ausladenden Krone. Nördlich der Rasenfläche gibt es ein **Herbarium**. Wo der Jonville Drive auf die Monument Road trifft, sieht man ein männliches Exemplar der berühmten Coco de Mer, die eigentlich nur auf den Seychellen wächst.

Der Weg vom See nach Norden führt zum **Orchideenhaus** mit vielen prachtvollen Orchideen aus aller Welt. Setzt man den Weg auf dem River Drive nach Norden fort, dann trifft man auf die Kohlpalmenallee, die 1905 angelegt wurde. Es folgt ein interessantes Arboretum. Vor der Hängebrücke über die Mahaweli Ganga stehen zahlreichen Exemplare heimischer Bäume und Sträucher. Der Rückweg zum Ausgangspunkt führt vorbei an der Pinienallee, die nach Thomas Cook benannt ist, sowie an der Königspalmenallee.

★

Gadaladeniya Vihara

Das Kloster von Gadaladeniya liegt etwa 6 km westlich von Peradeniya. Es wurde bereits 1344 auf einem niederen Felsrücken erbaut. Architektonisch gesehen ist der Vihara eine Verbindung von buddhistischem Bilderhaus und hinduistischem Devale: Dem Hauptheiligtum sind eine Halle und ein Vorbau mit Nebentempel vorgelagert. Die Gliederung der Gesimse am Vorbau und dem Haupttheiligtum zeigt starke drawidische Einflüsse. Der Vorbau besitzt eine Dagoba-ähnliche Dachbekrönung, das Haupttheiligtum einen achteckigen Sikhara als Dachaufbau. Passiert man den von Pfeilern flankierten Eingang sieht man im Innern die Bronzestatue eines stehenden Buddhas.

Zu der Anlage gehört ein weiterer Tempel, der Vijayotpaya. Er hat einen kreuzförmigen Grundriss und Nischen, die mit Buddhafiguren besetzt sind. Bei dieser Anlage scheint sich burmesischer Einfluss durchgesetzt zu haben.

Fährt man von Gadaladeniya knapp 2 km weiter in Richtung Süden, trifft man auf das ebenfalls im 14. Jh. während der Gampola-Periode erbaute Kloster von Lankatilaka.

✱
Lankatilaka Vihara

Inschriften in altsinghalesischer Sprache berichten vom Bau des Tempels, der wegen seiner an die burmesische Architektur von Pagan erinnernden Bauweise und seiner **exponierten Lage auf einem gerundeten Felsen** als eines der schönsten Beispiele für sri-lankische Baukunst gilt. 172 in den Fels gemeißelte Stufen führen hinauf. Die kleine Mühe wird mit einem herrlichen Blick über die Reisfelder und die bewaldete Hügellandschaft belohnt. Das viereckige zentrale Heiligtum ist von einem Bau umgeben, aus dem in jeder Himmelsrichtung Hallen hervortreten, sodass ein kreuzförmiger Grundriss

Schon von Weitem sieht man das leuchtend weiße Gebäude des Klosters Lankatilaka.

entsteht. Die Fassade ist durch Gesimse sowie Vor- und Rücksprünge außerordentlich fein gegliedert und mit schönen Elefantenskulpturen geschmückt. Der Bau besaß ursprünglich vier Stockwerke; als die beiden oberen eingestürzt waren, setzte man ein von massiven Holzbalken getragenes Ziegeldach auf.

Das Innere birgt die Kolossalstatue eines sitzenden Buddhas, flankiert von zwei weiteren Buddha-Figuren. Charakteristisch für die Zeit ihrer Entstehung, das 14. Jh., sind die in regelmäßigen Wellenlinien verlaufenden Gewandfalten. Die Malerei an der Rückseite ahmt Architektur nach. Zu beiden Seiten sieht man Gemälde mit Löwen und Fabelwesen. Beachtung verdienen auch die Malereien an den Wänden und der Decke des Vorraums, die während der Kandy-Zeit grundlegend restauriert wurden.

★★
Embekke
Devale

Südlich des Lankatilaka Vihara liegt das gleichfalls im 14. Jh. gegründete und dem singhalesischen Kriegsgott Skanda geweihte Embekke Devale, der dritte Tempel aus der Gampola-Zeit. Von den zuvor beschriebenen Tempeln unterscheidet er sich durch seine **äußerst kunstvollen Holzschnitzereien**, die zu dieser Zeit eine große Blüte erlebten. Von besonderem Reiz ist die offene Halle der Trommler (Dig-Ge), deren 32 Holzsäulen ebenso wie das Gebälk mit variationsreichen Schnitzereien versehen sind. Man erkennt Wildgänse, einen doppelköpfigen Adler, Ringer, Tänzer, Soldaten und weitere Figuren in anmutigen, fließenden Bewegungen. Beachtenswert ist die auf eine optische Wirkung zielende Konstruktion des Gebälks: Die 26 Verstrebungsbalken entfalten sich alle von einem Punkt aus auf den Eintretenden hin. Dieser Bau war früher vermutlich – zumindest teilweise – die Audienzhalle der Könige von Gampoha. Man vermutet, dass sie von einem der Kandy-Könige hierher gebracht und erneuert wurde. Das Heiligtum enthält die bemalte Statue eines sitzenden Buddhas.

Kunstvoll zusammengefügte Balken im Embekke Devale

Das Bergland von Kandy

Gampola

Gampola, die »heilige Stadt am Strom« (Siripura Ganga), ist ein liebenswürdiger Ort im Bergland von Kandy, etwa 20 km entfernt, mit hübschen Häusern und Gärten, die sich zu beiden Seiten des Mahaweli Ganga hinziehen. Als **Residenzstadt** und Zentrum während einer Blütezeit der Kunst erlebte Gampola einige glanzvolle Jahre.

Um 1344 verlegte König Ghuvanaike Bahu IV. (1341–1351) die Hauptstadt seines Teilreichs nach Gampola, während sein Bruder, Parakrama Bahu V., in ► Dedigama residierte. Vikrama Bahu III. (1357–ca. 1374), wie Alakeshvara König von Rayigama und Kotte, war dem König von Jaffna tributpflichtig. Dem nachfolgenden König in Gampola, Bhuvanaike Bahu V., gelang es, die Truppen des Königs von Jaffna bei ► Matale vernichtend zu schlagen. Über die Folgezeit gibt es zwei unterschiedliche Versionen: Nach der einen bestieg Vira Bahu II. 1391 oder 1392 den Thron, nach der anderen hatten bis 1412 sieben Regenten abwechselnd die Herrschaft inne. Der sechste davon war Vira Alakeshvara, der 1399 nach Indien fliehen musste, später aber zurückkehrte und sich zum König erhob. 1411 wurden er und seine Familie von dem chinesischen General Cheng Ho gefangen genommen und nach China entführt. Dort verliert sich seine Spur. Cheng Ho war mit einigen Schiffen zu seiner zweiten Expedition auf Sri Lanka gelandet, um – so berichten es jedenfalls die chinesischen Chroniken – die Heilige Zahnreliquie nach China zu entführen.

Von den Palast- und Tempelbauten der Könige, die hier residierten, sind **nur noch spärliche Reste vorhanden**. Einen recht guten Eindruck von den Bauten dieser Zeit geben der Lankatilaka Vihara und der Tempel von Gadaladeniya (► Kandy). In Gampola leben außer Buddhisten viele Moslems und Hindus. Sehenswert ist ein Hindu-Tempel im Zentrum des Orts, dessen hohes Dach mit Hunderten von Skulpturen hinduistischer Götter und Göttinnen besetzt ist.

4 km südlich von Gampola steht an der Straße nach Nawalapitiya der Niyamgapaya Vihara, dessen Stufenunterbau mit figürlichen Skulpturen und schön skulptierten Türstürzen aus der Gampola-Zeit stammen. Der Aufbau wurde jedoch in neuerer Zeit hinzugefügt.

◄ Niyamgapaya Vihara

Das angenehm frische Klima, die Schönheit der sanft geschwungenen Berglandschaft und das komfortable, malerisch an einem Hang inmitten eines blühenden Gartens gelegene Hunas Falls Hotel sind die **Anziehungspunkte dieser Region**.

★
Hunas Falls

Das Wasser der Hunas Falls sammelt sich beim Hotel in einem kleinen See, in dem man auch Forellen fischen kann. Auch wenn man hier nicht wohnt oder nur eine Pause einlegt, kann man einen Spaziergang durch den hübsch angelegten Garten – darunter auch ein Küchengarten mit Kräutern und Früchten – machen.

In der Umgebung findet man Zimt-, Kardamom-, Muskat-, Gewürznelken- und Teeplantagen. Nach Osten zu erheben sich die Matale-Berge mit ihrem höchsten Gipfel, dem 1862 m hohen Knuckles-Massiv.

Auch Hanguranketa, 28 km von Kandy entfernt und im 17. Jh. Zufluchtsort des singhalesischen Königs Raja Sinha II., liegt im zauberhaften Bergland von Kandy, nahe dem sich tief herabschwingenden Great Valley. In der Umgebung werden Mais, Gemüse und vor allem

Hanguranketa

Tabak angebaut, außerdem Reis auf kunstvoll angelegten Terrassen. Rund um Hanguranketa wurden übrigens die ersten Kaffeesträucher auf Sri Lanka angepflanzt.

Ein Aufstand in Kandy zwang König Raja Sinha II. 1864, aus der Hauptstadt zu fliehen und den Thron seinem minderjährigen Sohn zu überlassen. Er suchte Zuflucht in Hanguranketa, und als er wieder nach Kandy zurückkehren konnte, ließ er in dem Ort seines Asyls eine Art Sommerpalast errichten, in dem er von da an den größten Teil seiner Zeit verbrachte. Doch, wie es heißt, blieb ihm ein starkes Misstrauen gegenüber seinen Landsleuten, vor allem aber gegenüber Fremden, die sich ihm zu nähern versuchten. So ließ er nachts Trommeln schlagen und Trompeten erschallen, damit die Leute merkten, dass er auf der Hut war. Er selbst wandelte dann verkleidet durch den Palast und beobachtete seine Leibwächter, ob wohl ein Verräter unter ihnen sei. Die Einwohner der Stadt beschäftigte er damit, einen großen Berg in zwei Teile zu spalten, einen Kanal anzulegen und Dämme zu bauen, damit sich das Tal mit Wasser füllen sollte. Europäer schreckte er mit wilden Tieren ab, die er im Garten hielt. Der Engländer Robert Knox, der zu dieser Zeit sein Gefangener war, gibt in seinem Buch **»A Historical Relation of Ceylon«** eine höchst lebendige Schilderung über das Leben am Königshof. Während der Kämpfe mit den Briten und des Aufstands im Jahr 1817 erlitt die Stadt schwere Zerstörungen.

Buddhistischer Tempel ✶

Der buddhistische Tempel in der Stadt wurde 1830 erbaut. Typisch für die Post-Kandy-Zeit ist der mit floralen Elementen verzierte Mondstein, ungewöhnlich der Stupa. In einem Raum des Vihara sind verschiedene rituelle Messinglampen zu sehen, die von Gläubigen gespendet wurden. Die Bibliothek enthält eine der umfangreichsten Sammlungen von Palmblatt-Manuskripten (Olas). Wandmalereien zeigen den Ablauf der Perahera, der großen festlichen Prozession in Kandy, an der sich auch die Mönche dieses Klosters beteiligen.

Vishnu-Tempel ▸

Unweit des buddhistischen Tempels steht ein dem Gott Vishnu geweihtes Hindu-Heiligtum, das nicht besonders bemerkenswert wäre, besäße es nicht zwei **kostbare Tücher aus dem 17. Jh.** Dabei handelt es sich um Spenden von König Raja Sinha II., die er den Mönchen übergab. Sie zeigen Szenen aus seinem Kampf gegen die Portugiesen, den er gewonnen hatte. Auf einem Bild ist ein Regiment von Moors zu sehen, das auf Kamelen reitet – eine für Sri Lanka einzigartige Darstellung. Wenn man einen Mönch danach fragt, ist er gern bereit, die Tücher zu zeigen.

Reste des Königspalastes ▸ ✶

Eine große Kostbarkeit ist der aus einem großen Stein gefertigte, mit fein ausgearbeiteten Reliefskulpturen verzierte Türrahmen aus dem 17. Jahrhundert. Er stammt vom ehemaligen Königspalast. Motive sind vogelartige Fabelwesen und ornamentales Blattwerk, eine gekrönte weibliche Figur, Makaras und ein Band aus Lotosblüten. Der Eingang wird von Löwen und Hirschen bewacht. 1885 entdeckte man in diesem Tempel einen großen Juwelenschatz.

Die beiden dem Gott Vishnu und der Göttin Pattini geweihten Hin-   ◄ Hindu-Tempel
du-Tempel wurden in der Kandy-Zeit erbaut. Abgesehen von den
üblichen Verzierungen weisen sie keine Besonderheiten auf.

Einen Besuch lohnt das wegen seiner Historie berühmte Kloster Alu   **Weitere**
Vihara (►Matale). Von Kandy lässt sich gut das bekannte Elefanten-   **Ausflugsziele**
waisenhaus von Pinawela (►Kegalla) erreichen und eine Fahrt durch
die herrliche Berglandschaft führt zu den ►Hunnas Falls.

Kataragama

D 9

Provinz: Uva   **Höhe:** ca. 16 m ü.d.M.

**Kataragama, die heiligste Stätte des Hinduismus der Insel, liegt am
Fuß des Kataragama Peak (424 m) und am kristallklaren Menik
Ganga, dem »Fluss der Edelsteine« sowie am Yala National Park.
Zum Vollmond Ende Juli/Anfang August besuchen Tausende von Pil-
gern den sonst das Jahr über fast verträumt wirkenden Ort zur
Esala Perahera und füllen ihn mit überschäumendem Leben.**

Die Geschichte des Orts geht bis ins 3. Jh. v. Chr. zurück. Hier soll   **Geschichte**
sich das Hauptquartier der Kriegerkaste der Kshatriya befunden ha-
ben, die König Devanampiya Tissa zum Pflanzen des Bodhi-Baum-

Beim Pilgerfest von Kataragama herrscht ein buntes Treiben.

Ablegers nach Anuradhapura einlud. Im Jahr 181 v. Chr. soll König Duttha Gamani, bevor er von seinem Fürstentum Ruhuna nach Anuradhapura zog, um die Stadt von den Chola zu befreien, den Tempel in Kataragama aufgesucht haben, um den Kriegsgott Skanda um Hilfe zu bitten.

Die Legende weiß zu berichten, dass Skanda, der zweite Sohn von Shiva und Parvati, der auf dem Götterberg Kailasa in Tibet wohnte, von der Schönheit der Häuptlingstochter Valamma hörte und beschloss, sie für sich zu gewinnen. Er gestand ihr, als Bettler verkleidet, am Menik Ganga seine Liebe und begehrte sie zur Frau. Valamma wies ihn jedoch entrüstet ab. Da erschien Skandas Bruder Ganesha in der Gestalt eines wilden Elefanten und erschreckte sie so, dass sie sich in die Arme des vermeintlichen Retters flüchtete und ihm ihr Jawort gab. Skanda verwandelte sich wieder in einen strahlenden Helden und zog mit ihr auf den Kataragama Peak.

? WUSSTEN SIE SCHON …?

■ … dass der Kriegsgott Skanda von den Buddhisten Kataragama genannt wird? Weil alle Hinduisten auch Buddha verehren, wenden sie sich mit ihren Bitten auch an ihn, und heiligen den Ort Kataragama. Außerdem glauben sie, dass Buddha bei seinem dritten Besuch auf Sri Lanka hier meditiert hat.

✶✶
Perahera von Kataragama

Alljährlich zur Vollmondzeit Ende Juli/Anfang August sammeln sich Tausende von Hindus und Buddhisten in Kataragama, um an den Riten und Prozessionen der weithin bekannten Esala Perahera von Kataragama teilzunehmen. **Neun Tage dauern die Festlichkeiten**, die sich bis zum glanzvollen Höhepunkt in der letzten Nacht ständig steigern. Alle Zeremonien beginnen mit einem Bad der Gläubigen im Menik Ganga. Nach verschiedenen rituellen Handlungen beginnt die eigentliche Prozession mit festlich geschmückten Elefanten, von denen einer den Behälter mit der Reliquie trägt. Diese Prozession wird allabendlich wiederholt und dabei immer länger und prächtiger. Ein weiterer Höhepunkt findet am letzten Abend statt, wenn Gläubige sich selbst kasteien oder in Trance fallen und barfuß über glühende Kohlen laufen.

Sehenswertes in Kataragama

✶
Maha Devale

Der heiligste Tempel von Kataragama, das Maha Devale, ist ein weißer, quadratischer und fast unscheinbarer Bau. Er steht am Ende eines großen Palasts am Ufer des Menik Ganga, umgeben von einer mit Elefanten und Pfauen – der Pfau ist des Reittier Skandas – verzierten Mauer und inmitten eines parkähnlichen Geländes. Seitdem das Areal zum »Heiligen Bereich« erklärt worden ist, sind dort Imbissbuden oder Ähnliches untersagt. Lediglich Stände an denen man Opfergaben kaufen kann, sind zu finden. Das nach Osten gewandte Eingangstor ist mit Schnitzereien verziert. Das Innere des Heiligtums ist überraschend schmucklos, es fehlt sogar eine bildliche Darstellung

KATARAGAMA ERLEBEN

ANREISE

Mit dem Auto:
Von Colombo über Ratnapura und
Timbolketiya, ab hier entweder über
die Südroute (A 18) über Ambalantota und Tissamaharama oder über
die Nordroute von Tissamaharama
(ca. 290 km). Von Tissamaharama
sind es etwa 16 km.

Mit der Bahn:
Die nächstgelegene Bahnstation ist in
Matara (Endstation der Linie von
Colombo), von dort Busver-
bindungen (Fahrtzeit ca. 4 Stunden).

ÜBERNACHTEN

► **Komfortabel**
Rosen Renaissance Hotel
Tel. 047 / 360 30-2
Fax 047 / 360 33
www.kataragama.org/rosen-hotel.htm
52 Zimmer, Restaurant, Bar, Pool
Neues 4-Sterne-Hotel inmitten
einer grandiosen Landschaft,
unweit des Zentrums von
Kataragama. Die Zimmer sind
durchweg ansprechend eingerichtet
und ausgestattet.

des Gottes. Im Sanktum, zu dem nur Priester Zutritt haben, wird ein
Behälter aufbewahrt, dessen Inhalt – vielleicht eine Reliquie – unbekannt ist. Ihm werden Blumen und Früchte dargebracht und die Öllampen brennen schon seit ewigen Zeiten. An dem Tempel wurde offensichtlich niemals etwas verändert, was die Zeitlosigkeit und die
immerwährende Bedeutung dieser heiligen Stätte unterstreicht. Lebendig wird es im Tempel zu den **täglichen Gebetszeiten** um 4.30,
10.30 und 18.30 Uhr: Dann finden sich Gläubige vor dem Schrein
der Hauptgottheit ein. Dies sind auch die besten Besuchszeiten, da
die eindringlich betenden Pilger eine ganz besondere Stimmung verbreiten.
Neben dem Maha Devale steht der dem Elefantengott geweihte
Ganesha-Tempel und neben diesem ein Vishnu geweihtes Heiligtum,
das je eine Statue von Buddha, Vishnu und Skanda enthält. Am anderen Ende des Platzes trifft man auf die ebenfalls schmucklose Moschee und die Gräber zweier muslimischer Heiliger. Dem älteren der
beiden gilt die Wallfahrt der auf Sri Lanka lebenden Moslems: Hier
ruhen die sterblichen Überreste von **Jabbarm Ali Sha**, einem from-
men Mann, der Ende des 19. Jh.s in Kataragama lebte. Der Kiri   ◄ Kivi Vihara
Vihara (Milch-Dagoba), eine große, bläulich-weiße Dagoba, stammt
aus dem 3. Jh. v. Chr., wurde jedoch Anfang der 1980er-Jahre renoviert und dabei mit einer goldgefassten Kristallspitze geschmückt.
Buddhistische Pilger opfern hier Blumen und Kokosnüsse, bevor sie
zum Maha Devale ziehen. Rechts vor der Dagoba befindet sich ein
kleines Museum. Der Bodhi-Baum in der Nähe soll von König Devanampiya Tissa persönlich gepflanzt worden sein – er ist angeblich
über 2200 Jahre alt. Nahe dem Baum steht der kleine Pattini-Tempel,
in dem Frauen um Kindersegen beten.

Kegalla

B 7

Provinz: Sabaragamuwa   **Höhe:** 124 m ü.d.M.
Einwohnerzahl: 18 000

Kegalla, eine geschäftige Stadt inmitten eines ertragreichen Reisanbaugebiets, liegt am Fuß des von schroffen Fersen besetzten und mit üppiger Vegetation überzogenen Berglands von Kandy. Außer Reisfeldern gibt es hier auch Tee- und Kautschukplantagen. In der Umgebung liegt das berühmte Elefanten-Waisenhaus.

✱ ✱ Elefantenwaisenhaus von Pinawela

Das in aller Welt bekannte Elefantenwaisenhaus (engl. Elephant Orphanage) von Pinawela ist eine von der Regierung finanzierte und **weltweit einzigartige Einrichtung**. Hier, unweit des Flussufers des Maha Oya, leben etwa 75 Elefanten jeden Alters, die aus welchen Gründen auch immer den besonderen Schutz des Menschen genießen (► Baedeker Special S. 286). Das Elefantenwaisenhaus liegt rund 35 km westlich von Kandy, ca. 8 km nördlich von Kegalla bzw. 85 km von Colombo und ist mit dem Auto oder Omnibus gut zu erreichen (von Colombo über Ambepussa und Kegalla auf der A 1; von Kurunegalla zunächst über die A 6 bis Polgahawela, von dort auf der A 19 bis Kegalla und weiter auf der A 1 bis Udamulla. Von Kandy benutzt man die A 1 bis Udamulla (ab Udamulla folgt man der Beschilderung). Jeder Reiseveranstalter und viele Taxifahrer bieten Ausflüge nach Pinawela an.

> **! Baedeker TIPP**
>
> **Wenn Babys die Flasche kriegen**
>
> Ein Besuch lohnt sich vor allem dann, wenn die gerade mal ein paar Monate alten Elefanten zur Flasche gebeten werden. Fünfmal am Tag ist das notwendig, wobei nur die Fütterungstermine um 9.15 und 13.15 Uhr für Besucher zugänglich sind. Aber auch die Badezeit im Maha Oya ist ein viel fotografiertes Ereignis (tgl. 10.00 – 12.00 und 14.00 – 17.00 Uhr; Eintrittsgebühr).

Beligela   Einige Kilometer westlich von Kegalla liegt Beligela, **einst Residenzstadt** von König Parakrama Bahus Vetter und Lehnsherrn Fürst Gajabahu II. (1132 – 1153), den dieser im Kampf um die Macht besiegte und vermutlich tötete. Von Gajabahus Palast finden sich keine Spuren mehr, nur der Tempel, von späteren Königen vergrößert und verschönert, ist erhalten geblieben. Von den guten Steinmetzarbeiten ist besonders ein fein gearbeiteter Mondstein bemerkenswert.

Tempelruinen   Auf den beiden Gipfeln des Beligala-Felsens nahebei findet man die Ruinen mehrerer Tempel, darunter jener für die Heilige Zahnreliquie, die sich heute in ► Kandy befindet. Er wurde unter König Vijaya Bahu III. in der ersten Hälfte des 13. Jh.s errichtet.

▶ KEGALLA ERLEBEN

ANREISE

Mit dem Auto:
Von Colombo über die A 1 (77 km);
von Kandy über die A 1 (39 km).
Mit der Bahn:
Nächste Bahnstationen sind Polgha-
wela und Rambukkana (beide ca.
12 km entfernt).
Mit dem Bus:
Gute Busverbindungen von Colombo
bzw. Kandy.

ÜBERNACHTEN

▶ **Komfortabel**
Ralidiya Hotel
Gegenüber dem Elefanten-
Waisenhaus
Tel. 035 / 226 53 21, 226 40 69
Fax 035 / 226 40 69
www.ralidiyahotel.com
Empfehlenswertes Hotel mit gut aus-
gestatteten Zimmern. Tagsüber jedoch
viel Trubel durch die Reisebusse.

Kelaniya

A 8

Provinz: Western   **Höhe:** 5 m ü.d.M.

**Kelaniya, in einer Schleife des Kelani Ganga und nur wenige Kilo-
meter von Colombo entfernt, wirkt wie eine stille Gartenstadt.
Das ändert sich zumindest einmal im Jahr, wenn der erste Vollmond des neuen Jahres gefeiert wird und Tausende von Pilgern in
die Stadt strömen. Der Tempel gilt als eine der heiligsten Stätten
des Buddhismus auf Sri Lanka und ist außerdem Sitz einer bedeutenden buddhistischen Universität.**

Die Chronik Mahavamsa berichtet, dass Buddha selbst den hier bereits im 5. Jh. existierenden und dem Gott Vibushana (Rama) geweihten Tempel besucht habe, bevor er, mit einem Riesenschritt den
Adam's Peak berührend und dort einen Fußabdruck hinterlassend,
durch die Lüfte nach Indien zurückgekehrt sei. Der Ursprung der
Tempelanlage war vermutlich eine Dagoba, um die König Yatala Tissa im 3. Jh. eine Stadt anlegen ließ. Auch ein Kloster scheint zu dieser Zeit schon bestanden zu haben, denn Legenden berichten von
Auseinandersetzungen zwischen einem der nachfolgenden Könige
und einem Angehörigen einer Mönchsgemeinde. Der König soll ihm
ein großes Unrecht zugefügt haben, worauf das Meer große Teile seines Königreichs und der Stadt Kelaniya überschwemmte. Um das
Meer zu besänftigen, habe der König seine Tochter in einem goldenen Boot ausgesetzt, das schließlich nahe Kirinda im Südwesten landete. Das Meer war mit dem scheinbaren Opfer zufrieden und zog
sich wieder zurück.

Geschichte

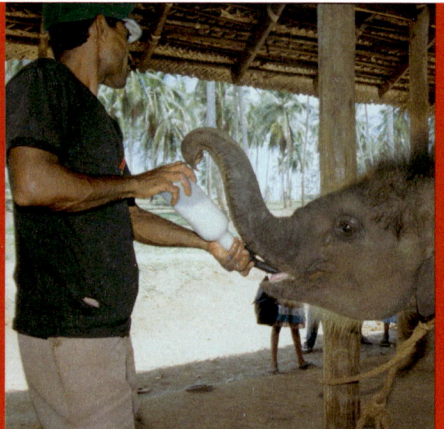

Wohl bekomm's: Elefanten sind wählerisch bei ihrer Betreuung. Nur ihr spezieller Mahout darf ihnen die Flasche geben.

EIN WAISENHAUS FÜR ELEFANTEN

Vor nicht einmal einem Jahrhundert, als es auf Sri Lanka noch etwa 12 000 in freier Wildbahn lebende Elefanten gegeben hat, war das Überleben selbst für verletzte Tiere kein Problem. Auch wenn das Muttertier ausgefallen war, kümmerte sich die Herde um den Nachwuchs.

Das änderte sich, als der Mensch daran ging, die Rückzugsgebiete der wild lebenden Elefanten immer mehr in Besitz zu nehmen. Wälder wurden abgeholzt und Straßen gebaut. Diese durchschnitten häufig die Trampelpfade der Dickhäuter, die diese über viele Jahrhunderte hinweg kannten und gewohnt waren. Ein weiterer Grund war die rücksichtslose Wilderei, die Jagd auf das kostbare Elfenbein, bei der sich besonders die Kolonialherren hervortaten.

Ist das Elefantenwaisenhaus von Pinawella eine Beruhigung des eigenen schlechten Gewissens? Oder ist es nur eine willkommene Gelegenheit, Touristen zu schröpfen? Wohl ein bisschen etwas von beidem, aber festzuhalten bleibt, dass die Regierung sich offenbar wirklich Gedanken macht um den Fortbestand dieser sympathischen Tiere.

Futtern

Es ist morgens, kurz nach neun Uhr. Die Elefantenwärter lösen in großen, mit Wasser gefüllten Kübeln ein besonders nahrhaftes Milchpulver auf. Als könne er es nicht erwarten, stupst ein kleiner Elefant den Wärter mit dem Rüssel sanft in die Seite. Es dauert auch nicht lange, bis die teure **Spezialnahrung** zubereitet ist und die Fütterung der kleinen Elefanten beginnt. Es ist bereits die zweite Mahlzeit an diesem Tag, denn am frühen Morgen gab es schon einmal etwa acht Liter Babymilch. Als Nachtisch verspeist der kleine Elefant dann ein dickes Bündel frischer, grüner Zuckerrohrstängel und ein paar Blätter. Das geht ins Geld, erzählt der Wärter. Aber dafür sorgt ja nicht nur der Staat, der zwar den größten Teil des Defizits trägt, aber andererseits mit weltweiter Werbung dafür sorgt, dass

Ein munteres Trio beim morgendlichen Bade

Pinawella zum festen Bestandteil eines jeden touristischen Ausflugsprogramms wird. Und dann leben ja auch noch die einheimischen Händler nicht schlecht davon, dass sie T-Shirts mit aufgedruckten Elefanten und mit Elefantenhaut bezogene Hocker verkaufen.

Die größeren Elefanten versorgen sich inzwischen selbst. Um die **250 Kilogramm** frisst ein ausgewachsener Bulle pro Tag. Hier im Elefantenwaisenhaus bekommt er das Futter fast mundgerecht serviert; und weil in der näheren Umgebung nichts wächst, was Elefanten schmeckt, muss es eben aufwendig per Lastwagen herangeschafft werden.

Baden

Dann ist es Zeit für ein erfrischendes Bad. Hintereinander stapfen die Tiere in Richtung Fluss. Neben jedem Elefanten läuft der **Mahout**, der Treiber, die einzige und wichtigste Bezugsperson im Leben eines gezähmten Elefanten. Ab und zu zieht er seinen Schützling mit einem Haken in die gewünschte Richtung, was sich der Elefant klaglos gefallen lässt.

Kurz darauf wälzt er sich mit sichtlichem Vergnügen in dem lehmbraunen Wasser des Maha Oya und lässt sich – keineswegs irritiert vom Klicken Dutzender Fotoapparate – von seinem Mahout mit dem Schrubber die Haut bürsten.

Arbeiten?

So gesehen hat er es weitaus besser als seine schätzungsweise 200 Artgenossen, die auf Sri Lanka als Arbeitselefanten ihren Dienst in der Land- und Forstwirtschaft tun. Vor allem im dichten Dschungel sind sie auch heute noch unentbehrliche Helfer, die tonnenschwere Teakholzstämme zu schleppen im Stande sind.

Die Elefanten von Pinawela müssen keinerlei anstrengende Arbeit verrichten. Weil man sie nicht einfach wieder in die Wildnis entlassen kann, wo sie von ihren Artgenossen nicht mehr akzeptiert würden, verbringen sie wohl ihr ganzes Leben im Waisenhaus. Aber eine höchst angenehme Arbeit wartet auf den einen oder anderen schon: der Dienst als prächtiger **Paradeelefant** bei der großen Perahera von Kandy.

Geschichtlich scheint indes festzustehen, dass tamilische Invasoren die Stadt sowie die Tempel- und Klosteranlagen mehrfach zerstörten. König Vijaya Bahu III. (1232–1236) von Dambadeniya ließ den Tempel wieder herstellen und eine neue Stadt errichten. Der Tempel wurde im 16. Jh. von den Portugiesen teilweise zerstört, doch später – unter den Holländern – wieder aufgebaut und erweitert.

★ ★
Raja Maha Vihara

Die Tempelanlage liegt unweit des Zentrums von Kelaniya in einer parkähnlichen Anlage; eine Treppe führt auf die Tempelterrasse. Davor erhebt sich das prächtige weiße Eingangstor aus holländischer Zeit. Der europäische Einfluss ist unverkennbar: Die in Schnecken endenden, schön geschwungenen äußeren Linien erinnern an Barockbauten, während die typisch sri-lankische Form des Makara Thorana (Makara-Bogen) hier weitgehend verfremdet ist. Die Holländer gingen jedoch nicht so weit, auch europäische Verzierungen anzubringen. Sie verwendeten die traditionellen Motive wie Löwen, Gottheiten, Lotosblätter und die Vase des Überflusses.

? WUSSTEN SIE SCHON ...?

■ ... dass es von dem Eingangstor zum Tempel von Kelaniya eine Nachbildung gibt? Der berühmt Tierhändler Carl Hagenbeck (1844–1913), der um die Jahrhundertwende auf Sri Lanka eine Tierfangstation unterhielt, ließ für den Eingangsbereich seines Tierparks in Stellingen bei Hamburg von Handwerkern aus Sri Lanka eine originalgetreue Kopie errichten.

Das niedrige Gebäude rechter Hand hinter dem Eingangstor beherbergt einen kleinen Hindu-Tempel. Dahinter erhebt sich die strahlend weiße Dagoba in klassischer Form. Ihre ältesten Teile stammen vermutlich aus vorchristlicher Zeit. In ihrem Innern soll sie einen **mit Edelsteinen besetzten Thron bergen**, auf dem Buddha während seines Besuchs in Kelaniya gesessen haben soll.

Die ältesten Teile des Vihara oder Bilderhauses stammen zwar aus dem 13. Jh., doch sein architektonisches Aussehen im typischen Kandy-Stil erhielt es erst im 19. Jahrhundert. Charakteristisch dafür sind das zweifach gestufte Dach, das an der Rückseite aufgesetzte und von Pfeilern umgebene Oktogon sowie die gleichfalls oktogonalen, durch Viereckformen unterbrochenen Pfeiler der Vorhallen.

Mondstein ▶ Ein Mondstein aus jüngerer Zeit, aber nach alter Ordnung gestaltet, bildet die Schwelle zur Treppe. Die Stufen zeigen Reliefs von Zwergen, und die Balustrade hat die Form eines Elefanten, dessen Rüssel zu einer Spirale eingerollt ist. Die Außenwände sind von Friesen umgeben: Sie zeigen Elefanten, Gänse und dazwischen Zwerge; bemerkenswert ist, dass keiner dem anderen gleicht. Weitere Tierplastiken zieren den unteren Teil des Sockels. Von besonderer Schönheit sind die holzgeschnitzten Türrahmen und Türfüllungen mit kunstvollen Reliefs in den einzelnen Feldern.

Tempelinneres ▶ Der Hauptraum rechts ist der älteste Teil des Tempels, die übrigen Räume wurden in jüngerer Zeit hinzugefügt. Er enthält die 13 m lange Figur eines liegenden Buddhas. Die Wandgemälde zeigen in der

► KELANIYA ERLEBEN

ANREISE

Mit dem Auto:
Von Colombo in Richtung Kandy
(12 km).
Mit dem Bus:
Gute und regelmäßige Verbindungen
von Colombo.

ÜBERNACHTEN

► **Günstig**
Sarasa Hotel
937, Kandy Road, Wedamulla
Tel. 011 / 291 04 60
Fax 011 / 291 54 26
19 Zimmer, Restaurant
Einfaches, aber gepflegtes Hotel

Lebendigkeit deutlich europäischen Einfluss, zu erkennen an der Art
der Farb- und Lichtgebung. Zwischen den Bildern, die vor allem Szenen aus den Jataka darstellen, erscheinen Tänzer, Musikanten und
Blumenmotive. Eines der Bilder verdient besondere Beachtung, denn
es zeigt, wie die Nonne Hemamala den Heiligen Zahn Buddhas nach
Sri Lanka bringt – der Legende nach soll sie ihn in ihren Haaren verborgen haben. Die Decke des Hauptraums ist mit interessanten geo-
metrischen Mustern bemalt.

Außerhalb ist der mächtige, auf einer gegliederten Terrasse stehende **Bodhi-Baum**
Bodhi-Baum beachtenswert. Zu allen Tageszeiten kann man hier
Buddhisten beobachten, wie sie mit wassergefüllten Behältern die
Terrasse umwandeln, den Baum bespritzen und dabei Gebete mur-
meln. Die Wasserbecken vor dem Haupteingang des Tempels, in
denen **rituelle Waschungen** vorgenommen werden, wurden erst in
jüngerer Zeit angelegt.

Die übrigen Gebäude des Tempelbezirks gehören zur buddhistischen **Buddhistische**
Universität, die 1958 gegründet wurde und Vidyalankara genannt **Universität**
wird. Sie ging aus einer von buddhistischen Mönchen gegründeten
Schule zur Erneuerung und Vertiefung der Lehren Buddhas hervor.

Kurunegala

                                   B 7

Provinz: North Western   **Höhe:** 85 m ü.d.M.
Einwohnerzahl: 30 000

**Die zerklüfteten Felsen am Rand von Kurunegala, darunter der
330 m aufragende »Elefantenberg«, der idyllische Batalagoda-Stau-
see und einige kulturelle Anziehungspunkte in der Umgebung verleihen der Stadt einen besonderen Reiz.**

▶ KURUNEGALA ERLEBEN

ANREISE

Mit dem Auto:
Von Colombo über die A 1 bis
Ambepussa, dann über die
A 6 (133 km); von Kandy über die
A 10 (42 km).
Mit der Bahn:
Station an der Linie von Colombo
nach Jaffna.
Mit dem Bus:
Gute Busverbindungen von Colombo
und Kandy.

ÜBERNACHTEN/ESSEN

▶ **Günstig**
Diya Dahara Hotel
7, Northlake Road

Tel. 037 / 222 34 52
Fax 037 / 222 00 92
Am schönsten wohnt man im neu
gebauten Teil des Hotels. Die Zimmer
sind komfortabel und preisgünstig
und viele haben einen schönen Blick
auf den See. Das angeschlossene
Restaurant ist empfehlenswert.

The Ranthaliya Resthouse
South Lake Road
Tel. 037 / 222 22 98
Das Gästehaus ist einfach und bietet
nur bescheidenen Komfort. Aber die
Zimmer sind sauber und das gute
Restaurant serviert wohlschmeckende
einheimische Gerichte.

Geschichte Von 1293 bis 1326, während der Regierungszeit von König Bhuva-
naika Bahu II. und Parakrama Bahu IV., denen die ständig von Tamilen bedrohte Hauptstadt ▶Polonnaruwa zu unsicher geworden war,
war Kurunegala die Hauptstadt des singhalesischen Reichs. Die Könige errichteten hier einen Palast und einen Tempel für die Heilige
Zahnreliquie (▶Kandy). Zu dieser Zeit besuchte auch Marco Polo
(▶Berühmte Persönlichkeiten) die Stadt.
Nach dem Tod des Königs Vijaya Bahu V. gab es Thronfolgestreitig-
keiten zwischen seinen Söhnen. Der nicht rechtmäßige Sohn Vasthi-
mi Kumareya, dessen Mutter eine muslimische Konkubine war, setzte sich zunächst auf den Thron, während sich der jüngere rechtmäßige aufs Land zurück zog. Man suchte ihn aber nach einiger Zeit, da
sein Bruder die moslemischen Untertanen über Gebühr bevorzugte.
Nach seiner Krönung zog er aber mit der Begründung, dass Kurunegala durch einen halb moslemischen König entweiht sei, nach Dambadeniya und die Bedeutung der Stadt ging verloren.

Sehenswertes in Kurunegala

Stadt am See Von der königlichen Residenz und dem Tempel sind heute keine
Spuren mehr vorhanden. Vermutlich standen sie an der Stelle des
heutigen Markts, auf dem es stets ein großes Angebot an Früchten
gibt. **Zahlreiche Juweliergeschäfte** mit Ziselierwaren säumen die
Straßen. Am westlichen Ufer des sehr schönen, an den Rändern mit
zahllosen Seerosen bedeckten Batalogoda-Sees, den vermutlich König

Bhuvanaike Bahu II. als Wasserreservoir anlegen ließ, steht ein hübsches Rest House, das mitterweile zu einem kleinen Hotel ausgebaut wurde.

Über der Stadt erheben sich sehr eigenwillig geformten Felsen, die **Felsen von** nach Tieren benannt sind. Sie heißen zum Beispiel Elefanten- und **Kurunegala** Schildkrötenfelsen (Etagala und Ibbagala). Der Elefantenberg ist mit einer Höhe von 330 m der größte. Außerdem gibt es noch den Ziegen- und den Krokdilfelsen sowie einige kleinere mehr.

Vom Elefanten- wie auch vom Schildkrötenfelsen, wo der Ibbagala Vihara mit einigen Buddha-Statuen und einem hoch verehrten Fußabdruck Buddhas ein **lohnendes Ziel**

ist, hat man eine besonders schöne Aussicht über die von dichtem Wald bedeckte, bergige Landschaft und den Stausee.

Umgebung von Kurunegala

Etwa 20 km nordöstlich von Kurunegala liegt auf einem Felsen, zu ★ dem 200 Stufen emporführen, ein Silberkloster genannter Tempel. **Silberkloster** König Duttha Gamani soll ihn um 100 v. Chr. zum Dank dafür gebaut haben, dass er hier eine Silberader entdeckte. Die heutigen Bauten stammen aus dem 18. Jh., als König Kirti Sri Raja Sinha das Kloster wieder herrichten ließ. Es ist bekannt für seine umfangreiche Sammlung an alten Palmblatt-Manuskripten, die in der Bibliothek aufbewahrt werden. Beachtenswert sind auch die mit Elfenbeinintarsien verzierten und reich geschnitzten Türen. Die Motive sind der Mythologie entnommen: Außer Rankenwerk und Lotosblüten erkennt man eine Tänzerin und Löwen sowie eine Vase des Überflusses, aus deren Blattwerk weibliche Gottheiten zum Vorschein kommen. **Die Arbeiten sind von außerordentlicher Feinheit**. Eine Eigentümlichkeit ist der Altar, ein Geschenk eines holländischen Gouverneurs. Die Delfter Kacheln, mit denen der Altar verkleidet ist, zeigen christliche Szenen.

Etwa 23 km nördlich von Kurunegala liegt in einer schönen, stillen ★ Waldlandschaft die Einsiedelei Arankale, eine interessante Ruinen- **Arankale** stätte. Man erreicht sie über Ibbagamuwa, wo man hinter dem Ort **(Einsiedelei)** links abbiegt in Richtung Kumbukwewa und hier an der Gabelung dem linken Weg folgt. Anfang des 1. Jh.s zog sich der Weise Maliydeva mit seinen Mönchen hierher zurück. Man betritt die Anlage über einen gepflasterten, von hohen Eisenholzbäumen gesäumten **Meditationspfad** und kommt zu einem von länglichen, mit behauenen Steinen eingefassten **Meditationskreis**. Umherliegende Steinsäulen sind die einzigen sichtbaren Reste der wohl im 6. Jh. entstandenen Klosteranlage. Auf den aus behauenen Steinblöcken bestehenden Tischen in einer Lichtung legen Gläubige aus den Dörfern ihre Nahrungsspenden für die Mönche nieder.

Dambadeniya

Dambadeniya liegt etwa 92 km von Colombo entfernt unterhalb von Kurunegala. Einige wenige Jahre lang, während der Wirren der Chola-Herrschaft im 13. Jh., galt der Ort als Hauptstadt der Singhalesen, als diese versuchten, in der eigentlichen Hauptstadt Polonnaruwa den Tamilen Widerstand zu leisten. Vijaya Bahu III., nomineller König von 1232 bis 1236, setzte sich in Dambadeniya fest, doch erst seinem Sohn sollte es gelingen, Polonnaruwa wieder zu befreien. Später versank der Ort wieder in der Bedeutungslosigkeit.

Aus der Zeit, als Dambadeniya Hauptstadt war, sind einige allerdings schwer zu verifizierende Ruinen erhalten geblieben.

✳
Sri Wijaya Sundarama Raja Maha Vihara

Teile des Tempels Sri Wijaya Sundarama Raja Maha Vihara, im Schutz eines mächtigen Felsens gelegen, stammen noch aus dem 13. Jahrhundert. Auffallend ist die außergewöhnliche Form der Dagoba, die ein rechteckiges Dach trägt und eine Vorhalle besitzt. Ungewöhnlich sind auch die Wächtersteine, die den Treppenaufgang zu dem zweistöckigen Statuenhaus flankieren; sie stellen Szenen aus den Jataka dar, den Vorleben Buddhas. Auf dem linken erkennt man einen sitzenden Buddha, in der Mitte, darüber und darunter Kampfszenen, auf dem rechten ebenfalls Kampfszenen und einen Elefanten, der offensichtlich die Opfer zertritt. Die Eingangshalle zum Bilderhaus ziert ein schönes Dach im Kandy-Stil, dessen fächerartiges Balkenwerk besondere Beachtung verdient. Die Außen- und Innenwände des oberen Stockwerks, das man über eine schmale Treppe erreicht, sind mit guten Wandmalereien geschmückt – die an den Außenwänden wurden jedoch nicht vollendet. An der rechten Wand sieht man eine Darstellung Vishnus, der mit einem buddhistischen Gewand bekleidet ist; er führt eine Reihe von huldigenden Mönchen an.

Das große Bilderhaus aus neuerer Zeit beherbergt die Figur eines liegenden Buddhas. Gegenüber dem Eingang führt ein Pfad durch Reisfelder zu einem Felsen, auf dem einst eine Zitadelle stand.

Mahiyangana (Alutnuvara)

C – D 7

Provinz: Uva | **Höhe:** ca. 223 m ü.d.M.

Die heute recht kleine Stadt, deren Dagoba alljährlich am Tag des Vollmonds im September das Ziel zahlreicher buddhistischer Wallfahrten ist, liegt in einer großartigen Landschaft am Fuß des Zentralen Bergmassivs und am Mahaweli Ganga.

► MAHIYANGANA ERLEBEN

Geschichte

Die Besiedelung des Orts reicht bis in vorchristliche Zeiten zurück, und noch im 17. Jh. war Mahiyangana eine blühende Stadt, was nicht zuletzt daran lag, dass einige europäische Gesandtschaften von Batticaloa aus über den bis Mahiyangana schiffbaren Mahaweli Ganga bis nach Kandy gelangten. In der Umgebung von Mahiyangana gibt es noch einige Ansiedlungen der Wedda, der Ureinwohner Sri Lankas. Sie werden durch die Regierung besonders geschützt und können deshalb auch nicht besucht werden.

✳ Dagoba von Mahiyangana

Umgeben von parkähnlicher Landschaft

In der von Legenden durchwobenen Chronik Mahavamsa wird berichtet, Buddha habe neun Monate nach seiner Erleuchtung eine Stadt namens Mahanaga – oder Maha Nagara, was soviel wie »große Stadt« bedeutet – besucht, um die Yakshas, die legendären dämonenhaften Ureinwohner Sri Lankas, die sich hier von Zeit zu Zeit versammelten, von seiner Lehre zu überzeugen. Dies soll ihm durch mehrere **Wundertaten** gelungen sein. Als eindrucksvollstes Ereignis, so berichtet die Chronik, sei Buddha nach dem Ende seines Vortrags durch die Luft davongeschwebt. Der geschichtlichen Überlieferung zufolge ließ Mahanaga, ein Bruder von König Devanampiya Tissa (250–210 v. Chr.) und Gründer von Magama, der alten Hauptstadt des Fürstentums Ruhuna, heute ein verlassener Ort im dichten Dschungel, die Dagoba errichten. Eine Haarlocke, die der Erleuchtete den Yakshas widmete, war die erste Reliquie dieser Dagoba. Die Locke wurde in eine mit Edelsteinen besetzte Urne gelegt und war der Anlass zum Bau. Heute noch zählt sie zu den wichtigsten buddhistischen Heiligtümern auf Sri Lanka.

Tempelanlage

Die Dagoba erreicht man über die etwa 2000 Stufen des Pilgerpfads oder über eine schmale Straße. Die 2,2 m hohe Türeinfassung des Heiligtums ist mit buddhistischen Symbolen wie Sonne, Lotosblume und Hase geschmückt; diese Darstellungen beziehen sich auf eine Erzählung der Jataka, in der die mehr als 500 Lebenszyklen Buddhas beschrieben werden. Den Mondstein zieren je ein Band mit Elefanten und Pferden sowie eine geschlossene Lotosknospe.

Reliquien-kammer
Bei Restaurationsarbeiten wurde zu Beginn der 1950er-Jahre eine Reliquienkammer mit einem quadratischen Grundriss freigelegt, die vermutlich erst bei der Restaurierung im 11. Jh. eingebaut wurde. Die Nischen an den Kardinalpunkten der vier Seitenwände beherbergten eine oder mehrere Buddha-Bildnisse im indischen Amaravati- oder Pala-Stil. Der steinerne, kastenförmige Behälter in der Mitte des Raums mit einer Kantenlänge von 1,22 m und einer Höhe von nur 1,1 m enthielt zwei Reliquien, kleine Dagobas aus Kupfer mit goldener Spitze, außerdem Münzen und aus Goldfolie gefertigte Blumen. Vier bronzene Reiterfiguren, bewaffnet mit Schwert und Schild und begleitet von einer Frauengestalt, standen – gleichsam als Wache – an den Seiten des steinernen Behälters. Auch die übrigen Gegenstände in der Kammer (u. a. eiserne Dreizacke als Symbol Shivas, goldene Banner, Kupfergefäße und -lampen, Schalen mit Münzen sowie Edelsteine) waren symmetrisch um den Steinbehälter herum angeordnet. Die Wände waren einst mit Malereien bedeckt, von denen allerdings nur Fragmente erhalten sind. Diese wurden sorgsam abgelöst und – wie auch die übrigen Gegenstände – in das Nationalmuseum von ▶Anuradhapura gebracht.

Matale

C 7

Provinz: Central   **Höhe:** ca. 470 m ü.d.M.
Einwohnerzahl: 37 000

Matale, eine fortschrittliche Stadt in der Zentralregion, ist der Mittelpunkt eines großen Plantagengebiets, in dem Kautschuk, Zimt, Pfeffer, Chilis, Tee, Reis und Gemüse angebaut werden. Die Voraussetzungen für das Gedeihen so unterschiedlicher Pflanzen schafft das feuchte, tropische Klima in der von bis auf den Norden allseitig von Bergketten umschlossenen Niederung.

Sehenswertes in Matale

Fort Macdowall
Oberhalb des Saxton-Parks im Zentrum von Matale liegen die Reste des Forts Macdowall, das von den Engländern zu Beginn des 19. Jh.s während des Kriegs gegen die Könige von Kandy erbaut wurde.

Hindu-Tempel ▶
Der an der Hauptdurchgangsstraße durch Matale gelegene Hindu-Tempel Sri Muthumariamman Thevasthaman besticht durch seinen überreichen, farbenprächtigen Figurenschmuck, ist aber aus sakralarchitektonischer Sicht wenig bemerkenswert.

● MATALE ERLEBEN

ANREISE

Mit dem Auto:
Von Kandy über die A 9 (24 km), von Dambulla auf der A 9 (48 km), von Kurunegala über Kandy (59 km), über Ibbagamuwa (43 km).

Mit der Bahn:
Matale ist die Endstation der Bahn-linie von Kandy.

Mit dem Bus:
Von Kandy täglich viele Direktver-bindungen.

► Tempelbesichtigung

Der Felsentempel von Aluvihara liegt 30 km nördlich von Kandy und nur 3 km nördlich der Distrikthauptstadt Matale, wo sich auch die nächst-gelegene Bahnstation befindet.
Von dort erreicht man die Anlage mit dem Taxi.

ÜBERNACHTEN

Baedeker-Empfehlung

Ferienhaus bei Ovilla
Im Tal der Knuckle Mountains
Tel. 056 / 406 26 62
Fax 056 / 405 28 48
2 Zimmer
Inmitten der grandiosen Berglandschaft von Matale befindet sich in einem weiten Tal dieses erst 2003 erbaute Ferienhaus mit seinen sehr komfortablen Zimmern (ein Doppel- und ein Einzelzimmer). Der Besitzer spricht auch Deutsch und bietet außer wohltuenden Ayurveda-Anwendungen auch Ausflüge in die Umgebung an. Das Ferienhaus ist zudem für Rollstuhlfahrer geeignet, was eher Seltenheitswert hat auf Sri Lanka.

✳ Aluvihara (Felsentempel)

Der Aluvihara ist eine der bedeutendsten Stätten des Buddhismus auf Sri Lanka und liegt in einer zerklüfteten Felsenlandschaft. Auch wenn aus der großen Blütezeit des Klosters nicht mehr viel erhalten ist, lohnt sich trotzdem ein Besuch, schon allein wegen des berühmten Felsentempels. Bemerkenswert deutlich wird auch die Fähigkeit der Singhalesen, die von Menschenhand geschaffenen Bauwerke harmonisch in die Landschaft einzufügen.

Historisch bedeutsam

Das Kloster wurde im 1. Jh. v. Chr. von Wattagamini Abhaya gegründet. Von der Straße führen zwei Steintreppen mit etwa 50 Stufen hinauf. **Es liegt fast eingeklemmt zwischen zersplitterten Granitfelsen**. Den besten Überblick über die Gesamtanlage hat man, wenn man einen weiteren steilen Anstieg in Kauf nimmt und von der Dagoba oberhalb des eigentlichen Tempels hinunterblickt.

Bei der unteren Dagoba befindet sich ein aus dem Felsen herausgeschlagenes Höhlengewölbe, in dem außer einigen Malereien Statuen zu sehen sind, die den Erleuchteten in den typischen Haltungen (meditierend, lehrend und ruhend) zeigen. In anderen Felshöhlen befinden sich die Wohnräume der Mönche. In einer der Höhlen soll sich König Walagam Bahu aufgehalten haben, der um 103 v. Chr. vor den

*Würdevoll und in sich gekehrt:
Buddha-Figur in Aluvihara*

Tamilen aus der Hauptstadt Anu-radhapura geflohen war.

Seine große Bedeutung erlangte der Felsentempel von Aluvihara im Jahr 80 v. Chr., als sich hier etwa 500 buddhistische Mönche aus aller Welt trafen, um die bis zu diesem Zeitpunkt nur mündlich überlieferten Lehren Buddhas schriftlich auf Palmblättern (Olas) festzulegen. So entstand der Tripitaka oder Tipitaka (= Drei Körbe) genannte Schriftenzyklus, der in der Pali-Schrift, der heiligen Sprache des Buddhismus, abgefasst war. In diesen drei Körben, Vinayapitaka, Suttapitaka und Abhidhammapitaka genannt, sind die Lehren Buddhas zusammengefasst. Gemeinsam mit den von Mönchen niedergeschriebenen Kommentaren dienen sie heute noch als Vorlage für Rezitationen.

In einem kleinen Museum nahebei demonstrieren Mönche die Kunst der Beschriftung von Palmblättern. Dass sie darin wahre Meister sind, kommt ihnen insofern zugute, als während des Kriegs zwischen den Engländern und den Königen von Kandy im Jahr 1646 ein Teil der wertvollen Manuskripte vernichtet wurde. Die Rekonstruktionsarbeiten dauern an. Aber auch heute noch werden neue Erkenntnisse der buddhistischen Religion aus aller Welt in dieser traditionellen Art der Niederschrift gefertigt.

Umgebung von Matale

Hunas Falls Etwa 15 km östlich von Matale liegen die ▶Hunas Falls in einer herrlichen Berglandschaft.

Nalanda Nalanda, 23 km von Matale entfernt, liegt noch in dem von großen Plantagen dominierten Gebiet, das nördlich von Kandy beginnt. Angebaut werden Kakao, Kautschuk, Gemüse und Reis. Diesem Gebiet folgt eine zum Teil noch mit dichtem Urwald bedeckte Bergregion.

Nalanda war in der ersten Hälfte des 12. Jh.s kurze Zeit die Residenz des Ruhuna-Prinzen und späteren Königs Parakrama Bahu I., der von hier aus gegen den in Polonnaruwa herrschenden Gaja Bahu III. zu Felde zog. Er konnte die Herrschaft jedoch erst 1153, nach dem Tod von Gaja Bahu, übernehmen.

Der Gedige von Nalanda, etwa 1 km östlich des Orts gelegen, zählt zu den frühesten ganz in Stein erbauten Gebäuden Sri Lankas und wird in das 8. bis 9. Jh. datiert. Er war, wie sich aus dem Baustil und den noch vorhandenen Skulpturen schließen lässt, abwechselnd ein buddhistisches und brahmanisches Heiligtum, die hier wirkenden Mönche gehörten dem Mahayana-Buddhismus an. Die Tempelform mit Tonnendach und hufeisenförmigem Giebel – ein immer wiederkehrendes Motiv der buddhistischen Tempelbaukunst, das freilich nach hinduistischen Vorbildern übernommen wurde – zeigt deutlich den Einfluss südindischer Architektur zur Zeit der Pallava (ca. 625–800). Andere Details wie die Treppenordnung mit Mondstein und die Makara-Balustrade sowie die tanzenden Zwerge entstammen dem buddhistischen Schema. Im Tempel und in seinem näheren

◄ Gedige
von Nalanda

> **! Baedeker TIPP**
>
> **Wo der Pfeffer wächst …**
> Rund um Matale gibt es viele Gewürzgärten, von denen einige auch für Besucher geöffnet sind. So zum Beispiel entlang der Straße nach Kandy, wo sich ein Stopp auf jeden Fall lohnt. Sie sehen, wie Gewürze angebaut, geerntet und weiterverarbeitet werden. Und dann gibt es natürlich auch die Gelegenheit zum Einkauf.

Umkreis fand man bemerkenswerte Skulpturen, die nun im Tempel ausgestellt werden. Dazu gehört unter anderem ein Wächterstein mit einem Schlangentempel unter dem siebenköpfigen Schild der Naga, ein vierarmiger Ganesha sowie mehrere kleine Skulpturen in erotischen Stellungen, wie man sie gleichfalls vorzugsweise in Südindien findet. Der Eintritt für den Tempel ist in der Sammelkarte zum Kulturellen Dreieck enthalten.

Der Weg nach Wahakotte, 15 km nördlich der Stadt, führt am hübsch gelegenen Nalanda Wewa vorbei, einem der zahlreichen künstlich angelegten Seen auf Sri Lanka, an dessen Ufern zahlreiche Vogelarten beobachtet werden können.

◄ Nalanda Wewa
(Stausee)

Zum 21 km von Nalanda entfernten Ataragollawa gelangt man über A 9 bis Naula, dann rechts abbiegen. Dort befindet sich in einem Ruinenfeld die relativ gut erhaltene, 12 m lange Figur eines liegenden Buddhas, die in das 9./10. Jh. datiert wird. Bei Elahera, 8 km weiter östlich, gab es früher recht ergiebige Edelsteingruben, die heute jedoch erschöpft sind. Der Elahera-Kanal, von Vasabha (67–111), dem ersten Herrscher aus der Hofclique der Lambakanna, angelegt, war zunächst schon erstaunliche 50 km lang, wurde im 6. Jh. dann um immerhin 100 km verlängert und stellte einen wesentlichen Teil eines weit verzweigten Bewässerungssystems dar, zu dem auch der Fluss Amban Ganga sowie die Stauseen von Minneriya und Giritale gehören.

◄ Elahera-Kanal

✶✶ Matara

C 10

Provinz: Southern   **Höhe:** 7 m ü.d.M.
Einwohnerzahl: 43 000

Matara liegt an einer weit geschwungenen Bucht im äußersten Süden der Insel. Hier mündet der von den Bergen kommende Nilwala Ganga und hier endet auch die Bahnlinie von Colombo. Das Hinterland war früher ein großer Gewürzgarten, heute findet man nur noch Zimt- und Teekulturen sowie Zitronellagras. Die Stadt liegt etwas abseits und hat sich dadurch – trotz Zerstörungen durch den Tsunami – noch etwas vom Charme früherer Tage bewahrt.

Geschichte Zwischen 1518 und 1656 haben die Portugiesen Matara mehrmals besetzt, erst die Holländer bauten zwischen 1656 und 1796 zwei Forts. Als der Kandy-König Kirti Sri Raja Sinha (1747–1781) versuchte, den Holländern einige Gebiete abzunehmen, unterbanden diese die Salzlieferungen nach Kandy. Der König reagierte, indem er mit seinen Truppen nach Süden zog und Matara eroberte. Doch musste er 1765, nachdem die Holländer in Kandy eingedrungen waren, seine Truppen wieder abziehen, mit ihnen Frieden schließen und den gesamten Küstenstreifen im Süden an sie abgeben.

✶✶ Holländisches Fort

Die sternförmige Anlage des Forts ließ der holländische Gouverneur van Eck 1763 errichten. Das monumentale Eingangstor trägt außer seinem Namen das holländische Wappen und die Jahreszahl 1770,

*Holländisches Wappen
an der Bastion in Matara*

das Jahr der Fertigstellung. In dem Fort befindet sich heute **ein kleines Museum**, in dem jedoch ein Sammelsurium gezeigt wird, das mit Matara nur bedingt in Zusammenhang gebracht werden kann. Bemerkenswert sind aber die zahlreichen Luftbilder von archäologischen Ausgrabungsstätten auf Sri Lanka. Die Bauten innerhalb des größeren Forts nahe der Küste werden heute von Regierung und Verwaltung genutzt, denn Matara ist Distrikthauptstadt. In der Nähe steht der aus holländischer Zeit stammende obligatorische Uhrturm. Ein Damm verbindet das Festland mit der kleinen Insel Chula Lanka, dessen heute verwaistes Kloster von einem siamesischen Mönch gegründet wurde.

MATARA ERLEBEN

ANREISE

Mit dem Auto:
Von Galle auf der A 2 (41 km); von
Hambantota auf der A 2 (70 km).
Mit der Bahn:
Endstation an der Bahnlinie von
Colombo.
Mit dem Bus:
Gute Verbindungen von Galle.

ÜBERNACHTEN/ESSEN

► Günstig
Isolabella House
Veherahenawatta, Nilwella-Dickwella
Tel. in Deutschland: (0212) 221 73 85
www.ayurveda-isolabella.de
Carla und Flavio Barattini heißen die
– unschwer zu erraten – italienischen
Besitzer dieses kleinen Gästehauses
zwischen Matara und Tangalle. Sie

bieten ordentliche Zimmer zu einem
günstigen Preis. Und wenn Flavio
kocht, kommt nicht nur Pizza aus der
Küche.

Gästehaus mit schönem Pool: Isolabella House

Umgebung von Matara

Nur etwas mehr als einen Kilometer westlich von Matara trifft man
auf einen der schönsten Badestrände von Sri Lanka, die kleine Bucht
von Polhena. Ihr sind schöne, zum Teil aber geplünderte Korallenriffe vorgelagert.

★
**Badestrand von
Polhena**

Nicht weit entfernt ist Dondra Head, der südlichste Punkt der Insel
Sri Lanka (►Dondra).

Dondra Head

Medirigiriya

C/D 5

Provinz: Northern Central   **Höhe:** 155 m ü.d.M.

**Medirigiriya, heute ein ziemlich verlassener Ort inmitten einer
großartigen Landschaft und unweit von Polonnaruwa gelegen, besaß schon in sehr früher Zeit ein bedeutendes Heiligtum. Die gut
erhaltenen Ruinen sind von großer Bedeutung für die künstlerische
Entwicklung auf Sri Lanka.**

✳ ✳ Watadage von Medirigiriya

Anlage Wie die Chronik Mahavamsa berichtet, ließ Kanittha Tissa (ca. 164–192) in Mandalagiri Vihara, wie der Ort damals hieß, eine Uposatha-Halle bauen. In der zweiten Hälfte des 7. Jh.s begann König Agabodhi mit dem Bau der Watadage (Rundtempel). Der Klosteranlage wurde, wie eine Inschrift besagt, im 9. Jh. ein Hospital angeschlossen. Zu dieser Zeit gehörte eine Anzahl von Dörfern in der Umgebung zum Klosterbezirk. König Nissanka Malla ließ die Watadage Ende des 12. Jh.s restaurieren und vier Skulpturen sitzender Buddhas anfertigen, die zu den vier Aufgängen blicken.

Ähnlich wie ▶Anuradhapura verfiel auch die Tempelanlage von Medirigiriya im Lauf der Zeit. Erst 1934 wurden Archäologen aus Colombo auf die vom Dschungel überwucherte Anlage aufmerksam. Die Restaurierung begann aber erst 1941 und war 1955 fertig.

Neben der Watadage von Polonnaruwa ist diejenige von Medirigiriya **das bedeutendste Beispiel dieses Tempeltyps auf Sri Lanka**. Sie steht auf einem Granitfelsen, auf den Stufen hinaufführen.

Dagoba Den Mittelpunkt des Rundtempels bildet eine Dagoba mit einem Durchmesser von ca. 8 m; sie ist in ihrem Kern etwa 800 Jahre älter als das übrige Bauwerk. An den vier Kardinalpunkten, den Eingängen gegenüber, stehen die Statuen der Buddha-Figuren, von denen allerdings nur die östliche dem Originalzustand entspricht. Die anderen drei Statuen wurden aus Resten, die man innerhalb der Anlage fand, zusammengefügt. Doch noch immer sind die Gesichtszüge und Haltungen von großer Ausdruckskraft.

Auf der runden, mit unregelmäßig behauenen Granitsteinen bzw. Kalksteinen ausgelegten Terrasse erheben sich achteckige Steinpfeiler mit bemerkenswert schönen Kapitellen. Sie sind in drei konzentrischen Kreisen angeordnet und verschieden hoch: Weisen die 16 Pfeiler des inneren Kreises eine Höhe von 5,18 m und die 20 des zweiten Kreises eine von 4,88 m auf, so messen die 32 Steinsäulen des äußeren Kreises nur noch 2,74 m und sind in eine umlaufende Brüstung eingefügt. Zwischen dem zweiten und dritten Pfeilerkreis verläuft eine an den vier Kardinalpunkten durchbrochene Ziegelmauer, die bis auf einen Rest im Südwesten inzwischen verschwunden ist. Sie und die Säulen trugen einst das Holzdach.

Die Umgangsterrasse ist mit Granitplatten gepflastert. Der bis zu 5,20 m hohe, aus Ziegeln erbaute Sockel steht auf einem natürlichen Felsen.

Der Eingang zur Watadage liegt im Norden; durch ein 2,75 m hohes Tor gelangt man zu den 27 Stufen, die auf eine etwa quadratische Plattform führen. Die den vier Treppen, die zum eigentlichen Tempel führen, vorgelagerten Mondsteine sind unverziert.

Statuenhaus, Bodhi-Baum Vom Pilimage (Statuenhaus) nordwestlich der Watadage stehen noch die Fundamente, eine Anzahl viereckiger Steinpfeiler, jedoch ohne

▶ MEDIRIGIRIYA ERLEBEN

ANREISE

Mit dem Auto:
Von Polonnaruwa auf der A 11 bis Giritale, dann rechts abbiegen in Richtung Hingurakgoda, von dort in Richtung Norden (ca. 30 km).
Mit der Bahn:
Von Polonnaruwa bis Hingurakgoda, von dort weiter mit dem Taxi

ÜBERNACHTEN

In Medirigiriya und Umgebung gibt es leider keine empfehlenswerten Übernachtungsmöglichkeiten. Fahren Sie besser weiter nach ▶Polonnaruwa.

Kapitelle, sowie drei Kolossalstatuen stehender Buddhas. Der mit Löwenreliefs reich verzierte Sockel der Bodhi-Baum-Einfassung wurde gegen Ende der Anuradhapura-Zeit im 10. Jh. geschaffen. Von den Überresten des Hospitals ist eine aus einem Monolithen gehauene Wanne erwähnenswert. Sie wurde vermutlich im 9. oder 10. Jh. hergestellt und diente wohl dazu, gekochten Reis bis zur Essensausgabe an die Mönche und Patienten aufzubewahren.

✳ Mihintale

C 5

Provinz: Northern Central   **Höhe:** ca. 309 m ü.d.M.

Das buddhistische Kloster von Mihintale liegt auf dem Missaka-Berg. Es ist eines der ältesten der Insel und gilt als »Wiege des Buddhismus«. Mihintale ist täglich Anziehungspunkt für Hunderte von Pilgern. Am Vollmondtag im Juni strömen gar Zehntausende hierher, um das Poson-Poya-Fest zu feiern.

Das Kloster von Mihintale verdankt seine Entstehung dem Mönch Mahinda, der von dem indischen König Ashoka ausgesandt wurde, um auf Sri Lanka die Lehren des Erleuchteten Buddha zu verkünden. Bei König Devanampiya Tissa stieß er auf offene Ohren: Der König erklärte den Buddhismus alsbald zur Staatsreligion. Das war um 250 v. Chr., kurz nachdem Devanampiya Tissa sein Amt als König angetreten hatte. Mahinda lebte lange Zeit als Einsiedler in Mihintale, verkündete die Lehren Buddhas und gründete eine Sangha, eine erste buddhistische Gemeinde. König Tissa ließ auf dem Hügel nahe Mahindas Einsiedelei ein großes Kloster errichten und Dagobas für mehrere Reliquien. Trotz der Wirren der Jahrhunderte geriet Mihintale nie in Vergessenheit. Seine Bauten zu erhalten und wenn nötig zu renovieren war ein Anliegen aller Herrscher.

Geschichte

MIHINTALE ERLEBEN

ANREISE

Mit dem Auto:
Von Anuradhapura, A 9 (15 km); von Kandy auf der A 9 (138 km)
Mit dem Bus:
Gute Verbindungen von Anuradhapura.

ÜBERNACHTEN

In Mihintale gibt es zurzeit nur ein bescheidenes Gästehaus, nicht weit ist es jedoch bis nach ▶Giritale mit seinen empfehlenswerten Hotels.

Klosteranlage von Mihintale

Altes Hospital Von dem Ort Mihintale führt die A 9 zu den Ruinen der Klosteranlage. Links der Straße liegen die Reste des alten Hospitals, dessen Fundamente und Pfeiler die einzelnen Räume noch gut erkennen lassen. Bemerkenswert ist die **praktische Anordnung** der Patientenzimmer, die von einem innen liegenden Gang gut erreichbar waren. Die steinerne Wanne, aus einem Granitblock herausgeschlagen, diente einst vermutlich für Heilbäder, der große Mahlstein zum Zerreiben der Heilkräuter.

Indikatuseya- und Katuseya- Dagoba Etwas weiter auf der gleichen Straßenseite liegen die Ruinen der Indikatuseya- sowie der Katuseya-Dagoba aus dem 8. Jahrhundert. Die Basis der Dagoba beeindruckt durch die gerundeten Simse aus behauenem Stein, auch ihre Anordnung ist bemerkenswert. Der Treppenaufgang zu den Pfeilerstümpfen eines Gebäudes wird von schönen Wächtersteinen geziert.

Reste einer Watadage Kurz bevor man den Aufstieg über die Steintreppe beginnt, bemerkt man auf der linken Seite die Reste eines Tempels. Er ähnelt in seiner Anlage zwar dem Mahasena-Palast in Anuradhapura, allerdings weist er hier die Form eines Rundbaus auf, was an die Tempelbauform einer Watadage erinnert.

Treppenaufgang Die Monumentaltreppe auf den Berggipfel stammt vermutlich aus der Gründungszeit des Klosters. Sie wurde aus dem Granitfelsen herausgehauen und besteht aus vier Treppenabsätzen mit insgesamt 1840 Stufen, die von herrlich blühenden Frangipani-Bäumen gesäumt werden.

Kantaka Chaitya Dagoba Vom ersten Treppenabsatz führt eine schmalere Treppe auf ein Plateau, auf dem sich die Kantaka Chaitya Dagoba erhebt. Sie wurde benannt nach dem Pferd, mit dem Buddha den elterlichen Fürstenhof verlassen und dem verschwenderischen Leben entsagt haben soll. Das Pferd – so die Legende – starb vor Kummer. Die Dagoba wurde

Mihintale Orientierung

vermutlich im 2. Jh. v. Chr. erbaut und besaß einst eine Höhe von etwa 30 m; heute ist sie zerfallen. Der Umfang ihrer gut erhaltenen Basis beträgt 130 m, ihre drei Teile sind typisch für die frühe singhalesische Dagoba. Beachtenswert sind die vier Vahalkadas (Altäre) mit Skulpturenschmuck, die größtenteils aus dem 1. Jh. n. Chr. stammen: fein gemeißelte Simse, Friese aus Elefanten, Wildgänsen und lebendig dargestellten Zwergen. Die linke Stele des östlichen Vahalkada zeigt an der Seite Pflanzenornamente, einen Elefanten, einen Pfau mit Jungtieren und eine Vase des Überflusses mit zwei Vögeln. Auf dem steinernen Altartisch vor den Vahalkadas wurden während der rituellen Handlungen Gaben dargebracht. An der rechten Seite der östlichen Vahalkada erkennt man den Torso einer weiblichen Figur, an der südlichen die Reliefskulptur des Schlangenkönigs Muchalinda in Menschengestalt. Sie gelten als die **ersten Darstellungen der Bildhauerkunst auf Sri Lanka**.

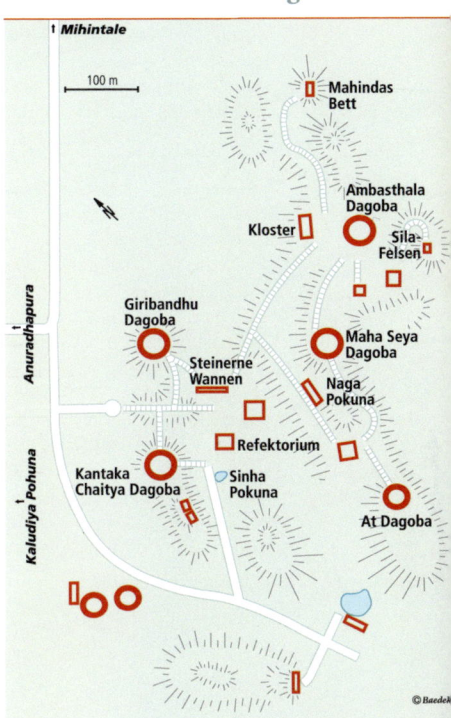

In der Umgebung der Kantaka Chaitya sind in den Felsen und unter Felsabhängen mehr als 60 Wohnhöhlen zu finden, in denen in der Zeit der ersten Mönchsgemeinde, im 3. Jh. v. Chr., Mönche lebten. Bei einigen sind noch Inschriften in Brahmi-Schrift zu erkennen.

Wohnhöhlen der Mönche

Zur Haupttreppe zurückgehend und höher steigend, gelangt man am zweiten Treppenabschnitt zu den Resten eines Klosters, das vermutlich im 9. Jh. angelegt wurde. Interessant sind die von hohen Steinpfeilern gestützten Reste einer Wasserleitung, eine große und eine kleinere Steinwanne, die vermutlich zur Aufnahme gespendeter Nahrungsmittel dienten, eventuell aber auch zur Aufbewahrung von Kräutern zur Herstellung von Arzneimitteln. Die Reste eines großen Gebäudes – wahrscheinlich handelte es sich um das Bilderhaus – mit zwei senkrecht stehenden Monolithen stammen aus dem 10. Jahrhundert. Sie tragen Inschriften, die Aufschluss geben über die Regeln der damaligen Zeit: »Niemand, der Leben zerstört hat, darf nahe diesem Hügel wohnen.« Andere Inschriften erläutern die Anweisungen zur Verpflegung von Kranken sowie die Aufgaben der Tempeldiener.

Reste eines Klosters

Sinha Pokuna (Löwenbad)

Ein Weg rechts von der Haupttreppe führt zum Löwenbad (Sinha Pokuna) mit **einer der schönsten Tierskulpturen von Sri Lanka**. Sie zeigt einen Löwen, durch dessen Maul Wasser in das Becken strömte. Die fein gemeißelte Beckeneinfassung ist klassisch streng: außen ein Fries mit wunderschönen Reliefs von Tieren und Tänzern, in der oberen Einfassung einzeln stehende Reliefs von Figuren.

Naga Pokuna (Schlangenbad)

Auf der nun schmaler werdenden Haupttreppe weiter aufwärts gehend, erreicht man einen Weg, der nach rechts abzweigt und steil aufwärts zum Naga Pokuna (Schlangenbad) führt. Das Becken ist fast 40 m lang und aus dem Felsen gehauen. Eindrucksvoll ist das in den Felsen gearbeitete Basrelief einer fünfköpfigen Naga.

Ambasthala-Dagoba

Die Haupttreppe führt nun weiter zu der von hohen Kokospalmen umgebenen Ambasthala-Dagoba (Mangobaum-Dagoba), erbaut im ersten Viertel des 1. Jh.s n. Chr. Die Reliquienkammer im Innern birgt Teile der sterblichen Überreste des Mönches Mahinda. Von der in der Art einer Watadage errichteten Anlage stehen noch die meisten der in zwei konzentrischen Kreisen angeordneten Pfeiler, einige davon mit schönen Kapitellen. Ein modernes Gebäude mit achteckigem Grundriss südlich der Dagoba bezeichnet die Stelle, an der sich Mahinda und der König erstmals trafen.

Blick vom Gipfel des Sila-Felsens

Gegenüber dem Zugang zur Ambastala-Dagoba führt ein Weg hinab zu einer Stelle, die Mahindas Bett genannt wird. Es ist eine Felsenhöhle mit einem behauenen, flachen Stein, auf dem der Mönch geschlafen und meditiert haben soll.

Mahindas Bett

Über steile, in den Felsen gehauene Stufen gelangt man nun weiter aufwärts zum Sila-Felsen, von dem sich eine **herrliche Aussicht** bietet über die Dschungellandschaft, den Mahakandarawa Wewa (einen Stausee) und in westlicher Richtung bis nach Anuradhapura.

Sila-Felsen

Am gegenüberliegenden Hügel erhebt sich links neben einem kleinen Teich der kleine Felsentempel Mahinda-Vihara mit einer modernen Darstellung der Begegnung des Mönchs mit dem König.

Mahinda-Vihara

Den Gipfel des Missaka-Bergs ziert die weithin sichtbare, strahlend weiße, 21 m hohe Maha Seya Dagoba aus dem 10. Jahrhundert. Sie weist die für Sri Lanka typische Blasenform auf und birgt ein Haupthaar Buddhas als Reliquie. Der nahe gelegene hinduistische Tempel ist Shiva, Parvati und Ganesha geweiht.

Maha Seya Dagoba

Monaragala

Provinz: Uva   **Höhe:** ca. 74 m ü.d.M.

Monaragala liegt in der fruchtbaren Niederung des Kumbukkan Oya, der die Reisfelder bewässert und zahllose Kautschukbäume gedeihen lässt. Nach Norden steigen die Ausläufer des Uva-Hochlandes auf und nach Süden breitet sich dichter Dschungel aus.

Während die Stadt selbst keine Sehenswürdigkeiten zu bieten hat, ist sie ein guter Ausgangspunkt zur Besichtigung einiger Ruinen in der näheren Umgebung.

Umgebung von Monaragala

Nur wenige Kilometer östlich der Stadt liegt Galebadda, die befestigte ehemalige Residenz der Fürsten von Ruhuna. Sie wurde vermutlich in der ersten Hälfte des 12. Jh.s erbaut. Die Ruinen lassen den Plan der Anlage noch gut erkennen: Der eigentliche Palast stand mit einigen anderen Gebäuden innerhalb der ummauerten Zitadelle, die nur einen Zugang hatte. Ein hoher Wall sicherte die Anlage. Königin Sugala von Ruhuna, die dem neuen König Parakrama Bahu I. von Polonnaruwa Widerstand leistete, war im Besitz der Heiligen Zahnreliquie, dem Signum des Königtums. Als Parakrama Bahu I. nach Udundora kam, war die Königin entflohen. Seinen Truppen gelang es jedoch, sie zu finden und die Reliquie in seinen Besitz zu bringen.

Galebadda

MONARAGALA ERLEBEN

ANREISE

Mit dem Auto:
Von Wellawaya auf der A 4 (34 km);
von Hambantota auf der A 2 bis

Wellawaya, dann rechts auf der A 4
weiter bis Monaragala.
Mit dem Bus:
Gute Verbindungen von Hambantota.

Dambegoda Vihara

Bei Maligavila, 15 km südlich von Monaragala, trifft man auf die Ruinen des Dambegoda Vihara mit einer Buddha-Kolossalstatue, die nun allerdings auf dem Boden liegt. Die mächtige Buddha-Statue war ursprünglich 12 m hoch, ihre Schulterbreite betrug etwa 3 m. Sie stand früher vermutlich in einem großen, aus Ziegeln erbauten Bilderhaus, von dem heute aber nichts mehr zu sehen ist. Der dazugehörige lotosförmige Sockel mit einem Durchmesser von 4 m, ein aus mehreren Teilen zusammengesetzter Mondstein und eine Wächterstele mit dem Relief eines Naga-Königs in eleganter Tribhanga-Haltung sind ebenfalls bemerkenswert. Die Entstehung aller Werke wird etwa auf das 6. oder 7. Jh. datiert.

Höhlen in der Umgebung

Die Gegend südlich der Straße von Welleweye nach Monaragala ist reich an Höhlen. Viele von ihnen wurden vermutlich **bereits in prähistorischer Zeit bewohnt**. Die große Höhle von Budugalge war ein buddhistisches Heiligtum und enthält mehrere interessante Buddha-Skulpturen, auch einen größeren liegenden Buddha. Man erreicht die Höhle, wenn man in Kumbukkana bei Buttala nach Süden abbiegt, ca. 8 km weiterfährt und dann einen Fußmarsch von rund 1,5 km in Kauf nimmt. Zur Höhle führt eine lange Steintreppe.

✱ Negombo

A 7

Provinz: Western
Einwohnerzahl: 123 000
Höhe: 5 m ü.d.M.

Negombo, einer der bekanntesten Badeorte auf Sri Lanka, gewinnt seinen Reiz aus der geografischen Lage am Ende einer von zahllosen Inselchen besetzten Lagune mit weiten, schönen Buchten.

Geschichte

Die heute fünftgrößte Stadt der Insel wurde von Handel treibenden Arabern gegründet. Im 16. Jh. legten die Portugiesen hier ein Zentrum für ihren Zimthandel an und befestigten den Ort. Um die Mitte des 17. Jh.s übernahmen die Holländer Negombo und bauten einen Kanal, der – zusammen mit dem südlichen Stück – Colombo mit Chilaw und Puttalam verbindet und heute noch genutzt wird. 1796 besetzten die Briten die von den Holländern verlassene Stadt und rissen große Teile der Befestigungsanlagen nieder.

Sehenswertes in Negombo

Der alte Stadtkern mit seinen engen, gewundenen Gassen ist heute ein **lebhaftes Geschäftsviertel** mit einem großen Obst- und Gemüsemarkt unter einem riesigen Banyan-Baum. Hier wie auch in der Fischauktionshalle geht es dann, wenn die Fischer mit ihrem Fang heimkehren – die Hochseefischer schon um 4.00 Uhr morgens, die Küstenfischer erst nachmittags gegen 15.00 Uhr – besonders laut und lebendig zu.

★ **Stadtkern**

Von den Befestigungsanlagen aus der Zeit der Holländer sind nur noch das östliche Haupttor mit der Jahreszahl 1678 am südlichen Ende der Main Street und Teile von zwei Bastionen erhalten.

Holländisches Fort

In der Altstadt von Negombo steht eine Vielzahl katholischer Kirchen, z.T. mit schön ornamentierten Fassaden. Aus holländischer Zeit stammt die alte holländische Kirche in der Nähe des Kanals; charakteristisch sind ihr weit heruntergezogenes steiles Dach und das als Dachreiter aufgesetzte Glockentürmchen.

Katholische Kirchen

Auf dem in holländischer Zeit angelegten Kanal befördern sogenannte Padda-Boote heute noch Gemüse, Obst, Kokosnüsse und andere Güter. Der Kanal, der einst über eine Strecke von etwa 120 km von Colombo nach Puttalam angelegt war, spielte zu Beginn des 19. Jh.s eine wichtige Rolle bei der Versorgung mit Nahrungsmitteln. Sehr empfehlenswert sind die beschaulichen **Fahrten mit den Padda-Booten**, die einige Bootsbesitzer anbieten (Auskunft: Muthurajawela Boat Center, 2/14 Pamunugama Road, Delathura).

? WUSSTEN SIE SCHON ...?

■ Negombo war lange Zeit ein Zentrum jesuitischer Missionarstätigkeit. Noch heute bekennt sich ein großer Teil der Einwohner zum römisch-katholischen Glauben. Das ist einer der Gründe, warum es in Duwa bei Negombo eine auf Sri Lanka einzigartige Osterpassion gibt. Höhepunkte der Feierlichkeiten sind ein gespielter Kreuzweg, Marionettentheater und auch ein großer Markt.

Walisinghe Harischandra, einem Nationalhelden, der im 19. Jh. auf Sri Lanka lebte, ist dieses kleine Museum gewidmet. Seine Verdienste bestanden darin, seinen Landsleuten in einer Zeit, in der der westliche Lebensstil die jahrhundertealte Lebensweise der Einheimischen zu verdrängen drohte, den Wert einer eigenen kulturellen Identität deutlich zu machen. Sehenswert sind einige Möbel und andere Dinge aus Harischandras Eigentum (Öffnungszeiten: Sa – Mi. 9.00 – 17.00 Uhr; an gesetzlichen Feiertagen ist das Museum geschlossen; Eintrittsgebühr).

Walisinghe-Harischandra-Museum

► NEGOMBO ERLEBEN

ANREISE

Mit dem Auto:
Von Colombo über die A 3 (38 km) in Richtung Katunayake Airport; eine reizvolle und nur wenig längere Route führt entlang der Lagune.
Mit der Bahn:
Station an der Strecke von Colombo in Richtung Norden.
Mit dem Bus:
Gute Verbindungen von Colombo.

ESSEN

► Preiswert

Seahorse Palace
27, Silvester Road
Tel. 031 / 555 50 00
Vorzügliche Fischgerichte, aber auch internationale Küche

ÜBERNACHTEN/ESSEN

► Luxus

Brown's Beach Hotel
175, Lewis Place
Tel. 031 / 222 20 31-2
Fax 031 / 224 87 05-72

www.aitkenspencehotels.com/browns
140 Zimmer, 2 Restaurants, Bar, Nachtclub, Pool, Tennis, Squash
Traditionsreiches Haus mit komfortablen Zimmern. Der breite Sandstrand liegt direkt vor dem Hotel.

Blue Oceanic / Royal Oceanic
Lewis Place
Tel. 011 / 58 73 30 11
Fax 011 / 237 32 36
104 Zimmer, 2 Restaurants und Bars, Coffeeshop, Pool, Tennis, Squash, eigene Tauchbasis
Alteingesessenes Hotel mit sehr gepflegten und komfortablen Zimmern direkt am Strand

► Günstig

Lagoon View Rest House
Ecke St. Joseph Street / Main Street
Tel. / Fax 031 / 531 02 50
Nicht am Strand von Negombo, sondern an der großen Lagune liegt dieses Gästehaus mit sehr schönen Zimmern.

Umgebung von Negombo

Gampaha
Die Stadt Gampaha ist eine der schönsten Gartenstädte auf Sri Lanka. Der Botanische Garten von Henarathgoda ist der älteste des Landes und ist wegen seiner wissenschaftlichen Versuchsstation von großer Bedeutung. In der Umgebung gibt es ausgedehnte Ananasplantagen und Kokospalmenhaine.

Henerathgoda Botanical Garden
Der sehr reizvolle Botanische Garten von Gampaha (2 km nördlich der Stadt) entstand aus einem Experimentierfeld für Pflanzen und umfasst heute eine Fläche von 14 Hektar mit etwa 1500 tropischen und subtropischen Pflanzenarten. Hier wurde der **erste Kautschukbaum außerhalb Brasiliens** angepflanzt und von hier nahm die Kautschukindustrie Sri Lankas, bis heute ein bedeutender Wirtschaftsfaktor, ihren Anfang. Im Jahr 1876 hatte der Engländer Sir Henry Wickham einige Samen eines wild wachsenden Kautschukbaums aus dem

Amazonasgebiet nach England geschmuggelt. Da sie dort nicht recht gedeihen wollten, brachte man sie nach Henerathgoda, wo man sie heute noch bewundern kann.

Von den übrigen Pflanzenarten des Gartens sind vor allem eine Sammlung verschiedener Palmenarten (u. a. einige Exemplare der Cocode-Mer von den Seychellen), Kautschukbüsche aus Malaysia sowie

Baedeker TIPP

Die universale Nuss

Das nördlich von Negombo gelegene Coconut Research Institute von Madampe lohnt einen Abstecher. Hier beschäftigt man sich mit allen Produkten, die man aus Palme und Nuss herstellen kann.

die Chaulmugra-Pflanze, die angeblich eine wirksame Arznei gegen Lepra liefern soll, interessant (Öffnungszeiten: tgl. 9.00 – 18.00 Uhr, Eintrittsgebühr).

Östlich von Gampaha – an der Kreuzung mit der A 1 geradeaus weiter, nach ca. 6 km links abbiegen – trifft man auf die frühbuddhistischen Felsentempel von Varana mit Resten von Wandmalereien und einer aus dem Felsen gehauenen Buddha-Statue. Die nicht sehr tiefen Höhlen liegen auf drei verschiedenen Ebenen; einige besitzen bis zu 15 m hohe Traufen. Eine Inschrift stammt vermutlich aus dem 3. Jh. v. Chr., der Gründungszeit der Tempelhöhlen. Von dem Gipfel der Felsen belohnt eine herrliche Aussicht den etwas mühsamen Aufstieg über einen Trampelpfad.

Felsentempel von Varana

An dem Weg nach Nittambuwa auf der A 1, nur wenige Kilometer hinter Yakkala, liegt linker Hand das Grabmal des 1959 ermordeten Solomon Bandaranaike (► Berühmte Persönlichkeiten), eine klassisch-schöne Anlage. Das Areal gehörte seinem Vater, einem hohen Beamten unter der britischen Kolonialherrschaft, der hier ein komfortables Haus im englischen Kolonialstil erbauen ließ. Das Grabmal selbst liegt unter einer prachtvollen Java-Weide.

Grabmal von Solomon Bandaranaike

✳ Nuwara Eliya

C 8

Provinz: Central
Einwohnerzahl: ca. 26 000

Höhe: ca. 1880 – 2000 m ü.d.M.

Nuwara Eliya, die »Stadt über den Wolken«, liegt mitten im Uva-Bergland in einer Mulde zwischen den drei höchsten Bergen Sri Lankas. Wegen ihres gemäßigten Klimas ist die höchstgelegene Stadt Sri Lankas ein beliebter Zufluchtsort für die Menschen aus dem feucht-schwülen Südwesten während der heißen Jahreszeit. Die Temperaturen überschreiten nur selten 25 °C und die Luft ist trocken und frisch.

Nuwara Eliya *Orientierung*

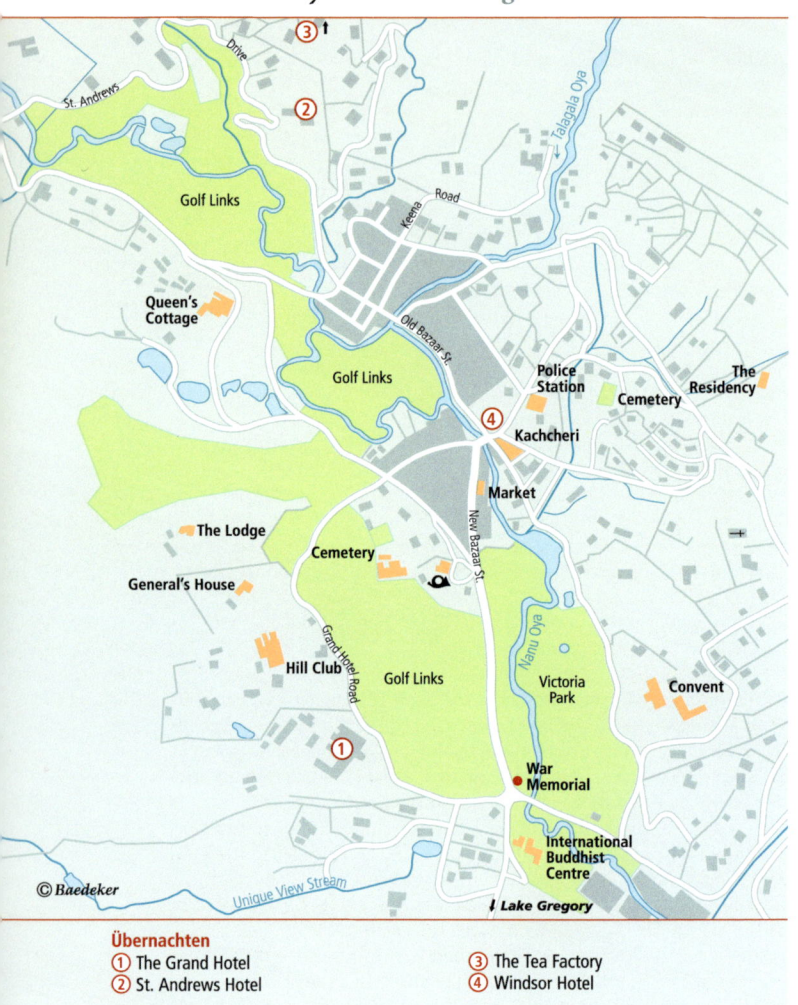

St. Andrews Drive

Golf Links

Keena Road

Talapala Oya

Queen's Cottage

Golf Links

Old Bazaar St.

Police Station

Cemetery

The Residency

Kachcheri

Market

The Lodge

Cemetery

General's House

New Bazaar St.

Hill Club

Golf Links

Manu Oya

Victoria Park

Convent

War Memorial

International Buddhist Centre

© Baedeker

Unique View Stream

↓ Lake Gregory

Übernachten
① The Grand Hotel
② St. Andrews Hotel
③ The Tea Factory
④ Windsor Hotel

Very british Die Stadt trägt eindeutig die Handschrift der Engländer, die Häuser und Gartenanlagen nach ihren Vorstellungen formten: Parks mit weiten Rasenflächen, Golfplätze und Villen im Landhausstil, in denen früher zumeist englische Teeplantagenbesitzer wohnten. Teeplantagen bestimmen auch heute noch das Bild der fantastischen Berglandschaft ringsum. In der Stadt blieben englisches Flair und die Atmosphäre eines Kurorts in den Bergen erhalten.

Gepflegte Parkanlage, britischer Kolonialstil: Gästehaus in Nuwara Eliya

In dem indischen Epos Ramayana spielt die Berglandschaft um Nuwara Eliya als eine der Residenzen des Riesenkönigs Ravana eine Rolle. Er soll Prinzessin Sita, die Gemahlin des Helden Rama, hierher entführt haben. Greifbarer und nachweisbarer wird die Geschichte des Orts seit der Zeit der Engländer, die hier etwa ab 1820 auf die Jagd gingen – vorzugsweise auf Elefanten und Leoparden, wobei es sich fast ausschließlich um Hetzjagden handelte – und um 1825 ein Erholungsheim für ihre Offiziere einrichteten. Der englische Gouverneur Sir Edward Barnes ließ 1828 die erste befestigte Straße anlegen, 1846 erbaute Sir Samuel Baker viele Häuser im heutigen Ort. 1875 schließlich fand das erste Pferderennen in Nuwara Eliya statt. Diese wurden mit dem Abzug der Engländer verboten, dürfen jedoch heute wieder stattfinden, allerdings ohne Wettmöglichkeit. 1889 kam ein 18-Loch-Golfplatz hinzu.

Auch in wirtschaftlicher Hinsicht war Nuwara Eliya stets ein Zentrum von Sri Lanka. Nachdem die Kaffeesträucher vom Kaffeerost befallen waren, begann der Schotte James Taylor im Jahr 1867 mit den ersten Versuchen, Teesträucher aus dem indischen Assam im Bergland von Sri Lanka heimisch zu machen. Mit Erfolg, denn **heute gedeiht hier der beste Tee von Sri Lanka** – der Broken Orange Pekoe, ein Hochlandtee.

▶ NUWARA ELIYA ERLEBEN

ANREISE

Mit dem Auto:
Von Colombo über Kotte, Kaduwela, Hanwella, Avissawella, Hatton (180 km); von Kandy über Gampola, Pussellawa und Ramboda (77 km); von Badulla über die A 5 (56 km).
Mit der Bahn:
Die nächstgelegene Bahnstation befindet sich in Nanu Oya an der Linie von Colombo nach Badulla (8 km entfernt).
Mit dem Bus:
Gute Busverbindungen von Colombo, Kandy und Badulla.

ÜBERNACHTEN/ESSEN
▶ Komfortabel
① *The Grand Hotel*
Tel. 052 / 222 28 81-7
Fax 052 / 222 22 64-5
www.tangerinehotels.com
156 Zimmer, Restaurant, Coffee Shop, 3 Bars
Very british – bis hin zum Five o'Clock Tea: Wenn Sie auf den Spuren der englischen Kolonialherren auf Sri Lanka wandeln wollen, ist das Grand Hotel die erste Wahl. Zeitlosmodern hingegen ist der Anbau aus neuerer Zeit.

Britisch: St. Andrews Hotel

② *St. Andrews Hotel*
10, St. Andrews Drive
Tel. 052 / 222 30 31
Fax 052 / 222 31 53
www.jetwinghotels.com
52 Zimmer, Restaurant, Bar
Im Tudor-Stil errichtetes Herrenhaus mit britischer Atmosphäre, der einstige Glanz ist aber doch etwas verblichen. Nachmittags schmeckt der Tee im herrlichen Garten, abends am offenen Kaminfeuer. Zur Ruhe bettet man sich unter schweren Baldachinen. Der 18-Loch-Golfplatz ist nur wenige Meter entfernt.

Baedeker-Empfehlung

③ *The Tea Factory*
Kandapola
Tel. 052 / 222 96 00
Fax 052 / 222 96 06
www.aitkenspenceholidays.com
57 Zimmer, Restaurant, Bar
In einer um 1930 erbauten Teefabrik wurde dieses wunderschöne Hotel eingerichtet, das allein schon wegen seiner fantastischen Aussicht auf die Bergwelt Sri Lankas einen Besuch wert ist. Dabei blieb bei der Umwidmung ein großer Teil der Einrichtung der Teefabrik erhalten: Der wird gebraucht, denn zum Hotel gehört auch heute noch eine Teeplantage.

▶ Günstig
④ *Windsor Hotel*
P.O. Box 01
Tel. 052 / 222 25 54
Fax 052 / 222 28 89
windsor@lanka.com.lk
50 Zimmer, Restaurant, Bar
Im Kolonialstil errichtetes Hotel mit gemütlichen Zimmern und viel Atmosphäre.

Sehenswertes in Nuwara Eliya

Die Gebäude, die die Park- und Gartenlandschaft beleben, zeigen teils schönsten und reinsten englischen Kolonialstil. Beachtenswert sind das Postamt mit einem hübschen Uhrturm, die anglikanische Holy Trinity Church und das Kriegerdenkmal. Der Victoria Park lädt mit weiten Rasenflächen und großen Bäumen, dem Fluss Nanu Oya und idyllisch gelegenen Teichen zum Spaziergang ein. **Stadtbild**

Das heutige Grand Hotel, ein geräumiges Landhaus mit Fachwerk, ließ sich Gouverneur Barnes als Wohnsitz erbauen. Von seinem einstigen Glanz, der auch viele Prominente anzog, hat das Gebäude etwas eingebüßt; trotzdem zählt es immer noch zu den ersten Adressen in Nuwara Eliya. Schwere rote Vorhänge und massive Ledergarnituren in den Aufenthaltsräumen und mächtige Kronleuchter an den Decken sind immer noch Ausdruck für englische Lebensart. **✴ Grand Hotel**

Den Hill Club, ein weiteres Symbol für englischen Lebensstil, gründete 1876 ein englischer Plantagenbesitzer namens Waring, der auf seinem 20 Hektar großen Besitz 15 000 Arbeiter beschäftigte. Die siebte Generation der Warings übergab 1972 die Plantagen und den Hill Club einem Nachfolger. Der stammte zwar aus Sri Lanka, aber er sorgte dafür, dass die typisch englische Atmosphäre bis heute erhalten blieb. Der schöne steinerne Bau mit Fachwerkaufsätzen wurde im Tudorstil errichtet und ist – streng genommen – nur für eingeschriebene Mitglieder zugänglich. Besucher sind jedoch willkommen, auch soll es Mitglieder geben, die in der Zeit ihrer Abwesenheit ihre Zimmer an Gäste vermieten. Fragen Sie einfach an der Rezeption. **✴ Hill Club**

Umgebung von Nuwara Eliya

Nuwara Eliya ist ein **vorzüglicher Ausgangspunkt für Ausflüge** in die einzigartige Berglandschaft von Sri Lanka. Auch die Arbeit auf den Teeplantagen kann man wenige Kilometer außerhalb des Stadtzentrums beobachten, denn zahlreiche Teefabriken bieten die Möglichkeit zur Besichtigung. **✴ ✴ Berge und Teeplantagen**

Etwa 10 km südöstlich von Nuwara Eliya gelangt man über die A 5 zum Hakgala Botanical Garden, einem der drei Botanischen Gärten auf Sri Lanka. Die Anlage geht auf eine Kaffeeanpflanzung zurück, später wurden dort Chinarindenbäume zur Gewinnung von Chinin gegen Malaria sowie Tee angebaut. 1861 begründete William Nock einen Modellgarten, in dem er mit Pflanzen aus gemäßigten Klimazonen experimentierte. So entstand im Lauf der Jahre eine **wundervolle Parklandschaft mit Lotosteichen, alten Bäumen und einem Orchideenhaus.** Vom Sommerhaus in einer Höhe von 1646 m ü.d.M. hat man einen herrlichen Blick über das Bergland bis hin zu den Gipfeln des Namunkula (Öffnungszeiten: tgl. 8.00 – 18.00 Uhr; Ein- **✴ Hakgala Sanctuary Botanical Gardens** trittsgebühr). Direkt anschließend erstreckt sich das Hakgala Nature Reserve, in dem noch einige wenige Exemplare des großen Bärenaffen leben.

Fahrt von Nuwara Eliya nach Kandy

Eine Autofahrt von Nuwara Eliya nach ►Kandy zählt zu den schönsten Naturerlebnissen, die man auf Sri Lanka haben kann. Sie führt von der Stadt steil aufwärts zum 1996 m hoch gelegenen Ramboda-Pass und dabei an den gleichnamigen Wasserfällen vorbei, die aus 100 m herabstürzen.

★ ★ Polonnaruwa

C/D 6

Provinz: North Central   **Höhe:** ca. 110 m ü.d.M.

Polonnaruwa, eine lange Zeit vom dichten Dschungel geschützte Stadt, war die zweite glanzvolle Hauptstadt des singhalesischen Reichs. Eine der hervorragendsten Herrschergestalten, Parakrama Bahu I. (1153 – 1186), prägte mit prachtvollen Bauten ihr Aussehen und leitete damit eine bedeutende Stilepoche der singhalesischen Kunst ein.

Der Stadtkern von Polonnaruwa liegt am Ostufer des Sees Parakrama Samudra.

993 n. Chr.	Die Verwaltung wird von Anuradhapura nach Polonnaruwa verlegt.
1055	Polonnaruwa wird Hauptstadt.
1153–1186	Unter der Herrschaft von König Parakrama Bahu I. erlebt die Stadt ihre Blütezeit.
1196–1215	Ständiger Niedergang durch Erbstreitigkeiten; Verwüstung Polonnaruwas
19. Jh.	Die Stadt wird von Archäologen wiederentdeckt und 1935 zur Besichtigung freigegeben.

Geschichte

Wann an der Stelle des heutigen Polonnaruwa erstmals eine Besiedelung stattfand, ist nicht eindeutig geklärt. Spuren deuten allerdings darauf hin, dass im 4. Jh. n. Chr. – vielleicht aber auch schon vorher – Menschen hierher kamen. Die weitere Geschichte Polonnaruwas ist untrennbar mit jener von ▶ Anuradhapura verbunden. Als die Cholas im Jahr 993 diese Stadt wieder einmal überfallen, geplündert und sich im Kern des singhalesischen Reichs festgesetzt hatten, bestimmten sie nämlich Polonnaruwa zu ihrer Hauptstadt. Bis 1073 beherrschten sie von hier aus Sri Lanka, das zu einer Provinz ihres mächtigen Reichs in Südindien degradiert worden war. Erst König Vijaya Bahu I., einem Fürsten des im südlichen Inselteil etablierten Königreichs Ruhuna, gelang es, Anuradhapura zurückzuerobern und die Chola von der Insel zu vertreiben. Aber auch er behielt Polonnaruwa als Hauptstadt. Hier regierten bis 1235 verschiedene Könige. Einer der bedeutendsten war Parakrama Bahu I., der 1153 den Thron bestieg und heute noch als Einiger des Reichs gilt. Auf ihn folgte König Nissanka Malla, bevor der Kalinga-Fürst Magha mit einem starken malaiischen Heer einfiel und das singhalesische Reich eroberte. In Auflehnung gegen diesen ausländischen Herrscher entstanden mehrere Teilreiche.

Zwar gelang es König Parakrama Bahu II. noch einmal, einen großen Teil zurückzuerobern und wieder zu vereinen, doch seine Residenz lag im weiter südlich gelegenen ▶ Dambadeniya. Es war die erste einer Reihe von Hauptstädten in einer Zeit, die man heute als die Jahre der kurzlebigen Königreiche bezeichnet. Polonnaruwa trat noch einmal für kurze Zeit ins Rampenlicht, als König Parakrama Bahu III. die Regentschaft übernahm. Dann verlegten die folgenden Könige ihre Residenzen weiter südlich; die Stadt fiel der Vergessenheit anheim und wurde vom Dschungel überwachsen.

Erst 1890 erregten Berichte britischer Kolonialbeamter, die von den Überresten einer prächtigen Stadt im Dschungel erzählten, die Aufmerksamkeit der Öffentlichkeit. Einige Jahre später begann man mit den Ausgrabungen, ab 1935 konnte man die Ergebnisse erstmals besuchen. Seit etlichen Jahren beteiligt sich die UNESCO finanziell an der archäologischen Spurensuche, die noch längst nicht beendet ist. Gleichwohl wurde das Ruinenareal zum Weltkulturerbe erklärt.

POLONNARUWA ERLEBEN

ANREISE

Mit dem Auto:
Von Dambulla über die A 6 bis
Habarana, dann über die A 11
(68 km); von Anuradhapura über die
A 13 bis Marandankawala, dann über
die A 11 (101 km).
Mit der Bahn:
Gute Verbindungen von Dambulla
und Habarana.
Mit dem Bus:
Tgl. mehrfach gute Verbindungen von
den oben genannten Städten.

ESSEN

▶ **Erschwinglich**
① *ACME Transit Hotel*
90, Polonnaruwa Road
Tel. 066 / 700 16
6.00 – 23.00 Uhr
Wenn Sie auf der Fahrt zwischen

Anuradhapura und Polonnaruwa eine
Pause brauchten, dann besuchen Sie
doch dieses kleine Restaurant. Vorzügliche sri-lankische Küche,
hübscher Garten. Acht einfache Zimmer (mit Klimaanlage) werden auch
vermietet.

ÜBERNACHTEN

▶ **Komfortabel**
① *The Village*
Habarana
Tel. 066 / 227 00 47
Fax 066 / 227 00 46
www.johnkeellshotels.com
106 Cottages, Restaurant, Bar, Pool,
Ausflugsangebot
Ideal etwa in der Mitte zwischen
Anuradhapura und Polonnaruwa ge-
legenes Hotel mit sehr komfortablen
Zimmern im Cottagestil.

Sehenswertes in Polonnaruwa

Straßen Zu den meisten sehenswerten Stätten in Polonnaruwa führen gute,
teils sogar mit dem Auto befahrbare Wege. Das Ruinenfeld ist zwar
nicht so weitläufig wie jenes von Anuradhapura, trotzdem empfiehlt
es sich, dieses mit einem Fahrzeug zu erkunden. Wegen der an-
dauernden Ausgrabungsarbeiten ist allerdings damit zu rechnen, dass
Wege zeitweise gesperrt sind bzw. neu ergrabene Funde noch nicht
zugänglich sind.

Außerhalb der Stadtmauern

Parakrama Der befestigte Stadtkern liegt am Ostufer des 18 km² großen, künst-
Samudra (See) lich angelegten Sees Parakrama Samudra. Er ist benannt nach König
Parakrama Bahu I., der ihn anlegen ließ, um mit dem hier gesam-
melten Wasser die Reisfelder der Umgebung ertragreicher zu machen. Nach dem Niedergang Polonnaruwas verlandete auch der See.
Er wurde erst im vorigen Jahrhundert vergrößert und erfüllt seither
wieder seine ursprüngliche Funktion. Im Parakrama Samudra standen einst zwei Sommerhäuser genannte Nebenpaläste von Parakrama
Bahu I., die man, wenn der See mit Wasser gefüllt war, nur mit dem

Polonnaruwa *Orientierung*

Boot erreichen konnte. Zu dem einen, der dem Hauptpalast am nächsten liegt, führt heute ein Steg hinüber. Von den Gebäuden sind jedoch nur noch ein paar Pfeilerstümpfe zu erkennen.

Auf dem Damm, der den Speichersee abgrenzt, erreicht man westlich davon eine aus dem Fels gehauene Statue, die möglicherweise **König Parakrama Bahu I.**, vielleicht aber auch eine andere Persönlichkeit darstellt. Der zufriedene Gesichtsausdruck der Plastik spricht eher für die erste Annahme, denn der König konnte mit dem wirtschaftlichen Erfolg, den sein Stausee bewirkte, in der Tat zufrieden sein. Zum Schutz vor Wettereinflüssen wurde die Statue – leider – mit einem unansehnlichen Blechdach versehen.

Im Süden, außerhalb der einstigen Stadtmauern, trifft man auf den **Potgul Vihara**, ein Kloster, in dem auch die heiligen Schriften aufbewahrt wurden. Es stammt vermutlich aus der Zeit vor Parakrama Bahu; als Ruine ist eine Mandapa (Klosterhalle) erhalten sowie ein auf rechteckiger Basis stehender Rundbau von 48 m Umfang. Dieser wurde – einer Inschrift zufolge – auf Geheiß von Chandravati, der zweiten Gemahlin von Parakrama Bahu I. erbaut. An den vier Ecken standen einst vermutlich Dagobas. Im Osten ist dem Rundbau eine kleine Halle vorgelagert und hier liegt auch der einzige erkennbare Eingang. Den etwa 4,5 m hohen Ziegelmauern sind Fassaden vorgesetzt, die noch schwach erkennbare Spuren von kunstvoller Malerei erkennen lassen. Neben den beiden Längsseiten der Plattform so-

Highlights Polonnaruwa

Palast des Königs Parakrama Bahu I.
Mächtiger Kollosalbau, der einst 1000 prachtvoll ausgestattete Räume enthielt.
▶ Seite 321

Gal Pota (Steinernes Buch)
Die Heldentaten eines Königs, auf Stein gebannt
▶ Seite 324

Rankot Vihara Dagoba
Die größte Dagoba in Polonnaruwa
▶ Seite 327

Felsentempel Gal Vihara
Die vier monumentalen Statuen in der ehemaligen Klosteranlage sind Meisterleistungen der Bildhauerkunst auf Sri Lanka.
▶ Seite 328

wie an der Ostseite sind noch Reste von zwei jeweils ähnlichen Bauwerken zu sehen, die alle an den Tempelbaustil von Kambodscha erinnern.

Palast des Königs Nissanka Malla

Bereits wenige Meter weiter erkennt man die Reste der alten Stadtmauer, die einst bis zu fünf Meter breit und ebenso hoch war. Unweit davon lag der ehemalige Palast des Königs Nissanka Malla, vermutlich ein sehr bescheidenes, zweistöckiges Gebäude mit dicken Ziegelmauern. Wie der Geschichte zu entnehmen ist, ließ sich der König diesen Palast in aller Eile in nur sieben Monaten Bauzeit errichten, da es ihm nicht zugemutet werden konnte, die Residenz eines Vorgängers bewohnen zu müssen. Gleichzeitig mit dem Palast ließ sich Nissanka Malla eine Ratshalle erbauen, eine lang gestreckte, rechteckige Säulenhalle, zu der im Nordosten einige Stufen hinaufführen. Die zum Teil umgestürzten Pfeiler trugen einst ein hölzernes Dach. Die Pfeiler, unten quadratisch, in der Mitte achteckig und mit schlichtem, wiederum quadratischem Kapitell abschließend, sind aus Monolithen zugehauen. An den Basen vieler Pfeiler sind die Namen von Ministern und anderen Würdenträgern verzeichnet. Ein 1,8 m hoher Steinlöwe, Symbol des Königtums, trug – wie eine Inschrift besagt – früher den Thron des Königs. Die Gestaltung der Plastik zeigt abstrahierende Züge, doch das Tier wirkt gleichermaßen hoheitsvoll wie Furcht einflößend.

Innerer Stadtbezirk

Stadtbefestigung

Die Stadtbefestigung stammt wohl aus dem Jahr 1037, wurde aber in späterer Zeit unter Parakrama Bahu I. wesentlich verstärkt. Der Mauergürtel bestand aus drei Ringen und enthielt 14 Zugangstore. Der Palastbezirk umfasst ein Gebiet von etwa 10 Hektar und war von einem hohen Wall, an einigen Stellen auch von Wassergräben umschlossen. Der Haupteingang liegt im Norden.

Das Palastgelände und der Ehrenhof im Osten sind von einer Galerie umzogen. Der Palast von König Parakrama Bahu I. selbst, ein massiver Ziegelbau, hatte einen quadratischen Grundriss von 46 m Seitenlänge. Er enthielt eine geräumige Empfangshalle (31 x 13 m), deren Decke von Holzsäulen getragen wurde, wovon die Steinsockel noch vorhanden sind. Daran schlossen sich zwei weitere Hallen mit bemerkenswert dicken Mauern an. Eine den Baukomplex umlaufende Galerie war in 40 nach außen offene Zimmer eingeteilt, die miteinander in Verbindung standen. Im Süden führte eine Treppe zu den oberen Stockwerken; wie die Chronik Culavamsa berichtet, sollen es deren sieben gewesen sein. An den mächtigen, hochragenden Ruinen lässt sich noch der Ansatz von zwei Geschossen erkennen. Der Palast soll, ebenfalls der Culavamsa zufolge, mehr als 1000 prachtvoll ausgestattete Räume besessen haben.

★ ★
Palast des Königs Parakrama Bahu I.

Etwas weiter östlich steht die Ratshalle, ein in seinen Einzelheiten schön durchgearbeitetes Gebäude mit rechteckigem Grundriss. Es wurde ebenfalls von Parakrama Bahu I. erbaut, später aber mehrfach verändert und möglicherweise auch erweitert. Die Halle steht auf einem dreifach gestuften Unterbau, der von einer Terrasse getragen wird. Zwischen fein skulptierten Simsen umziehen drei Relieffriese den Bau. Am unteren Sockel, durch die Pilaster voneinander ge-

★
Ratshalle

Lebensnah skulptierte Elefanten- und Löwenreliefs schmücken die Ratshalle.

trennt, erkennt man sehr lebendig dargestellte Elefanten – daher auch Elefantenhalle genannt – sowie Löwen mit drohend erhobener Vordertatze und weit aufgerissenem Maul auf dem mittleren Fries. Das oberste zeigt Ganas, Glück bringende, dickbauchige Zwerge, die tanzen, singen, laufen und von denen jeder eine andere Mimik hat.

Im Norden führt eine mächtige Steintreppe in zwei Absätzen zur Halle hinauf, den Zugang bildet ein schöner Mondstein. Die vier Balustraden sind aus schwungvollen Makara-Bögen gebildet. Oben flankieren zwei prächtige Löwenskulpturen den Eingang zur Halle. Die Steinpfeiler der Halle, je zwölf in vier Reihen, von denen die meisten noch stehen, sind reich mit Skulpturen verziert. Hier hielt der König Rat mit seinen Ministern und religiösen Würdenträgern. Innerhalb der Zitadelle sieht man Überreste diverser untergeordneter Gebäude (Bildergalerien, Theater, Bäder u. a.).

Kumara okana (Königliches Bad)

Von der Südostecke des Königspalastes führen Stufen zum Königlichen Bad (Kumara okana) außerhalb der Zitadelle. Es wurde im Auftrag von Parakrama Bahu I. angelegt und hat einen quadratischen Grundriss mit rechtwinkligen Vorsprüngen. Außer dem aus fein behauenen Steinen angelegten Becken ist die vorbildliche Art der Wasserzuführung und -behandlung bemerkenswert. Das Wasser wurde aus dem Parakrama Samudra durch unterirdische Leitungen herangeführt, doch bevor es durch die beiden aus der Wand hervortretenden Makaras in das Becken floss, wurde es gefiltert. Die Vorrichtung dazu wurde durch Zufall entdeckt. Südlich des Wasserbeckens sind noch die Überreste eines Pavillons zu sehen, darunter eine Treppe mit einem Mondstein und einer Makara-Balustrade sowie Löwenportale.

Innerhalb des Quadrangle

Das Quadrangle (Viereck), von den Engländern so genannt, heißt eigentlich Dalada Maluwa und ist ein in sich geschlossener Bezirk. Auf einer Terrasse stehen mehrere Gebäude, von denen einige zeitweise die Heilige Zahnreliquie beherbergten.

Thuparama (Statuenhaus)

Das Thuparama genannte Gebäude ist wahrscheinlich das älteste Bauwerk in Polonnaruwa, denn es wurde wohl schon am Ende des 11. Jh.s errichtet, also wohl in der Zeit der Chola-Herrschaft, spätestens aber zu Beginn der Regierungszeit von König Vijaya Bahu. Es ist zwar noch fast vollständig erhalten, über seine Geschichte oder Bedeutung ist jedoch nicht viel bekannt. Möglicherweise wurde es als buddhistisches Patimaghara (Statuenhaus) errichtet. Es ist ein mass-

Polonnaruwa Quadrangle *Orientierung*

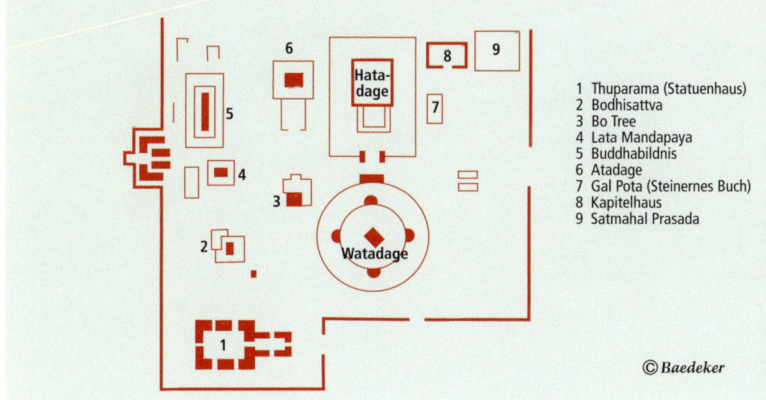

1 Thuparama (Statuenhaus)
2 Bodhisattva
3 Bo Tree
4 Lata Mandapaya
5 Buddhabildnis
6 Atadage
7 Gal Pota (Steinernes Buch)
8 Kapitelhaus
9 Satmahal Prasada

© Baedeker

ives, rechteckiges Ziegelgewölbe, über dem ein quadratischer Turmstumpf mit flachen Kuppen emporragt. Horizontale Linien – Simse und Zierbänder –, aber in gleicher Weise auch senkrechte Linien bestimmen das Bild der Fassade, die mit reich gegliederten Pilastern geschmückt ist. Von der einst monumentalen Buddha-Statue im Innern sind noch Reste vorhanden. Einige andere Buddha-Figuren konnten teilweise restauriert werden. Besonders eindrucksvoll ist eine 3 m hohe Figur aus Ziegeln, die mit Stuck verkleidet war. Ihr Entstehungsdatum ist zwar unbekannt, die Art der Formgebung und der Linienführung deuten jedoch auf dieselbe Zeit hin, in der auch die Gal-Vihara-Gruppe entstanden ist.

Die Watadage, ein Rundtempel mit Stupa, stammt aller Wahrscheinlichkeit nach aus der Vor-Polonnaruwa-Zeit, wurde aber von König Parakrama Bahu I. erweitert und später von Nissanka Malla verschönert und restauriert. Sie ist eines der elegantesten Gebäude von Polonnaruwa und das am besten durchgestaltete dieser Art auf Sri Lanka. Der Rundtempel steht auf einer gleichfalls runden Terrasse von 36 m Durchmesser mit breitem Umgang. Den Mittelpunkt bildet eine kleine Dagoba, die von zwei Säulenreihen – die einst ein hohes Dach trugen –, einer hohen Ziegelmauer, einer weiteren Säulenreihe und einem steinernen Geländer umgeben ist. Den Sockel umziehen zwei Friese mit fein skulptierten Löwen und Zwergen. An den vier Kardinalpunkten führen Treppenaufgänge mit davor liegenden Mondsteinen und Makara-Balustraden hinauf zu den an den Eingängen postierten Buddha-Statuen in Samadhi-Haltung. Eine Figur ist stark beschädigt. Typische Kennzeichen für die Polonnaruwa-Zeit, in der sie entstanden, sind das glatte, faltenlose Gewand und die wie eine Kappe sitzenden Haare sowie der Gewandstreifen über der linken

★
Watadage
(Rundtempel)

Die Watadage von Polonnaruwa war einst eines der elegantesten Gebäude im heiligen Bezirk.

Schulter. Der Gesichtsausdruck wirkt hoheitsvoll und verinnerlicht. Der Umgang ist mit schön angefügten, auf den Kreismittelpunkt ausgerichteten Steinplatten belegt. Die rechteckige Vorhalle im Norden, deren Pfeiler vermutlich einst ein Holzdach getragen haben, wurde wohl erst von König Nissanka Malla hinzugefügt.

Satmahal Prasada Ein für Sri Lankas Sakralarchitektur höchst ungewöhnliches Bauwerk ist der Satmahal Prasada, wörtlich übersetzt **»siebenstöckiges Bauwerk«**. Es ist ein pyramidenförmiger, ehemals verputzter Ziegelbau, der in seinem Aussehen eine enge Verwandtschaft zu ähnlichen Bauwerken in Thailand und Burma zeigt (z. B. zum Wat Kukut in Lamphun/Thailand). Zwar lässt sich die Auffassung, dass es sich um eine Spende siamesischer oder burmesischer Mönche handelt, die zu Gast im Kloster von Polonnaruwa waren, nicht beweisen, doch scheint diese Annahme am wahrscheinlichsten. Die Nischen der einzelnen »Stockwerke« waren einst mit Buddha-Figuren besetzt, von denen einige noch teilweise erhalten sind. An einer Seite führt eine kleine Treppe zu einer Kammer, in der früher vielleicht eine Reliquie untergebracht war.

Gal Pota (Steinernes Buch) Ganz in der Nähe trifft man auf den Gal Pota, das »steinerne Buch«. Er ist ein 8 m langer, 1,25 m breiter und 60 cm hoher Monolith, der – so steht es in einem Teil der umfangreichen Inschrift geschrieben – von Mihintale oder von Sigiriya hierher gebracht wurde. In 72 Zeilen, die in drei Felder eingeteilt sind, berichtet König Nissanka Malla über seine Verdienste um das Reich und den Buddhismus sowie über seine Bautätigkeit. An einer Stirnseite des Steins zeigt eine beachtenswerte Reliefskulptur die Glücksgöttin Lakshmi zwischen zwei Elefanten, die mit ihren Rüsseln eine Vase des Überflusses halten, Die Gruppe wird von Wildgänsen umrahmt.

Im Osten und Westen des Quadrangle stehen steinerne Torbauten, die möglicherweise einst als Pförtnerhäuschen gedient haben.

Pförtner-häuschen

Den Hatadage (auch Daladage genannt) ließ Nissanka Malla für die Heilige Zahnreliquie erbauen und mit einer hohen Ziegelmauer umgeben. Hatadage bedeutet **»Haus der 60 Reliquien«**, aber auch »das in 60 Tagen erbaute Haus«, Daladage bedeutet »Haus der Zahnreliquie«. Die Mauer bildet ein Rechteck von ca. 36 x 27,5 m, der Eingang befindet sich an der Südseite. Die Vorhalle im Norden trägt Inschriften, in denen der König ein weiteres Mal seine Taten und Verdienste rühmen lässt. Eine Treppe führte zum oberen, aus Holz gebauten Stockwerk, in dem sich die Zahnreliquie befand. Vor dem Eingang liegt ein Mondstein, dessen Form sich bereits einem Halboval annähert, dessen bildliche Darstellungen jedoch etwas maneriert wirken. Im Innern der Cella stehen zwischen den Steinpfeilern drei Figuren eines stehenden Buddhas auf Lotossockeln.

✷ Hatadage

Atadage bedeutet soviel wie **»Haus der acht Reliquien«**. Dieses Gebäude wurde unter der Regentschaft von König Vijaya Bahu I. in der zweiten Hälfte des 11. Jh.s erbaut und diente als Vorbild für die zuvor genannte Hatadage des Königs Nissanka Malla. Es bestand ebenfalls aus mehreren Stockwerken, mindestens jedoch aus zweien, und auch hier war der zweite Stock für die Zahnreliquie reserviert. Erhalten sind noch viele reich mit Reliefs verzierte Steinbilder – eines der Motive ist die Vase des Überflusses, aus der eine Liane emporwächst und Medaillons bildet, die mit figürlichen Szenen besetzt sind. Beachtung verdienen auch ein mit Reliefs verzierter Türrahmen sowie die sehr schöne Statue eines stehenden Buddhas.

✷ Atadage

Ganz in der Nähe steht die Nissanka Malla Mandapa, die von einer schlichten Steinmauer umgebene Anbetungsstätte für die Zahnreliquie. Einzigartig und höchst anmutig sind die knospenden Lotosstängeln nachempfundenen acht Steinsäulen, die der Terrasse scheinbar entwachsen; die Kapitele bilden eine Lotosblüte. In ihrer Mitte erhebt sich eine Miniatur-Dagoba mit einem Adorantenfries am Sockel. Der Schrein wurde unter Nissanka Malla erbaut und zeugt von der Freude an der Verzierung, die zu seiner Zeit einen Höhepunkt der Polonnaruwa-Epoche erreichte.

Mandapa (Anbetungs-stätte)

Außerhalb des Quadrangle

Man verlässt das Quadrangle im Norden und wendet sich nach Osten. Dort trifft man auf den Pabulu Vihara (Korallenschrein), eine Art Stufendagoba, die eine Gemahlin von Parakrama Bahu I. stiftete.

Sie ist sehr schlicht gehalten, leider aber sehr zerfallen und steht auf einer Terrasse. Der Bezirk wurde mit einer Steinmauer (Prakara) umfriedet. Treppenstufen führen auf die erste und zweite ringförmige Terrasse, ein behauener Felsblock auf der zweiten diente wahrscheinlich als Blumenaltar.

Rund um die Dagoba wurden sechs kleine Statuenhäuser angeordnet, die Buddha- und Bodhisattva-Figuren enthalten; einige von ihnen scheinen aus Anuradhapura zu stammen. In einem der Statuenhäuser ist auch noch der Ziegelkern der Skulptur eines liegenden Buddhas zu erkennen.

✱
Shiva Devale
(Hindu-Tempel)

Das Shiva Devale ist das einzige Baudenkmal, das sich mit Sicherheit der Zeit der Chola-Regierung in Polonnaruwa zuschreiben lässt. Es wirkt sehr bescheiden, ist ganz aus Stein erbaut und heute noch recht gut erhalten. Die Proportionen sind elegant und harmonisch, die Gliederung jedoch streng. Am Eingang sind zwei Skulpturen des Stiers Nandi, des Reittiers Shivas, bemerkenswert. Im Innern steht ein Lingam, das Symbol für Shiva, den Gott der Fruchtbarkeit. Einer Inschrift ist der alte Name des Tempels (Vanavan Madevi Isvarmudaiyar) zu entnehmen.

Vishnu Devale
(Hindu-Tempel)

Nahe dem Nordtor der Stadtbefestigung sind die Ruinen eines Vishnu Devale zu sehen, der aus dem 13. Jh. stammt. Nur der Unterbau aus behauenen Steinen ist noch vorhanden, der Aufbau, vermutlich aus Ziegeln, ist dagegen stark verwittert. Im Innern steht eine stark beschädigte Vishnu-Figur.

Ganadevi Kovil
(Hindu-Tempel)

Gegenüber trifft man auf die Ruinen des Ganadevi Kovil, in dessen Innerem einst ein Lingam stand.

Manik Vihara

Außerhalb der Stadtbefestigung nahe dem Nordtor steht der Manik Vihara, eine Ziegel-Dagoba mit einer hohen, rechteckigen Terrasse aus Ziegeln. Die Plattform wird von einem beachtlich gut erhaltenen Löwenfries umrandet, die Tiere sind auf Terrakottaplatten in Frontalansicht dargestellt, und zwar so **übertrieben furcherregend**, dass sie schon beinahe wie Karikaturen wirken. Eine von zwei schönen Wächtersteinen flankierte Steintreppe führt auf die Terrasse, erhalten ist auch noch eine aus behauenen Steinen schön zusammengefügte Türumrahmung.

Shiva Devale
(Hindu-Tempel)

An der nach Norden führenden Straße stößt man linker Hand auf ein weiteres Shiva Devale, dessen Ruinen vom Archaeological Department in den 1980er-Jahren instand gesetzt wurden. Das Heiligtum besteht aus Vorhalle und Cella sowie einem zweiteiligen Nebenraum in der gleichen Ordnung. In der Hauptcella befinden sich ein rundes Yoni und der untere Teil eines Lingam, in der Cella des Anbaus ein Ziegelsockel für eine nicht mehr vorhandene Statue. Die Türpfosten am Cellaeingang lassen erkennen, dass die Tür nicht einmal mannshoch gewesen sein muss. Ein runder Stein, auf dem sich die Tür gedreht haben muss, wurde wieder eingesetzt.

Der Rankot Vihara, auch Ruvanveli Dagoba genannt, ist mit einer Höhe von 55 m und einem Durchmesser von 56 m die größte vollendete Dagoba von Polonnaruwa. Das mächtige Bauwerk ist von mehreren Statuenhäusern umgeben und wurde erst vor wenigen Jahren restauriert. Zahlreiche Inschriften weisen die Dagoba als Bau von König Nissanka Malla aus. Bemerkenswert ist, dass in Abständen von ca. 3 m Kalksteinmörtel in Schichten aufgelegt wurde; wahrscheinlich, um Unregelmäßigkeiten im Bau auszugleichen. An den Lotosfriesen der unteren Terrasse sind stellenweise Spuren früherer Bemalung zu erkennen. Am Eingang zum Tempelbezirk steht ein Steinsitz, dessen Inschrift besagt, dass Nissanka Malla von hier aus die Bauarbeiten überwachte.

★ ★
Rankot Vihara (Ruvanveli Dagoba)

Der flache Felsen Gopalabatta östlich der Straße enthält an seiner Ostseite vier Höhlen, die – wie eine Brahmi-Inschrift bezeugt – bereits im 5. Jh. von Einsiedlermönchen bewohnt waren. Zur Polonnaruwa-Zeit waren sie wahrscheinlich Teil eines Klosters. In einer der Höhlen fand man Reste einer Buddha-Statue, daher handelt es sich hier möglicherweise um die Bilderhalle.

Gopalabatta-Felsen

Zu dem Alahana Parivena (Krematoriumskloster) genannten Komplex gehören eine Versammlungshalle der Mönche (Baddhasima Prasada), das Statuenhaus (Lankatilaka) und der Kiri Vihara (Milch-Dagoba) sowie eine Verbrennungsstätte, auf der die verstorbenen Mitglieder der königlichen Familie und Mönche eingeäschert wurden. Wahrscheinlich enthalten die überall verstreuten Erdhügel kleine Dagobas mit der Asche von Angehörigen der königlichen Familie. Ausgrabungen haben auch die Grundmauern von Mönchszellen freigelegt. Zwei Höhlen an der oberen Grenze des Bezirks enthalten großartige Buddha-Statuen.

Alahana Parivena

Eine bemerkenswerte Ruine ist die des Lankatilaka, das einst als Statuenhaus diente. In seinem Innern ist noch der Torso eines früher einmal etwa 13 m hohen Buddhas bemerkenswert. Interessant ist auch die reich gegliederte Fassade, die dem Betrachter das Gefühl vermittelt, es handle sich um ein mehrgeschossiges Gebäude. Das ist aber eine Täuschung, denn der Innenraum ist nicht zuletzt wegen der immensen Mauerdicke sogar relativ klein. Gegenüber dem Eingang zum Lankatilaka stehen noch die mit Lotosblüten verzierten Steinpfeiler eines Mandapa, in dem sich Trommler und andere Musikanten zu den Zeremonien versammelten.

Lankatilaka (Statuenhaus)

Der Kiri Vihara, nach dem blendend weißen Verputz aus zerriebenen Muschelschalen auch Milch-Dagoba genannt, wurde vermutlich von Subhadda, einer Gemahlin von Parakrama Bahu I., gestiftet. Das

★ Kiri Vihara

schlichte, 24 m hohe Bauwerk in klassischer Form ist an der Basis mit Gesimsen verziert und wirkt dadurch leicht und elegant: Die Dagoba wurde übrigens noch nie renoviert: Als man sie aus den Wucherungen des Dschungels befreite, war der bläulich-weiße Verputz noch fast vollständig erhalten.

✶ ✶ Felsentempel Gal Vihara

»Schwarzer Fels« Der Straße nach Norden weiter folgend, erreicht man die bedeutendste Sehenswürdigkeit von Polonnaruwa, den Felsentempel Gal Vihara. Der eigentliche Name lautet Uttarama, gebräuchlich ist aber auch die Bezeichnung »Schwarzer Fels«. In der Chronik Culavamsa steht geschrieben, dass dieser Tempel im Auftrag von König Parakrama Bahu I. errichtet wurde.

Der Gal Vihara in Polonnaruwa ist berühmt für seine einzigartig schönen Buddha-Statuen.

Die vier monumentalen, aus dem Felsen herausgehauenen Buddha-Statuen, die heute unter freiem Himmel stehen, waren einst wohl in drei Statuenhäusern untergebracht, deren Mauerreste man noch sieht. Sie sind **Meisterwerke** singhalesischer Steinmetzkunst.

Die größte Figur mit einer Länge von 14,1 m ist der liegende Buddha. Die versetzten Füße deuten an, dass es sich um den ins Nirwana eingegangenen Erleuchteten handelt. Der Gesichtsausdruck zeigt eine deutliche Entrücktheit, der Körper ist entspannt, doch bewahren Kopf und Körper eine archaisch strahlende Kraft. Mit sparsamsten Mitteln erreichte der Bildhauer ein **Höchstmaß an Wirkung**, mildert zum Beispiel durch geschwungene Linien (etwa an der Taille und an der Hüfte) oder den fein geschwungenen, regelmäßigen Wellenlinien des in Falten gelegten Gewands die Strenge der Gestalt.

Die Bedeutung der 6,93 m hohen Figur neben seinem Haupt entzieht sich bis heute der eindeutigen Klärung. Möglicherweise handelt es sich dabei um Ananda, den Lieblingsjünger Buddhas, denn dieser war anwesend, als der Erleuchtete ins Nirwana einging. Allerdings wird er ansonsten zumeist an dessen Füßen stehend dargestellt, sodass man auch annehmen könnte, es handle sich um Mahinda, den Mönch, der den Buddhismus nach Sri Lanka brachte. Der war aber bei Buddhas Tod nicht anwesend. Die Haltung mit verschränkten Armen und den auf die Oberarme gelegten Händen ist äußerst ungewöhnlich und fällt völlig aus dem ikonografischen Rahmen. Viele Kunsthistoriker betrachten diese Figur als **die künstlerisch wertvollste** der Vierergruppe.

In einer in den Felsen getriebenen Grotte findet sich die 1,5 m hohe Figur eines sitzenden Buddhas, dessen hoher Thron mit Löwenreliefs, Pilastern und Blütenornamenten friesartig verziert ist. Die Figur ist an ihrer Rückwand von einem Makara-Bogen umgeben und besticht durch ihre Schlichtheit. Die vierte Figur schließlich, ein meditierender Buddha, ist etwa 5 m hoch und lehnt an der reich mit Makara-Bogen geschmückten Felswand. Um das Haupt des Buddhas legte der Künstler eine Art Heiligenschein, den Thron ziert ein mit Löwen besetzter Fries.

Die Demala Maha Seya Dagoba, die Große Tamilen-Dagoba, ließ König Parakrama Bahu I. vermutlich von Tamilen errichten, die er während seiner Kriegszüge im südindischen Reich gefangen genommen und nach Sri Lanka verschleppt hatte. Sie wurde als die vielleicht gewaltigste Dagoba von Polonnaruwa konzipiert, wofür die mächtige Basis mit einem Durchmesser von 165 m spricht. Wie sie ausgesehen hätte, ist ungewiss, denn was heute zu sehen ist, stammt – unter Mitverwendung der alten Teile – aus späterer Zeit.

★
**Demala Maha
Seya Dagoba**

Etwas weiter nördlich stößt man links der Straße auf das Lotosbad, ein in der Form einer Lotosblüte angelegtes Badebecken aus fein behauenen Steinen. Die Übertragung der symbolhaften Lotosform auf Badeanlagen ist **typisch für die Freude an der Verzierung** in der Po-

Lotosbad

lonnaruwa-Zeit. Es wird vermutet, dass es einst sieben weitere gleichartige Becken in der Umgebung gegeben hat. Die Anlage gehörte einst zum Jetavana-Kloster, das unter Parakrama Bahu I. gegründet wurde.

Tivanka Pilimage (Statuenhaus)

✳ Der Tivanka Pilimage, das Statuenhaus des Jetavane-Klosters, ist das nördlichste Bauwerk des historischen Polonnaruwa. Es erhielt seinen Namen nach einem Tivanka genannten Bildnis, einem stehenden Buddha, für den er von Parakrama Bahu I. gebaut wurde. Der Ziegelbau mit seinen mächtigen Mauern ist noch etwas größer als der Lankatilaka und die Fassaden sind reichhaltiger mit Stuckreliefs geschmückt. In die Mauer des vorderen Saals war ein Gang eingelassen, durch den man zum oberen Stockwerk gelangen konnte. Das ganze Bauwerk zeigt unverkennbar südindische Einflüsse.

Berühmt ist das Statuenhaus allerdings wegen der leider nur fragmentarisch erhaltenen **Reste von Wandmalereien**, die einst wohl alle Wände bedeckt haben. Sie stammten vermutlich aus der Wende vom 12. zum 13. Jh. und zeigen – nach dem Schema der fortlaufenden Erzählung – Szenen aus dem Leben Buddhas und aus den Jatakas, den früheren Existenzen Buddhas. Bei den meisten Bildern steht das Zeichnerische im Vordergrund, einige versuchen aber auch, Stimmung und Atmosphäre wiederzugeben.

Im Innern ist noch die 8 m hohe Figur eines stehenden Buddhas bemerkenswert, allerdings fehlt der Kopf, der im Lauf der Jahrhunderte verwitterte und herunterfiel.

> ❗ **Baedeker TIPP**
>
> **Elefanten-Safari**
>
> Inzwischen gibt es einige Anbieter (z. B. Samagi Villa Safari), die Dschungeltouren in die Umgebung von Polonnaruwa machen, bei denen Elefanten-Herden beobachtet werden können. Solch eine Safari dauert ca. 6 Stunden und ist anstrengend, aber sehr erlebnisreich.

Umgebung von Polonnaruwa

Nayipena Vihara

Der Nayipena Vihara war nicht etwa – wie man vermuten könnte – ein buddhistischer Tempel. Vihara wurde er nur genannt, weil man unter den Trümmern des eingestürzten Dachs ein außerordentlich schönes Stuckrelief eines mehrköpfigen Schilds einer Kobra fand. Man nimmt an, dass es sich eher um ein Vishnu Devale, also ein hinduistisches Heiligtum, handelte. Im Sanktum steht noch der Sockel, die dazugehörende Figur wurde bisher nicht gefunden.

Shiva Devale (Hindu-Tempel)

Das Shiva Devale ist größer als der zuvor beschriebene Nayipena Vihara, zeigt aber einen ähnlichen Grundriss. Er bestand aus sechs aufeinander folgenden Räumen, wobei die Gläubigen vier Räume durchschreiten mussten und erst vom fünften Raum aus den Bildnissen oder Symbolen der Gottheiten huldigen konnten, die im sechsten

Raum standen. Dort steht jetzt ein sehr schön gearbeiteter restaurierter Lingam.

Etwa 15 km südöstlich von Polonnaruwa liegt der 334 m hohe Berg Gunner's Coin, der als **natürliche Felsenfestung** Dhumarakkha Pabbata in der sehr frühen Geschichte der Anuradhapura-Könige eine Rolle spielte. Der Aufstieg zum Felsenkloster von Dimbulagala ist nicht ganz ungefährlich, auf jeden Fall aber beschwerlich. Belohnt wird die Anstrengung durch sehr schöne Malereien, die etwa aus dem 6. Jh. stammen und im Auftrag von Königin Sundari, der Schwiegertochter von König Parakrama Bahu I., bei der Ausgestaltung der Höhlen mit verwendet wurden.

★
Felsenkloster von Dimbulagala

Pottuvil

E 8

Provinz: Uva   **Höhe:** 7 m ü.d.M.

Der kleine, eigentlich nur Insidern bekannte Ort Pottuvil wird weniger wegen seiner Sehenswürdigkeiten gerühmt, als vielmehr wegen seiner Nähe zu den hervorragenden Stränden an der Ostküste, vor allem aber wegen seiner ausgezeichneten Surfmöglichkeiten – Arugam Bay ist für Surfer der Inbegriff des Paradieses.

Sehenswertes in der Umgebung

Exakt um 9.04 Uhr morgens traf der Tsunami auf die Insel Sri Lanka und zerstörte fast alle Orte entlang der Ostküste. Die Schäden sind teilweise noch sichtbar und auch die Straßen sind vielfach noch in einem provisorischen Zustand. Dennoch haben viele touristische Betriebe bereits wieder geöffnet, auch wenn die meisten Hotels nur ein reduziertes Zimmerangebot haben.

Tsunami-Schäden

Allen Widrigkeiten zum Trotz fanden hier zwischenzeitlich schon wieder mehrmals **internationale Surfmeisterschaften** statt, denn die Bucht von Arugam Bay zählt noch immer zu den zehn besten Surfdestinationen der Welt.
Entlang der Strände ist eine ganze Reihe neuer kleiner Hotels und Restaurants entstanden, wobei für die Architektur vielfach natürliche Materialien verwendet wurden. Das »Tri Star Beach Hotel«, das früher über die besten Zimmer und den bislang einzigen Pool der Bucht verfügte, wurde in seiner alten Form wieder eröffnet und ist durch einen direkt am Strand gelegenen Neubauflügel ergänzt worden. Zudem steht die Eröffnung mehrerer neuer, für diese touristisch noch nicht sehr erschlossene Region ungewöhnlich komfortabler Bungalow-Anlagen, wie das »Bombardi Resort« oder das »Royal Garden Beach Hotel«, unmittelbar bevor.

Arugam Bay

▶ POTTUVIL ERLEBEN

ANREISE

Mit dem Auto:
Von Colombo über die A 2 bis
Panadura, weiter auf der A 8 bis
Ratnapura, von dort auf der A 4
bis Pottuvil (ca. 322 km).
Mit der Bahn:
Ab Colombo fährt man bis zur
Endstation Matara, von dort geht es
weiter mit dem Bus nach Wellawaya.
Von hier aus fährt dann allerdings nur
zweimal täglich ein Bus weiter nach
Pottuvil.

ÜBERNACHTEN

▶ **Günstig**
Stardust Beach Hotel
Arugam Bay
Tel./Fax 063 / 224 81 91
www.arugambay.com
Sehr schönes Gästehaus unter
dänischer Leitung und ein beliebtes
Quartier bei Surfern aus aller Welt.
Die Unterkünfte sind entweder
geräumige Doppelzimmer in einem
Neubau oder Cabanas direkt am
Strand.

Puttalam

A 5

Provinz: North Western **Höhe:** 3 m ü.d.M.
Einwohnerzahl: 41 000

**Puttalam liegt im Nordwesten Sri Lankas an einer weiten Lagune,
die sich etwa 60 km lang nach Norden erstreckt und in der von
mehreren großen Inseln besetzten Dutch Bay den Zugang zum offenen Meer findet.**

Christliches Pilgerziel
Viele Einwohner der Stadt sind Christen: Die katholische Kirche St.
Anne auf der vorgelagerten, die Lagune schützende Landzunge ist
ein wichtiges Pilgerziel aller Christen auf Sri Lanka. Das wirtschaftliche Standbein sind die Fischerei und die Salzgewinnung aus Meerwasser. In früher Zeit nutzten arabische Seefahrer und Händler den
Ort als Ausgangspunkt für ihre Aktivitäten, von einiger Bedeutung
war auch die Perlenfischerei. Die Lage am Rand des vom Bürgerkrieg
betroffenen Gebiets verhinderte in den zurückliegenden Jahren einen
weiteren wirtschaftlichen Aufschwung.

Sehenswertes in Puttalam

Von der Fischerei geprägt
Puttalam ist ein typischer Fischerort und einer der wichtigsten auf
der Insel. Interessant ist es, dem geschäftigen Treiben der Fischer am
Fischereihafen, in der Markthalle, wo der Fang versteigert wird, und
in der Straße, wo sich die Stände mit Trockenfisch aneinander reihen, zuzusehen.

PUTTALAM ERLEBEN

ANREISE

Mit dem Auto:
Von Colombo auf der A 3 (134 km);
von Anuradhapura auf der A 12
(79 km); von Kurunegala auf der A 10
(88 km).

Mit der Bahn:
Derzeitige Endstation an der
Bahnlinie von Colombo nach Jaffna.

Mit dem Bus:
Von allen oben genannten Städten
gute Verbindungen.

TOUREN

Sunway Holidays
Hauptbüro: Sunway House

25, Kimbulapitiya Road, Negombo
Tel. 031 / 223 82 82 oder 531 25 55
Fax 031 / 223 81 82
www.sunwayholidays.lk
Der Veranstalter bietet gut geführte
Touren in den Wilpattu-Nationalpark
mit anschließender Übernachtung in
einfachen Unterkünften an.

ÜBERNACHTEN

Im Wilpattu-Nationalpark gibt es
einige einfache Unterkünfte, die über
verschiedene Reiseveranstalter
gebucht werden können.
Komfortablere Unterkünfte gibt es in
▶Anuradhapura.

Salzfelder

Bis Palavi, etwa sechs Kilometer südlich von Puttalam, ziehen sich
die Salzfelder hin. Hier wird mehr als ein Fünftel des Salzbedarfs von
Sri Lanka aus Meerwasser, das durch die Sonneneinwirkung ver-
dunstet, gewonnen.

Schöne Landzunge

Besonders reizvoll ist die von Sanddünen und Kokospalmen besetzte,
ca. 60 km lange Landzunge gegenüber von Puttalam, die Lagune und
Meer voneinander trennt.

Umgebung von Puttalam

★ Talawila

Bei Talawila, ca. 24 km nordwestlich von Puttalam auf der erwähnten
Landzunge, steht die große St. Anne Church, die alljährlich um den
26. Juli das Ziel zahlreicher Pilger ist. Die Kirche an sich bietet allerdings keine besonderen Sehenswürdigkeiten.

Kalpitiya

Der von Moors, den Nachkommen der arabischen Seefahrer, be-
wohnte Ort Kalpitiya weiter nördlich an der Lagunenküste war im
Mittelalter ein wichtiger Hafen. Die Portugiesen bauten an diesem
strategisch günstig gelegenen Ort ein Fort, das die Holländer später
erweiterten. Es ist ebenso gut erhalten wie eine Kirche aus holländischer Zeit.

Wilpattu-Nationalpark

Etwa 33 km nördlich von Puttalam liegt einer der Eingänge zum
Wilpattu-Nationalpark, der mit einer Fläche von etwa 1300 km² zu
den größten von Sri Lanka gehört. Berichten zufolge soll der Natio-

nalpark, der sich einst durch eine besonders große Vielfalt der Tierwelt auszeichnete, durch die militärischen Aktionen der LTTE und des singhalesischen Militärs **in Mitleidenschaft gezogen** worden sein. Erst 2005 wurde der Nationalpark wieder für Besucher geöffnet. Beachtlich sind die nach wie vor zahlenmäßig größte Leopardenpopulation Sri Lankas sowie viele andere Tiere (Elefanten, Bären, Affen u. a.). Während des Bürgerkriegs suchten allerdings viele Tiere neue Reviere. Typisch für die Landschaft sind die sogenannten Villus, große Wasserpfannen aus Regenwasser, die bei Trockenheit völlig austrocknen.

✴ Ratnapura

B 8

Provinz: Sabaragamuwa　　　　　**Höhe:** 27 m ü.d.M.
Einwohnerzahl: 47 000

Ratnapura, die »Stadt der Edelsteine«, liegt, von Bergen umschlossen und selbst auf Hügeln erbaut, im regenreichen, feuchtwarmen Tal des Kalu Ganga und ist die Hauptstadt der Sabaragamuwa-Provinz. In dieser Bezeichnung lebt der von der Legende überlieferte Name des Orts (Sabaragama = Dorf der Barbaren) weiter.

Edelstein-Dorado Den Reichtum an Edelsteinen wussten bereits die Griechen, Araber und Chinesen vor mehr als 2000 Jahren zu schätzen, heute sind es viele Thailänder, die in und um Ratnapura leben und sich im Schmuckhandel betätigen. Wann der Ort am Aufstieg zum Hochland gegründet wurde, verliert sich in der Geschichte; er bestand aber schon zur Zeit von König Parakrama Bahu I. (1153 – 1186), der hier die Edelsteinsuche förderte. In der Kandy-Zeit war die Edelsteingewinnung das Monopol der Könige, heute hat der Staat die Kontrolle darüber.

Sehenswertes in Ratnapura

Fort Vom englischen Fort sind noch Reste erhalten. Von hier – wie auch von anderen Punkten der Stadt – hat man einen guten Blick auf Sri Lankas heiligen Berg, den nur ca. 30 km entfernten ►Adam's Peak.

Maha Saman Devale Außerhalb der Stadt steht oberhalb des Kalu Ganga der Tempel Maha Saman Devale, alljährlich das Ziel hinduistischer und buddhistischer Pilger. Das Heiligtum ist dem Gott Saman geweiht, dem Beschützer Sri Lankas. Der Tempelbezirk ist von einer Mauer umgeben. Im Vorhof findet man die Überreste einer portugiesischen Kirche aus dem 16. Jahrhundert. Auch der Torbogen, der in den Tempelbezirk führt, offenbart portugiesische Elemente. Alljährlich im Juli/August findet hier eine eindrucksvolle, mehrtägige Perahera statt.

▶ RATNAPURA ERLEBEN

ANREISE

Mit dem Auto:
Von Colombo auf der A 4 über Avissawella (102 km) oder über Panadura auf der A 1, dann weiter über die A 8 (98 km); von Hambantota auf der A 2 bis Nonagama, dann auf der A 18 (124 km); von Wellawaya auf der A 4 (120 km).
Mit der Bahn:
Station an der Bahnlinie von Colombo nach Opanayake.
Mit dem Bus:
Gute Verbindungen von den oben genannten Städten.

ESSEN

Einige Restaurants mit sri-lankischer Küche gibt es im Stadtzentrum rund um den Uhrturm.

▶ Erschwinglich
Jade Restaurant
Senanayake Road
Preiswerte, authentische chinesische und thailändische Küche – hier verkehren zumeist Edelsteinaufkäufer.

ÜBERNACHTEN
▶ Komfortabel
Ratnaloka Tour Inn
Kosagala, Kahandama
Tel. 045 / 223 00 17

Fax 045 / 222 24 55
53 Zimmer, Restaurant, Pool
Etwas außerhalb der Stadt gelegenes Hotel mit guter Ausstattung. Von den meisten Zimmern hat man einen herrlichen Blick auf Teeplantagen und die Landschaft.

▶ Günstig
Rain Forest Lodge Deniyaya
Temple Road, Deniyaya
Tel. 041 / 492 04 44
www.rainforestlodge-srilanka.de
Herrlich inmitten der eindrucksvollen Landschaft gelegenes Gästehaus mit nur drei Zimmern. Der Besitzer bietet »All-inclusive«-Verpflegung (ohne alkoholische Getränke) und organisiert auch Touren in den Regenwald.

▶ Luxus/Komfortabel
Rainforest Edge
Balawatukanda, Waddagala
Tel. 045 / 225 59 12
Fax 045 / 225 59 13
www.rainforestedge.com
Am Rand des Sinharaja Rain Forest liegt auf einem Hügel dieses unter landschaftsgerechten Gesichtspunkten erbaute Hotel. Es besitzt sehr schöne Zimmern mit herrlichem Blick auf den Regenwald. Ein Ayurveda-Zentrum ist angeschlossen.

Das edelsteinhaltige Gebiet, der sogenannte Ratnapura-Graben, umfasst eine Fläche von ca. 8000 ha und liegt zwischen den Flüssen Kalu Ganga und Amban Ganga. Die in der Nacheiszeit entstandene Kiesschicht wurde später von einer Lehmschicht bedeckt. Edelsteingruben findet man vor allem nahe der Straße nach Pelmadulla in Richtung Osten, daher kann man die körperlich schwere Arbeit auch aus der Nähe beobachten. Die Suche nach Edelsteinen (▶Baedeker Special S. 334) geschieht unter der Aufsicht staatlicher Kontrolleure, al-

★
Edelsteinminen von Ratnapura

◀ weiter auf S. 336

Die Edelsteinhändler haben fast alles im Angebot: Rubine, Saphire, Topase, Amethyste, Aquamarine, Turmaline, Katzenaugen oder Granate.

DIE STADT DER EDLEN STEINE

Rund um Ratnapura gibt es viele Löcher auf den Feldern. Auf den ersten Blick sind sie nur schwer zu erkennen, was daran liegt, dass sich über die meisten ein Dach aus Reisstroh spannt. Und dann gibt es ja auch noch die Flüsse in der Umgebung, die von den nahen Bergen herabfließen und dabei Sand und Kies mit sich führen. Unter der Erde und in den Flüssen findet man das, was irgendwann einmal die Finger der Frauen und Männer ziert: Saphire, Rubine, Aquamarine oder Topase. Diamanten gibt es auf Sri Lanka allerdings nicht.

Es ist eine körperlich schwere Arbeit, das zu Tage zu fördern, was in aller Welt so begehrt ist, sagt Ahmed. Ahmed ist ein Moor, ein Nachfahre der arabischen Kaufleute, die schon im 8. Jh. auf Sri Lanka landeten. Schon bald nach ihrer Ankunft entdeckten sie die Edelsteine am Fuße des Adam's Peak. Ratnapura gilt seit jeher als die Stadt der Edelsteine, nirgendwo anders auf der Insel ist die Suche danach ergiebiger als hier. Und es gibt auf Sri Lanka eigentlich nur zwei Wege, ziemlich schnell reich zu werden: Entweder man sucht nach Edelsteinen oder man handelt mit ihnen. Ahmed hat sich für Letzteres entschieden, weil es entschieden einfacher ist. Es sei denn, man macht einen Fund, der ähnliches Aufsehen erregt wie der legendäre **»Blue Bell of Asia«**. Der brachte nämlich stolze 400 Karat auf die Waage und war auch nicht für irgendwen bestimmt. Irgendwer hätte ihn sich auch wohl

kaum leisten können, also griff das englische Königshaus zu, dessen Krone dieser Stein heute ziert.

Hart erkämpft

Die Methoden der Edelsteingewinnung sind seit alters her dieselben. Zuerst gräbt man mit Spitzhacke und Schaufel ein quadratisches Loch, das sich dann zu einem bis zu 15 m tiefen Schacht auswächst. Ist das Loch tief genug, lässt sich ein nur spärlich bekleideter Arbeiter an einem Seil hängend oder auf einer kleinen, aus Brettern zusammengefügten Plattform stehend in die Tiefe und gräbt in horizontaler Richtung mühsam einen **Stollen**.

Mit kleinen Schaufeln kratzen die Arbeiter im Schein von Kerzen oder Petroleumlampen die lehmige Erde zusammen, wobei die Kerzen eine weitere Funktion erfüllen. Sie sind nämlich ein Indiz dafür, dass die Luft zum Atmen knapp wird.

Schon bald werden diese Steine zu geschmackvollen Schmuckstücken verarbeitet sein.

Was die Arbeiter von den Stollenwänden tief unter der Erde abkratzen, schütten sie in einen flachen geflochtenen Korb, der den Stollen entlang zurücktransportiert und mit dem Seil nach oben gezogen wird.

Der Mühe Lohn

Oben warten sie schon auf den Korb und seinen Inhalt. Sie tragen ihn etwas abseits, dann nimmt einer einen Schlauch, während ein anderer den Dieselgenerator in Betrieb setzt. Mit Hochdruck spritzt das Wasser in den Korb und löst die kleinen, manchmal auch etwas größeren Steine heraus. Mit geübtem Blick und routiniertem Griff trennt einer der Arbeiter die wertlosen von den wertvollen Steinen. Allzu oft sind nur kleine **Mondsteine** oder **Aquamarine** darunter. Was gefunden wird und einigermaßen wertvoll aussieht, wird nach Ratnapura gebracht. Hier treten die Aufkäufer auf den Plan, die die Qualität der Steine begutachten und einen (oftmals willkürlichen) Preis kalkulieren. Einheitliche Preise gibt es nicht, weshalb viele auch nicht gleich beim ersten Aufkäufer nicken.

Export und Verarbeitung

Jährlich werden von Sri Lanka Edelsteine im Wert von ungefähr 80 Millionen Euro in alle Welt exportiert. Offiziell wohlgemerkt, denn was auf dunklen Wegen die Insel verlässt, ist nur schwer abzuschätzen. Die gibt es natürlich, obwohl die Edelsteinsuche staatlicher Kontrolle unterliegt.

Ein großer Teil der Edelsteine geht in Länder, wo man etwas von der **Schmuckherstellung** versteht. Zum Beispiel nach Thailand, wo Steine aus Sri Lanka begehrte Rohware für hübsche Schmuckstücke nach westlichem Geschmack sind. Allerdings bemüht sich die Regierung in Colombo seit Jahren darum, auch auf der Insel eine Schmuckstückfertigung zu etablieren. Junge, begabte Leute werden ins Ausland geschickt, um dort die Kunst des richtigen Schliffs und der passenden Fassung zu lernen. Von dort bringen sie aber auch das Wissen um eine Technik mit, die eigentlich verpönt ist: Saphire, die nur einen geringen Reinheitsgrad besitzen, werden dort in einem besonderen Verfahren erhitzt, wonach sie einen Blaustich erhalten, den es in der Natur eigentlich gar nicht gibt. Solche Steine sind trotzdem beliebt, auch wenn sie schon nach einigen Jahren diese Einfärbung wieder verlieren. Natürlich gibt es auch einige begabte Schmuckkünstler auf der Insel, die sich auf eigene Faust selbstständig gemacht haben und ihre oft kreativen Arbeiten im Direktverkauf an die Touristen vermarkten oder aber auf Anfrage arbeiten.

lerdings erhält jeder Arbeiter bei einem wertvollen Fund ein »Erfolgshonorar«. Außerdem dürfen sie jeden Stein behalten, den sie in einem für erschöpft erklärten Areal finden. Der Handel mit Edelsteinen lag – außer während der Kolonialzeit – vorwiegend in den Händen der Moors. Sie sind auch heute wieder vielfach Besitzer der Juweliergeschäfte, die sich hier dicht an dicht aneinander reihen.

Nationalmuseum von Ratnapura

Das Ratnapura-Nationalmuseum wurde bereits 1946 gegründet und enthält eine kleine, aber gute Sammlung von Edelsteinen und Schmucksteinen. Auf Tafeln wird die Geschichte der Edelsteingewinnung erklärt, außerdem wird das Modell einer Edelsteingrube gezeigt sowie verschiedene Fundstücke aus der Geschichte der Stadt (Colombo Road, Öffnungszeiten: Sa. – Do. 9.00 – 17.00 Uhr).

Sinharaja Rain Forest Reserve (Regenwald)

Sehr reizvoll ist eine Fahrt von Pelmadulla in Richtung Südwesten. Sie führt durch den letzten Rest des fast unberührt wirkenden tropischen Regenwalds, der in Gestalt des Sinharaja Rain Forest Reserve nicht nur unter Naturschutz steht, sondern auch als Weltnaturerbe der UNESCO gilt. Betreten werden darf dieses ca. 130 km² große Gebiet streng genommen nur noch von Wissenschaftlern, einige Hotels bieten aber **geführte Touren** auf dem einzigen Wanderweg, der den Nationalpark durchzieht. Im Regenwald leben neben vielen anderen Tieren noch mehrere endemische Vogelarten.

Baumriese im Sinharaja-Regenwald

★ Sigiriya

C 6

Provinz: Central   **Höhe der Festung:** 363 m ü.d.M.

Der mächtige Felsen von Sigiriya erhebt sich 200 m hoch jäh aus einer Ebene, die von Wäldern und Seen umgeben ist. Als wäre sein Anblick nicht schon faszinierend genug, bietet der Felsen auf seinem Gipfelplateau eine (heute verfallene) Festung und in einer Galerie an seiner Seite die berühmtesten Wandgemälde von Sri Lanka, die »Wolkenmädchen von Sigiriya«. Der gesamte Komplex ist UNESCO-Weltkulturerbe.

Der Name Sigiriya entstand etwa im 5. Jh., als König Kassyapa regierte: »giri« bedeutet Maul oder auch Berg, »sinha« oder »singha« steht für Löwe und bezieht sich auf das aus dem Felsen herausgehauene Vorderteil eines Löwen, durch dessen Maul man heute über eine Treppe, damals jedoch über in den Felsen geschlagene kleine Stufen, auf den Gipfel gelangte. — **Löwenmaul**

Um den Felsen von Sigiriya, vor allem aber um die Festung auf seinem Gipfelplateau, rankt sich die in der Chronik Culavamsa geschil- — **Trutzburg**

Durch ausgedehnte Gartenanlagen geht man auf die Felsenfestung zu.

Sigiriya *Orientierung*

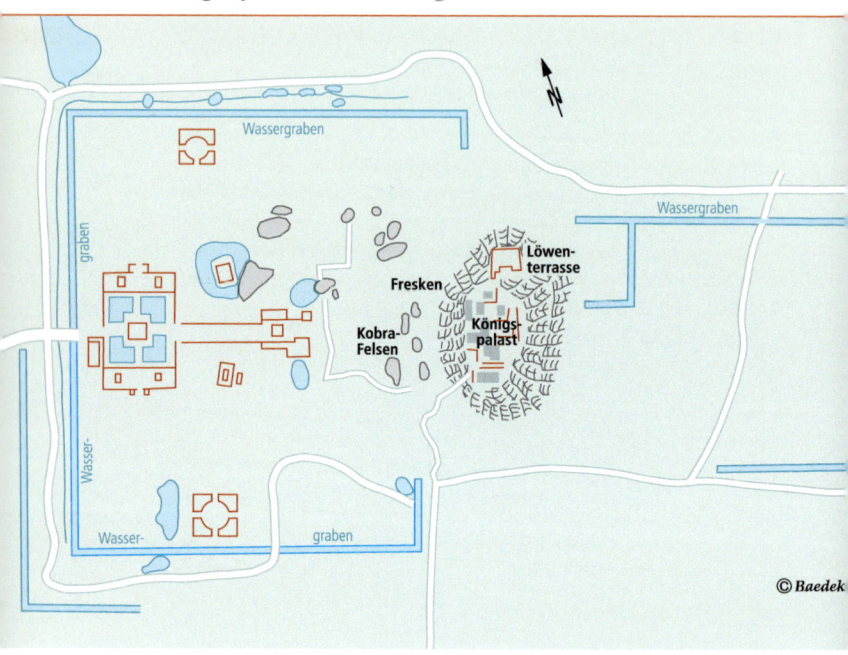

derte Legende um König Kassyapa I., der im 5. Jh. seinen Regierungssitz hierher verlegte. Er war der ältere von zwei Söhnen von König Datthu Sena (459–477) und stammte aus einer Verbindung mit einer Nebenfrau, die von niederer Herkunft war, während Mogallana, der jüngere, der Ehe mit seiner Hauptgemahlin und Königin entspross. Auf Betreiben von Migara, dem obersten Heerführer und Schwiegersohn Datthu Senas, setzte Kassyapaim im Jahr 477 seinen Vater gefangen und bemächtigte sich des Throns, während Mogallana nach Indien floh. Migara verstand es unterdessen, Kassyapa einzureden, sein Vater verfüge über große Schätze, die nicht für ihn, sondern für Mogallana bestimmt seien. Kassyapa ließ daraufhin seinen Vater foltern, um das Versteck des Schatzes zu erfahren. Schließlich führte Duttha Sena seinen Sohn und Migara zum Kala-Stausee, sprang hinein, badete und sagte: »Dies, o Freunde, ist mein ganzer Reichtum!« Kassyapa war über diese Aussage so erbost, dass er beschloss, seinen Vater zu töten. Er ließ ihn nackt in Ketten legen und bei lebendigem Leibe einmauern.

Nun fürchtete Kassyapa I. aber die Rache des nach Indien geflohenen Bruders, und so zog er von Anuradhapura auf den Sigiriya-Felsen, nachdem er sich dort eine mächtige Trutzburg hatte erbauen lassen. In der Tat rückte Mogallana im Jahr 495 mit einem großen Heer an.

⏵ SIGIRIYA ERLEBEN

ANREISE

Mit dem Auto:
Von Dambulla auf der A 6 bis nach Inamaluwa, dann rechts abbiegen (19 km); von Polonnaruwa auf der A 11 bis nach Habarana, dann links einbiegen, nach etwa 4 km wieder links abbiegen und nach weiteren 4 km nochmals links (55 km); von Anuradhapura auf der A 13 bis Maradankadawala, dann links abbiegen und auf der A 11 bis Habarana (weiter wie oben beschrieben, 67 km).

Mit der Bahn:
Die nächstgelegene Bahnstation liegt in Habarana (19 km).

ÜBERNACHTEN

Baedeker-Empfehlung

► Komfortabel

Sigiriya Village
Reservierung in Colombo:
Colombo Fort Hotels Ltd.
53 1/1, Sir Baron Jayatilleke Mawatha
Colombo 01
Tel. 011 / 238 16 44 und 238 16 45
Fax 011 / 238 16 45
www.sigiriyavillage.lk
120 Zimmer, Restaurant, Pool
Schön gelegenes Hotel mit Blick auf den Felsen von Sigiriya. Zimmer im Cottagestil.

Aus bis heute unerfindlichen Gründen verließ Kassyapa die Felsenfestung und stellte sich dem Kampf. Als sich aber seine Niederlage abzeichnete, gab er sich mit einem Messer selbst den Tod. Mogallana wurde König in Anuradhapura, die Felsenfestung von Sigiriya übergab er seinen Priestern. Diese geriet alsbald in Vergessenheit und wurde erst 1811 von dem englischen Major H. Forbes wieder entdeckt. 1894 begannen die Restaurierungsarbeiten.

Im Felsen von Sigiriya befinden sich Höhlen, die schon in wesentlich früherer Zeit – etwa im 2. Jh. v. Chr. – vermutlich von einsiedelnden Mönchen bewohnt waren.

Im Westen und Osten sind dem Felsen zwei rechtwinklige Bereiche mit einer Fläche von ca. 400 000 m² vorgelagert, die von einer Mauer und einem Wassergraben umschlossen werden. Der Westteil ist durch zwei weitere Wälle mit Gräben gesichert.

✳
Königliche Lustgärten

Der Haupteingang liegt im Westen. Von hier aus erreicht man zunächst die Königlichen Lustgärten, die in ihrer Achse symmetrisch auf den Felsen ausgerichtet sind. Der oder die Landschaftsgestalter bezogen die an einigen Stellen vorhandenen Felsgruppen in ihre Planung mit ein. Rechts und links des Wegs liegen je zwei Teiche, die von einer rechteckigen Ziegelmauer umgeben sind. Das Wasser wurde über unterirdische Leitungen in die Teiche herangeführt. Zwischen Hügeln, auf denen Gebäudereste zu erkennen sind und die von ovalen Wassergräben umzogen werden, führt der Weg zu einem achteckigen, mit einer Ziegelmauer eingefassten Teich. Der Felsen im

FELSENFESTUNG VON SIGIRIYA

✳✳ **Mitten im Dschungel erhebt sich ein bizarrer Felsen aus Gneis, der einst zusammen mit den darauf zuführenden luxuriösen Gartenanlagen ein höfisches Paradies bildete. Architektonisch gibt es nichts Vergleichbares und fast möchte man von einem Weltwunder sprechen. Auch heute noch erkennt man in den Resten die künstlerische Großtat.**

🕐 Öffnungszeiten:
8.00 – 17.00 Uhr

① Wassergarten
Noch heute kann man sich die Pracht und erlesene Schönheit vorstellen, wenn man die zahlreichen Überreste von Wasserbecken, Pavillons, Springbrunnen und Teichen sieht. Dies alles wurde durch ein ausgeklügeltes Wasserkanalsystem versorgt. Die vier L-förmigen Wasserbecken umgaben einst einen Pavillon. Die Becken selbst dienten wohl als Bäder, denn sie hatten glatte Wände und Treppen.

② Steingarten
Malerische Steine schmücken diesen Bereich. Auf seinen gewundenen Pfaden trifft man außerdem auf die Höhle der Kobrahaube, den Predigerfelsen und auch auf einen alten Klosterkomplex mit Dagoba und Bodhi-Baum.

③ Terrassengarten
Der Steingarten führt zum Terrassengarten. Hier liegen verschiedene Terrassen übereinander, durch Ziegeltreppen verbunden. Sie führen zum Eingangsbereich des Felsens, dem Löwentor.

④ Löwentor
Heute zeugen nur noch die riesigen Pranken vom einstigen kolossalen Löwen, der die gesamte Front des Bergs einnahm.

⑤ Königspalast auf dem Gipfelplateau
Anlage und Grundriss des 1,2 ha großen Palasts sind noch deutlich zu erkennen. Im Westen erstreckte sich der innere Palast, im Osten der äußere, während sich im Süden die Palastgärten befanden, ausgerichtet auf ein Felsbecken, das der Wasserspeicherung diente.

⑥ Staubecken Sigiriya Wewa
Durch alte Inschriften weiß man, dass dieser See früher klares Wasser besaß, auf dem bunte Wasserlilien schwammen. Er speiste die Anlagen im Wassergarten durch ein ausgeklügeltes unterirdisches Leitungssystem, das über Kontrollklappen, Ringleitungen und Schmutzauffangvorrichtungen verfügte. Gesammelt wurde das Wasser durch in den Felsen gehauene Kanäle, die das abfließende Wasser aufnahmen.

Verschnaufpause beim Aufstieg zum Gipfelplateau

Der Aufstieg beginnt am Löwentor und kann ganz schön schweißtreibend werden. Und schwindelfrei sollte man besser auch sein.

1

Die beiden Pranken am Felseingang sind die einzigen Überreste des monumentalen Löwen. Einst führten die Stufen direkt in sein Maul.

Sigiriya war ein höfisches
Paradies: Auf dem Felsen
sind die Reste der königlichen
Bäder noch gut zu erkennen.

© Baedeker

Teich weist oberhalb der Wasserfläche Einkerbungen auf – wahrscheinlich Vertiefungen, in die Öllämpchen gesteckt wurden.

✶ ✶
Felsenfestung von Sigiriya

Eine Reihe mächtiger Felsbrocken bildet die natürliche Grenze zwischen dem Lustgarten und dem inneren Bezirk, zugleich aber auch die erste von mehreren Terrassen auf verschiedenen Höhen des Hauptfelsens. Auch hier sind noch an einigen Stellen die Reste früherer Bebauung zu erkennen, über deren Zweck jedoch bis heute gerätselt wird.

Felshöhlen

Die Felsen der westlichen Terrassen bergen insgesamt 23 Höhlen. Sieben von ihnen tragen in ihrem Innern Brahmi-Inschriften aus dem 2. Jh. v. Chr. bis zum 2. Jh. n. Chr. Aus diesen geht hervor, dass die Höhlen religiösen Zwecken – vermutlich als Wohnhöhlen für Mönche – dienten, lange bevor Kassyapa hier seinen Palast anlegen ließ. In einigen anderen Höhlen finden sich jedoch Malereien mit Darstellungen von Frauen aus der Zeit Kassyapas, was vermuten lässt, dass der König möglicherweise eine größere Anzahl von Mönchen aus der Stadt Anuradhapura mitbrachte und diese in den Höhlen lebten.

Auf der ersten Terrasse sind noch die Reste einer Dagoba zu erkennen. Die sogenannte Deranyagala-Höhle auf der Terrasse darüber enthält ebenfalls Malereien. Im Nordwesten dieser Höhle führten schmale Pfade zu einer Treppe aus Ziegeln, die erst 1958 freigelegt wurde und von Westen her den Aufstieg zum Felsen ermöglichte. Weitere Aufgänge befinden sich im Norden und im Süden; der südliche konnte jedoch nicht mehr restauriert werden, daher wurde ein Teil davon durch eine neue Treppe ersetzt.

Kobra-Felsen

Von hier aus gelangt man zum Kobra-Felsen, der seinen Namen wegen seiner verblüffenden Ähnlichkeit mit einer aufgerichteten Kobra trägt. Unter einer steinernen Regenrinne befindet sich am Zugang zu einer der Höhlen eine Brahmi-Inschrift aus dem 2. Jh. v. Chr.: »die Höhle des Oberhaupts Naguli«. Innen finden sich Reste von Wandmalereien (u. a. florale Motive).

Zisterne-Felsen

Der Weg führt aufwärts zu dem sogenannten Zisterne-Felsen, der seinen Namen durch seine in zwei Teile geborstene Form erhielt. An dem herabgefallenen Teil erkennt man einen in den Fels geschlagenen Thron und weitere Sitzgelegenheiten. Die Terrasse enthielt vermutlich die erste Audienzhalle Sri Lankas. Eine Höhle unter dem Felsen birgt Reste von Wandmalereien.

Spiegelgalerie

Den Hauptzugang zum Gipfel bildete eine 145 m lange Galerie, die sich in 15 m Höhe an der westlichen Bergseite hinzieht. Die ersten 19 m bilden die sogenannte Spiegelgalerie, die ihren Namen aus der Tatsache bezieht, dass sich die hier einst vorhandene Malerei auf der Felswand in der geglätteten Oberfläche der gegenüberliegenden ockerfarbenen Mauer spiegelten. Diese Mauer ist mit zahlreichen noch gut erhaltenen Inschriften (Graffiti) bedeckt, die von Besuchern zwischen dem 7. und 12. Jh. mit Metallstiften eingeritzt wurden. Etwa 700 davon hat der singhalesische Archäologe Paranavitana übersetzt und veröffentlicht; einige preisen in poetischer Form die Schönheit der Frauen in den Malereien, andere die Einzigartigkeit des Königspalasts auf dem Sigiriya-Felsen sowie die Verdienste seines Erbauers.

Die Galerie mit den berühmtesten Wandmalereien von Sri Lanka war einst nicht nur durch eine vorkragende Felswand, sondern zusätzlich auch noch durch ein hölzernes Dach geschützt. Nur so lässt sich erklären, warum die Bilder die Jahrhunderte überdauerten. Zu den Gemälden, die in einer Höhe von 12 m über der Spiegelgalerie zu sehen sind, führt eine eiserne Wendeltreppe, die bis in die 1930er-Jahre in einem Bahnhof der Londoner Untergrundbahn eingebaut war und dann hierher gebracht wurde.

Wandmalereien

Unter einem Felsvorhang geschützt, erhielten sich die Bildnisse der so genannten Wolkenmädchen. Wen genau sie darstellen, ist bis heute nicht geklärt.

Die Gemälde zeigen 19 weibliche Wesen in höchster Anmut und Vollendung, von einem weiteren sind nur Reste vorhanden. Einige Archäologen vertreten die Auffassung, dass es einst sogar wesentlich mehr Gemälde gewesen sein müssen, worauf Farbreste an verschiedenen Stellen hindeuten. Von denen, die sich – bis heute nicht restauriert – dem Betrachter darbieten, sind einige hellhäutig (vermutlich Herrinnen), andere wiederum dunkelhäutig (»goldhäutig«, wie es in den Graffiti heißt), sie stellen vermutlich deren Dienerinnen dar. Auf den ersten Blick scheinen sie barbusig zu sein, doch bei näherem Hinsehen erkennt man ein hauchdünnes Gewand, außerdem tragen die dunkelhäutigen Mädchen ein Brustband. Fast alle halten Blumen in ihren schlanken, ausdrucksvollen Händen. Eine Dunkelhäutige bringt auf einem Teller Blüten und Früchte herbei, eine andere hält vermutlich ein Schmuckkästchen in der Hand. Besonders kunstvoll ist bei allen der Kopfschmuck. Interessant ist, dass die Mädchen nur ab der Hüfte zu sehen sind, während der untere Teil der Körper in angedeuteten Wolken verschwindet, was ihnen den landläufigen Namen **»Wolkenmädchen von Sigiriya«** eingetragen hat. Vielleicht handelt es sich aber auch nicht um menschliche, sondern um mythische Wesen.

> ## ! *Baedeker* TIPP
>
> ### Nationalmuseum von Sigiriya
> Nach dem Abstieg lohnt ein Abstecher zu dem südlich der Umfassungsmauer gelegenen Archäologischen Museum. Es birgt u. a. Buddha-Statuen, Wächterstelen sowie die Kalksteinstatue einer Königin oder Göttin. Weitere wertvolle Funde wurden allerdings ins Nationalmuseum nach Colombo gebracht (Öffnungszeiten: tgl. 8.30 – 18.00 Uhr).

Freskoähnlich Die Malereien sind keine Fresken im eigentlichen Sinne, sie wurden vielmehr auf der mit drei Schichten vorbehandelten Felsoberfläche in roten, gelben, grünen, weißen und schwarzen Naturfarben ausgeführt. Sie zeigen eine große Meisterschaft in der Linienführung. Unbekannt blieb freilich der Name des Künstlers, der sie schuf. Die Gemälde zeigen zwar in vielen Details eine Ähnlichkeit mit den Malereien in den berühmten Höhlen von Ajanta im heutigen indischen Bundesstaat Maharashtra, unterscheiden sich jedoch in wesentlichen Punkten und beweisen so eine gewisse Eigenständigkeit der Kunst Sri Lankas.

Aufstieg auf das Gipfelplateau Von der Spiegelgalerie führt nun ein Weg am Felsen entlang zu dem sogenannten Löwenplateau. Zwischen den mächtigen, aus dem Felsen herausgehauenen Tatzen führt eine durch Ziegelmauern gesicherte Treppe, weiter oben dann eine eiserne Treppe zum Gipfelplateau. Einigermaßen schwindelfrei sollte man schon sein. Auch ist es ratsam, den Aufstieg auf das Gipfelplateau bereits in den frühen Vormittagsstunden zu unternehmen, da es an den Felswänden unterhalb der Treppe Hornissennester gibt, deren Bewohner bisweilen gereizt auf Störungen reagieren.

Man erreicht nun die Zitadelle, die einst von einer Mauer umgeben war, die wiederum wie eine Fortsetzung des Felsens erschien. Unterhalb des Hauptfelsens, von dem aus man einen großartigen Blick über die Dschungellandschaft und den Sigiriya Wewa (Stausee) hat, befinden sich im nördlichen Teil einige mächtige Felsbrocken, die weitere Höhlen enthalten. Die größte ist rund 12 m lang und enthält Reste einer Ziegelmauer. Geht man durch die beiden Felsen weiter nach Norden, gelangt man an einen schwarzen Felsen, dessen Oberfläche von zahlreichen quadratischen Löchern übersät ist. Vermutlich steckten einst Holzsäulen darin, die ein weites Dach trugen. Drei breite Sitze, einer über dem anderen, sind in den Felsen gehauen. Auf dem oberen sitzend mag einst König Kassyapa das Heer seines Stiefbruders gesehen haben, das ihm letztendlich – wenn auch indirekt – den Tod brachte.

Ruinen des Königspalastes

Die Bedeutung der Gebäude, die einst das Gipfelplateau beherrschten, konnte bis heute nicht mit absoluter Sicherheit geklärt werden. Von ihnen sind ohnehin nur die Grundmauern übrig geblieben, und es bedarf schon einer gehörigen Portion Fantasie, um ihren früheren Verwendungszweck deuten zu können. Unschwer zu erkennen ist hingegen die Meisterleistung der Erbauer der Festung, denn schließlich musste das gesamte Baumaterial erst einmal auf das Gipfelplateau gebracht werden.

Tangalla

C 9

Provinz: Southern   **Höhe:** 5 m ü.d.M.

Tangalla wurde früher von den Holländern und Briten gleichermaßen als Seehafen geschätzt. Es liegt in der sehr trockenen Zone des Inselsüdens. Weithin bekannt sind die schönen, mit Palmen besetzten Badestrände mit feinem Sand.

Sehenswertes in Tangalla und Umgebung

Aus der Zeit der holländischen Kolonialmacht waren bis zum Tsunami mehrere Häuser erhalten geblieben, der Ort wurde aber größtenteils überflutet. Inzwischen ist der Wiederaufbau vergleichsweise weit gediehen, insbesondere deshalb, weil die Regierung viel Geld dafür aufgewendet hat: Dies hier ist eines der staatlichen Modellprojekte für den Wiederaufbau. Auch Hotels sind wieder geöffnet.

Wiederaufbau

Zwischen Tangalla und Dickwella gibt es ein besonderes Naturphänomen zu sehen, ein sog. Blow Hole (= Blasloch). Weltweit soll es nur sechs solcher Stellen geben. Ungeklärt ist, wie die bis zu 25 m hohen Fontänen entstehen; man vermutet allerdings, dass das Wasser der heranrollenden Meereswellen unter den Felsen und dann durch

Blow Hole (Felsspalt)

einen Felsspalt nach oben gepresst wird. Dabei entsteht ein hoher Unterdruck, der das Wasser nach oben schießen lässt.

Man erreicht das Blow Hole, wenn man auf der A 2 am Meilenstein 117 in einen schmalen Weg zum Meer einbiegt und dann der Beschilderung folgt.

Felsen
Mulkirigala

Etwa 16 km nördlich von Tangalla erhebt sich der 91 m hohe, schwarze Felsen Mulkirigala (zu erreichen über Wiraketiya oder Beliatta). Er birgt mehrere Höhlen, die als Mönchswohnungen genutzt wurden. Ein Höhlentempel mit zahlreichen Buddha-Figuren, darunter die Plastik eines 10,5 m langen liegenden Buddhas, wurde von König Duttha Gamanai (161–137 v. Chr.), möglicherweise aber auch von seinem Bruder eingerichtet. Die Wandmalerei im Pihala Vihara stammt aus dem 19. Jh. und erzählt in naiver Fabulierfreude Episoden aus den Vorleben Buddhas. Das Kloster, eines der ältesten auf Sri Lanka, beherbergt eine umfangreiche Bücher- und Schriftensammlung. 1826 wurden hier von dem englischen Gelehrten und Regierungsbeauftragten George Turnour und dem Mönch Galle Teile der in Pali verfassten Chronik Mahavamsa gefunden.

Während der Monsunzeit, Ende Mai bis Ende Juli, ist das Naturschauspiel des Blow Hole am beeindruckendsten.

► TANGALLA ERLEBEN

ANREISE

Mit dem Auto:
Von Galle über die A 2 (75 km); von
Hambantota auf der A 2 (43 km).
Mit der Bahn:
Die nächstgelegene Bahnstation
befindet sich in Matara (Endstation
der Linie von Colombo).
Mit dem Bus:
Gute Verbindungen von Galle bzw.
Matara und Hambantota.

ÜBERNACHTEN/ESSEN

► Luxus

Amanwella
Bodhi Mawatha, Wella Wathuara
Tel. 047 / 224 13 33
Fax 047 / 224 13 34
www.amanwella.com
30 Suiten, Restaurant, Bar, Pool
Aman bedeutet im Sanskrit soviel wie
Frieden, und Wella ist das singhalesische Wort für Strand. Beides bietet
dieses Luxushotel. Ein Komfort, der
bezahlt werden muss: Das Amanwella
ist eines der teuersten Hotels der
Insel. Wer im Garden House logiert,
zahlt um die 1700 US-Dollar. Es geht
aber preiswerter, im Doppelzimmer
für knapp 300 US-Dollar.

► Komfortabel

Tangalla Bay Hotel
Hambantota Road, Pallikkuduwa
Tel./Fax 047 / 403 46
166 Zimmer, Restaurant, Bar, Pool
Auf einem Felsvorsprung errichtetes
Hotel, das diesem Umstand verdankt,
dass sich die Tsunami-Schäden in
Grenzen hielten. Das Hotel mit
seinem herrlichen Strand konnte bald
wieder öffnen. Gepflegte Zimmer.

► Günstig

Sunrise Beach Cottages
M.M. Santha
Tel. 047 / 7537 33
Fax 047 / 607 97 26
Einfache, aber saubere Bungalows
direkt am Meer mit einem herrlichen
Sandstrand. Restaurant.

Eva Lanka
Tangalla
Tel./Fax 047 / 224 09 40-1
www.eva.lk
23 Zimmer, Restaurant, Pool
Der Besitzer ist Italiener, und wenn er
selbst kocht, kommt Köstliches auf
den Tisch. Sehr geschmackvoll einge-
richtete Zimmer. Traumhafter Strand!

Tissamaharama

D 9

Provinz: Southern   **Höhe:** 30 m ü.d.M.

**Tissamaharama hat als Hauptstadt des einstigen Königsreichs Ru-
huna eine reiche Vergangenheit. Doch harren noch viele Schätze in
dem weitläufigen, von Ruinen besetzten Gebiet der Erschließung.
Der nahe Yala National Park ist ein Paradies für Tiere, das viele
Tausend Besucher anzieht.**

Geschichte Als Gründer der Stadt gilt Mahanaga, ein jüngerer Bruder von König Devanampiya Tissa (260–210 v. Chr.), der sie Mahagam oder Magama nannte. Mahanaga musste aus der Hauptstadt Anuradhapura fliehen, weil die dortige Königin ihm, der beim Volk sehr beliebt war, nach dem Leben trachtete. Von Kataragama aus, 16 km weiter nördlich, beherrschte zu dieser Zeit das Geschlecht der Kshattriya – vermutlich Einwanderer aus Indien, die der gleichnamigen Kriegerkaste angehörten – die Region. Zwischen ihnen und Mahanaga kam es zunächst zu kriegerischen Auseinandersetzungen, später aber zu einem Friedensschluss, der in der Folge durch Heiraten untereinander besiegelt wurde.

Beispielsweise vermählte sich Kavana Tissa, ein Urenkel Mahanagas, mit der Tochter des Herrschers von Kelaniya und gewann dem Reich von Ruhuna weiteres Land hinzu. Somit herrschten die Könige von Ruhuna über den gesamten Süden. Zu dieser Zeit regierten aber schon die von Südindien gekommenen Tamilen in Anuradhapura unter König Elara (ca. 204–161 v. Chr.). Prinz Duttha Gamani von Ruhuna, ein Sohn von König Tissa, sammelte ein Heer, zog nach Anuradhapura und tötete Elara im Zweikampf. Nach seinem Sieg bestieg er den Thron und regierte von 161 bis 137 v. Chr. als glanzvoller König in Anuradhapura.

In der Folgezeit nahmen die singhalesischen Könige häufig Zuflucht im Reich von Ruhuna, um von hier aus gegen die südindischen Eindringlinge vorzugehen. So z. B. König Vijaya Bahu I., dem es von Ruhuna aus gelang, im Jahr 1070 die Chola-Regenten von der Insel zu vertreiben. Doch manche Fürsten oder Könige von Ruhuna stellten sich auch gegen die Könige des Nordens, vor allem, um sich ihren Einflussbereich im Süden zu sichern. Tissamaharama spielte insofern gut 2000 Jahre lang eine wichtige Rolle in der Geschichte der Insel, doch dann verlor die Stadt an Bedeutung.

Sehenswertes in Tissamaharama

Bewässerungs-system Bemerkenswert ist das ausgeklügelte Bewässerungssystem, das bereits unter den frühen Herrschern von Ruhuna angelegt wurde. Es besteht aus mehreren Tanks (Wewas), die aus den nahen Flüssen Kirindi Oya und Menik Ganga gespeist wurden. Dieses System verwandelte das ursprünglich karge Gebiet, das jedoch einen fruchtbaren Boden hatte, in eine **blühende Landschaft**. Es ermöglichte so einen umfangreichen Reisanbau und verhalf den Königen zu Reichtum. Die Anlagen verfielen bzw. verlandeten jedoch im Lauf der Zeit und wurden erst im 20. Jh. wieder instand gesetzt. Seitdem siedeln sich hier auch wieder Menschen an.

Alter Königspalast Vom alten Königspalast auf einem Hügel östlich der Stadt stehen noch einige mächtige monolithische Pfeiler, die vermutlich ein mehrstöckiges Gebäude, möglicherweise aus Holz, trugen. Der Bau entstand vermutlich im 2. Jahrhundert.

TISSAMAHARAMA ERLEBEN

ANREISE

Mit dem Auto:
Von Hambantota auf der A 2 bis
Wirawila, dann rechts abbiegen und
nach etwa 6 km nochmals rechts
abbiegen (32 km); von Wellawaya
auf der A 2, an der Straßengabelung
beim Wirawala-Stausee links halten
(66 km).

ÜBERNACHTEN

▶ **Komfortabel**
Rest House
Tissamaharama
Tel. 047 / 372 99
Guter Ausgangspunkt für einen Be-
such des Yala National Park. Vor dem
Hotel warten immer Jeepvermieter
und lizenzierte Nationalparkführer.

Bereits im 2. Jh. v. Chr. wurde die Yatala-Dagoba errichtet; in der da-
zugehörigen Klosteranlage fand man Inschriften aus vorchristlicher
Zeit sowie aus dem 7. und 8. Jahrhundert. Die Dagoba ist nach einem Sohn von Mahanaga benannt, der hier geboren wurde.
Bei einer Restaurierung kamen bedeutende Funde zutage, so der
Kopf einer Buddha-Statue aus Kalkstein, die Skulptur eines stehenden Buddhas sowie eine Statue, die wahrscheinlich König Kavanna
Tissa zeigt. Bemerkenswert ist die Statue eines Buddhas (?) mit über
der Brust gekreuzten Armen, eine auf Sri Lanka ungewöhnliche Darstellung. Eine weitere Besonderheit ist eine 80 cm hohe Stele mit der
Darstellung von sieben nicht näher identifizierten männlichen Figuren. Die mittlere Gestalt steht unter drei Ehrenschirmen, daher handelt es sich vielleicht um einen Herrscher mit seinem Gefolge.

★
**Yatala-
Dagoba**

Südlich der Stadt finden sich die Ruinen des Chandagiri Vihara mit
Inschriften auf einem großen achteckigen Stein, die wohl aus der
Zeit zwischen dem 1. Jh. v. Chr. und dem 1. Jh. n. Chr. stammen.

**Chandagiri
Vihara**

Der Chandagiri Vihara, um 160 v. Chr. unter König Kakavanna Tissa
gegründet, war einst zu Beginn der Regenzeit der Treffpunkt aller
Mönche, die südlich des Mahaweli Ganga lebten. Hier meditierten
sie und ließen sich dann im Mönchen des Klosters unterrichten. Im
9. Jh., so berichtet die Chronik, soll es hier 363 Mönchszellen gegeben haben. Die Dagoba, ebenfalls in der Gründungszeit des Klosters
errichtet, ist mit einer Höhe von 60 m vermutlich die höchste, die es
im Königreich Ruhuna jemals gegeben hat.

**Tissamaharama
Vihara**

Der Weg nach Kirinda, einem Fischerhafen 13 km südlich von Tissamaharama, wird von antiken Ruinen gesäumt, die größtenteils noch
der Restaurierung harren. Kirinda war früher als Hafen für Tissamaharama bedeutend und wohl auch griechischen Seefahrern bekannt.
Kurz vor dem Ort biegt eine Straße ab nach Palatupana, dem Ausgangspunkt für einen Besuch des ▶Yala National Park.

**Ruinen an der
Straße nach
Kirinda**

Trincomalee

D 4

Provinz: Eastern   **Höhe:** 7 m ü.d.M.

**Trincomalee gilt wegen seiner geschützten Lage seit vielen Jahr-
hunderten als bevorzugter Ort für Handel und Gewerbe, wozu der
große Hafen, einer der schönsten natürlichen Häfen der Erde, ein
gutes Stück beigetragen hat. Auch im Tourismus spielte die Stadt
im Nordosten von Sri Lanka eine Rolle, was jedoch weniger auf
ausgesprochene Sehenswürdigkeiten, sondern eher auf die herrlichen Strände zurückzuführen ist.**

**Verzweigte
Landschaft**

Trincomalee liegt auf einer sehr lang gestreckten Halbinsel, die jedoch kaum breiter als ein Kilometer ist. Nach Nordosten zu ragt ein
Landzipfel ins offene Meer hinein – hier stand das Fort Frederick –
und zu beiden Seiten erstreckt sich auf einer Länge von etwa 2 km
das eigentliche Stadtgebiet. Vor der Küste liegen in geringer Entfer-
nung einige kleine Inseln, z. B. Pigeon Island **mit einem sehr schönen Korallenriff**. Unweit von Trincomalee ergießt sich bei Mutur der
Mahaweli Ganga, der längste Fluss Sri Lankas, nach einem Lauf von
332 km in den Indischen Ozean.

*Ein Paradies, aber mitten im einstigen Bürgerkriegsgebiet:
Pigeon Island bei Trincomalee*

In Trincomalee leben heute Schätzungen zufolge etwa 360 000 Menschen, seit jüngerer Zeit auch wieder Singhalesen. Den weitaus größten Bevölkerungsanteil stellen jedoch Tamilen und Moors. In und um Trinco, wie man die Stadt kurz nennt, richtete der Tsunami schwere Schäden an, Tausende Menschen starben oder wurden verletzt, Zehntausende Familien wurden obdachlos. **Tamilisch geprägt**

Über die frühe Geschichte des Orts, der in der Chronik Mahavamsa Gokanna heißt, ist wenig bekannt. Vor mehr als 2000 Jahren siedelten sich hier aus Indien stammende Tamilen an, die den Ort Thirukonamalai (heiliger Sonnenhügel) nannten. Ptolemäus erwähnte Trincomalee als »Hafen des Helios«: Ägyptische und griechische Seefahrer hatten ihm davon berichtet. König Dhutta Sena (276 – 303), so heißt es in der Chronik, habe in Gokanna alle Hindu-Tempel zerstören lassen. Im 8. Jh. kamen moslemische Siedler. **Geschichte**

Im Jahr 1592 floh König Vimela Dharma Suriya I. vor den Portugiesen von Kandy hierher. Um diese von der Insel zu vertreiben, erlaubte König Senerat 1612 den Holländern, in Kottiyar, nahe Trincomalee, ein Fort zu bauen, das je-

> **𝑖 Zeitweises Spannungsgebiet**
>
> ■ Auch für Trincomalee galt, dass ein Besuch der Stadt und der Region wegen des Bürgerkriegs zeitweise nur unter erschwerten Umständen möglich war. Inzwischen kann man durchaus hierher reisen, aber die Infrastruktur hat unter dem Bürgerkrieg natürlich gelitten. Man sollte sich daher auf Einschränkungen gefasst machen.

doch schon kurz nach seiner Fertigstellung von den Portugiesen erobert wurde. In den folgenden Jahren stritten sich Franzosen, Holländer und Engländer um das Gebiet. Den Letzteren gelang schließlich 1795 unter General James Stuart die Erstürmung von Fort Frederick. Zum Schutz der Einfahrt zum inneren Hafen legten sie das weniger stark befestigte Fort Ostenburg an. Vom 19. Jh. bis zur Unabhängigkeit diente Trincomalee den Engländern als Kriegshafen, von dem aus sie den Indischen Ozean kontrollierten. 1905 wurden die Festungsanlagen von Fort Frederick geschleift, ein japanischer Luftangriff auf die englische Flotte im Jahr 1942 zerstörte auch noch die wenigen Reste.

Der Hafen von Trincomalee hatte seine größte Zeit im 17. und 18. Jh., als noch Segelschiffe über die Meere fuhren. Nachdem der Hafen von Colombo ausgebaut war, verlor Trincomalee aber immer mehr an Bedeutung.

Sehenswertes in Trincomalee

In Trincomalee gibt es einige Hindu-Tempel, die jedoch allesamt aus neuerer Zeit stammen und deshalb wenig kunsthistorischen Wert besitzen. An der Dockyard Road verdienen trotzdem der Kadakarai-Tempel und das Mudugayan Kovil wegen ihrer überaus reich geschmückten Eingangstürme einen Besuch. **Tempel**

► TRINCOMALEE ERLEBEN

ANREISE

Mit dem Auto:
Von Colombo über die A 1 und später
die A 6.
Mit der Bahn:
Von Colombo über Kurunegala,
Dambulla und Habarana
(ca. 7 Std.).
Mit dem Bus:
Von Colombo über Maho und Galoya
(ca. 8 Std.).

ÜBERNACHTEN

► **Komfortabel**
Club Oceanic
Uppuveli, ca. 12 km außerhalb von
Trincomalee
Tel./Fax 026 / 223 07
www.johnkeellshotels.com
56 Zimmer, Restaurant, Bar, Pool,
eigener Strand, Tauchschule
Tsunamibedingt renoviertes Hotel an
einem langen und breiten Sandstrand.
Viele Wassersportmöglichkeiten, be-
sonders für Familien geeignet.

Fort Das Fort von Trincomalee an der Nordseite der Stadt wurde von den
Portugiesen erbaut. Sie benützten hierfür teilweise die Steine des an
dieser Stelle zuvor zerstörten Hindu-Tempels, was von den Hindus
als Entweihung angesehen wurde. Die Portugiesen bauten das Fort
1656 aus. Heute ist es nur eingeschränkt zu besichtigen, da es nach
wie vor hauptsächlich vom Militär genutzt wird. Innerhalb der Befestigungsanlage befindet sich jedoch das ehemalige Wohnhaus des
Herzogs von Wellington, der sich im Jahr 1792 hier von einer Krankheit erholte, die er sich auf seinem Feldzug gegen Tipu Sultan in
Südindien zugezogen hatte. Im Garten steht ein mächtiger alter
Bodhi-Baum. Die zahmen Rehe und Hirsche gehören zum Konesva-
ram-Tempel auf dem Swami Rock am Ende der Landzunge, auf der
das Fort steht.

Umgebung von Trincomalee

Pigeon Island Nur etwa zehn Bootsminuten von Trincomalee entfernt liegt die kleine Koralleninsel Pigeon Island. Hier bieten sich alle Wassersportmöglichkeiten, vor allem aber lockt das farbenprächtige Korallenriff
zum Tauchen und Schnorcheln.

Heiße Quellen
bei Kanniyai Bei dem kleinen Ort Kanniyai, wenige Kilometer nordwestlich von
Trincomalee an der A 12 gelegen, gibt es sieben heiße Quellen, deren
Entstehung mit einer Legende aus dem Ramayana verbunden ist: Als
der Königssohn Rama seine Gattin Sita aus den Händen des Riesen
Ravana befreit hatte, war Ravana darüber so wütend, dass er seinen
Speer in den Boden rammte. Daraufhin weinte die Erde sieben heiße
Tränen, die in der Form der sieben heißen Quellen heute noch von
den Gläubigen verehrt werden.

Weligama

B 10

Provinz: Southern   **Höhe:** 5 m ü.d.M.

Der kleine Fischerort Weligama – der Name bedeutet soviel wie »Dorf im Sand« – besaß über viele Jahrhunderte hinweg einen wichtigen Seehafen, verlor aber spätestens zu dem Zeitpunkt an Bedeutung, als die Hafenanlagen von Colombo ausgebaut wurden.

Auch der Bau einer Straße, die den Weg von Galle nach Matara verkürzen sollte, hat dem Ort viel von seinem ursprünglichen Charme genommen. Trotzdem gibt es hier noch einige schön gelegene Strände mit hohen Kokospalmen und feinem Sand. Einige Hotels und Gästehäuser wurden vom Tsunami überschwemmt, zwischenzeitlich sind jedoch alle wieder geöffnet.

Sehenswertes in Weligama

Die von roten Lateritfelsen eingerahmte, 3,5 km lange Bucht erinnert an das Landschaftsbild von Galle und diente ebenfalls als Seehafen. Heute legen hier nur noch Fischerboote an. In der Bucht gibt es **zwei kleine Inseln**, Taprobane (griech. Kupferinsel; einer der Namen, den die ganze Insel Sri Lanka in früheren Zeiten trug) und Parei Duwa (Taubeninsel). Die nur 10 000 Quadratmeter große Insel Taprobane befand sich einst im Besitz des französischen Grafen Comte de Nouny, der sich hier eine prachtvolle Villa errichten und einen tropischen Garten anlegen ließ. Später lebte in diesem Haus der US-amerikanische Schriftsteller und Komponist Paul Bowles und heute ist hier ein feines Hotel untergebracht.

Bucht

? WUSSTEN SIE SCHON …?

■ … dass der Legende nach bei Weligama die erste Kokosnuss auf Sri Lanka angeschwemmt worden sein soll? Wann genau und woher sie kam, weiß niemand, es war aber ein nachhaltiges Ereignis: Kokospalmen und ihre Nüsse bildeten viele Jahre lang das wirtschaftliche Rückgrat der Insel. Auch heute noch wird auf Sri Lanka keine andere Frucht so intensiv genutzt wie diese.

Nahe dem Bahnübergang trifft man auf das hinduistische Natha Devale mit einer kolossalen Reliefplastik; ihre Entstehung wird entweder auf das 6. oder auf das 11. Jh. datiert. Sie steht in einer Nische der Felswand und wurde aus dem Stein herausgearbeitet. Es ist bisher ungeklärt, ob es sich bei der prächtig gekleideten, mit Krone und Reifen geschmückten Figur um den Bodhisattva Avalokitesvara oder um den Bodhisattva Samantabhadra (den Gott Saman) handelt. Die Legende berichtet, es sei Kushta Raja, der an Lepra erkrankte König, der in Weligama seine Krankheit ausheilte, indem er drei Monate lang den Saft der Königspalme trank.

Statue des Königs Kustha Raja

WELIGAMA ERLEBEN

ANREISE

Mit dem Auto:
Von Galle auf der A 2 (26 km);
von Matara auf der A 2 (16 km).
Mit der Bahn:
Station an der Bahnlinie von
Colombo nach Matara.
Mit dem Bus:
Gute Busverbindungen von Galle
bzw. Matara.

ÜBERNACHTEN

▶ **Komfortabel**
Taprobane Island
Tel. 091 / 438 02 75
Fax 091 / 222 26 24
www.taprobaneisland.com
13 Zimmer, Restaurant, Bar, Pool und

ein hoteleigener Strand
Auf einer kleinen Insel gelegene, sehr
gediegene Unterkunft in verschiedenen Preisklassen; am teuersten sind
die luxuriös ausgestatteten Beach
Houses. Sie können aber auch die
ganze Insel mieten ...

▶ **Günstig**
Bay Beach Hotel Weligama
Kapparatota
Tel./Fax 041 / 502 01
www.baybeachhotel.com
60 Zimmer, Pool, eigener Strand,
PADI-Tauchschule
Mittelklassehotel mit ausreichend
komfortablen Zimmern. Schöner
Pool.

✶✶ Yala National Park (Ruhuna-Nationalpark)

D – E 8 / 9

Provinz: Uva   **Gebiet:** Südostküste

**Der Yala National Park wurde um 1900 gegründet; er ist der be-
kannteste unter den Nationalparks auf Sri Lanka, wenn auch nicht
unbedingt der artenreichste. Trotzdem ist ein Besuch in jedem Fall
lohnend, da viele andere Parks im Norden bzw. Osten liegen und
nur eingeschränkt besucht werden können.**

**Nur zum Teil
befahrbar**

Der Yala National Park hat eine Fläche von ca. 1300 km² und gliedert
sich in einen westlichen und einen östlichen Teil. Der Letztere besitzt
den Status eines Strictly Nature Reserve und darf nur mit einer besonderen Erlaubnis besucht werden.

**Vegetation und
Tierwelt**

Trotz der für den Süden Sri Lankas typisch spärlichen Vegetation ist
der Yala National Park ein Refugium für Tiere verschiedener Arten.
Wilde Elefanten leben hier genauso ungestört wie Krokodile, Sam-
bur- und Axishirsche, Flamingos, Pfauen, Schildkröten, Büffel, Scha-
kale, Leoparden und angeblich auch noch einige Lippenbären. Die
Vegetation ähnelt in etwa der einer Savanne: niedrige Büsche, nur
wenige Bäume und flache Seen mit Mangroven. Beeindruckend sind

YALA NATIONAL PARK ERLEBEN

ANREISE

Mit dem Auto:
Von Hambantota über die A 2 bis Tissamaharama, von dort weiter mit dem Jeep bis zum Haupteingang.
Mit der Bahn:
Die nächstgelegene Bahnstation befindet sich in Matara (Endstation der Bahnlinie von Colombo in Richtung Süden). Von dort weiter mit Bus oder Taxi.

TOUREN

Der Park ist täglich von 6.00 bis 18.00 Uhr geöffnet, der Haupteingang, das Palaputana-Tor, befindet sich etwa 20 km östlich von Tissamaharama. Hier gibt es immer Fahrer, die ihre Dienste anbieten. Der Park darf ausschließlich von Fahrzeugen befahren werden, die von einem Ranger begleitet werden, das Befahren mit privaten Fahrzeugen ist nicht gestattet. Aussteigen ist strikt verboten, es sei denn, der Ranger gestattet dies an bestimmten Stellen. Zur Eintrittsgebühr kommt eine Gebühr für das Fahrzeug sowie ein Honorar für den Ranger.

ÜBERNACHTEN

▶ **Komfortabel**
Yala Safari Game Lodge
P. O. Box 1, Tissamaharama
Tel./Fax 047 / 380 15
Das komfortable »Yala Village Resort«, das mit Abstand beste Hotel am Rande des Yala National Park, hat den Tsunami einigermaßen heil überstanden. Nur die Villen am Strand wurden überschwemmt, sie wurden aber wieder aufgebaut. Das Hotel vermittelt Jeeps und lizenzierte Führer.

die abgestorbenen Bäume, die in einigen Seen stehen und ideale Rastplätze für die zahlreichen Vertreter der einheimischen Vogelwelt darstellen. Zu ihnen gesellen sich während der Monate von November bis April viele Vogelarten aus Indien und Westasien, die hier überwintern.

Der Park grenzt an seiner südöstlichen Seite an das Meer. Der Küstenstreifen wird durch einen **herrlichen Sandstrand** ergänzt, eine der wenigen Stellen, an denen man mit der Erlaubnis des Rangers aussteigen und baden darf.   **Baden möglich**
Eine Fahrt durch den Park sollte man entweder früh am Morgen oder am Nachmittag unternehmen, da die meisten Tiere die Mittagshitze scheuen und deswegen nur schwer beobachtet werden können.

Das Kumana Bird Sanctuary (Vogelreservat) ist ein **Teil des Yala East National Park**, das Betreten ist deshalb nur mit einer besonderen Genehmigung gestattet. Hier lebt eine besonders vielfältige Vogelwelt, darunter viele Wasservogelarten wie Nashornvögel, Reiher, Pelikane, und Adler. Außerdem sind Wasserbüffel, Hirsche, Wildschweine und diverse Reptilienarten anzutreffen.   **Kumana Bird Sanctuary**

★★ Yapahuwa

B 6

Provinz: North Western **Höhe der Felsenfestung:** 92 m

Yapahuwa ist der Rest einer imposanten, im 12. Jh. errichteten Felsenfestung, die sich abrupt 92 m hoch aus der Wildnis erhebt. Die Anlage ist eine ähnlich kühne und großartige Schöpfung wie die Residenz von ► Sigiriya, angelegt auf Perspektive und voller architektonischer Symbolik.

Geschichte Brahmi-Inschriften in einigen der zahlreichen Höhlen beweisen, dass hier zumindest im 2. Jh. n. Chr. buddhistische Einsiedler lebten. Die Könige von Sri Lanka scheinen aber erst im 13. Jh. auf die strategisch günstige Lage aufmerksam geworden zu sein, jedenfalls sind aus der Zeit dazwischen keine Nachrichten überliefert. Als der Kalinga-Fürst Magha als König über Sri Lanka herrschte (1215 – 1236), bildeten

Abgeschieden im Dschungel liegt die Felsenfestung von Yapahuwa.

sich in mehreren Teilen des Landes Widerstandsgruppen. Eine davon besetzte den Felsen, der nach ihrem Führer Subha benannt wurde – Yapahuwa ist das singhalesische Wort für Subhagiri oder Subhapatta. Sie baute ihn zur Wehranlage aus, denn von hier aus konnte man die Truppenzüge der Rebellen in den Süden beobachten. König Bhuvanaike Bahu I. stellte von Yapahuwa aus im Auftrag seines Bruders Vijaya Bahu II., der seit 1262 Verwalter des Reichs war, ein Heer zusammen, das gegen den malaiischen König Sri Dharamaraja aus Ligor bei Yapahuwa einen Sieg errang. 1272, nachdem sein Bruder in Dambadeniya ermordet worden war, floh Bhuvanaike Bahu mit seiner Gemahlin nach Yapahuwa, und als er einige Monate darauf zum König ernannt wurde, wählte er die sichere Bergfestung zu seiner Residenz und zur Hauptstadt seines Reichs. Zum Zeichen seiner Macht besaß er auch den **Heiligen Zahn**. Seine Regierungszeit war durch Kämpfe gegen die südindischen Pandya unter Arya Chakravarti und gegen Gegner im eigenen Land, die nach dem Thron trachteten, gekennzeichnet. Chinesische Münzen, die man in Yapahuwa fand, lassen darauf schließen, dass Bhuvanaike Bahu I. freundschaftliche Beziehungen zu China unterhielt, dort vielleicht sogar um Hilfe bat. **Marco Polo** berichtet z. B., dass 1284 eine Gesandtschaft des mongolischen Herrschers Kublai Khan, der China erobert hatte, nach Yapahuwa gekommen sei.

Mit dem Tod von Bhuvanaike Bahu I. im Jahr 1284 endete die kurze Blüte von Yapahuwa aber schon wieder. Den Pandyas gelang es sogar, die Festung zu erobern und die Zahnreliquie in ihren Besitz zu bringen. König Parakrama Bahu II. (1287–1293) konnte sie jedoch durch Verhandlungen wieder nach Sri Lanka zurückholen.

Auch die Portugiesen wussten von der Existenz der alten Festung Yapahuwa, während die Holländer sie vermutlich nicht kannten. Als ein Offizier der britischen Armee in der Nähe sein Feldlager aufschlug, entdeckte er die beeindruckende Anlage, und 1888 begann man mit den ersten Ausgrabungsarbeiten.

Felsenfestung Yapahuwa

Zwei parallel verlaufende Wälle umgeben im Abstand von 100 m den **Anlage** Südteil des Felsens. Der äußere Wall, 14 m dick und 4,5 m hoch, besteht aus Erdaufschüttungen, die mit Ziegelmauern und an der Basis mit Steinblöcken verkleidet waren. An der Außenseite des 900 m langen Walls verläuft ein 13 m breiter Graben. Drei Tore sind in den Wall eingelassen, das Haupttor liegt dem Palastaufgang im Südwesten gegenüber. Überreste der Ansiedlungen zwischen den beiden Wällen sind nur noch spärlich vorhanden.

Hinter dem inneren Wall lag die untere Stadt. Der Tempel am östlichen Aufgang wurde im 18. Jh. von einem Mönch aus Nettipologama erbaut. König Kirti Sri Raja Singha von Kandy soll dem Bau zugestimmt haben: Im Innern ist eine auf dem Gelände gefundene Säule mit einer alten Inschrift aufgestellt, die darauf hindeutet.

Höhlentempel Etwas weiter nordöstlich steht ein Höhlentempel mit Malereien aus dem 18. Jh., aus der Kandy-Periode. Die Malereien stellen u. a. **die 24 Klärungen Buddhas**, die sieben Wochen nach der Erleuchtung und seine erste Predigt dar. Bemerkenswert ist die Malerei an der Decke: Beide Buddha-Figuren weisen dieselbe ungewöhnliche Handhaltung, nämlich über der Brust gekreuzte Arme auf, wie die sogenannte Ananda-Statue in Polonnaruwa. Die Statuen im Höhlenheiligtum entstanden vermutlich erst Ende des 18. Jh.s, vielleicht sogar noch später. Der zum Tempel gehörende Bodhi-Baum wurde wahrscheinlich im 19. Jh. gepflanzt.

> **!** *Baedeker* **TIPP**
>
> **Besichtigung der Höhlen**
> Die Höhlen sind üblicherweise verschlossen, sie werden aber heute noch von hier lebenden Mönchen für Andachten genutzt und können nach entsprechender Bitte auch besichtigt werden.

Etwas weiter nördlich liegt eine weitere Höhle mit einem interessanten Dach, etwa 15 m über dem Boden. Am Südende im Innern wurde ein 7,5 x 3,6 m großer ummauerter Bereich geschaffen, der vermutlich einen Vihara aufnehmen sollte. Vorhanden ist außerdem ein großer steinerner Thron.

Mandapa Nahe dem Treppenaufgang zum Palast finden sich Reste eines Gebäudes, in dem 52 Säulen standen; die Stümpfe sind noch vorhanden. Man bezeichnet es als Mandapa oder auch Ambassador's Pavillon (Botschaftervilla), weil es möglicherweise ausländischen Gesandtschaften als Gästehaus gedient hat.

Treppenaufgang Die eindrucksvollste Leistung, die es heute in Yapahuwa zu bewundern gilt, ist die monumentale, im oberen Abschnitt reich gegliederte und mit lebensfrohen Skulpturen geschmückte Treppe. Sie ist **Ausdruck eines starken Willens zur Repräsentation** und einer Kraft, die sich auf Legitimation sowie klares religiöses und politisches Sendungsbewusstsein stützt.

Dieser Palastaufgang besteht aus sechs Treppenteilen und den Absätzen dazwischen. Der untere Teil des Aufgangs ist unverziert. Nach einem Absatz von 7,5 m Breite beginnt der obere, mit hervorragenden Skulpturen geschmückte Teil. Dieser findet seinen harmonischen Abschluss mit einem wirkungsvollen Portal, das mit zahlreichen Figuren – darunter Löwenskulpturen von ausgesuchter Qualität – geschmückt ist.

An jeder Seite des Eingangs befanden sich kunstvoll aus Granit gemeißelte Fenster, die **für Sri Lanka einzigartig** sind. Eines blieb erhalten und ist heute in dem kleinen archäologischen Museum in der unteren Stadt zu sehen. Es besteht aus 45 auseinandergeschnittenen, aneinander anstoßenden Kreisformen; jeder Kreis ist mit einer scherenschnittartig ausgeschnittenen Figur (Löwe, Elefant, Schwan, Tänzer, Zwerg) gefüllt.

▶ YAPAHUWA ERLEBEN

ANREISE

Mit dem Auto:
Von Kurunegala über die A 10 bis Padeniya, weiter auf der A 28 und bei Maho rechts abbiegen. Von Maho zu Fuß (schöner Spaziergang) oder mit dem Taxi, den Omnibus kann man nur für die ersten 3 km bis zur Abzweigung nach Yapahuwa benutzen.

Mit der Bahn:
Maho ist ein Bahnknotenpunkt. Hier treffen sich die Linien von Colombo nach Trincomalee bzw. Jaffna.

ÜBERNACHTEN

In Maho, etwa 4 km von Yapahuwa entfernt, gibt es ein Rest House mit einfachen Zimmern. Bessere Unterkünfte finden Sie in ►Kurunegala.

Reich gestaltet ist auch der Makara-Bogen über den Fensteröffnungen, die sich über einer szenischen Darstellung wölben: Die Göttin Lakshmi sitzt dort mit gekreuzten Beinen, in jeder Hand einen Lotos haltend, und wird offensichtlich von zwei Elefanten, die mit ihrem Rüssel einen Behälter umfassen, gebadet. Der eigentliche Palast, ein Ziegelbau mit einer Fläche von 432 m², war offensichtlich sehr bescheiden angelegt – was übrigens auch zu der Vermutung führte, dass es sich nicht um einen Palast, sondern um einen Tempel für den Heiligen Zahn gehandelt hat. Andererseits wurde auch angenommen, dass nach dem Bau der grandiosen Treppenanlage Ereignisse eintraten, die die Errichtung weiterer Gebäude nicht mehr zuließen.

Glossar zu Religion und Kultur

abhaya mudra Gestus der Schutzgewährung bei Buddha-Statuen
Anuradha Indische Gottheit (Gott des Lichts)
Apsara Göttermädchen
Avalokiteshvara Bodhisattva im Mahayana-Buddhismus
Avatara Inkarnation eines Gottes
Ayurveda Traditionelle, ganzheitliche Naturheilkunde auf Sri Lankaund in Indien
Bikkhu Buddhistischer Mönch
Bikkhuni Buddhistische Nonne
Bodhi-Baum Als heilig geltender Baum, da Siddharta Gautama unter einem solchen Baum sitzend das Stadium der Erleuchtung erlangte, eigentlich Ficus religiosa
Bodhigara Tempel zur Verehrung des ►Bodhi-Baumes
bodhi-maluwa Terrasse für einen ►Bodhi-Baum
Bodhisattva Mensch, von dem man zu wissen glaubt, dass er dem ►Nirwana am nächsten ist, aber noch auf Erden weilt, um anderen Menschen den rechten Weg zu weisen
Brahma Weltenschöpfer und gleichzeitig die höchste Gottheit des Hinduismus; einer der drei ►Trimurti
Brahman Die Seele der Welt
Buddha Siddharta Gautama, Stifter des Buddhismus
Chaitya Ursprünglich frühbuddhistischer Grabhügel, der sich im Lauf der Zeit zu einem Tempel mit breitem Mittelschiff und zwei schmalen Seitenschiffen entwickelte
Chakra Scheibe, Emblem des Gottes ►Vishnu, auch »Rad des Gesetzes«, das von ►Buddha erstmals in Bewegung gesetzt wurde
Chattra Schirm als königliches Ehrensymbol, auch als Bekrönung einer ►Stupa oder ►Dagoba
Cella Zentraler Raum eines buddhistischen Tempels
Chulavamsa Fortsetzung der ►Mahavamsa
Dagoba Buddhistischer Sakralbau, entwickelte sich vom Grab- oder Reliquienhügel zur Pagode
Daladaga Haus der Zahnreliquie, z. B. in Kandy oder Polonnaruwa
Devale Hinduistisches Heiligtum
Devi Hinduistische Göttin, Urform von Parvati, Kali etc.
Dharamsala Pilgerherberge
Dharma Lehre Buddhas, kosmische Ordnung
Diphavamsa Chronik der Ereignisse auf der Insel Sri Lanka
Dravida-Stil Südindischer Baustil
Erleuchtung Die von einem ►Buddha gewonnene Erkenntnis, wie die Leiden des Menschen überwunden werden können
Gana Kobold, der im Gefolge von ►Shiva kommt
Ganesha Reittier des Gottes ►Shiva, wird auch als dessen Sohn bezeichnet
Garuda Sonnenvogel, auch Reittier des Gottes ►Vishnu
Gupta-Stil Nordindischer Baustil, benannt nach der gleichnamigen Dynastie

Hanuman Affengott aus dem ►Ramayana
Hinayana Auch ►Theravada; buddhistische Lehre des »Kleinen Fahrzeugs«;
im Gegensatz zum ►Mahayana-Buddhismus kann der Mensch
das Stadium der Erlösung nur durch die eigene Kraft erreichen
Hinduismus Eine der vier Weltreligionen mit etwa 900 Mio. Anhängern
Inkarnation Dt.: »Menschwerdung«; Bezeichnung für die Wiedergeburt
der Seele in einem menschlichen oder tierischen Lebewesen
Jataka Die Vorleben von ►Buddha; es sollen mehr als 500 Existenzen in unter-
schiedlichen Erscheinungen gewesen sein
Kailasa Hinduistischer Götterberg in Tibet
Kali Furcht erregende Erscheinungsform der Devi
Kantaka Chaitya Pferd Siddharta Gautamas (Buddhas), auf dem er den
elterlichen Palast verlassen haben soll
Karma Dt.: »Tat«; die Summe aller geistigen und materiellen Handlungen,
die die Voraussetzungen für die gegenwärtige Existenz bilden
Kasten Bezeichnung für die Angehörigen verschiedener gesellschaftlicher
Schichten
Kataragama Anderer Name für den Kriegsgott ►Skanda
Ketumala Flamme der Erleuchtung, verzierte Ausformung auf dem Haupt
vieler Buddha-Statuen
Kovil Kleiner hinduistischer Tempel, der keiner bestimmten Gottheit
vorbehalten ist; Gegenteil: ►Devale)
Krishna Achte Erscheinung des Gottes ►Vishnu, wird oft als Hirte dargestellt
Kshattriya Indische Kriegerkaste
Lakshmi Hinduistische Göttin des Wohlstands und der Schönheit
und die Gemahlin von ►Vishnu
Lingam Phallusartiges Symbol für den Gott ►Vishnu
Lohapasada »Bronzepalast«;, ein mit Metall verkleidetes oder verziertes
Gebäude
Mahabharata Größtes Epos der klassischen indischen Literatur
Mahapali Almosenhaus, hier erhielten Arme von den Mönchen ihr Essen
Mahavamsa Alte Chronik des singhalesischen Reiches aus dem 6. Jh.
Mahayana Buddhistische Lehre des ›Großen Fahrzeugs‹; sie besagt,
dass jeder Mensch das erstrebenswerte Stadium der Erleuchtung
und des ►Nirvana erreichen kann, wobei ihm ►Buddha
und ►Bodhisattvas beistehen können; Gegenteil: ►Hinayana
Maheshvara Name für den Gott ►Shiva
Mahinda Indischer Mönch, der den Buddhismus nach Sri Lanka brachte
Mahout Elefantentreiber
Makara Architektonisches Stilmittel in der Form eines Drachens,
z. B. an Tempelaufgängen
Mandapa Anbetungsraum für eine Reliquie
Meru In der hinduistischen Vorstellung der Berg, auf dem die Götter
des hinduistischen ►Pantheon leben
Mondstein Halbkreisförmiger Stein vor dem Zugang zu einem Tempel,
Symbol für den Übergang von der materiellen in die sinnliche Welt,
nicht zu verwechseln mit Moon Stone, einem Edelstein

Moors Nachkommen arabischer Seefahrer und Händler, die heute noch auf Sri Lanka leben

Muchalinda Ein hinduistischer Gott der Unterwelt, ein Schlangengott, der Buddha während des Meditierens durch die Ausbreitung seiner sieben Häupter beschirmte

mudra Geste oder auch Körperhaltung in der buddhistischen Ikonografie

Naga Hinduistische Gottheit der Unterwelt, wird als schlangenartiges Wesen mit menschlichem Oberkörper dargestellt

Nirvana Begriff aus der buddhistischen Lehre; dt.: »verlöschen, verwehen«; das Nirvana bezeichnet den Zustand, in dem ein menschliches Wesen aus dem Kreislauf von Geburt – Leben – Tod – Wiedergeburt endgültig herausgelöst wird

Ola Auf Palmblätter geschriebene buddhistische Texte; verwendet werden die Blätter der Talipot- oder Palmyra-Palme

Pantheon Nach hinduistischer Vorstellung die Bezeichnung für die Gesamtheit aller Götter

Paria Dt.: »Unberührbarer«; Bezeichnung für Menschen, die keiner ►Kaste angehören und deshalb als unrein (= unberührbar) gelten

Parvati Hinduistische Gottheit

Patimaghara Bilderhaus, Teil der Tempelanlage

Perahera Buddhistische Prozession, auch Wallfahrt

Pilimage Statuenhaus, Teil der Tempelanlage

Poya Fest am Tag des Vollmonds eines jeden Monats

Prakara Steinerner Zaun um ein Heiligtum

Prakriti Bezeichnung für die Urmaterie, aus der die Welt zusammengefügt ist

Prasada Gebetshalle in einem Tempelbezirk

Puja Hinduistische Zeremonie in einem Tempel

Purnagheta Vase des Überflusses – auf Sri Lanka eine sehr beliebte Darstellung: Symbol für den unerschöpflichen Reichtum der buddhistischen Lehre

Raja Bezeichnung für Herrscher

Ramayana Klassisches indisches Heldenepos

Ravana König im indischen Epos ►Ramayana

Samahera Buddhistischer Mönchsnovize

Sangha Buddhistische Mönchsgemeinde

Sanskrit Die heilige Sprache des ►Hinduismus

Sarasvati Hinduistische Göttin der Wissenschaft und Gattin ►Brahmas

Sari Meist kunstvoll gewobenes Frauengewand, das mehrfach um den Körper gewickelt wird

Sarong Einfach gefertigtes Männergewand, für den unteren Teil des Körpers

Shiva Zerstörer der Welt, einer der drei ►Trimurti

Shivalinga Phallusartiges Symbol des Gottes ► Shiva

Siddharta Bürgerlicher Name des historischen ►Buddhas

Sikhara Turmartiger Aufsatz über dem Eingang zu einem Hindu-Tempel

Singh(a) Indisch: »der Löwe«

Sita Prinzessin im indischen Epos ►Ramayana, die von ►Ravana geraubt und nach Sri Lanka entführt wurde

Skanda Hinduistischer Gott des Krieges

Sri... Namenszusatz: Heilig(er)

Sri Pada Symbolischer, daher überdimensionaler Fußabdruck ►Buddhas (z. B. auf dem Adam's Peak)

Stupa Thailändische bzw. burmesische Form der ►Dagoba

Sutren Die wörtliche Überlieferung der Lehren ►Buddhas

Tamil Eelam Dt.:»Land der Tamilen«; Bezeichnung für die von den im Norden Sri Lankas lebenden Tamilen angestrebte selbstständige Republik

Tamil Tigers Militanter Flügel der LTTE, dessen Mitglieder auch zu Selbstmordattentaten bereit waren

Theravada Auch ►Hinayana; buddhistische Lehre, die im Gegensatz zum sogenannten ►Mahayana-Buddhismus für sich in Anspruch nimmt, die reine, unverfälschte Lehre zu sein

Thorani Hinduistische Gottheit (Göttin der Erde)

Toddy Blütensaft von Palmen; nach der Destillation des Toddy entsteht Arrak

Trinität Bezeichnung für die drei höchsten Gottheiten des ►Hinduismus, nämlich ►Brahma, ►Shiva und ►Vishnu)

Tripitaka Der»dreifache Korb«; heiliger Schriftenzyklus, in dem die Lehren Buddhas zusammengefasst sind. Die Tripitaka bestehen aus drei Körben (Vibayapitaka, Suttapitaka und Abhidhammapitaka), sie dienen gemeinsam mit den von Mönchen niedergeschriebenen Kommentaren als Vorlage für Rezitationen

Upasaka Laienanhänger der buddhistischen Lehre

Ushnisha Schneckenförmig aufgeflochtene Haarlocke als Symbol der Erleuchtung bzw. der Allwissenheit eines ►Buddhas

Vahalkada Altar, auf dem während der rituellen Handlungen die Opfergaben niedergelegt wurden

Vahana Reittier oder Fahrzeug einer Gottheit

Vatadage ►Watadage

Vedda Dt.:»die Jäger«; Ureinwohner Sri Lankas

Veden Dt.:»Wissenschaft«; die frühesten hinduistischen Texte

Vihara Buddhistisches Kloster, Bezeichnung für die Tempelanlage

Vishnu Erhalter der Welt, der zur ►Trinität zählt

Wächterstele Tafel mit figürlichen Darstellungen vor einem Tempelaufgang

Watadage Überdachter Tempelbau in Rundform

Wedda ►Vedda

Wewa Künstlich angelegter Stausee

Yaksha Dt.:»Dämonen«; Furcht erregende Gestalten, die an Tempelaufgängen stehen, um böse Geister zu erschrecken und fernzuhalten

Yama Hinduistischer Gott des Todes

Yoni In den Stein gehauene Vertiefung, in die der ►Lingam eingesetzt wurde

REGISTER

a

Abhayagiri-Dagoba **196**
Abholzung **27**
Adam's Peak **182**
Adams Bridge **19**
Affen **28**
Alahana Parivena **325**
Alutnuvara **292**
Aluvihara, Felsentempel **295**
Ambalangoda **184**
Ambalantota **249**
Ampara **187**
Amtssprache **147**
Animismus **98**
Anreise **108**
Antiquitäten **110**
Anuradhapura **188, 331**
Arankale (Einsiedelei) **291**
Asana-ghara, **81**
Atadage **323**
Aukana **201**
Aukana, Buddha-Statue **201**
Außenpolitik **42**
Auskunft **111**
Avissawella **202**

b

Backhaus, Ralph **191**
Badestrände **113**
Badeverbot **113**
Bahn **157**
Baker's Falls (Wasserfall) **256**
Balangaloda-Kultur **58**
Bandaranaike, Sirimawo **101**
Bandaranaike, Solomon **101**
Bandarawela **203**
Banken **125**
Basawak Kulam **192**
Batik **97**
Batticaloa **205**
Battuta, Ibn **102**
Bären **28**
Behindertenhilfe **113**
Beligela **284**
Bell, H. **191**
Benares **81**
Bentota **208**
Bergbau **46**
Bergregenwälder **23**
Beruwala **210**

Besucherzahlen **47**
Bevölkerung **34**
Bewässerungssystem **22**
Bharati, Subramanya **148**
Big World's End **256**
Bikkhu **51**
Bikkhuni **51**
Bildende Kunst **85**
Bildungswesen **38**
Blow Hole **345**
Bodhi-Baum **82**
Bodhisattvas **73**
Botanische Gärten **32**
Brahma **54**
Brahmanen **39**
Brahmanische Heiligtlmer **83**
Brahmanismus **53**
Brandrodung **22**
Brandungsangler **244**
Brauchtum **98**
Briefmarken **137**
»Die Brücke am Kwai« **203**
Buddha Shakyami **86**
Buddha-Bildnisse **85**
Buddhas Fußabdruck **183**
Buddhismus **48**
Buddhistische Tempel **79**
Buduruvagala,
    Felsbildwerke **235**
Bulan Kulam **192**
Burghers **35**
Busse **158**
Bürgerkrieg **68**

c

Camping **152**
Ceylon Tamil **34**
Chandagiri Vihara **349**
Chetiya-ghara **80**
Chilaw **212**
Colombo Plan **42, 66**
Colombo 213
    – Altes
      Parlamentsgebäude **219**
    – Bandaranaike Memorial
      Conference Hall **225**
    – Beira-See **224**
    – Burgher-Viertel **223**
    – Cabinet Offices **220**
    – Christ Church **223**
    – Cinnamon Garden **225**
    – Clock Tower **219**
    – Dehiwala **226**

    – Dutch Period Museum **222**
    – Fort **219**
    – Galle Face Green **224**
    – Galle Face Hotel **224**
    – Garnisonskirche
      St. Peter **220**
    – Grand Oriental Hotel **220**
    – Hafen **223**
    – Händler- und
      Marktviertel **220**
    – Hulftsdorp **222**
    – Jami Ul-Afar Jumma-
      Moschee **222**
    – Kaufhaus Laksala **220**
    – Kotte **215**
    – Miller's Warenhaus **220**
    – Mount Lavinia **225, 227**
    – Nationalmuseum **226**
    – Pettah **220**
    – Residenz des
      Ministerpräsidenten **219**
    – Samudrah-Haus **224**
    – Santa Lucia Church **223**
    – Sri Jayawardanapura **214**
    – St. Anthony's Church **223**
    – Supreme Court **222**
    – Wolfendahl-Kirche **223**
    – Zoologischer Garten **226**
    – Tempel der Hindu-Göttin
      Kali **221**
    – Tempel des Kriegsgottes
      Skanda **221**
    – Town Hall **225**
    – Viharamahadevi Park **225**
Commonwealth of Nations **42**

d

Dagoba **79**
Dalada Maligawa **197**
Dambadeniya **292**
Dambegoda Vihara **306**
Dambulla **91, 227**
Dambulla, Höhlentempel **228**
Dämonen **98**
Dedigama **233**
Demala Maha Seya
    Dagoba **327**
Digayapi **188**
Dikoya **250**
Dimbulagala, Felsenkloster **329**
Dipavamsa **92, 94**
Diplomatische
    Vertretungen **111**

Dodanduwa **255**
Domestizierte Tiere **31**
Dondra Head **299**
Dowa-Tempel **235**
Drogen **114**

e

Übernachten **151**
Edelsteine **47, 144**
Edelsteinminen **333**
Edelsteinwerkstätten **210**
Ein- und
  Ausreisebestimmungen **109**
Elahera-Kanal **297**
Elefantenwaisenhaus von
  Pinawela **30, 284**
Elektrizität **114**
Elephant Orphanage
  Pinawela **30, 284**
Ella **234**
Embekke Devale **278**
Energie **46**
Erhebungen **21**
Essen **114**
Essgewohnheiten **116**
Ewiger Kreislauf **54**

f

Fahrräder **159**
Feiertage **122**
Felsenfestung Yapahuwa **357**
Felsenfestung Sigiriya **342**
Feste **122**
ficus religiosa **82**
Fischerei **46**
FKK **113**
Flughafen **108**
Flughunde **28**
Flugzeit **108**
Flüsse **21**
Fort Macdowal **294**
Fotografiererlaubnis **139**
Früchte **118**

g

Gadaladeniya Vihara **276**
Gal Oya Development
  Scheme **187**
Gal Pota (Steinernes Buch)
  322
Gal Vihara **326**

Gal-Oya National Park **244**
Galapatha Raja Maha
  Vihara **208**
Galebadda **305**
Galle **236**
Gampola **278**
Ganadevi Kovil (Hindu-
  Tempel **324**
Garküchen **116**
Gecko **29**
Geister **98**
Geisteraustreibung **98**
Geisterglaube **98**
Geld **125**
Geologischer Aufbau **19**
Gesellschaft **34**
Gesundheit **126**
Getränke **119**
Gewerkschaften **42**
Gewichte **133**
Gewürze **145**
Girihandu Vihara **249**
Giritale **247**
Giritale Minneriya
  Sanctuary **247**
Giritale-Stausee **247**
Golf **153**
Gondwana **19**
Gopalabatta-Felsen **325**
Gottheiten **53**
Goyigama **40**
Gummibäume **46**

h

Hakgala Botanical Garden **313**
Haltungen Buddhas **87**
Hamangala-Höhlen **188**
Hambantota **248**
Handhaltungen **88**
Hanguraketa **279**
Haputale-Pass **204**
Hatadage **323**
Hatton **250**
Henerathgoda Botanical
  Garden **308**
Hikkaduwa **251**
Hinayana-Buddhismus **50**
Hindu-Tempel, Chilaw **212**
Hinduismus **53**
Holländisches Fort
  Batticaloa **207**
Holländisches Fort
  Matara **298**

Holländisches Fort
  Negombo **307**
Horton Plains **256**
Hotels **151**
Hunas Falls **279**
Höhlentempel **82**

i

Indian Tamil **35**
Indikatuseya- und Katuseya-
  Dagoba **302**
Internetseiten **112**
Islam **55**
Istripura, Höhlen **204**
Isurumuniya Vihara
  (Felskloster) **198**

j

Jaffna **257**
Jaffna-Tiefland **21**
Jayawardene, Junius **105**
Jetavanarama-Dagoba **198**
Jugendunterkünfte **152**

k

Kachimalai-Moschee **210**
Kaffeeanbau **44**
Kalpitiya **331**
Kalutara **259**
Kandy 260
  – Archäologisches
    Museum **272**
  – Dalada Maligawa **266**
  – Kandy Lake (See) **262**
  – Malwatta Vihara
    (Tempel) **263**
  – Markthalle **265**
  – Natha Devale (Tempel) **273**
  – Nationalmuseum **265, 272**
  – Pattini Devale (Tempel) **273**
  – Tempel des Heiligen
    Zahns **266**
  – Udawattakele-
    Naturschutzgebiet **273**
  – Villenviertel **265**
Kandy-Tänze **95**
Kandy-Zeit **77**
Kandybergland **278**
Kanniyai, Heiße Quellen
  352
Kanufahren **155**

Karagan Lewaya (See) **249**
Karava **40**
Kastenwesen **39**
Kataragama **54, 281**
Kataragama, Perahera **282**
Kautschuk **46**
Kegalla **284**
Kelaniya **285**
Kinder **129**
Kiri Vihara **325**
Kitulgala **203**
Klassische Kunst **73**
Knigge **129**
Kogalla **244**
Kokosnüsse **45**
Kokospalmen **45**
Kolam Maduwa **96**
Kolonialisierung **43, 61**
Kolonialzeit **78**
Korallen **31**
Kosmologie **55**
Kotte-Zeit **77**
Kovias **39**
Kricket **153**
Krokodile **28**
Ksatrias **39**
Kumara okana (Königliches Bad) **320**
Kumarankanda Raja Maha Vihara **255**
Kunstepochen **73**
Kunsthandwerk **96**
Kurandaka-Lena-Höhle **250**
Kurunegala **289**
Kuttam Pokuna (Wasserbecken) **197**

l

Lady Manning Bridge **207**
Landschaftsräume **20**
Lankarama-Dagoba **196**
Lankatilaka (Statuenhaus) **325**
Lankatilaka Vihara **277**
Laurasia **19**
Leoparden **28**
Liberation Tigers of Tamil Eelam (LTTE) **68**
Literatur **92, 131**
Little World's End **256**
Lohapasada **84, 194**
Lotosbad **327**

m

Maha Devale **282**
Maha Seya Dagoba **305**
Mahabharata **93**
Mahavamsa **92**
Mahaweli Ganga **22, 250**
Mahaweli-Project **22**
Mahayana-Buddhismus **50**
Mahindas Bett **305**
Mahinda Vihara **305**
Mahiyangana **292**
Malayadi-Tempel **188**
Malerei **90**
Manik Vihara **324**
Maße **133**
Marawila **212**
Maskenmuseum **185**
Maskenschnitzerei **96, 185**
Maskenspiele **96**
Matale **294**
Matara **298**
Medien **133**
Medirigiriya **299**
Metallarbeiten **97**
Mihintale **301**
Minneriya-Stausee **247**
Mirisavati-Dagoba **191**
Monaragala **305**
Mondstein **80**
Mondstein, Queen's Pavillon **196**
Monsun **143**
Moors **35**
Motorräder **159**
Mountainbiking **153**
Mulkirigala **346**
Musik **9495**
Mönche **51**

n

Nalanda **296**
Nalanda Wewa (Stausee) **297**
Namunkula **313**
Nataraja **89**
Nationale Embleme **40**
Nationalparks **32, 134**
Natur- und Umweltschutz **32**
Navamdama **40**
Nayipena Vihara **328**
Negombo **306**
Nevalas **39**
Nillakgama, Ausgrabungen **200**

Nissanka Malla Mandapa **323**
Niyamgapaya Vihara **279**
Notrufe **137**
Nuwara Eliya **309**

o

Oberflächengestalt **19**
Opposition **42**

p

Palast des Königs Nissanka Malla **318**
Palast des Königs Parakrama Bahu I. **319**
Pallas **39**
Pandukabhaya, König **190**
Parakramabahu I. **22**
Parlament **41**
Parteien **42**
Patima-ghara **81**
Peradeniya, Botanischer Garten **273**
Pflanzen **22**
Pigeon Island **350**
Pinawela **30, 284**
Polgasduwa (Insel) **255**
Polhena **299**
Politik **34**
Polo, Marco **103**
Polonnaruwa **314**
Polonnaruwa-Zeit **75**
Post **137**
Postämter **137**
Postlaufzeiten **137**
Potgul Vihara **317**
Pottuvil **329**
Preise **138**
Premadasa, Ranasinghe **104**
Premierminister **40**
Profanarchitektur **84**
Prostitution **139**
Provinzen **42**
Pujavis **39**
Punkhagama (Dagoba) **233**
Purana Totagama Raja Maha Vihara **255**
Puttalam **330**

q

Quadrangle **320**

r

Rafting **155**
Rajavali-Chronik **258**
Ramayana **93**
Ranamasu Uyana (Königliche
   Gärten) **198**
Ranjangane, Ruinenfeld **200**
Rankot Vihara **325**
Ratna Prasada
   (Edelsteinpalast) **196**
Ratnapura **332**
Ravana Ella-Wasserfälle **235**
Regenwald **22**
Reisanbau **45**
Reisedokumente **109**
Reiseversicherungen **111**
Reisezeit **140**
Religion **48**
Rest Houses **151**
Restaurants **116**
Ridiyagama-Stausee **250**
Ruhunu-Nationalpark **32**
Ruwanweli-Dagoba **194**

s

Sabaragamuwa **187**
Sailabima Aramaya **255**
Salzfelder **331**
Samadhi-Buddha **197**
Samahera **51**
Samsara **54**
Sangha **51**
Sanskrit **148**
Sasseruwa, Buddha-Statue **201**
Satmahal Prasada **322**
Schildkröten **28**
Schlangenarten **29**
Schmetterlinge **28**
Schnorcheln **155**
Schulen **38**
Schutzimpfungen **109, 128**
Segeln **155**
Senanayake, Don Stephen **105**
Senanayake, Dudley
   Shelton **105**
Senanayake-Staudamm **245**
Shiva **53, 89**
Shopping **143**
Shudras **39**
Sicherheit **146**
Siddharta Gautama **48, 103**
Sigiriya **337**

Sila-Felsen **305**
Silberkloster, Kurunegala **291**
Singende Fische **207**
Singhalesen **34**
Singhalesisch **147**
Sinharaja Rain Forest
   Reserve **336**
Sinigama Vihara **254**
Sitavka **202**
Sozialsystem **38**
Spannungsgebiete **146**
Sport **153**
Sportreiseveranstalter **154**
Sprache **147**
Sri Lanka Freedom Party
   (SLFP) **42**
Sri Maha Bodhi **192**
Sri Wijaya Sundarama Raja
   Maha Vihara **292**
Staat **40**
Staatsform **40**
Staatsname **40**
Staatspräsident **40**
Staatswappen **40**
Stadtbefestigung **318**
Stupa-Haus **80**
Sunandaramaya
   Mahavihara **187**
Surfen **155**
Südwestlicher Inselteil **20**
Südöstliches Tiefland **21**

t

Tabus **130**
Tamil **148**
Tamil United Liberation Front
   (TULF) **35, 42, 68**
Tamilen **34**
Tangalla **345**
Tanz **94**
Taschendiebe **146**
Tauchen **155**
Tauchschulen **154**
Taxis **158**
Teakholz **27**
Tee **145**
Teeanbau **44**
Teefabriken **204, 251**
Telekommunikation **137**
Tempelarchitektur **79**
Tennis **153**
Theravada **48**
Thovil **98**

Three Wheeler **158**
Thuparama **82**
Thuparama-Dagoba **195**
Tierbeobachtung **153**
Tiere **22**
Tierwelt **27**
Tigers of Tamil Eelam (LTTE) **38**
Tinapitiya-See **212**
Tissamaharama **347**
Tivanka Pilimage
   (Statuenhaus) **328**
Touren **162**
Tourismus **47**
Trimurti **53**
Trincomalee **350**
Trinken **114**
Trinkgeld **130**

u

United National Party (UNP) **42**
Unterwasserwelt,
   Hikkaduwa **254**
Uposatha-ghara **82**

v

Varana, Felsentempel **309**
Vedismus **53**
Velalla **39**
Velli-duraya-Kaste **40**
Verkehr **156**
Verkehrsmittel **157**
Verstaatlichung **67**
Verwaltung **40**
Verwaltungsgliederung **42**
Victoria-Damm **22**
Vijithapura **201**
Vishnu **53**
Vishnu Devale (Hindu-
   Tempel) **324**
Visum **109**
Vogelwelt **27**

w

Wald- und Forstwirtschaft **46**
Walisinghe Harischandra
   Museum **307**
Wandern **153**
Wasserkraft **46**
Wassersport **155**
Watadage **80**
Wechselkurse **125**

Wedda **34, 58**
Wedda-Höhlen **246**
Wehrpflicht **43**
Wesias **39**
Westliche Klöster,
 Anuradhapura **199**
Westminster Abbey (Berg) **246**
Wewas **22**
Wiedergeburt **54**

Wilpattu-Nationalpark **32, 331**
Wirtschaft **34, 43**
Wolkenmädchen **90**
World's End **256**

y

Yala Nationalpark (Ruhuna-
 Nationalpark) **32, 354**

Yapahuwa **356**

z

Zaubersprüche **99**
Zeit **159**
Zeitschriften **133**
Zeitungen **133**
Zentrales Hochland **20**

BILDNACHWEIS

VERZEICHNIS DER KARTEN & GRAFISCHEN DARSTELLUNGEN

Top-Reiseziele **3**
Nationalparks Sri Lanka **33**
Lage Sri Lankas **41**
Fremde Herren auf Sri Lanka **63**
Klimakarte **142**
Tourenüberblick **163**
Tour 1 **167**
Tour 2 **173**
Tour 3 **177**
Tour 4 **179**
Anuradhapura, Ortsplan **193**
Colombo, Ortsplan **216**

Colombo Fort **219**
Felsentempel von Dambulla (3D) **231**
Galle, Ortsplan **240**
Kandy, Ortsplan **264**
Kandy, Botanischer Garten **275**
Mihintale, Ortsplan **303**
Nuwara Eliya, Ortsplan **310**
Polonaruwa **317**
Polonaruwa Quadrangle **321**
Sigiriya, Ortsplan **338**
Felsenfestung von Sigiriya (3D) **341**

IMPRESSUM

Ausstattung:
151 Abbildungen, 23 Karten und grafische Darstellungen, eine große Inselkarte
Text:
Heiner F. Gstaltmayr, Anita Rolf; mit Beiträgen von Gabriele Gaßmann, Karen Schreitmüller, Reinhard Zakrzewski
Bearbeitung:
Baedeker Redaktion
(Isolde Bacher)
Kartografie:
 Franz Kaiser, Sindelfingen; Christoph Gallus, Hohberg; Franz Huber, München; Klaus-Peter Lawall, Unternesingen; MAIRDUMONT GmbH & Co. KG, Ostfildern (Inselkarte)
3D-Illustrationen:
jangled nerves, Stuttgart
Gestalterisches Konzept:
independent Medien-Design, München
(Kathrin Schemel)

Sprachführer in Zusammenarbeit mit Ernst Klett Sprachen GmbH, Stuttgart, Redaktion PONS Wörterbücher

Chefredaktion:
Rainer Eisenschmid,
Baedeker Ostfildern

4. Auflage 2010
Völlig überarbeitet und neu gestaltet

Urheberschaft:
Karl Baedeker Verlag, Ostfildern
Nutzungsrecht:
MAIRDUMONT GmbH & Co KG; Ostfildern
Der Name Baedeker ist als Warenzeichen geschützt. Alle Rechte im In- und Ausland sind vorbehalten. Jegliche – auch auszugsweise – Verwertung, Wiedergabe, Vervielfältigung, Übersetzung, Adaption, Mikroverfilmung, Einspeicherung oder Verarbeitung in EDV-Systemen ausnahmslos aller Teile des Werkes bedarf der ausdrücklichen Genehmigung durch den Verlag Karl Baedeker GmbH.

Anzeigenvermarktung:
MAIRDUMONT MEDIA
Tel. 0049 711 4502 333
Fax 0049 711 4502 1012
media@mairdumont.com
http://media.mairdumont.com

Printed in China
Gedruckt auf 100% chlorfrei gebleichtem Papier

BAEDEKER VERLAGSPROGRAMM

- ► Ägypten
- ► Algarve
- ► Allgäu
- ► Amsterdam
- ► Andalusien
- ► Argentinien
- ► Athen
- ► Australien
- ► Australien • Osten
- ► Bali
- ► Baltikum
- ► Barcelona
- ► Bayerischer Wald
- ► Belgien
- ► Berlin • Potsdam
- ► Bodensee
- ► Brasilien
- ► Bretagne
- ► Brüssel
- ► Budapest
- ► Bulgarien
- ► Burgund
- ► Chicago • Große Seen
- ► China
- ► Costa Blanca
- ► Costa Brava
- ► Dänemark
- ► Deutsche Nordseeküste
- ► Deutschland
- ► Deutschland • Osten
- ► Djerba • Südtunesien
- ► Dominik. Republik
- ► Dresden
- ► Dubai • VAE
- ► Elba
- ► Elsass • Vogesen
- ► Finnland
- ► Florenz
- ► Florida
- ► Franken
- ► Frankfurt am Main
- ► Frankreich
- ► Fuerteventura
- ► Gardasee
- ► Golf von Neapel
- ► Gomera
- ► Gran Canaria
- ► Griechenland
- ► Griechische Inseln
- ► Großbritannien
- ► Hamburg
- ► Harz
- ► Hongkong • Macao
- ► Indien
- ► Irland
- ► Island
- ► Israel
- ► Istanbul
- ► Istrien • Kvarner Bucht
- ► Italien
- ► Italien • Norden
- ► Italien • Süden
- ► Italienische Adria
- ► Italienische Riviera
- ► Japan
- ► Jordanien
- ► Kalifornien
- ► Kanada • Osten
- ► Kanada • Westen
- ► Kanalinseln
- ► Kapstadt • Garden Route
- ► Kenia
- ► Köln
- ► Kopenhagen
- ► Korfu • Ionische Inseln
- ► Korsika
- ► Kos
- ► Kreta
- ► Kroatische Adriaküste • Dalmatien
- ► Kuba
- ► La Palma
- ► Lanzarote
- ► Leipzig • Halle
- ► Lissabon
- ► Loire
- ► London
- ► Madeira
- ► Madrid
- ► Malediven
- ► Mallorca
- ► Malta • Gozo • Comino
- ► Marokko
- ► Mecklenburg-Vorpommern
- ► Menorca
- ► Mexiko
- ► Moskau
- ► München
- ► Namibia

- Neuseeland
- New York
- Niederlande
- Norwegen
- Oberbayern
- Oberital. Seen • Lombardei • Mailand
- Österreich
- Paris
- Peking
- Piemont
- Polen
- Polnische Ostseeküste • Danzig • Masuren
- Portugal
- Prag
- Provence • Côte d'Azur
- Rhodos
- Rom
- Rügen • Hiddensee
- Ruhrgebiet
- Rumänien
- Russland (Europäischer Teil)
- Sachsen
- Salzburger Land
- St. Petersburg
- Sardinien
- Schottland
- Schwäbische Alb
- Schwarzwald
- Schweden
- Schweiz
- Sizilien
- Skandinavien
- Slowenien
- Spanien
- Spanien • Norden • Jakobsweg
- Sri Lanka

- Stuttgart
- Südafrika
- Südengland
- Südtirol
- Sylt
- Teneriffa
- Tessin
- Thailand
- Thüringen
- Toskana
- Tschechien
- Tunesien
- Türkei
- Türkische Mittelmeerküste
- Umbrien
- Ungarn
- USA
- USA • Nordosten
- USA • Nordwesten
- USA • Südwesten
- Usedom
- Venedig
- Vietnam
- Weimar
- Wien
- Zypern

BAEDEKER ENGLISH

- Andalusia
- Austria
- Bali
- Barcelona
- Berlin
- Brazil
- Budapest
- Cape Town • Garden Route
- China
- Cologne

- Dresden
- Dubai
- Egypt
- Florence
- Florida
- France
- Gran Canaria
- Greece
- Iceland
- India
- Ireland
- Italy
- Japan
- London
- Mexico
- Morocco
- New York
- Norway
- Paris
- Portugal
- Prague
- Rome
- South Africa
- Spain
- Thailand
- Tuscany
- Venice
- Vienna
- Vietnam

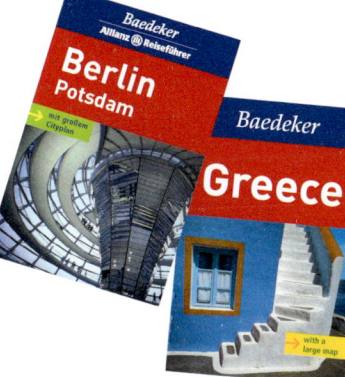

LIEBE LESERINNEN, LIEBE LESER,

**ein herzliches Dankeschön, dass Sie sich für einen Baedeker Allianz
Reiseführer entschieden haben. Er wird Sie zuverlässig auf Ihrer Reise
begleiten und Sie nicht im Stich lassen.
Natürlich beschreibt er die wichtigen Sehenswürdigkeiten, aber er empfiehlt
auch die nettesten Kneipen und Bars, dazu Hotels für den großen und kleinen
Geldbeutel, gibt Tipps für Restaurants, Shopping und für vieles mehr, was eine
Reise zum Erlebnis macht. Dafür hat unser Autor Heiner F. Gstaltmayr Sorge
getragen. Er ist für Sie regelmäßig nach Sri Lanka gereist und hat all seine
Erfahrungen und Kenntnisse in diesen Reiseführer gepackt.**

Trotzdem: Die Erfahrung zeigt, dass Fehler und Änderungen nach
Drucklegung, für die der Verlag keine Haftung übernehmen kann, nicht
ausgeschlossen werden können. Für Kritik, Berichtigungen und
Verbesserungsvorschläge sind wir Ihnen außerordentlich dankbar. Schreiben
Sie uns, mailen Sie uns oder rufen Sie an:

▶ **Verlag Karl Baedeker GmbH**
   Redaktion
   Postfach 3162
   D-73751 Ostfildern
   Tel. (0711) 4502-262, Fax -343
   E-Mail: info@baedeker.com

Besuchen Sie uns auch im Internet unter www. baedeker.com. Hier finden Sie
jeden Monat den aktuellen Reisetipp der Redaktion und das gesamte
Verlagsprogramm. Hier können Sie auch lesen, wer Karl Baedeker war und wie
er seinen ersten Reiseführer geschrieben hat. Mit seinen über 180 Jahren ist der
Karl Baedeker Verlag der älteste Reiseführer-Verlag der Welt.

www.baedeker.com

◉ ZU GEWINNEN: **STADTREISE NACH LONDON**

**Unter allen Einsendungen verlost
der Verlag am Jahresende – unter
Ausschluss des Rechtswegs – eine
Städtekurzreise für zwei Personen
nach London.
Freuen Sie sich auf ein spannendes
Wochenende in London. Natürlich
ist ein Baedeker Allianz Reiseführer
London auch dabei!**